城市轨道交通高技能人才培训系列教材——**服务类**

值 班 站 长

ZHIBANZHANZHANG

宁波市轨道交通集团有限公司运营分公司 ◎ 编

西南交通大学出版社
·成 都·

图书在版编目（CIP）数据

值班站长 / 宁波市轨道交通集团有限公司运营分公司编. —成都：西南交通大学出版社，2017.9
城市轨道交通高技能人才培训系列教材. 服务类
ISBN 978-7-5643-5496-1

Ⅰ. ①值… Ⅱ. ①宁… Ⅲ. ①城市铁路 – 交通运输管理 – 技术培训 – 教材 Ⅳ. ①U239.5

中国版本图书馆 CIP 数据核字（2017）第 134352 号

城市轨道交通高技能人才培训系列教材——服务类

值班站长

宁波市轨道交通集团有限公司运营分公司　编

责 任 编 辑	柳堰龙
封 面 设 计	何东琳设计工作室
出 版 发 行	西南交通大学出版社 （四川省成都市二环路北一段 111 号 西南交通大学创新大厦 21 楼）
发行部电话	028-87600564　028-87600533
邮 政 编 码	610031
网　　　址	http://www.xnjdcbs.com
印　　　刷	成都中铁二局永经堂印务有限责任公司
成 品 尺 寸	210 mm × 285 mm
印　　　张	24.75
字　　　数	748 千
版　　　次	2017 年 9 月第 1 版
印　　　次	2017 年 9 月第 1 次
书　　　号	ISBN 978-7-5643-5496-1
定　　　价	58.00 元

课件咨询电话：028-87600533
图书如有印装质量问题　本社负责退换
版权所有　盗版必究　举报电话：028-87600562

编审委员会

总 顾 问　杨　蔚
技术顾问　王　晔
主　　任　占春英
副 主 任　徐小平　徐劲松　杨更平　施钢强　燕　玲　曾海军
委　　员　卞能建　卞　伟　别必龙　曹　刚　成吉安　陈　洁
　　　　　陈乐霞　陈良松　陈善宇　陈　炜　陈　熹　陈运河
　　　　　崔道金　董　琴　董　彦　侯学辉　胡岳银　黄慧建
　　　　　黄　鹏　黄　孙　李　伟　李伟斌　刘二强　刘　婧
　　　　　刘亚雄　罗　伟　马剑波　邵勇胜　孙国龙　孙海波
　　　　　孙晋敏　汤建平　屠鹤君　万　谦　王　璨　王　菊
　　　　　王　军　王　开　王　乾　王天天　王志勇　吴井冰
　　　　　吴　伟　吴争展　谢兵章　徐　彪　许锡伟　杨振伟
　　　　　易　健　于　丹　俞　益　张洪钢　张　猛　张世磊
　　　　　赵建麟　赵宁宁　赵有强　周国家　周　权　朱立余
（按姓氏拼音字母排序，排名不分先后）

本书编写人员

主　　编　赵有强　占春英
副 主 编　任志杰　王　琳　柯　桢
参　　编　张　松　金　磊　吴嘉颖　卢柯意
　　　　　郑祺宏　孙双杰　齐光锋

序

宁波市轨道交通集团有限公司运营分公司成立于2012年7月30日，主要负责宁波轨道交通运营管理、列车运行、控制监督、员工培训及对土建设施、车辆和运营设备的保养、维修等工作。截至目前，宁波轨道交通1号线、2号线一期运营已成"十"字骨架型结构，运营里程74.5千米。根据宁波市人民政府《转发国家发展改革委<印发国家发展改革委关于宁波市轨道交通近期建设规划（2013—2020年）的通知>的通知》（甬发改交通〔2013〕538号），2020年宁波轨道交通线网将建成5条线，线网规模达171.6千米；远景线网在2020年网络的基础上进一步形成环线，增加射线和快线，呈"一环两快七射"的布局结构，线网规模达409千米。

运营人才是宁波轨道交通安全运营和可持续发展的第一要素。随着宁波轨道交通运营里程的快速增长，至2020年运营员工人数将从现在的3 000多人增加到万人以上。运营人才的数量和质量问题日渐突出，亟待解决。国家发展和改革委员会、教育部、人力资源和社会保障部在《关于加强城市轨道交通人才建设的指导意见》（发改基础〔2017〕74号）中指出，企业在人才培养工作中负有主体责任，要强化人才建设规划引领、健全人才培养标准体系。宁波轨道交通作为行业"新兵"，近年来在运营技能人才培养工作中进行了大胆实践和创新。2014年宁波市轨道交通集团有限公司运营分公司以电客车司机岗位为试点开发了包含素质模型、胜任力建设、岗位标准、培训标准、技能评价方案的人力资源管理体系，并配套编制了培训教材和技能培训视频。2015年开发工作以点带面覆盖到全部一线技能岗位。开发成果经专家评审，被宁波市科学技术局登记为宁波市科学技术成果。2016年，在前期开发成果的应用实践和效果评价基础上，按照"系统化分析、颗粒化分解、结构化重构"的指导思想，宁波市轨道交通集团有限公司运营分公司完善和优化了岗位业务模型、形成了基于业务模型的育人标准，以及"模块化、任务型"工作体系的培训教材、试题库和微课等。

城市轨道交通运营人才培养是一项系统工程，不仅需要科学规划、统一标准、完善体系，更需要考虑当前员工年轻化的特点，利用互联网在线学习、手机端移动学习技术，构建覆盖宁波轨道交通运营主要技能岗位的线上、线下相结合的立体化培训课程资源体系。依托工作岗位、实训基地，通过在实践中学习、在学习中实践的螺旋发展，不断提升培训的有效性。上述课程已在宁波轨道交通运营分公司技能员工的岗前培训、"订单班"学员实习以及承接国内其他轨道交通员工技能培训工作中得到应用并取得了良好的成效。本套"城市轨道交通高技能人才培训系列教材"的编写得到了浙江省轨道交通建设与管理协会赵彦年会长以及天津、杭州、青岛、无锡等国内轨道交通同行专家的指导和帮助，北京华鑫智业管理咨询有限公司为教材出版提供了技术支持。

宁波轨道交通开通试运营时间不长，在教材编写中难免会存在不足。同时，本套教材是基于宁波轨道交通运营设施设备和运营管理流程编写的，由于不同城市轨道交通所用的车辆、信号系统等不同，运营管理模式、一线员工岗位职责也有所差异，本套教材仅供国内同行参考，请同行专家提出宝贵意见。希望本套教材的出版不仅能够加快推进宁波轨道交通"选、育、用、留"一体化人力资源管理体系的建设，也能为中国城市轨道交通发展和运营人才培养工作尽一份绵薄之力。

宁波市轨道交通集团有限公司
党委副书记 副董事长 总经理
2017 年 7 月

前言 PREFACE

本书是宁波市轨道交通集团有限公司运营分公司组织编写的"城市轨道交通高技能人才培训系列教材——服务类"中的一本，全书由3部分组成：培训教材、业务模型、育人标准。

其中，培训教材结合编者多年的轨道工作经验，以值班站长实际作业的内容为主线，分别按照行车组织、施工管理、票务管理、客运服务、安全管理、故障应急处理、突发事件（故）应急处理等七个模块，系统而详细讲述值班站长需要掌握的知识和技能。而业务模型和育人标准遵循认知规律和人才成长规律，按照业务模块、工作事项、业务活动3个层级，从初级到中级逐步深入，建立值班站长育人标准。此标准可以广泛应用于宁波轨道交通一线员工的工作分析，是理解和分析岗位工作流程的重要方法和工具。

本书基于值班站长业务模型，通过对其技能要求、知识和规章要求、培训方法及课时、经验要求的定性和定量描述，建立了值班站长育人标准。同时，根据项目教学法，按照"模块""任务"结构编写了相应的培训教材。

本书用于宁波轨道交通值班站长岗位岗前培训及在岗培训，也可作为其他城市轨道交通企业员工、大中专院校学生的培训和学习教材，或供其他相关人员学习参考。书中还有一些与教材配套的数字化资源，通过扫描封面二维码，可以获得更丰富的内容。

编 者

2017年6月

目录

值班站长初级业务模型 ··· 001

值班站长中级业务模型 ··· 002

上 篇

模块一　行车组织 ··· 003
    任务一　运营前检查流程 ··· 004
    任务二　车站开站程序 ·· 006
    任务三　工作交接 ··· 008
    任务四　站内行车与监控设备的监控及操作 ························ 010
    任务五　巡视及检查 ··· 141
    任务六　非正常情况下行车组织 ··· 143
    任务七　车站关站程序 ·· 153
    模块训练 ··· 155
    模块小结 ··· 156
    模块自测 ··· 156

模块二　施工管理 ··· 157
    任务一　A类施工作业流程 ·· 157
    任务二　C类施工请销点流程 ·· 160
    模块训练 ··· 162
    模块小结 ··· 163
    模块自测 ··· 163

模块三　票务管理 ··· 164
    任务一　监督客运值班员交接 ·· 165
    任务二　传达票务管理相关通知、规定 ···························· 169
    任务三　车站AFC设备操作管理 ······································· 170
    任务四　票务处理正常情况（特殊情况下票务处理）········ 178

任务五　运营结算作业 ………………………………………………………… 185
　　任务六　补币补票作业 …………………………………………………………… 188
　　任务七　封包解行 ………………………………………………………………… 189
　　任务八　兑零作业 ………………………………………………………………… 192
　　任务九　监督递交报表 …………………………………………………………… 194
　　模块训练 ……………………………………………………………………………… 196
　　模块小结 ……………………………………………………………………………… 197
　　模块自测 ……………………………………………………………………………… 197

下　篇

模块四　客运服务 …………………………………………………………………… 199
　　任务一　车站开站 ………………………………………………………………… 200
　　任务二　乘客事务处理 …………………………………………………………… 203
　　任务三　客流组织 ………………………………………………………………… 208
　　任务四　拾遗物品管理 …………………………………………………………… 212
　　任务五　乘客服务工作标准 ……………………………………………………… 214
　　任务六　边门管理 ………………………………………………………………… 221
　　任务七　客伤 ……………………………………………………………………… 223
　　任务八　车站关站 ………………………………………………………………… 225
　　模块训练 ……………………………………………………………………………… 227
　　模块小结 ……………………………………………………………………………… 228
　　模块自测 ……………………………………………………………………………… 228

模块五　安全管理 …………………………………………………………………… 230
　　任务一　车站消防安全管理 ……………………………………………………… 231
　　任务二　车站设备安全管理 ……………………………………………………… 242
　　任务三　人员安全管理 …………………………………………………………… 256
　　模块训练 ……………………………………………………………………………… 263
　　模块小结 ……………………………………………………………………………… 264
　　模块自测 ……………………………………………………………………………… 264

模块六　故障应急处理 ……………………………………………………………… 265
　　任务一　安全类设备、设施故障应急处理 ……………………………………… 265
　　任务二　行车类设备、设施故障应急处理 ……………………………………… 267
　　任务三　票务类设备、设施故障应急处理 ……………………………………… 276
　　任务四　服务类设备、设施故障应急处理 ……………………………………… 278
　　模块训练 ……………………………………………………………………………… 280
　　模块小结 ……………………………………………………………………………… 281
　　模块自测 ……………………………………………………………………………… 281

模块七 突发事件（故）应急处理……282
　任务一 公共卫生事件（故）类……282
　任务二 行车事件（故）类……285
　任务三 票务事件（故）类……303
　任务四 社会安全事件（故）类……309
　任务五 自然灾害类……329
　模块训练……333
　模块小结……334
　模块自测……334

值班站长初级育人标准……335

值班站长中级育人标准……359

参考文献……384

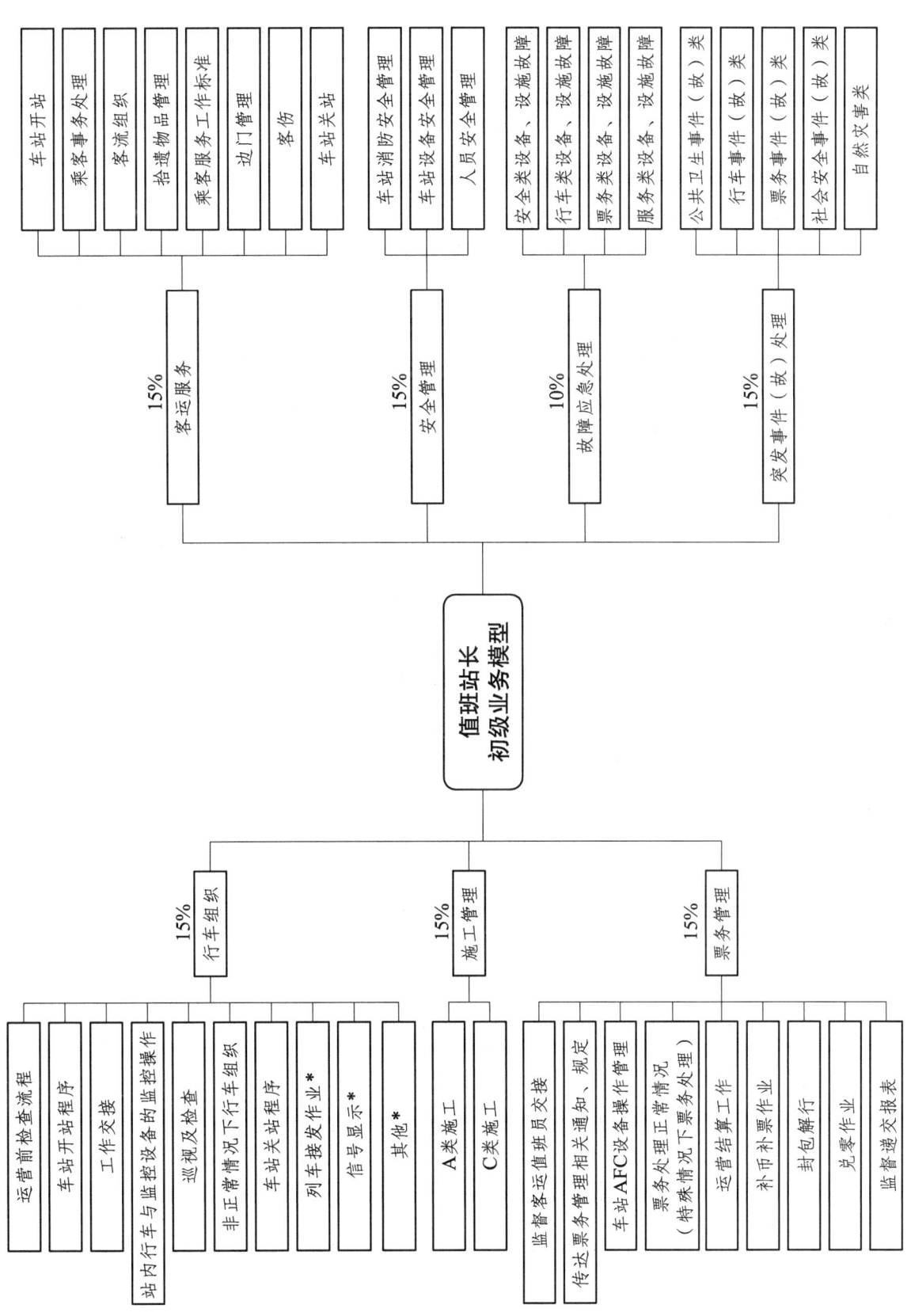

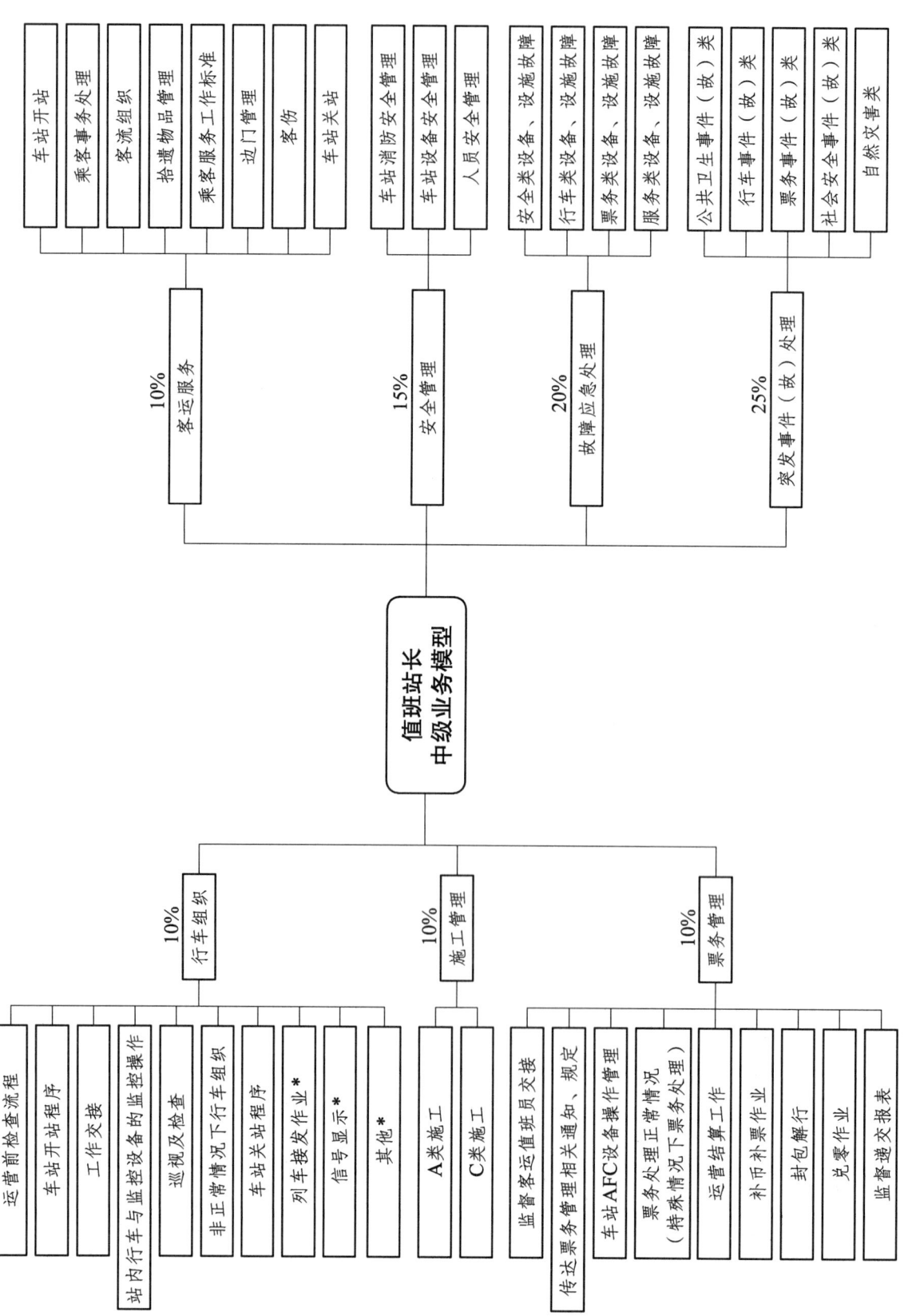

上 篇

模块一　行车组织

案例导学

小李是实习生，她的师傅是值班站长，今天是她第一天跟师傅上岗，今天她需要跟师傅学习值班站长在行车组织方面从事的相关工作。

那么，运营前检查需要检查哪些项目呢？车站开站程序怎么组织呢？值班站长哪些工作需要办理交接呢？非正常情况下的行车组织包括哪些内容呢？以上的问题可以通过学习本模块得到解决。

学习目标

（1）掌握运营前检查流程。
（2）掌握车站开站程序及时间节点。
（3）掌握值班站长交接的主要内容。
（4）掌握车站行车相关设备操作方法。
（5）了解车站巡视的内容及路线。
（6）掌握非正常情况下的行车组织模式。
（7）了解车站工作环境。
（8）掌握信息汇报的要求。
（9）掌握车站关站程序及时间节点。

技能目标

（1）能够独立组织完成运营前检查工作，确保运营安全。
（2）能组织车站员工完成补币补票、开启垂直电梯和扶梯、督促站台岗和站务员及时到岗、准时开启出入口卷帘门等工作。
（3）能组织召开交接班会议，将上班情况和重点事项交接清楚，利用交接班会议组织员工业务学习，同时，开展班前的工作设想。
（4）能熟练操作HMI、ISCS、CCTV、IBP盘、PIS、屏蔽门等。
（5）能按照巡视的要求进行巡站，发现问题，记录台账，及时解决问题。
（6）能胜任点式ATP模式、联锁后备、电话闭塞法组织行车等方式行车组织工作。
（7）车站工作环境管理的要求。
（8）信息汇报的流程及汇报的内容。
（9）能够在运营结束前10分钟播放末班车提示广播，最后一班车开出前5分钟，播放停止进站广播。运营结束后，组织车站清客。

任务一 运营前检查流程

相关知识

运营前检查原则上在"列车运行图"的第一列电客车出场前30分钟进行，各车站必须完成运营前检查或准备工作，并向OCC行调报告，同时，在"车站运营前检查工作流程表"上如实记录检查时间和检查情况。

一、运营前检查的工具

强光灯、PSL操作盘的钥匙、400 M手持台、800 M手持台。

二、运营前检查的内容

（一）运营前检查的项目

（1）施工结束、线路出清情况，运营线路是否空闲，接触网、低压供电及环控系统运作情况。

（2）行车备品、备件是否齐全完好。

（3）信号机、道岔功能正常，站台无异物侵入限界，屏蔽门功能正常。

（二）运营前检查的具体内容

（1）行车值班员核实"车站施工登记本"中的A类施工已全部都结束，且现场已出清。

（2）值班站长撤除所有防护，将所有红闪灯收回并放到车控室。

（3）值班站长携带灯具，到站台确认线路出清情况，同时要确认广告灯箱无侵限（不用下线路）。

（4）值班站长通过PSL盘开关上、下行屏蔽门进行测试，通过指示灯判断屏蔽门是否正常（各测试3次）。测试完毕后要求PSL操作盘在PSL操作允许的"OFF"位，然后，拔出钥匙。

（5）行车值班员确认车控室IBP盘上屏蔽门操作开关全部处于自动位。

（6）（有道岔站填写）行车值班员核查记录确认本站各道岔现场钩锁器钩锁情况。

（7）（有道岔站填写）行车值班员报告行调申请控制权，经行调同意后方可进行HMI转换所有道岔与排列进路检查。

（8）行车值班员按照OCC命令在规定时间转换环控模式，并通过BAS确认相关模式已执行。

（9）行车值班员通过主控界面确认屏蔽门、环控模式、照明模式、水系统、扶梯状态正常。

（10）值班站长检查人员（站台岗、客运值班员、站务员）到岗情况。

（11）行车值班员与行调核对运营时刻表、车站时钟与中央时钟时间是否一致。

（12）行车值班员检查行车备品、广播及CCTV状态。

（13）行车值班员测试800 M、400 M手持台通信正常，调度应急电话、集中电话通信正常。值班站长安排人员开启扶梯。

（14）值班站长检查站厅、站台的设备设施状态，检查边门是否上锁、告示是否全部到位、是否满足运营需求。

（15）行车值班员通过SC确认所有BOM、TVM、AGM、TCM已开启，同时安排客运值班员巡视确认以上设备是否正常。

（16）值班站长检查出入口开启情况及出入口拉闸门下盖板是否已盖整齐，排水沟盖板是否已盖整齐等。

一、值班站长岗位

（1）值班站长撤除所有防护，将所有红闪灯收回放到车控室。

（2）值班站长携带灯具，到站台确认线路出清情况，同时要确认广告灯箱无侵限（不用下线路）。

（3）值班站长通过PSL盘开关上、下行屏蔽门进行测试，通过指示灯判断屏蔽门是否正常（各测试3次）。测试完毕后要求PSL操作盘在PSL操作允许的"OFF"位，然后，拔出钥匙。

（4）值班站长检查人员（站台岗、客运值班员、站务员）到岗情况。

（5）值班站长检查站厅、站台的设备设施状态，边门是否上锁、告示是否全部到位、是否满足运营需求。

（6）值班站长检查出入口开启情况及出入口拉闸门下盖板是否已盖整齐，排水沟盖板是否已盖整齐等。

二、行车值班员岗位

（1）行车值班员核实"车站施工登记本"中的A类施工已全部都结束，且现场已出清。

（2）行车值班员确认车控室IBP盘上屏蔽门操作开关全部处于自动位。

（3）（有道岔站填写）行车值班员核查记录确认本站各道岔现场钩锁器钩锁情况。

（4）（有道岔站填写）行车值班员报告行调申请控制权，经行调同意后方可进行HMI转换所有道岔与排列进路检查。

（5）行车值班员按照OCC命令在规定时间转换环控模式，并通过BAS确认相关模式已执行。

（6）行车值班员通过主控界面确认屏蔽门、环控模式、照明模式、水系统、扶梯状态正常。

（7）行车值班员与行调核对运营时刻表、车站时钟与中央时钟时间是否一致。

（8）行车值班员检查行车备品、广播及CCTV状态。

（9）行车值班员测试800 M、400 M手持台通信正常，调度应急电话、集中电话通信正常。

（10）行车值班员通过SC确认所有BOM、TVM、AGM、TCM已开启，同时安排客运值班员巡视确认以上设备是否正常。

三、客运值班员岗位

客运值班员现场核实确认所有BOM、TVM、AGM、TCM已开启。

四、常见问题及注意事项

（1）确保PSL操作允许位置是处于"OFF"位置。

（2）确保接触网上无异物，目测正常。

（3）确保车站公共区的照明和通风是正常的，特别是晚上有倒闸作业的施工。

（4）确保所有的票务设备是正常的，特别是TVM是处于正常状态。

 任务评价

根据以上学习内容，评价自己对本模块内容的掌握程度，在下表相应空格里"√"。

评价内容	差	合格	良好	优秀
对运营前检查内容掌握情况				
对运营前检查注意事项的掌握情况				
对自己岗位运营前检查掌握情况				
对运营前检查使用的工器具掌握情况				
学习中存在的问题或感悟				

 任务二　车站开站程序

 相关知识

在值班站长的组织下，严格按照车站开站程序中的时间要求，组织员工按时开站。

车站开站程序见表1-1。

表1-1　车站开站程序表

序号	时间	责任人	内容
1	首班列车出场前30分钟	行车值班员、值班站长	行车值班员按规定完成试验道岔；检查行车备品、备件是否齐全完好；值班站长检查施工结束，站线出清，完成开关屏蔽门/安全门测试，检查站台无异物侵入限界，行值汇报行调
2	首班列车到达前60分钟	客运值班员	完成TVM补币、补票工作，检查AFC设备运行情况
3	首班列车到达前30分钟	行车值班员	完成开启环控系统并检查运行情况，发现异常，及时汇报环调
4	首班列车到站前30分钟	客运值班员	完成票亭岗配票工作
5	首班列车到站前15分钟	站台岗	领齐备品到岗
6	首班列车到站前15分钟	行车值班员	检查打开照明，并确认开启AFC设备
7	首班列车到站前15分钟	票亭岗	开启BOM，开窗售票
8	首班列车到站前10分钟	值班站长	依次开启出入口卷帘门、站内电梯、扶梯，检查PIS状态，巡视全站

 任务实施

一、值班站长岗位

（1）首班列车出场前 30 分钟，组织车站完成运营前检查工作，具体工作详见任务一。

（2）首班列车到站前 10 分钟，值班站长依次开启出入口卷帘门、站内电梯、扶梯，检查 PIS 状态，巡视全站。有的车站出入口比较多，可以适当提前几分钟开启出入口卷帘门，但是确保开启之前，安检岗位、客服中心站务员全部到岗。

二、行车值班员岗位

（1）首班列车到达前 30 分钟，完成开启环控系统并检查运行情况，主要是在 ISCS 上检查各个风机、风阀的运作情况，通过颜色显示来辨别其工作状态，发现异常，及时汇报环调。

（2）首班列车到站前 15 分钟，检查打开公共区的照明，并派人现场确认是否正常开启；在车控室 SC 上查看 TVM、BOM、闸机等工作状态，确认正常开启 AFC 设备。

三、客运值班员岗位

（1）首班列车到达前 60 分钟，与站务员双人完成 TVM 补币、补票工作，每补完一台 TVM，都要在 TVM 前面检查，确保每一台 TVM 都可以正常使用。

（2）首班列车到站前 30 分钟，与站务员双人完成票亭岗配票工作，共同确认钱、票账实相符。

四、站务员岗位

首班列车到站前 15 分钟，站务员在客运值班员的陪同下，领取自己备品，到客服中心岗，开启 BOM，准备对外乘客服务。

五、站台岗位

首班列车到站前 15 分钟，领齐备品（对讲机、PSL 操作盘钥匙、LCB 钥匙、端门机械锁钥匙、信号灯）标准着装，到站台接车。

六、常见问题及注意事项

（1）各岗位做好相互监督，相互提醒，按照时间表来完成以上任务。

（2）各岗位相互做好衔接，不得出现出入口卷帘门提前打开，客服中心和安检人员还未到岗位的情况。

 任务评价

根据以上学习内容，评价自己对本模块内容的掌握程度，在下表相应空格里"√"。

评价内容	差	合格	良好	优秀
值班站长对开站流程的时间要求掌握情况				
站务员到岗的时间要求掌握情况				
学习中存在的问题或感悟				

任务三　工作交接

 相关知识

值班站长在组织交接班会议后，监督客运值班员办理交接，监督行车值班员办理交接，监督的内容包括台账的交接、备品的交接、钥匙的交接及重要事情和未完成事情的交接。

一、交接班会议

（1）车站交接班会召开地点为车站交接班室，时间为每日 8 时 30 分和 19 时（特殊情况除外），会议时间控制在 20 分钟内，最长不得超过 30 分钟；由交班值班站长主持会议，交班、接班员工必须参会（交班行值、站台岗、客服中心岗除外）。

（2）交接班会开始前，交接班人员在站厅车控室前列队，由交班值站进行点名。检查着装是否规范，仪容仪表是否符合标准。

（3）会议结束后，要求所有参会人员在"车站会议记录本"上签名。员工在岗对口交接对讲机、钥匙等物品。

（4）特殊情况下无法参加交接班会的人员，应及时传阅交接班会会议记录，并在"车站会议记录本"上签名。

（5）交接班会议结束后，交班、接班值站到票务室监督客值交接。

（6）交接班会议内容：

① 传达公司、部门、中心的文件、重要信息及会议精神，组织员工学习近期重点规章制度。

② 交接上一班工作情况，讲明阶段性工作重点、重要事项。

③ 交接上一班未完成的工作，说明需要本班持续跟踪的工作任务。

④ 交接行车、安全、施工、票务、客服的异常情况，本班值班站长做重点工作安排，做好行车、施工等方面安全预想，说明本站施工作业需要把控的关键环节。

⑤ 根据车站和中心安排开展业务培训，抽问两条业务知识。

⑥ 接班值班站长布置当班工作任务，对本班工作进行预想。

二、值班站长的交接内容

（1）填写签阅"车站会议记录本"。

（2）行车备品情况，钥匙借还、人员岗位情况。

（3）检查"车站物品借出登记本""车站施工登记本""车站巡视检查记录表""车站每日防火巡查本""车站调度命令登记簿""行车日志""设备故障报修登记本"等台账。

（4）检查文件、通知，核实交班值班站长完成或未完成的工作。

（5）查询安全注意事项和工作重点。

（6）其他一些有必要作口头说明的事项。

三、行车值班员的交接内容

（1）行车备品情况，钥匙借还情况。

（2）上级命令、指示、文件和通知，当日的施工计划。

（3）查阅上一班的"车站施工登记本""设备故障报修登记本""车站调度命令登记簿""行车日志"等车控室台账，了解清楚上一班设备故障、施工计划和调度命令发布、行车异常等情况。

（4）交接安全注意事项和工作重点。

（5）交班人退出自己的HMI账号，接班人用自己的账号登录HMI。

四、客运值班员的交接内容

（1）票务备品情况，钥匙借还情况。

（2）票务报表、台账和备用金交接。备用金交接时，当班值班站长应在场监控。

（3）上级命令、指示、文件和通知。

（4）上一班未完成的内容（乘客事务、设备故障等）。

（5）交接安全注意事项和工作重点。

（6）交班人退出自己的SC账号，接班人用自己的账号登录SC。

一、工作交接的流程

（1）交班的值班站长在车控室前面列队，对人员到岗情况进行点名，组织交接的人员，做服务礼仪操。

（2）交接班人员到会议室，由值班站长组织召开交接班会议。

（3）交接班会议结束后，由值班站长监督行车值班员交接、监督客运值班员办理交接。

二、常见问题及注意事项

（1）上一班组的突发事件未处理完，不得办理交班。

（2）值班站长要认真监督行车值班员、客运值班员交接的情况，对交接的质量进行把控，对存在的问题及时指出。

（3）接班的值班站长等所有岗位办理完交接后，在"值班站长交接班本"上签字，签字后，代表签字后，发生的事情由接班的班组来处理和负责。

（4）因交接不清楚，导致的钥匙丢失、备品损坏、备品缺失等，由接班人进行负责。

根据以上学习内容，评价自己对本模块内容的掌握程度，在下表相应空格里"√"。

评价内容	差	合格	良好	优秀
交接班会议流程的掌握程度				
值班站长交接注意事项的掌握程度				
学习中存在的问题或感悟				

任务四　站内行车与监控设备的监控及操作

相关知识

值班站长要监督行车值班员监控设备运转的情况，对于设备有故障时，能够紧急处理，并按照规定及时上报故障。值班站长在顶替行车值班员吃饭或上洗手间的过程中，遇到相应的情况也要进行相应的操作，因此，值班站长要牢牢掌握以下设备的相关操作。

一、HMI 操作手册

（一）站遥控模式操作

HMI 工作界面上的站遥控标识符为：。

标识为稳定绿色的"遥控"圆点 ——当前控制权在行调，车站不能操作相关命令；

标识为稳定黄色的"站控"圆点 ——当前控制权在车站，车站能操作相关命令；

标识为稳定红色的"紧急站控"圆点 ——在紧急情况下，车站在不需要行调确认的情况下将遥控模式切换到站控模式。

1. 从遥控模式转换为站控模式（图 1-1）

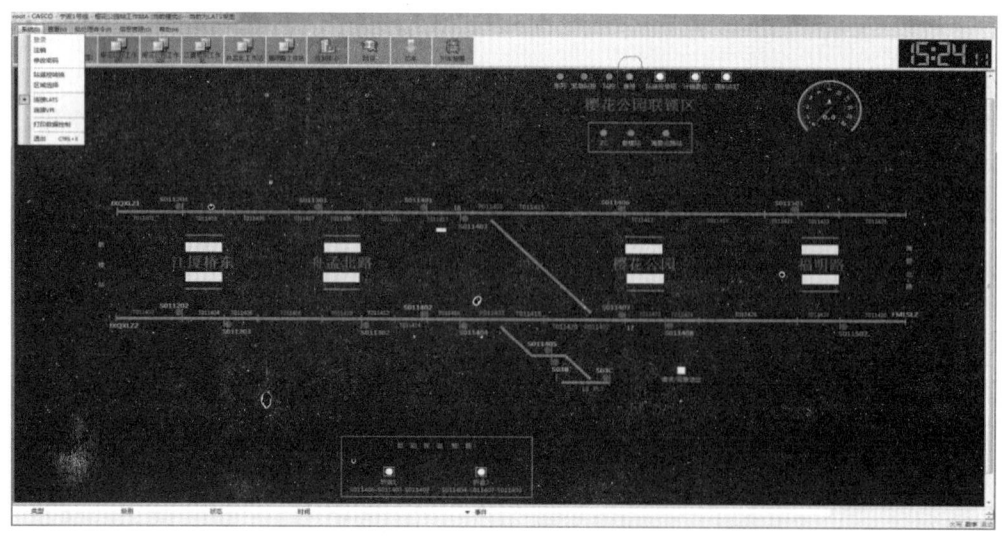

图 1-1　站遥控转换操作 1

从图 1-1 可以看出此时 HMI 控制模式为遥控，控制权在行调，车站如果要获取控制权，必须将控制模式转换为站控模式，其操作过程如下：

（1）鼠标点击菜单栏中的系统选项，在弹出的菜单中选择"站遥控转换"，如图 1-2 所示。

（2）点击完"站遥控转换"菜单后会弹出"站遥控转换"界面（图 1-3），先选中"车站樱花公园站"，接着选中"请求站控"（如果要紧急站控则选中"紧急站控"即可），然后点击"应用"，最后点击"关闭"。

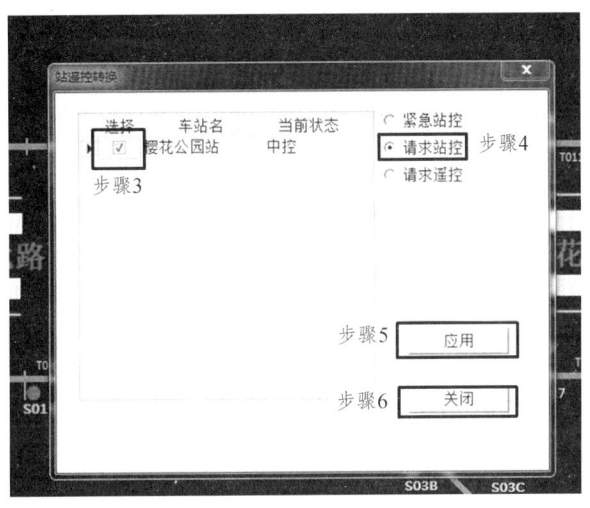

图 1-2 站遥控转换操作 2

图 1-3 站遥控转换操作 3

（3）此时站遥控模式转换为站控模式（图 1-4），由于一个联锁集中站控制着多个车站，此时还需要对控制区域进行选择以确定集中站对联锁区内的哪些车站进行控制。

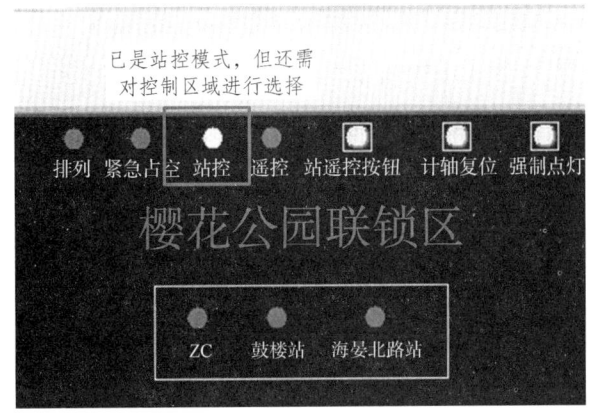

图 1-4 站遥控转换操作 4

（4）鼠标点击菜单栏中的"系统"选项，在弹出的菜单中选择"区域选择"选项（图 1-5），此时会弹出"区域选择"界面（图 1-6），如果对所有车站进行控制就鼠标点击"全部申请"（如果只对部分车站进行控制就申请栏下选中相应车站，见图1-7），接着点击应用，此时被控制车站的控制状态会显示自控（图1-8），再点击关闭完成操作。

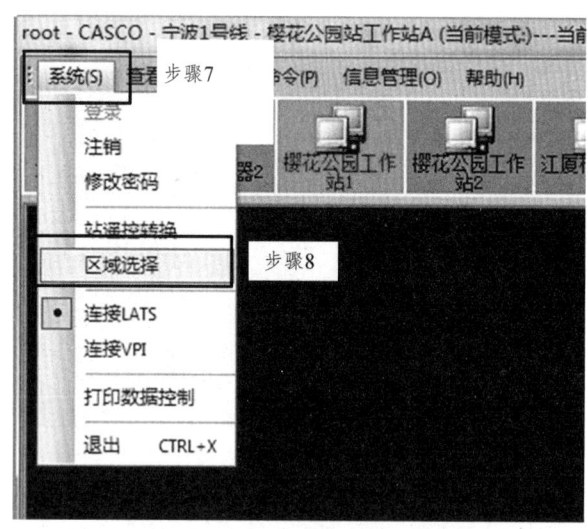

图 1-5　区域选择 1

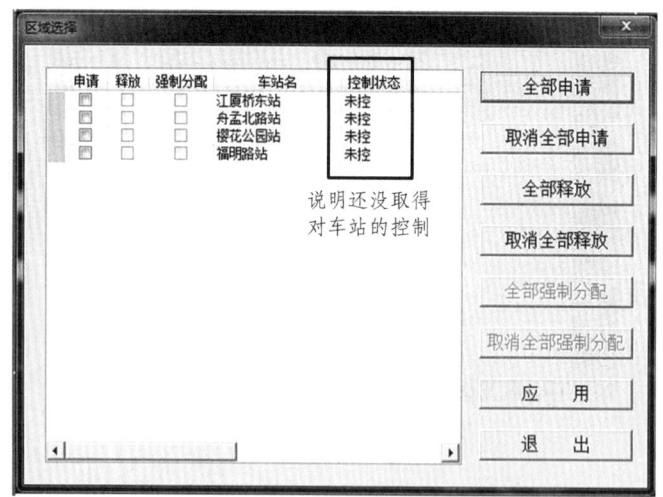

图 1-6　区域选择 2

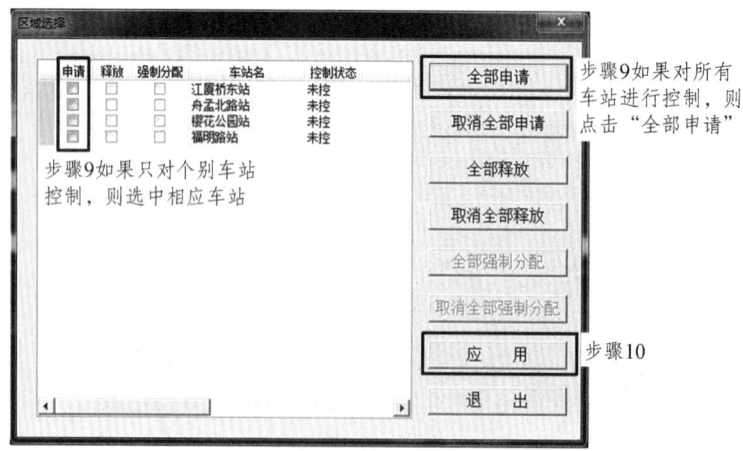

图 1-7　区域选择 3

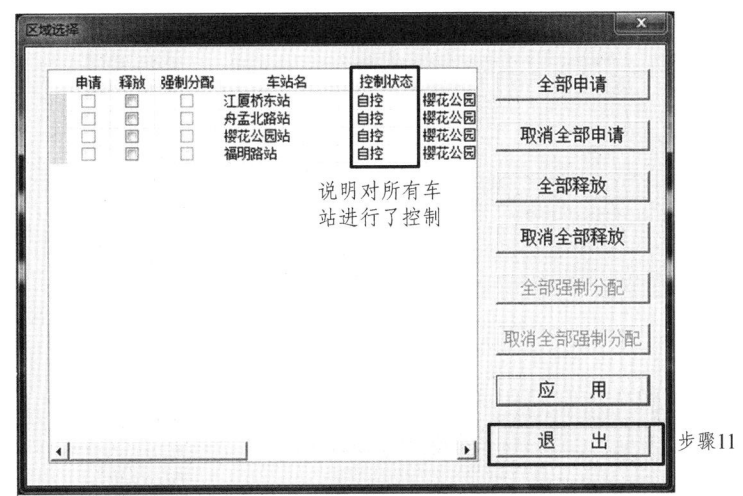

图 1-8 区域选择 3

2. 站遥控模式转换为遥控、紧急站控

将站遥控模式转换为遥控或紧急站控的操作过程与前面的操作相似，就是在"站遥控转换"界面中选择"请求遥控"或"紧急站控"即可（图 1-9）。

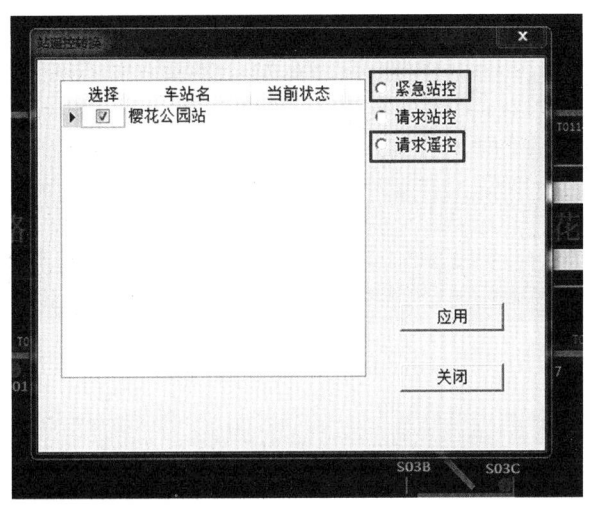

图 1-9 站控转遥控或者紧急站控

3. 站遥控模式转换的按钮操作

站遥控模式的转换除了上述通过菜单操作外，还可以通过 HMI 界面上的站遥控切换按钮进行控制模式间的切换 。

这里需要指出的是，对于 HMI 界面上的按钮、设备（如信号机、道岔、区段、站台）的操作都是通过鼠标右键点击实现的。右键点击站遥控切换按钮后，ATS 系统将根据当前的控制模式自动使能相对应的模式切换操作。

如图 1-10 所示"中控"下，"紧急站控"和"请求站控"菜单被使能。

在如图 1-11 所示"站控"下，"请求遥控"和"紧急站控"菜单被使能。

在图 1-12 所示"紧急站控"下，"请求站控"菜单被使能。

点击相应的菜单项后，会出现"站遥控转换"界面，操作的对象集中站及切换类型被自动选中并不能编辑，点击"应用"完成该操作，点击"关闭"退出（图 1-13）。

例如在"紧急站控"下，右键点击"站遥控"按钮，在弹出的菜单中选择"请求站控"菜单项，会弹出图 1-13 所示界面。

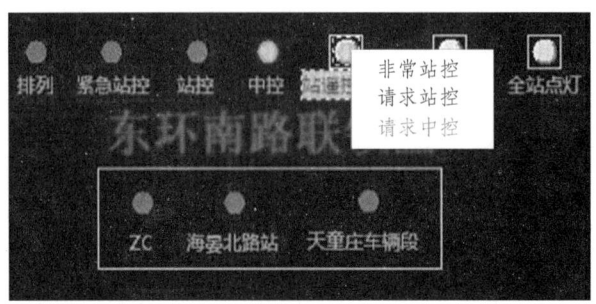

图 1-10　遥控转站控

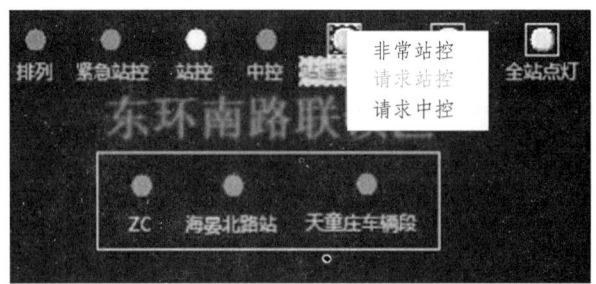

图 1-11　站控转遥控

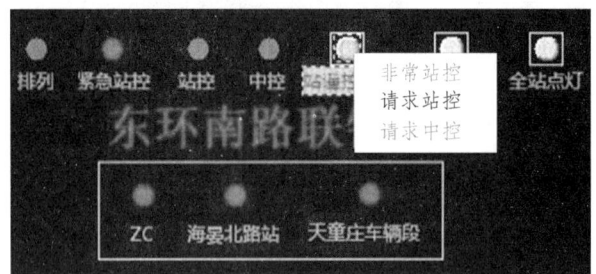

图 1-12　紧急站控转站控

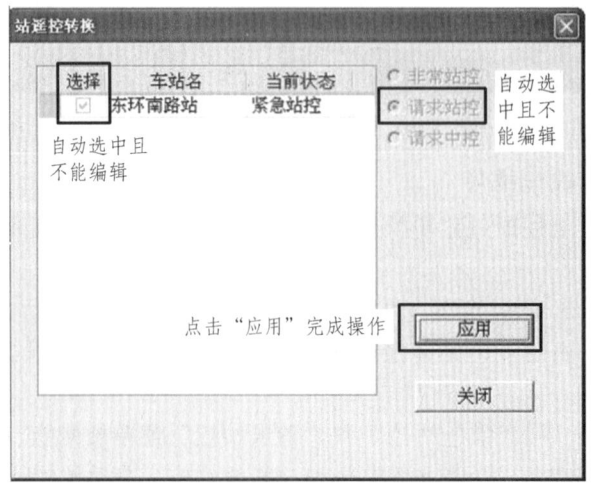

图 1-13　站遥控转换

4．注意事项

不管是通过菜单还是按钮操作来实现站控，当完成"站遥控转换"界面的操作后还需要在区域选择界面里进行对控制车站的选择操作。

(二)信号机的操作

在 HMI 界面上可以通过鼠标右击想要操作的信号机,在弹出的菜单中选择相应的菜单项就可以对信号机进行相应操作。

1. 排列进路

首先右键点击想要操作的信号机,在弹出的菜单中选择排列进路菜单项,接着会弹出进路设置界面,在进路列表中选择你想要排列的进路,接着点击展开进路预览,查看进路是否正确,如果正确的话点击"确定"此时会弹出"确认对话框",点击"执行"就会排列好进路(图 1-14 ~ 图 1-18)。

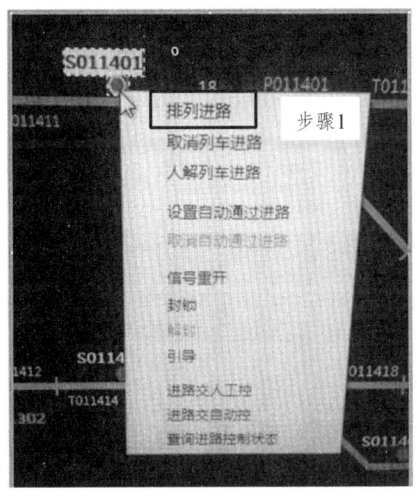

图 1-14 列车排列进路 1

图 1-15 列车排列进路 2

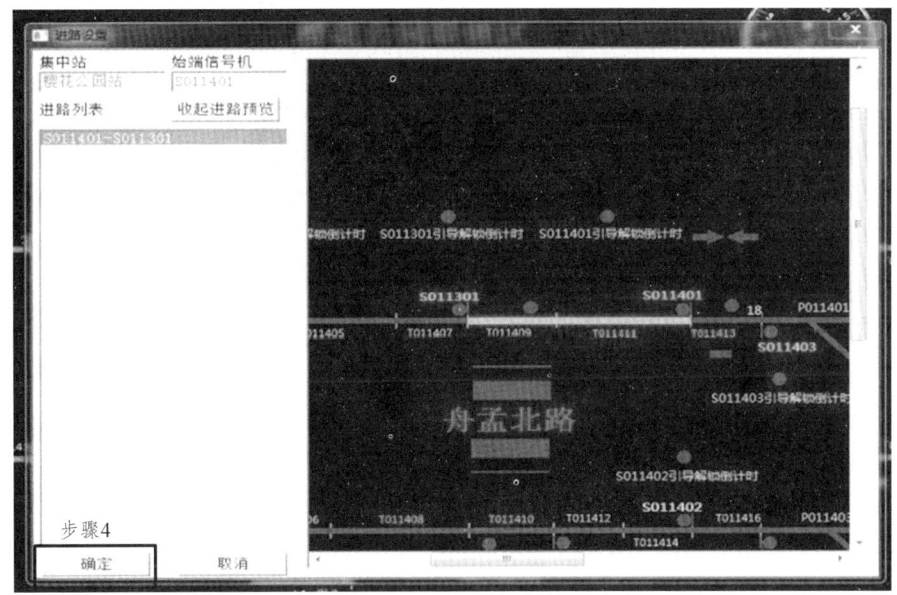

图 1-16 列车排列进路 3

2. 取消列车进路

鼠标右键点击要取消进路的始端信号机,在出现的菜单中选择"取消列车进路",接着会弹出"取消列车进路"对话框,点击"确认"就能完成取消进路操作(图 1-19 ~ 图 1-21)。

图 1-17　列车排列进路 4

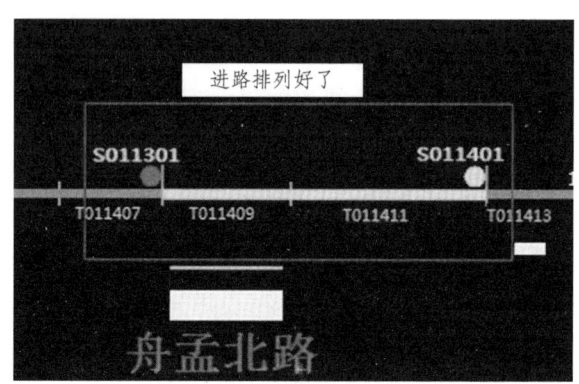

图 1-18　列车排列进路 5

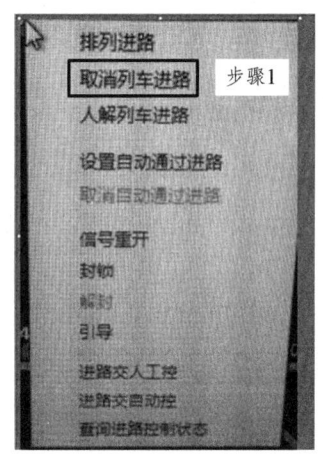

图 1-19　取消列车进路 1

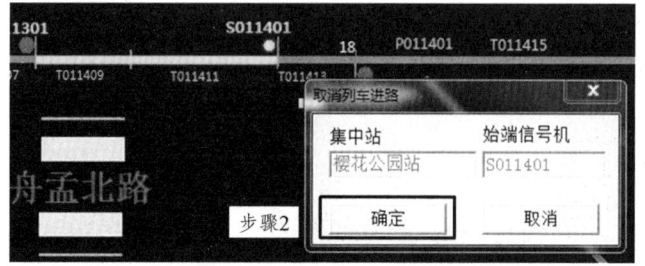

图 1-20　取消列车进路 2

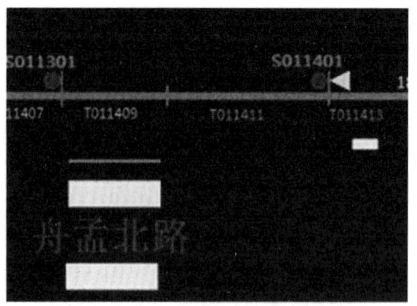

图 1-21　取消列车进路 3

3. 人解列车进路

当需取消已处于接近锁闭状态（接近区段有车、信号开放、进路空闲）的进路，或取消引导接车进路时，使用"人解列车进路"。首先，鼠标右键点击要取消进路的始端信号机，在出现的菜单中选择人解列车进路，接着弹出"是否执行人解列车进路命令？"对话框，点击"是"，就开始人解列车进路。与取消列车进路不同的是，人解列车进路会延时解锁，不能立即生效，同时在信号机旁会显示字母 Y，当延时解锁倒计时结束后，人解列车进路完成，字母 Y 消失。如图 1-22～图 1-26 所示。

4. 设置/取消自动通过进路

自动通过进路允许列车经过信号机的一固定进路（这一固定进路是系统事先设定好的，车站更改不了），当设置好自动通过进路后，进路下方会有一绿色箭头。要"设置/取消"自动通过进路，首先，鼠标右键点击"信号机"，在弹出的菜单中选择"设置（取消）自动通过"进路，接着会弹出"信号机控制"对话框，选择"设置（取消）自动通过"，最后点"确定"就能完成设置（取消）自动通过进路。

如图 1-27～图 1-29 所示。

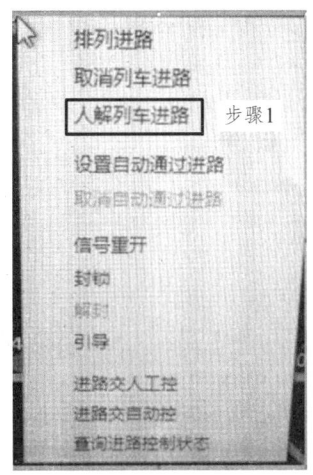

图 1-22 人解列车进路 1

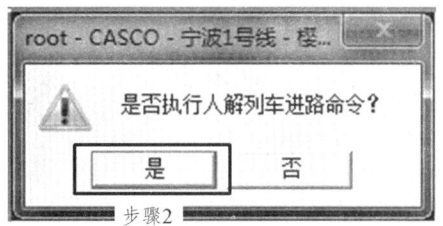

图 1-23 人解列车进路 2

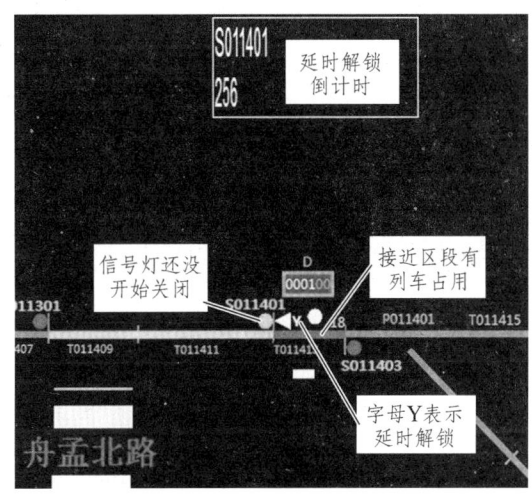

图 1-24 人解列车进路 3

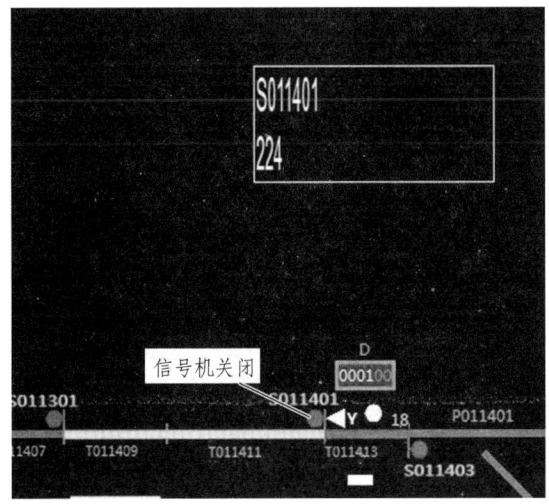

图 1-25 人解列车进路 4

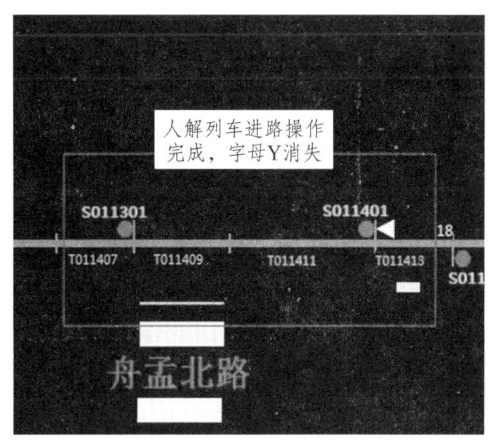

图 1-26 人解列车进路 5

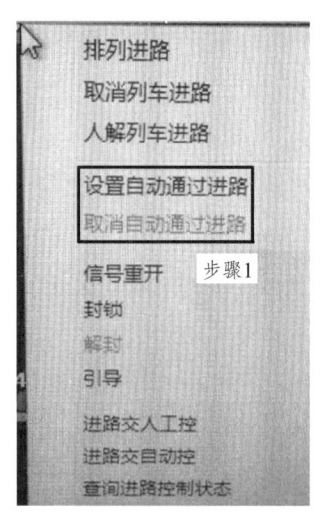

图 1-27 设置列车自动通过进路 1

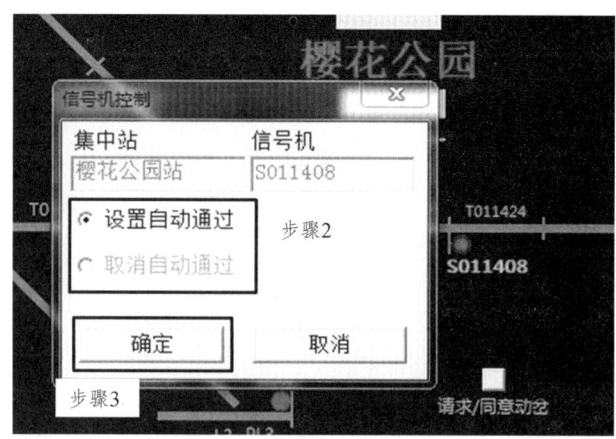

图 1-28 设置列车自动通过进路 2

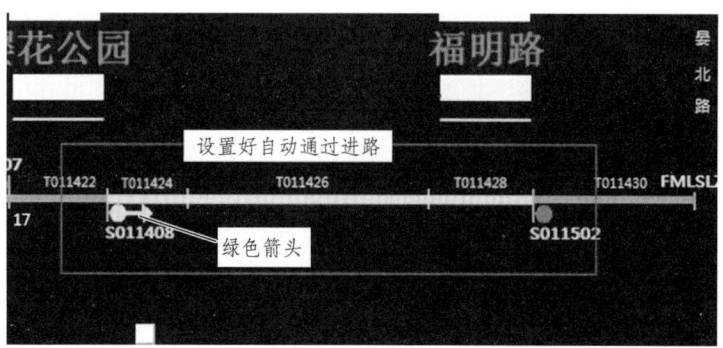

图 1-29 设置列车自动通过进路 3

5. 信号封锁

鼠标右键点击需要封锁的信号机，在弹出的菜单中选择封锁命令，接着会弹出信号封锁对话框，最后点击"确定"完成对信号机的封锁。封锁的信号机在 HMI 界面上会粉色闪光显示。如图 1-30 ~ 1-32 所示。

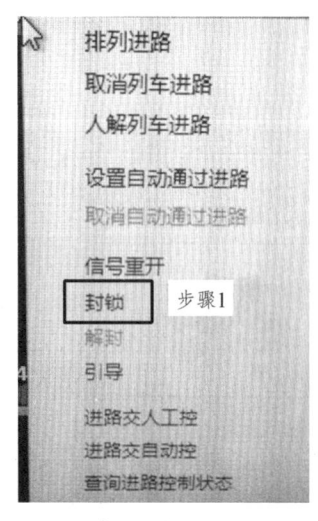

图 1-30 信号封锁 1

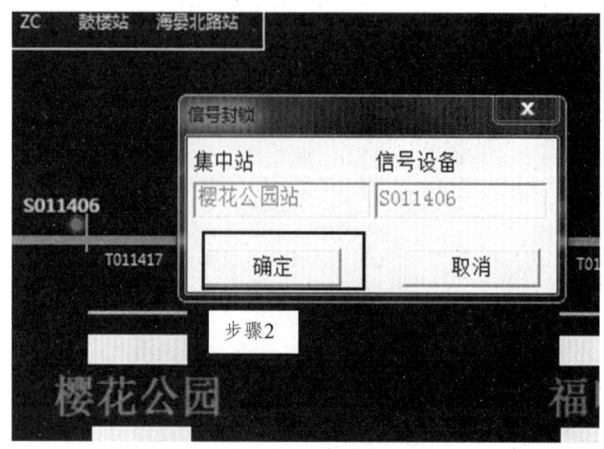

图 1-31 信号封锁 2

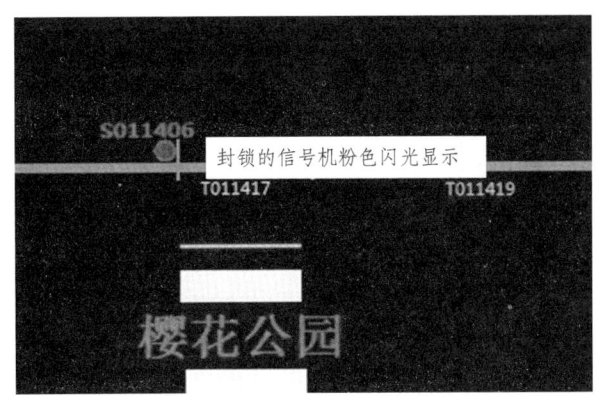

图 1-32　信号封锁 3

6. 信号解封

鼠标右键点击要解封的信号机,在弹出的菜单中选择解封,接着会弹出"是否执行信号解封命令？"对话框,选择"是"进入解除封锁界面,由于信号解封属于安全相关命令需要进行二次确认,首先点击准备框内的"确认"按钮,然后在确认框中的操作设备栏中选择解封的信号机,接着点击"确认"按钮,最后点击"关闭"完成操作。执行成功后,信号机不再粉红色闪光显示。如图 1-33～图 1-36 所示。

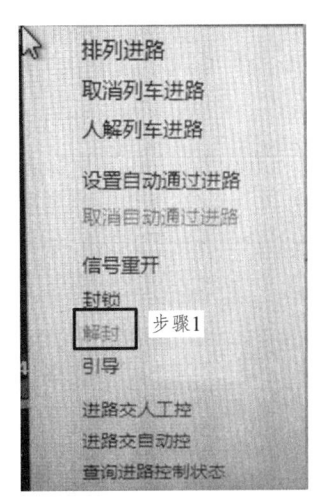
图 1-33　信号解封 1

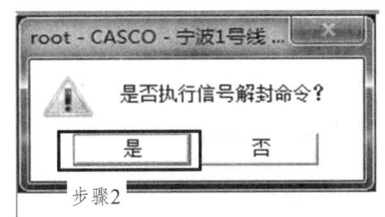
图 1-34　信号解封 2

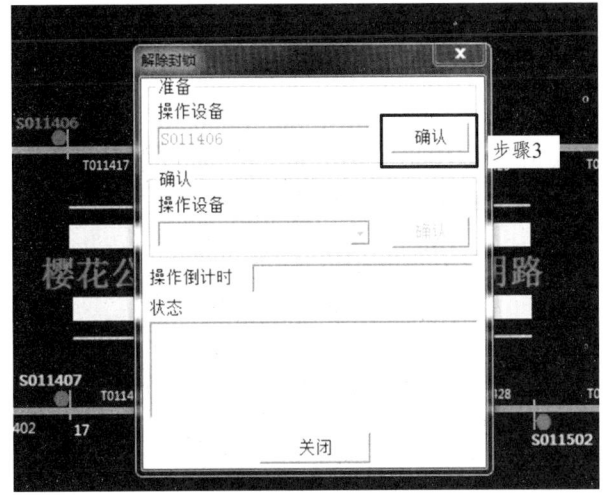
图 1-35　信号解封 3

图 1-36　信号解封 4

7. 信号引导

鼠标右键点击"引导进路始端信号机",并在出现的菜单中选择"引导",在弹出的"是否执行引导命令对话框?"中选择"是"完成信号引导。当信号机开通引导信号时,引导进路旁会有绿色箭头显示,始端信号机会有红、黄显示。引导进路的取消需要通过人解列车进路来实现。如图 1-37 ~ 图 1-39 所示。

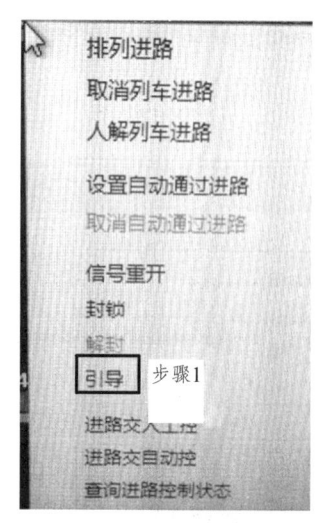

图 1-37　信号引导 1

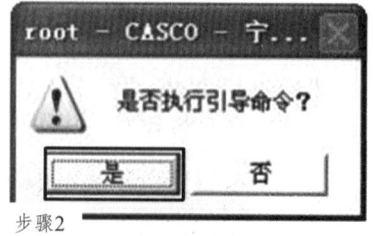

图 1-38　信号引导 2

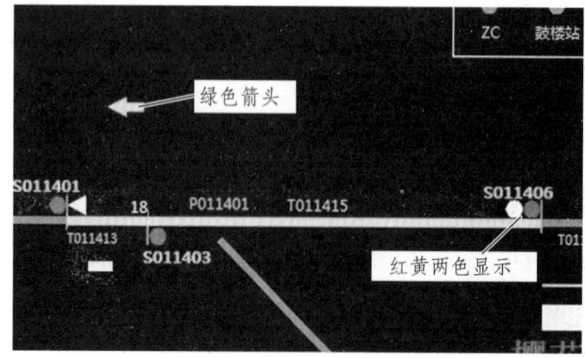

图 1-39　信号引导 3

8. 进路交人工（自动）控

进路交人工控是将信号机取消 ATS 自动触发功能，转为人工办理进路，进路交自动控是将信号机的某条进路设置为由 ATS 自动触发，不需要人工排列进路。在 HMI 界面上可以通过观看是否有黄色三角来判断进路是人工控还是自动控。首先右键点击"信号机"，在弹出的菜单里选择"进路交人工（自动）控"，在弹出的进路交人工（自动）控界面里选择相应的进路，点击"确定"按钮完成进路交人工（自动）控操作。如图 1-40 ~ 图 1-42 所示。

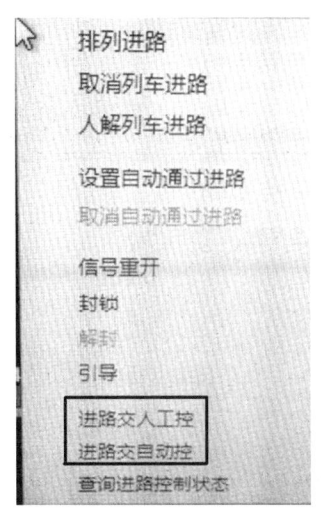

图 1-40　进路交人工控制 1

图 1-41　进路交人工控制 2

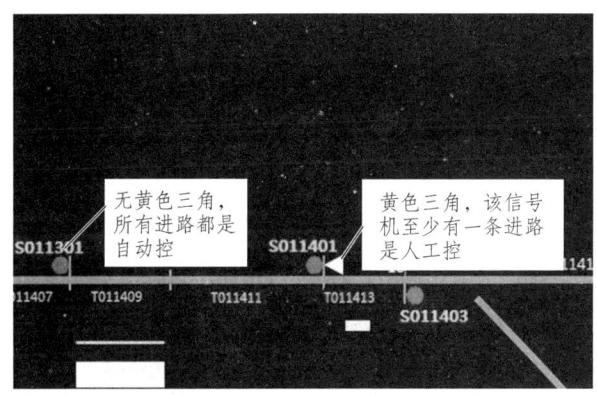

图 1-42　进路交人工控制 3

（三）区段的操作

在 HMI 界面上可以通过鼠标右击想要操作的区段，在弹出的菜单中选择相应的菜单项就可以对区段进行相应操作。

1. 区段封锁

鼠标右键点击要封锁的区段，在弹出的菜单中选择"封锁"，接着会弹出"信号封锁"对话框，在对话框中，集中站以及信号设备会根据要封锁的区段自动显示出来，无须额外操作，只需点击确定按钮就可完成对区段的封锁，封锁的区段会粉红色闪烁。如图 1-43 ~ 图 1-45 所示。

2. 区段解封

鼠标右键点击要解封的区段，在弹出的菜单中选择"解封"，接着在弹出的对话框中选择"是"，然后进入解除封锁界面，区段解封也涉及安全，所以也需要二次确认操作，最后点击"关闭"完成区段解封。如图 1-46 ~ 图 1-48 所示。

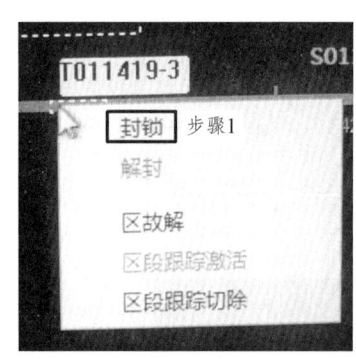

图 1-43 区段封锁 1

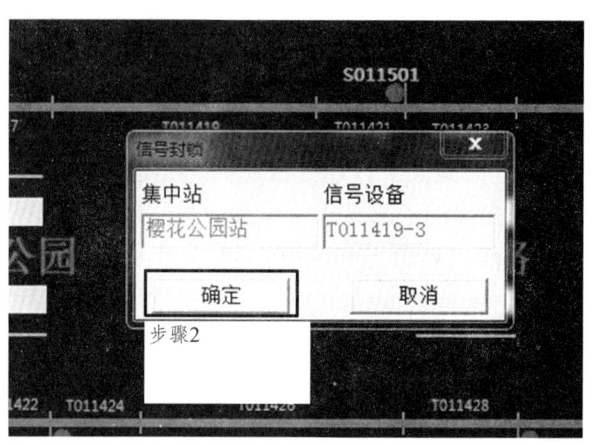

图 1-44 区段封锁 2

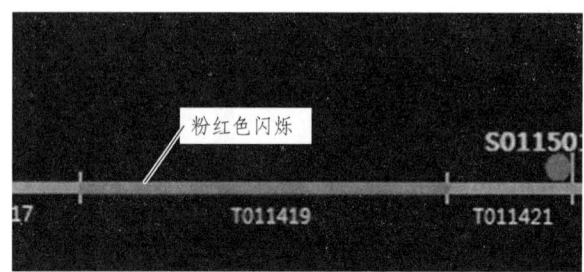

图 1-45 区段封锁 3

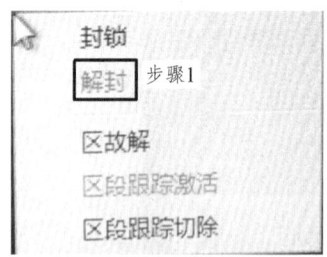

图 1-46 区段解封 1

图 1-47 区段解封 2

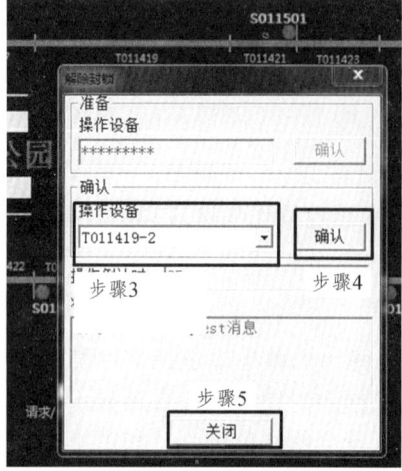

图 1-48 区段解封 3

3. 区段切除（激活）跟踪

鼠标右键点击要操作的区段，在弹出的菜单中选择"区段跟踪激活（切除）"，接着在弹出的区域控制界面中选择"激活（切除）"，点击"确定"，完成对区段切除（激活）追踪操作。区段切除跟踪后会在HMI界面上以当前区段颜色闪烁显示。如图1-49～图1-51所示。

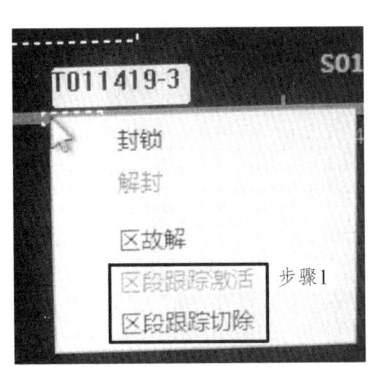

图1-49 区段切除1

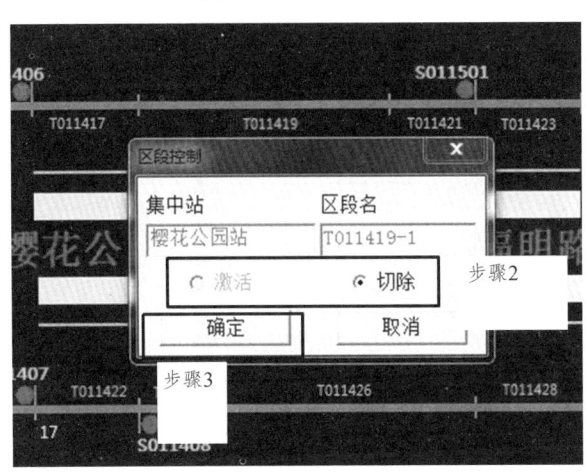

图1-50 区段切除2

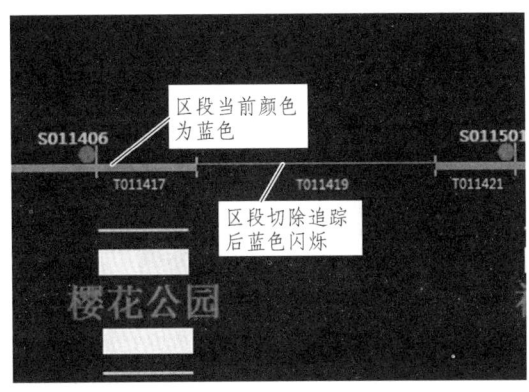

图1-51 区段切除3

4. 区段区故解

鼠标右键点击要操作的区段，在弹出的菜单中选择"区故解"，在弹出的"是否执行区故解命令？"的对话框中选择"是"，然后进入区故解界面，因为区故解也是安全相关命令，需要进行二次确认，当执行成功后，故障锁闭的白光带会消失。如图1-52～图1-54所示。

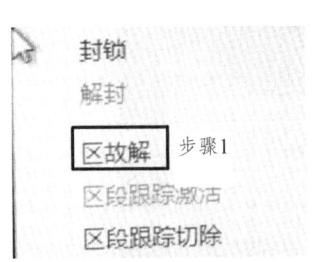

图1-52 区故解1

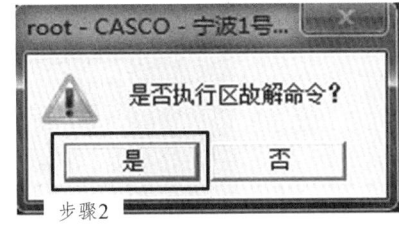

图1-53 区故解2

图1-54 区故解3

（四）道岔的操作

在HMI界面上可以通过鼠标右击想要操作的道岔，在弹出的菜单中选择相应的菜单项就可以对道岔进行相应操作。

1. 道岔定（反）操

鼠标右键点击要操作的道岔，在弹出的菜单中选择"定（反）操"，接着在道岔控制界面中选择"道岔定（反）位"，最后点击"确定"按钮就可完成对道岔定（反）操。如图1-55~图1-58所示。

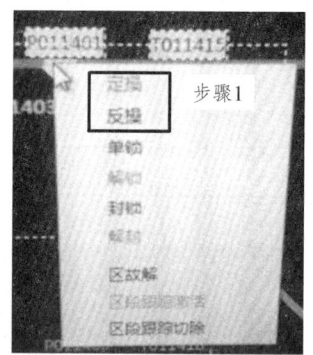

图 1-55　道岔定反操 1

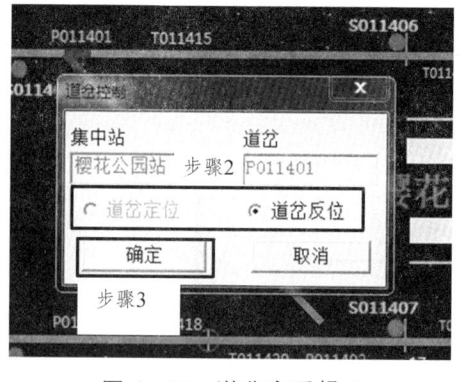

图 1-56　道岔定反操 2

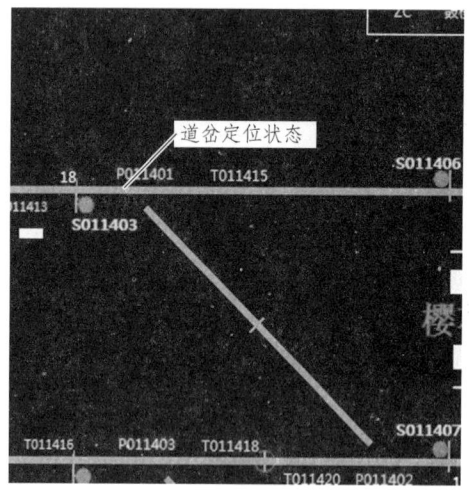

图 1-57　道岔定反操 3

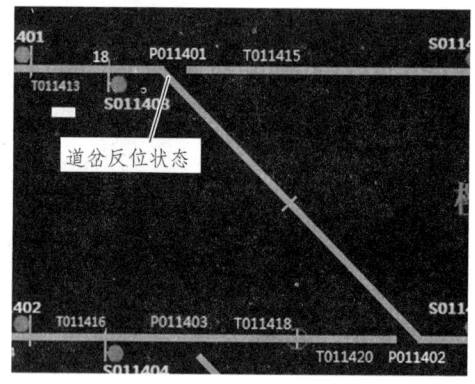

图 1-58　道岔定反操 4

2. 道岔单锁

鼠标右键点击要单锁的道岔，在弹出的菜单中选择"单锁"，接着在道岔控制界面选择"道岔单锁"并点击"确定"按钮，完成道岔单锁操作，被单锁的道岔在道岔处会有绿色单锁圈显示。如图1-59~图1-61所示。

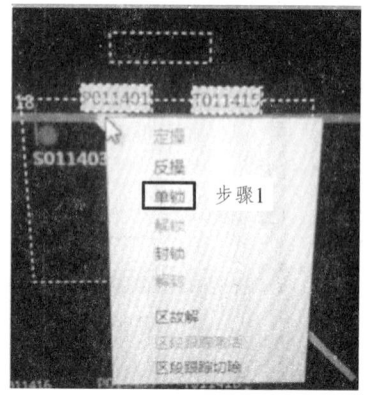

图 1-59　道岔单锁 1

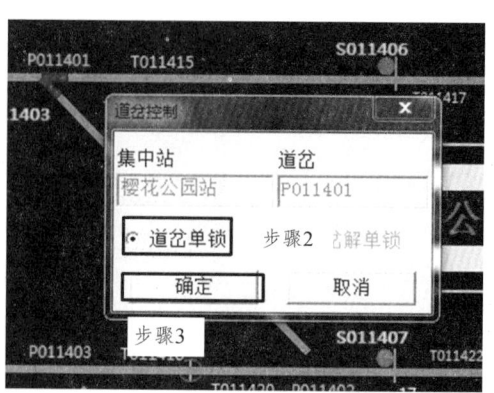

图 1-60　道岔单锁 2

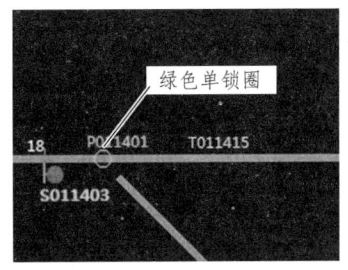

图 1-61　道岔单锁 3

3. 道岔解锁

鼠标右键点击要解锁的道岔，在弹出的对话框中选择"解锁"，接着在弹出的"是否执行道岔单解命令？"对话框中选择"是"，接着在道岔单解界面中进行二次确认，即可完成对道岔的解锁。如图 1-62～图 1-64 所示。

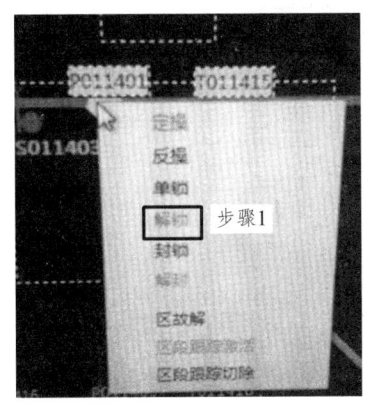

图 1-62　道岔解锁 1

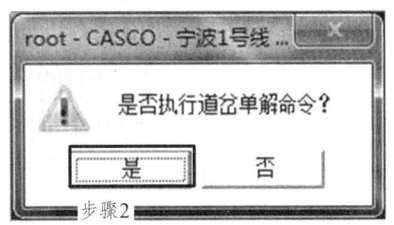

图 1-63　道岔解锁 2

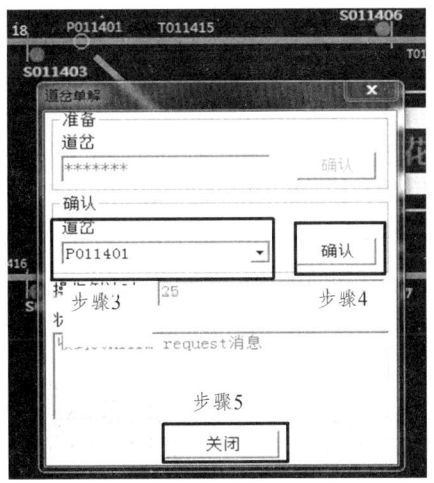

图 1-64　道岔解锁 3

4. 道岔封锁

鼠标右键点击要封锁的道岔，在弹出的菜单中选择"封锁"，接着会弹出对话框，在对话框中，集中站以及信号设备会根据要封锁的道岔自动显示出来，无需额外操作，只需点击"确定"按钮就可完成对道岔的封锁，封锁的道岔会粉红色闪烁，并且道岔名称会有红色圈显示。如图 1-65～图 1-67 所示。

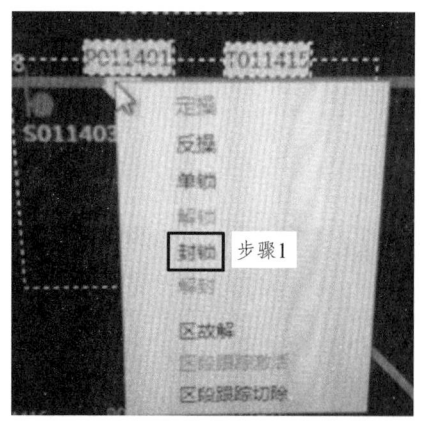

图1-65 道岔封锁1

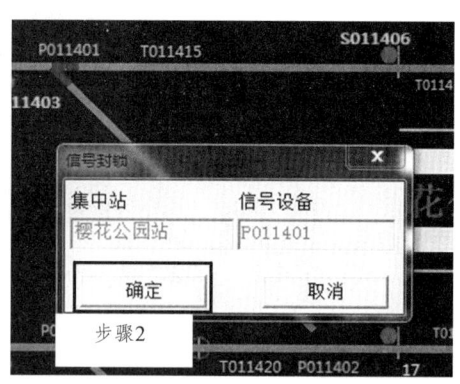

图1-66 道岔封锁2

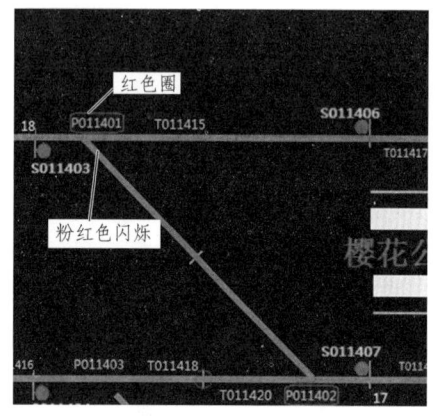

图1-67 道岔封锁3

5. 道岔解封、区故解、区段切除（激活）追踪

道岔其实可视为能转换位置的特殊区段，所以对于道岔的解封、区故解以及道岔区段切除（激活）追踪的操作与区段解封、区故解、区段切除（激活）追踪的操作是一样的，可以参考道岔单锁和解锁。

（五）站台的操作

在HMI界面上可以通过鼠标右击想要操作的站台，在弹出的菜单中选择相应的菜单项就可以对站台进行扣车、取消扣车以及提前发车操作。

1. 扣车

鼠标右键点击要扣车的站台，在弹出的菜单中选择"设置扣车"，接着在扣车界面中点击"确定"按钮就能完成站台扣车设置，此时在站台旁会显示字母H。如图1-68~图1-69所示。

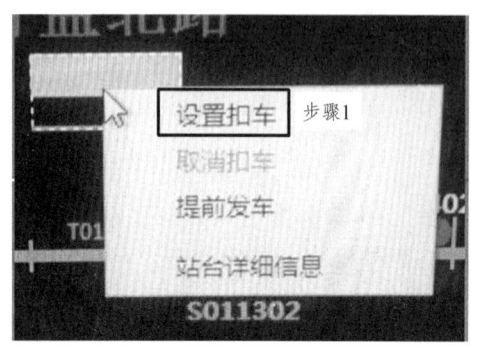

图1-68 设置扣车1

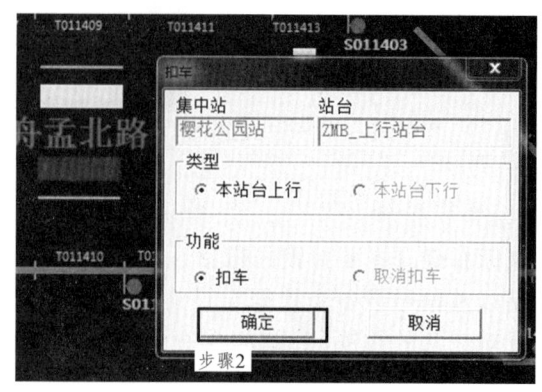

图1-69 设置扣车2

2. 取消扣车（图1-70～图1-71）

鼠标右键点击要取消扣车的站台（此站台之前设置了扣车），在弹出的菜单中选择取消扣车，接着在取消界面中点击"确定"按钮就能完成站台取消扣车，此时在站台旁的字母H会消失。

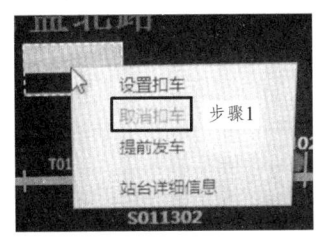

图1-70 取消扣车1

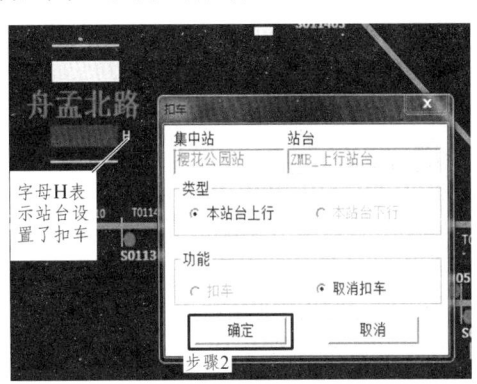

图1-71 取消扣车2

3. 提前发车

鼠标右键点击要提前发车的站台，在弹出的菜单中选择"提前发车"，接着在提前发车界面选择范围，最后点击"确定"完成提前发车操作。如图1-72～图1-73所示。

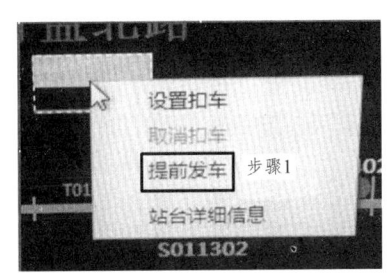

图1-72 提前发车1

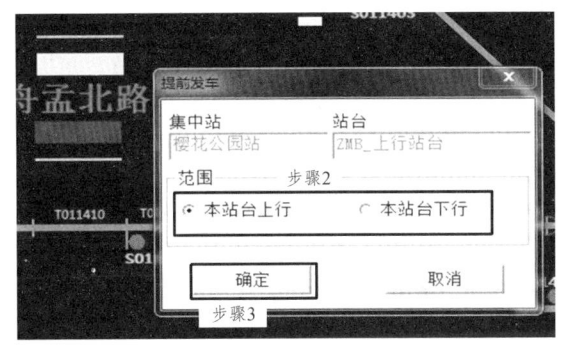

图1-73 提前发车2

（六）按钮的操作

当联锁机重启或信号系统恢复故障重启后，车站值班员需要在重启的界面中对相应的按钮（引导总锁、全站封锁、上电解锁、全站限速）进行相关取消操作才能使界面恢复正常。如图1-74所示。

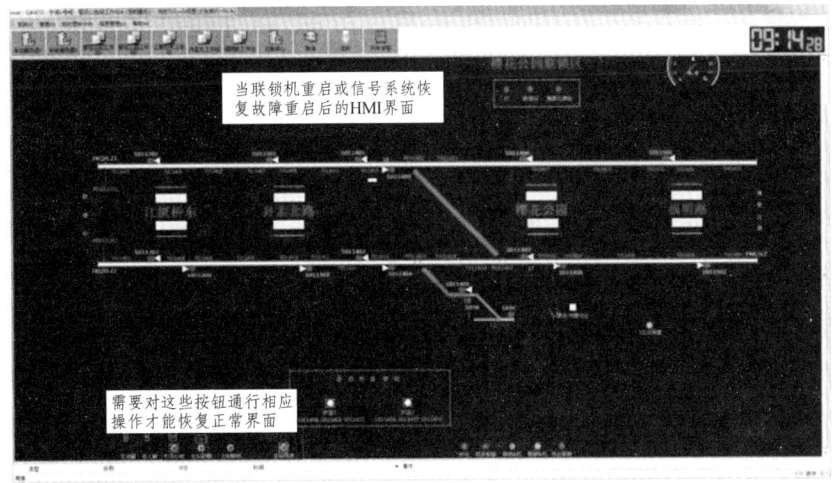

图1-74 联锁机重启界面

1. 引导总锁

鼠标右键点击引导总锁按钮，在出现的菜单中选择该操作项，弹出"是否执行设置/取消引导总锁"，命令对话框，如果是设置引导总锁，选择"是"则完成设置，如果是取消引导总锁，选择"是"后会弹出 HILC 对话框，二次确认后完成取消引导总锁操作。如图 1-75 ~ 图 1-78 所示。

图 1-75 引导总锁 1

图 1-76 引导总锁 2

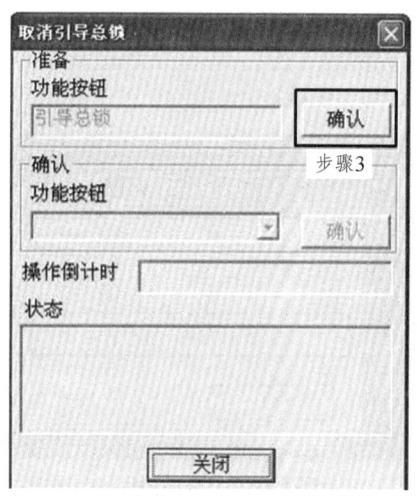

图 1-77 引导总锁 3

图 1-78 引导总锁 4

2. 上电解锁

鼠标右键点击上电解锁按钮，弹出 HILC 对话框，第一步输入框内已显示操作内容，点击准备输入框的"确认"按钮。使能确认对话框内的操作内容选择"上电解锁"，然后点击确认对话框内的"确认"按钮，完成操作。

3. 取消全站封锁

鼠标右键点击全站封锁按钮，弹出 HILC 对话框，第一步输入框内已显示操作内容，点击准备输入框的"确认"按钮。使能确认对话框内的操作内容选择"全站封锁"，然后点击确认对话框内的"确认"按钮，完成取消全站封锁操作。

4. 取消全站限速

鼠标右键点击全站封锁按钮，弹出 HILC 对话框，第一步输入框内已显示操作内容，点击准备输入框的"确认"按钮。使能确认对话框内的操作内容选择"全站限速"，然后点击确认对话框内的"确认"按钮，完成取消全站封锁操作。

二、IBP 盘操作手册

（一）试灯操作

如图 1-79 所示 IBP 盘面设置试灯按钮，当系统出现故障时（主要指盘面上的指示灯指示状态与现场的设备状态情况不一致），可对应急操作盘的盘面指示灯/蜂鸣器进行测试，可准确判断是 IBP 盘内部故障还是外部系统的故障。

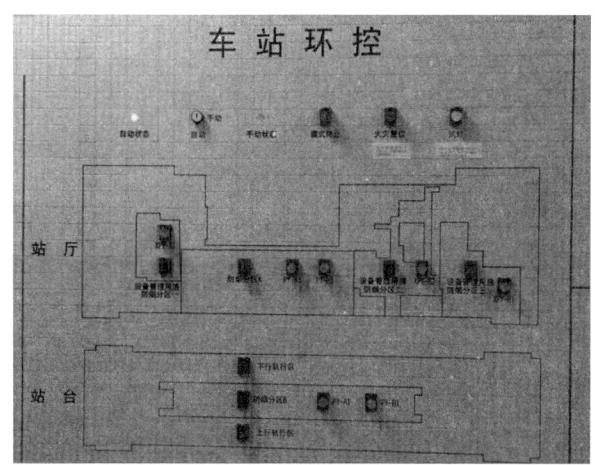

图 1-79　IBP 盘上环控界面

（二）信号模块（图 1-80）

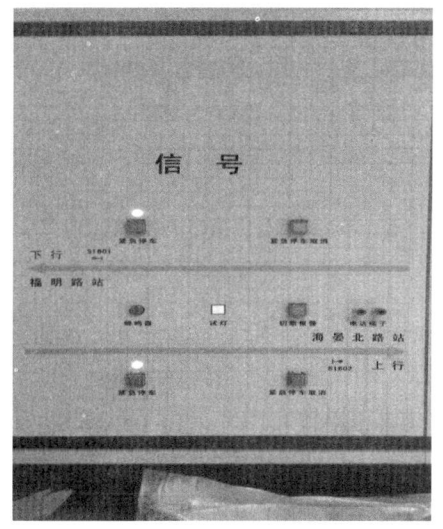

图 1-80　IBP 盘信号界面

以下仅介绍紧急停车相关操作。

1）紧急停车（以下简称"紧停"）有效操作前提条件

紧停的有效操作前提条件是列车以 ATO、ATPM 模式驾驶。

2）紧停有效范围

紧停有效范围通常为相应的站台区段及其相邻的计轴虚拟区段。

3）紧停功能描述

（1）CBTC-ATO 和 CBTC-ATPM 模式下，列车未进入紧急停车有效范围时，按压紧停，则列车在紧停有效范围前自动停车；如列车进入紧停有效范围，按压紧停，则列车将产生紧急制动。

（2）CBTC 和联锁模式下，列车未进入相应站台区段所在进路时，按压紧停，则排列进路的信号不能开放,已开放的信号将自动关闭(可以开放引导信号);如列车已经进入相应站台区段所在进路则对列车无效。

4)紧停相关操作

(1)在IBP盘上按压相应线路的"紧急停车"按钮。操作步骤如下:

① 设置紧停。

a. 在IBP盘上按压相应线路的紧急停车按钮(IBP盘上"紧急停车"按钮为红色不带灯带防护盖自复式按钮)。

b. 相应"紧急停车"按钮上方红灯点亮,并发出报警声,同时HMI上相应的站台区段出现红色蘑菇闪烁,相应的屏蔽门与轨道之间出现蓝色光带,在HMI上发生A类报警,记录相应站台区段的紧停信息。

c. 按压相应线路的"切断报警"按钮,消除报警声(此时紧停仍有效)。

② 解除紧停。

a. 在IBP盘上按压相应的"取消紧急停车"按钮(IBP盘上"紧急停车取消"按钮为黄色不带灯带防护盖自复式按钮)。

b. 相应"紧急停车"按钮上方红灯熄灭,并发出报警声,同时在HMI上相应的站台区段的红色蘑菇与相应的屏蔽门与轨道之间的蓝色光带消失。

c. 按压相应线路的"切断报警"按钮,消除报警声。

(2)在站台按压相应站台侧的紧停按钮(ESB)。

① 设置紧停。

a. 在站台敲碎相应站台侧的紧停按钮玻璃,按下紧停按钮。

b. IBP盘上相应"紧急停车"按钮上方红灯点亮,并发出报警声,同时HMI上相应的站台区段出现红色蘑菇闪烁,相应的屏蔽门与轨道之间出现蓝色光带,在HMI上发生A类报警,记录相应站台区段的紧停信息。

c. 按压相应线路的"切断报警"按钮,消除报警声(此时紧停仍有效)。

② 解除紧停。

与IBP盘操作解除紧停步骤一致。

(三)屏蔽门模块(图1-81)

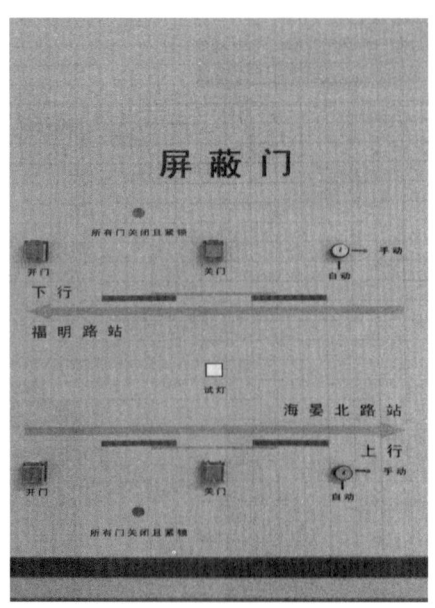

图1-81 屏蔽门界面

（1）将钥匙插入锁孔，将"自动"位转到"手动"位，此时手动操作才有效。

（2）开关门操作。

① 开启整侧屏蔽门。

按压相应的红色"开门"按钮，则站台相应侧的屏蔽门全部打开（滑动门打开）；"所有门关闭且锁紧"灯熄灭。

② 关闭整侧屏蔽门。

按压相应的绿色"关门"按钮，则站台相应侧的屏蔽门全部关闭（滑动门关闭）；关门到位后，"所有门关闭且锁紧"灯点亮。

（3）操作完成后，将钥匙从"手动"位转回"自动"位。

（四）自动扶梯、闸机、门禁模块（图1-82）

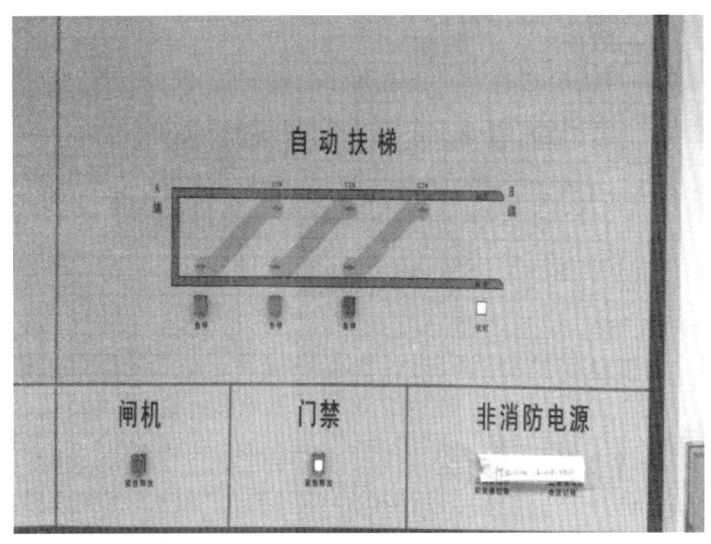

图1-82 扶梯、门禁、闸机界面

1. 自动扶梯

（1）正常情况下自动扶梯上行/下行运行指示灯绿色亮灯。

（2）打开"急停"按钮上的保险盖，按下"急停"按钮，对应的自动扶梯紧急停止运行。（此时"急停"按钮内的LED亮起）

（3）由于无法现场确认扶梯上是否有乘客，而且扶梯不存在缓停，在IBP盘上操作很可能造成客伤，因此禁止在非紧急情况下使用"急停"操作。

2. 闸 机

（1）打开IBP盘AFC紧急释放。

打开"紧急释放"按钮上的保险盖，按下"紧急释放"按钮，车站所有闸机扇门打开进入紧急释放状态。（此时"紧急释放"按钮内的LED亮起）

（2）关闭IBP盘AFC紧急释放。

再次按下"紧急释放"按钮，车站所有闸机撤出紧急释放状态，恢复正常状态。（此时"紧急释放"按钮内的LED熄灭）

3. 门 禁

（1）打开IBP盘门禁紧急释放。

打开"紧急释放"按钮上的保险盖，按下"紧急释放"按钮，车站所有门禁系统失效，进入紧急释放状态。（此时"紧急释放"按钮内的LED亮起）

（2）关闭IBP盘门禁紧急释放。

再次按下"紧急释放"按钮，车站所有门禁系统恢复正常状态。（此时"紧急释放"按钮内的LED熄灭）

（五）消防水泵、消防蝶阀模块（图1-83）

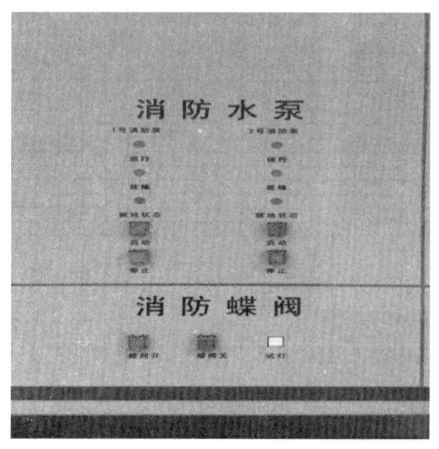

图1-83 消防水泵、消防蝶阀界面

1. 消防水泵

（1）打开IBP盘消防水泵。

打开"启动"按钮上的保险盖，按下"启动"红色按钮，消防水泵启动运行。（此时"启动和"运行"按钮灯亮）

（2）停止IBP盘消防水泵。

打开"停止"按钮上的保险盖，按下"停止"绿色按钮，消防水泵停止运行。（此时"停止"灯亮，"运行"按钮灯熄灭）

2. 消防蝶阀

（1）打开IBP盘消防蝶阀。

打开"蝶阀开"按钮上的保险盖，按下"蝶阀开"绿色按钮，消防蝶阀打开，消防栓处于通水状态。（此时"蝶阀开"按钮内的LED亮起）

（2）关闭IBP盘消防蝶阀。

打开"蝶阀关"按钮上的保险盖，按下"蝶阀关"绿色按钮，消防蝶阀关闭，消防栓处于断水状态。（此时"蝶阀关"按钮内的LED亮起）

（六）车站环控模块（图1-84）

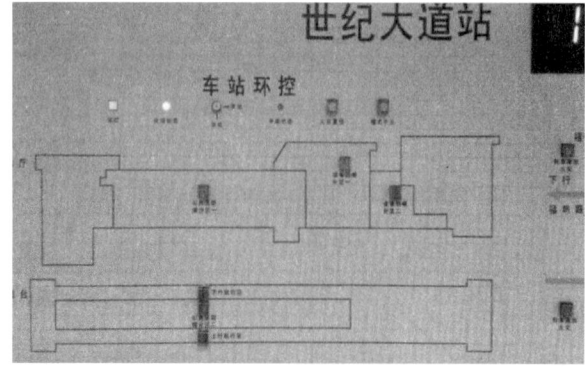

图1-84 车站环控界面

（1）环控的 IBP 功能是在火灾情况下的紧急模式启动及复位的作用。

（2）车站环控同样是将车站进行物理分区划分，当某一个区域内发生火情且 BAS 自动模式无法启动时，首先将钥匙打到手动位，手动状态灯亮起，然后点击相应区域的按钮。

（3）多个区域同时发生火灾时可以同时按压多个区域的按钮，当要取消时，可以将上述点击的按钮一一复位，也可以直接按压绿色的复位按钮，则上述先前的所有操作全部取消。

（4）在结束操作后，按压模式中止按钮，将钥匙打到自动位，自动状态灯亮起。

（七）隧道通风模块（图 1-85）

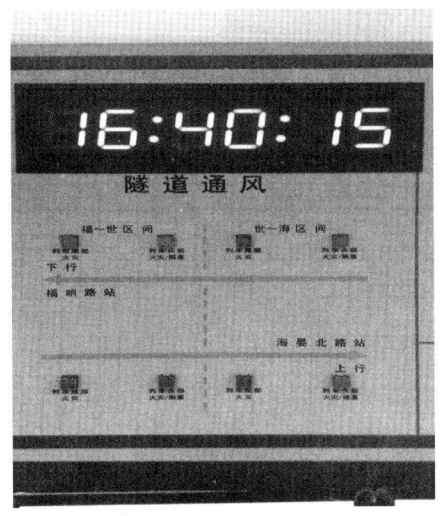

图 1-85　隧道通风界面

（1）隧道通风主要有三个作用：第一，排烟（主要作用）；第二，提供一定的新风；第三，引导乘客疏散。

（2）隧道通风模块首先将隧道区间进行物理划分，把区间划分为列车前后两个分区，一切操作服从调度的命令，按下相应的火灾分区按钮，启动相应的风机和风阀。

（八）防淹门模块（图 1-86）

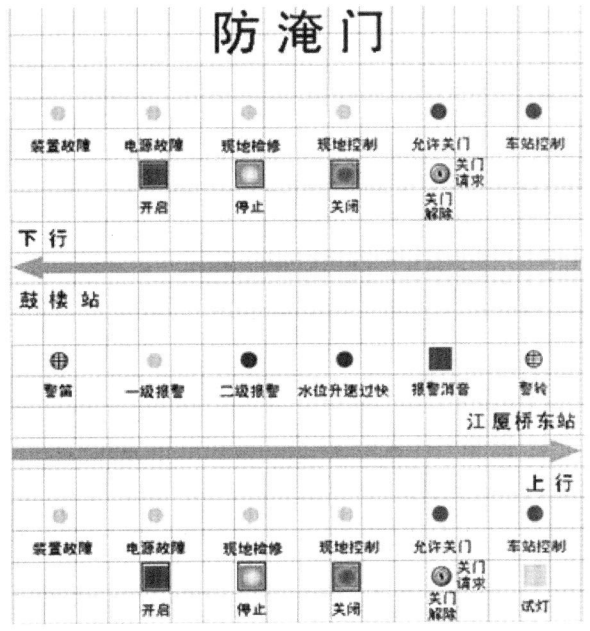

图 1-86　防淹门界面

（1）防淹门1号线只在东门口站和江厦桥东站设置，2号线在鼓楼和外滩大桥站之间设置。在紧急情况下可以通过盘面直接控制防淹门的启停关闭，另设有水位报警。

（2）显示及含义。

① "关门请求"按钮：向信号系统发出关门请求，按压后按钮亮红色，再次按压取消请求按钮灭灯。

② "允许关门"指示灯：此指示灯亮绿色，代表信号系统已经同意关门请求。

"现地检修""现地控制""车站控制"、指示灯：分别对应三种控制模式，必须在车站控制模式下，IBP盘才可控制防淹门。

"开启"按钮：解锁后，可操纵开闸门。

"停止"按钮：解锁后，可令防淹门操作立即停止动作。

"关闭"按钮：解锁后，可操纵关闸门。

（3）操作防淹门。

① 防淹门全开位状态为信号系统的一个联锁条件,信号系统的允许关门信号为防淹门关门控制的一个联锁条件。

② 只有通过请求关门按钮通知信号系统，收到信号系统允许关门信号后，关门按钮才被解锁。解锁后，通过车控室IBP盘或就地控制柜发出开/关闸门等相关控制命令，实现闸门的开/关操作。

③ 假设车站将水位报警信息汇报OCC后，OCC指令车站关闭上/下行防淹门闸门。注意：操作必须经OCC授权。

第一步，确认模式。确认上行闸门处于车站（IBP）控制模式，即"车站控制"指示灯亮绿色。如闸门处于"现地控制"或"现地检修"，车控室则无法操作闸门开关。

第二步，请求关门。将钥匙打到"关门请求"位，代表车站向信号系统发出关门请求。

第三步，允许关门。车站发出关门请求后，等待信号系统同意。接收到信号系统发回的允许关门信号后，上/下行"允许关门"指示灯亮绿色，其余按钮、指示灯状态不变，此时上/下行"开启""停止""关闭"按钮有效。

第四步，操作闸门。按压被解锁的上/下行"关闭"按钮，上行防淹门开始关闭。防淹门关闭到位后，关门完成。

三、广播系统操作手册

（一）YP-H-1音频话筒盒

YP-H-1型音频话筒盒为广播控制计算机提供广播音源。中心、车站值班员可通过操作广播控制计算机和音频话筒盒对广播区进行广播。

本盒面板包括一个鹅颈话筒、监听扬声器、电平指示灯、电源指示灯、PTT按键和监听音量调节旋钮。内部由模拟电路组成。

本盒具有话筒广播功能、线路播音功能、监听功能等。

1. 功　能

（1）话筒广播功能。

本盒具有一个话筒，值班员可通过话筒对各车站各广播区进行广播。

（2）线路播音功能。

本盒具有一个线路输入插口，可外接其他音源（如DVD机或MP3播放器），对各车站各广播区进行广播。

（3）监听功能。

通过监听扬声器监听，监听音量可调。

2. 原理说明

话筒/线路放大器：由话筒/线路输入的音频信号，经放大后，进入电平控制电路，将信号控制在设定的范围内，再经平衡转换电路，将信号转换成平衡的方式输出到中心音频控制单元。

语音放大器：由控制台面板上的语音输入插孔输入的音频信号，经放大后，进入电平控制电路，将信号控制在设定的范围内，再经平衡转换电路，将信号转换成平衡的方式输出到中心音源汇接单元。

监听放大器：由广播机柜回送的监听音频信号，经监听前置放大器转换成不平衡信号后，送至加法器，经音量调整后送到机内监听功率放大器推动监听扬声器进行监听。

3. 面板及接口说明

（1）本盒前面板布局如图 1-87 所示。

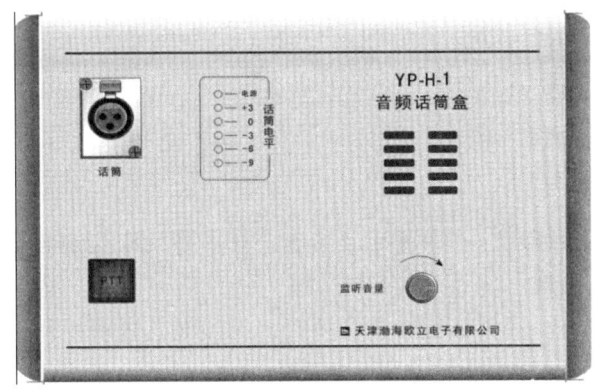

图 1-87 音频操作界面

各部分说明如下：

① 话筒接口，本盒配置可插拔话筒方便灵活。
② 话筒电平显示，可显示话筒输出电平。
③ 电源指示灯，打开电源，指示灯被点亮。
④ 话筒广播 PTT 按键。
⑤ 监听扬声器。
⑥ 监听音量调节旋钮。

（2）后面板及线缆接口如图 1-88 所示。

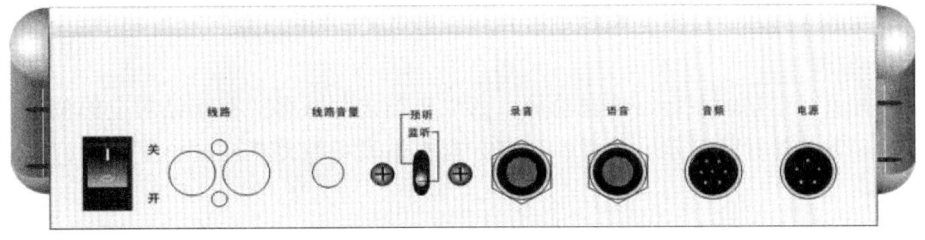

图 1-88 后面板及线缆接口

各部分说明如下（从左至右依次为）：

① 电源开关。
② 线路输入插孔。
③ 线路输入音量调节旋钮。

④ 监听、预听单刀单掷开关。

⑤ 录音接口，供控制终端进行录音。

⑥ 语音输入插孔。

⑦ 音频接口，通过7芯航空插头与AVPV（7×0.2）的线缆接入电源盒后与机柜相连，音频模拟信号。

⑧ 电源输入接口，与电源盒相连。

音频端口各引脚说明如下（从左至右依次为）：

① 地端。

② 话筒/线路平衡输出正输出端。

③ 话筒/线路平衡输出负输出端。

④ 语音平衡输出正输出端。

⑤ 语音平衡输出负输出端。

⑥ 监听平衡输入正输入端。

⑦ 监听平衡输出负输入端。

4. 操作说明

该设备是音频信号的转换通道，不具备控制功能，在本系统中与中心及车站广播控制终端配合使用。在使用中，如需话筒广播时，需按住"PPT"键，进行话筒广播。选择监听时，可通过调节监听电位器，调整监听音量的大小。选择其他信源广播时，无须对其进行操作。

（二）FK-B-1型车站防灾广播控制盒

在车站综控室设置1套FK-B-1型车站防灾广播防灾盒，作为备用，该防灾盒包括操作控制键盘、液晶显示屏及电控开关等，通过广播专用电缆与广播机柜相连，其结构形式采用桌面型的盒式结构，其电源由电源盒提供。

在值班员获得授权的情况下，运用钥匙开启并使用防灾广播防灾盒进行各种功能操作，其使用优先级高于综合监控系统的广播控制功能。

1. 功　能

1）控制功能

本防灾盒可对车站单区、多区及全区进行话筒广播，监听等功能，而且具有紧急广播功能，按下防灾盒上的紧急键，防灾盒进行语音广播，该语音是提前录制好的语音段，且在紧急语音段广播时可插入话筒广播，且插入的人工广播自动被防灾盒自带的MP3录音，方便以后调用。

2）故障显示功能

本广播盒具有监视车站设备运行情况功能，如果车站出现报警，在车站对应的位置出现报警的标记，具体故障内容由网管具体显示、控制、处理，当车站设备恢复正常时，报警标记自动清除。

3）监听控制

通过防灾盒的监听扬声器可监听各广播区的播音效果，监听音量可调，且每次只能监听一个区。

4）编组功能

广播盒具有组合编组功能，可对车站各广播区进行编组广播。

2. 面板及接口说明

1）面板图及各组成部分

前面板就是操作平台，我们通过前面板来完成总的控制工作。本操作盒的前面板图如图1-89所示。

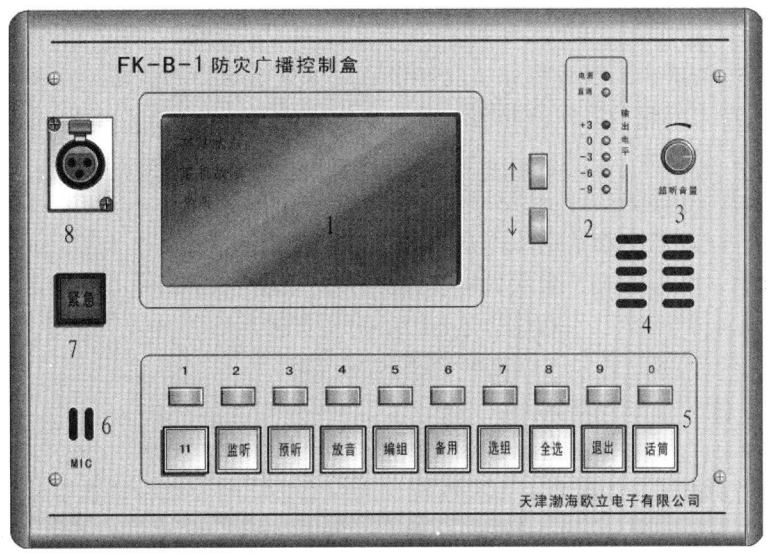

图 1-89　防灾广播控制盒

各部分说明如下：
1——显示屏，用于显示操作状态及车站广播状态。
2——指示灯显示，用于显示电源、直通及音源输出音量的状态。
3——监听电位器，用于调节监听音量。
4——监听扬声器。
5——操作键组，用于进行各种操作。
6——内置麦克风，当鹅颈话筒出现故障时，可以选择该麦克风。
7——紧急按键，紧急情况下使用。
8——卡侬座，用于外接鹅颈话筒。

2）后面板及说明

后面板是本防灾盒与其他设备之间的接口，具体布局如图 1-90 所示。

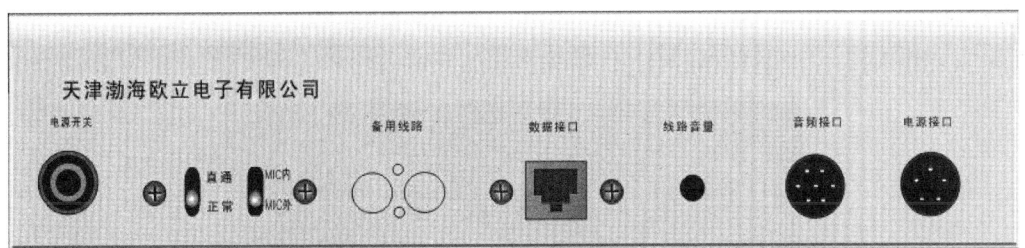

图 1-90　防灾盒后面板布局

各接口介绍如下（从右到左依次是）：
① 电源接口（5 芯）。
② 音频接口（7 芯）。
③ 线路电位器（用于备用）。
④ 数据接口（RJ45 接口）。
⑤ 备用线路（莲花座）。
⑥ 话筒选择开关，用于选择鹅颈话筒或是内置话筒。
⑦ 正常、直通选择开关。
⑧ 电源开关（电子锁）。

3. 操作说明

本操作盒的操作分为两种：设置操作（此操作只限于系统维护人员使用）和广播控制操作。本操作盒采用功能键组的形式，键的操作按照每级界面的指示进行。

1）广播控制操作主界面

用钥匙打开电源开关，即进入广播控制操作主界面，如图1-91所示，各部分说明如下：

① 联机显示，有标志⊠，表示本防灾盒与机柜联机出现故障。

② 车站故障显示，有标志⊠，表示机柜有某个模块出现故障。

③ 占用模式显示行，用于显示是车站还是中心占用广播区。

④ 占用区域显示行：用于显示车站哪些广播区在占用。

⑤ 选区显示行：用于选择广播区。

⑥ 选组及音源显示行：用于选组及显示音源。

正常操作显示界面如图1-92所示，代表的意义为：本广播盒与机柜联机正常，车站无故障，没有开监听，车站占用1、2、3、4四个广播区，选择的广播区为1、2、3、4，🎤为话筒标志。

图1-91 广播盒主界面

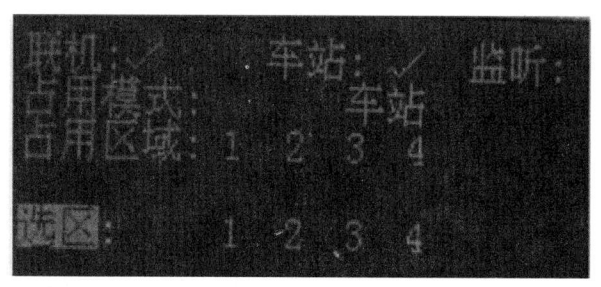

图1-92 正常操作显示界面

2）本广播盒的操作步骤

（1）设置操作步骤。

设置操作包括盘号设置、车站选区设置、编组设置三种操作，下面分别详细介绍：

① 盘号设置。

同时按住2和5键，开电源锁，进入"盘号设置"界面，如图1-93所示。

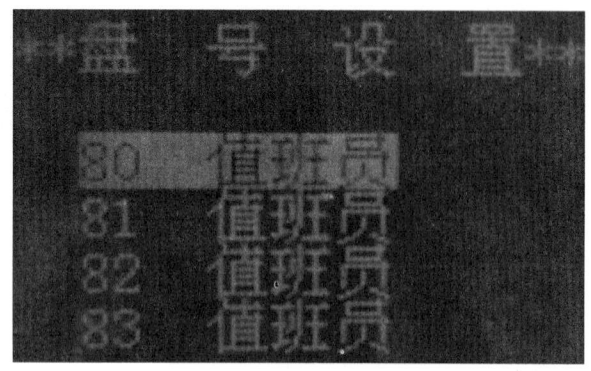

图1-93 盘号设置界面

此界面为"盘号设置"界面，可按键将本广播盒设置为相应的盘号。按"0"键，将本广播盒设置为"80"，按"1"键，将本广播盒设置为"81"，按"2"键，将本广播盒设置为"82"，按"3"键，将本广播盒设置为"83"，选择好相应的盘号后，按下话筒键确认，否则选择无效。防灾盒出厂前已经设置好，使用时无须再设。

（2）广播控制操作步骤。

广播控制操作共分为选区操作、编组操作、监听操作三大操作。

（3）选择广播区操作。

开机后"选区"项反黑（开机默认），见图1-92，按数字键输入相应的广播区号，第一次输入为选择，第二次输入为取消。

（4）话筒操作。

选择好广播区后，按住"话筒"键进行话筒广播。此时会在屏幕的右下角出现信封标志，表示正在进行通信。当在屏幕的右下角出现话筒标志 时，表示可以进行话筒广播（此时"话筒"键必须一直按住不能抬起）。如果需要停止话筒广播，抬起"话筒"键即可。

（5）语音广播。

首先选择要进行语音广播的区，然后按一下"↓"键，"语音选择"反显 ，此时进行语音段的选择，输入语音段时须按两次数字键，例如选择第01段，则首先输入0，主界面显示 ，然后输入1，此时语音段01出现在"语音选择"后面，按数字键继续选择语音段，最多一次选择10段，语音播放时从选择的第一段语音顺序播放到最后一段，播放完毕后，自动关闭广播区。选择好语音段后，按"放音"键播放语音，按"退出"键退出语音广播。

语音段为01~99共99段，语音段储存在MP3板内，位置为J:\AUDIOS\MUSIC（盘符以电脑为准，这里为J），注意的是语音段的命名：第1段命名为00000001.mp3，第99段命名为00000099.mp3，文件类型为MP3格式，以此类推。MP3板容量为128 M，如果语音段容量大的话，99段不一定能存下。两种解决办法：一种是语音段可以不存99段，用多少段存多少段，另一种外扩SD卡（容量为1 G）。

（6）监听操作。

按"监听"键进入监听选项。此时监听选项反黑， 然后按数字键输入项相应的广播区即可进行监听（注：每次监听只能监听一个车站的一个广播区）。第一次按下"监听"键进行监听，第二次按下取消监听。

（7）选择编组操作。

按"选组"键，进入选组选项，此时选组选项反黑，输入相应的数字键即可将所对应的编组好的广播区内容显示在选择广播区选项中，选组前需要编组，具体见编组操作。

（8）话筒本机、外设转换操作。

通过后面板上的话筒选择开关，可以选择使用哪一个话筒进行话筒广播，选择"MIC外"时，使用的是本防灾盒上的鹅颈话筒，一旦该鹅颈话筒出现故障，选择"MIC内"，使用本防灾盒内带MIC。

（9）紧急广播操作。

当按下面板上的"紧急"键后，防灾盒开始播放事先录制好的紧急情况下的语音，事先录制好的语音段放在mp3模块上（本防灾盒内带），语音段命名为"00000020.mp3"，格式为mp3格式，此时按下"话筒"键进行话筒广播，抬起"话筒"键后恢复到语音广播。且在紧急模式下插入的人工广播被该防灾盒自动录音，以便日后调用，紧急广播界面如图1-94所示。

3）编组操作

在主界面下按"编组"键，进入编组界面，如图1-95所示。

（1）选组操作。

在广播编组界面下选择组号，按数字键输入相应的数字：0~10（0表示10号编组）。输入组号后，"选区"二字自动反显，如图1-94所示，此时输入要选择的广播区。

（2）广播区选择操作。

在"选区"项下，通过按数字键进行广播区的选择操作，第一次按下为选择，第二次按下为取消，图1-95中选择了1、2、3、4四个广播区。

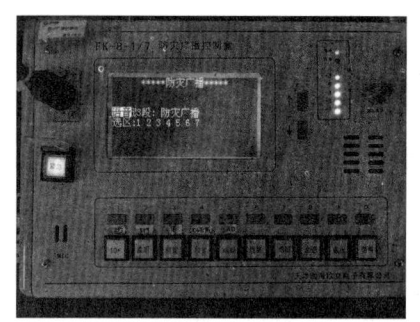
图 1-94 紧急广播界面

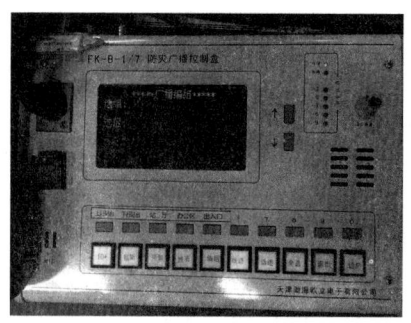
图 1-95 广播编组界面

（3）语音段选择。

按一下"↓"键，"语音选择"反显 ▇▇▇▇，此时进行语音段的选择，输入语音段时须按两次数字键，例如选择第 01 段，则首先输入 0，主界面显示 ▇，然后输入 1，此时语音段 01 出现在"语音选择"后面，按数字键继续选择语音段，最多选择 10 段。图 1-95 中选择了 01、02、03 共 3 段语音。

（4）保存退出。

按"话筒"键保存此编组操作并退出到编组选择界面，再进行下一组的编组操作，如果不再需要编组操作，按"退出"键退出此界面，返回到主界面，在主界面下按"选组"键，显示屏上"选组"二字反显，此时输入事先编组好的组号，相应的广播区就自动出现在显示屏上，选组号 1，广播区 1、2、3、4 自动出现在"选区"行中，语音段 01、02、03 自动出现在"语音选择"行中。

四、CCTV 操作手册

（一）CCTV 概述

宁波地铁 1 号线 ISCS 在 OCC 及各车站与 CCTV 子系统通过 100 M 以太网接口，向操作员提供 HMI 监视和控制车站 CCTV 子系统。ISCS 操作员可以为 CCTV 监视器上的画面选择视频源。从而实现了 ISCS 对全线各车站的出入口、人流拥挤的区域（上下行站台、站厅闸机出入口等）及列车车厢内的监视等功能。

车站 ISCS 工作站可以通过本站的 CCTV 视频服务器控制本车站的 CCTV 摄像机，并可以将图像显示在 CCTV 监视器上。

（二）车站 CCTV 一般控制功能（图 1-96）

此画面主要用于车站操作员对车站内某个摄像机进行选择。画面下半部分是本车站的导航图，操作员通过点击左侧的按钮，选择车站的区域。

当选定区域后，可以在位置按钮左侧显示所选区域的示意图，图中标出此区域内所有摄像机，点击摄像机图元可以选中此摄像机，如图 1-97 所示。

上半部左侧显示当前操作员工作站对应的监视器。其中车站操作员可以选择单画面或者四画面监视模式。如图 1-98、图 1-99 所示。

每个监视器下方的文本框显示当前监视器上的视频信息。

最下方的信息提示将显示操作等信息。

（三）车站 CCTV 序列控制功能（图 1-100）

此画面用于选择当前操作员工作站对应监视器执行的显示序列。

画面上半部会显示监视器当前正在执行视频编号信息，如果没有显示视频，则为空。

画面下半部分别显示了当前系统中已定义的本车站固定序列与人工序列，选择某个序列并点击下方的"启动时序"按钮，对应监视器就开始执行所选择的显示序列，如图 1-101 所示。

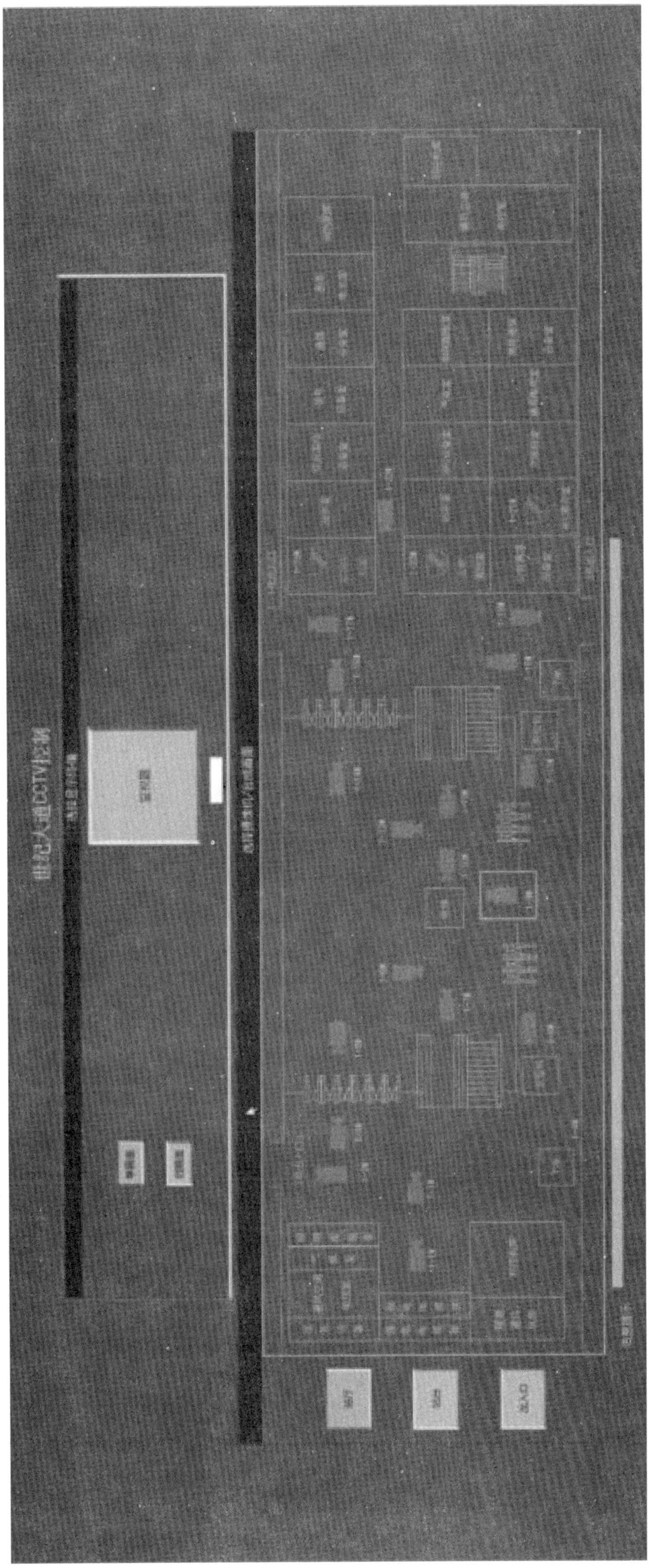

图 1-96 CCTV 一般控制功能

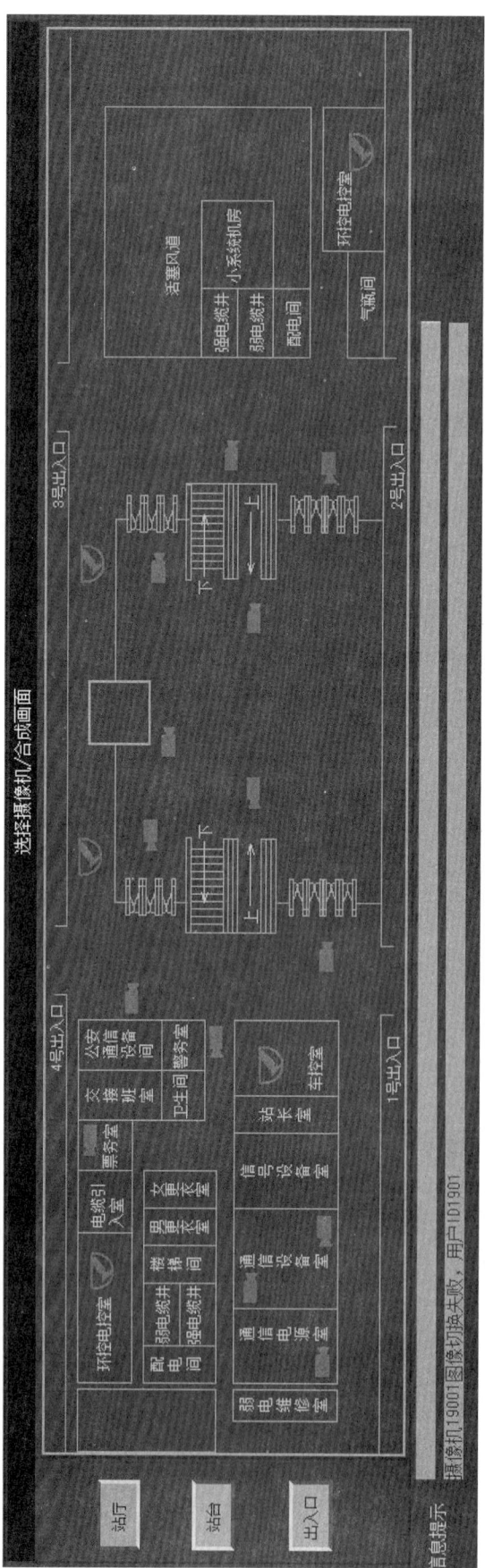

图1-97 CCTV摄像头分布图

图 1-98　CCTV 摄像头单画选择

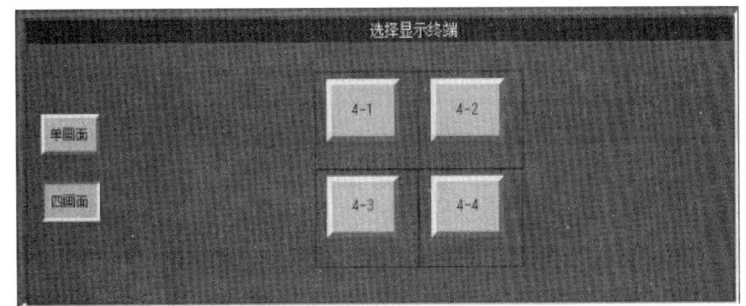

图 1-99　CCTV 摄像头四画选择

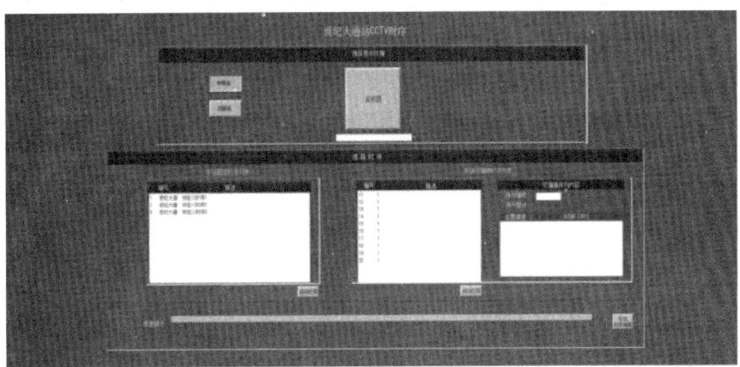

图 1-100　CCTV 序列控制功能

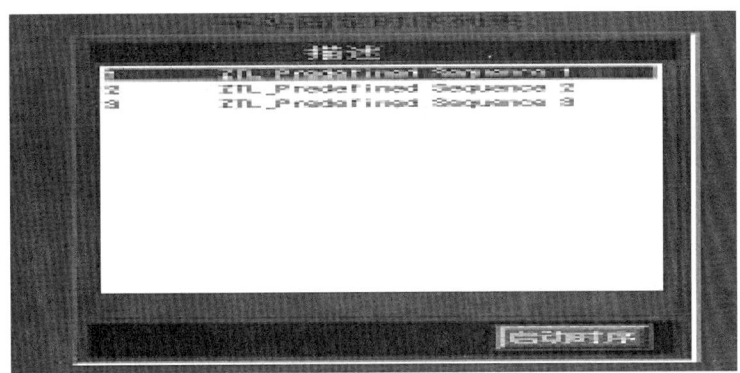

图 1-101　监视器显示序列

选择某个可编辑序列，可以查看可编辑时序的具体内容，点击"启动时序"按钮，对应监视器就开始执行所选择的序列。

画面右下角有 ![按钮] 按钮，点击该按钮可以切换到车站 CCTV 序列编辑画面。

(四) 车站 CCTV 序列编辑功能

如图 1-102 所示画面用于对人工序列进行添加、编辑、删除操作。

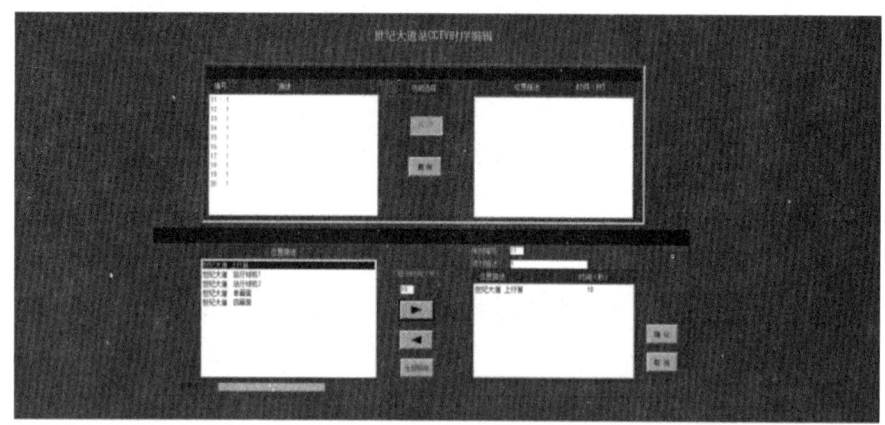

图 1-102　CCTV 序列编辑功能 1

画面上半部左侧显示了当前系统中已定义的本车站人工序列。如图 1-103 所示。

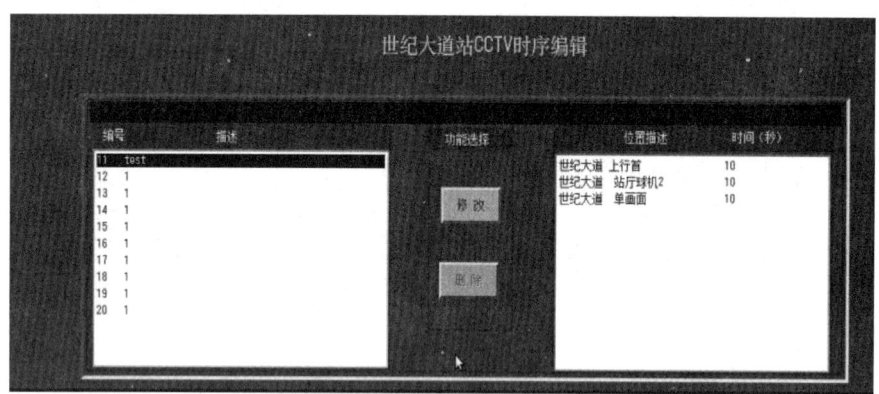

图 1-103　CCTV 序列编辑功能 2

在人工序列列表中选择某条序列，点击"删除"按钮，则此序列被删除。如果点击"修改"按钮，则当前序列中每条控制命令所包含的摄像机位置描述信息及切换时间将在下半部进行显示。如图 1-104 所示。

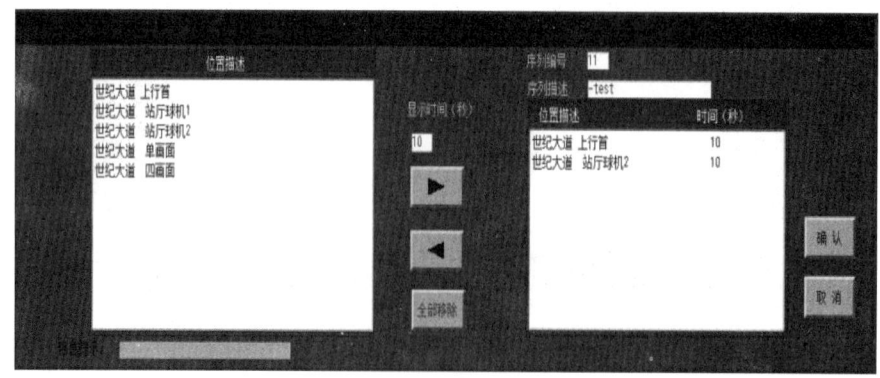

图 1-104　CCTV 序列编辑功能 3

下半部左侧显示了当前车站所有摄像机列表。如图 1-105 所示。

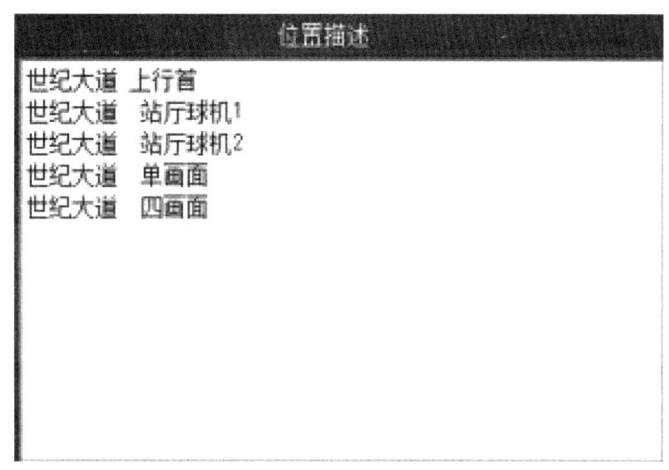

图 1-105　CCTV 序列编辑功能 4

通过使用摄像机 ▶ 、 ◀ 及 全部移除 按钮，可以对所选择的序列进行编辑，在 编辑框内输入该视频需要显示的时间，单位是秒。

如果所编辑的人工序列编号与已定义的人工序列编号相同，则新序列将替换原序列；如果不相同，则增加新序列。

（五）CCTV 工作站操作

1. 登录系统

启动监控报警联网系统客户端，进入登录界面，如图 1-106 所示。

图 1-106　CCTV 登录界面

登录：填写用户名和密码，点击"登录"按钮，系统验证通过后进入系统。

退出：点击"退出"按钮退出系统登录界面。

记住密码：选中"记住密码"对话框，系统会在下次显示登录界面时默认填入上一次登陆成功的用户名和密码，用于某个用户重复登录时可免输入用户名和密码。

登录成功后，进入系统平台主界面。

2. 退出系统

（1）最小化。

点击界面右上角的 最小化 按钮，界面最小化至托盘，点击托盘中的标签页将返回全屏状态。

（2）退出。

点击 退出 按钮，系统弹出退出提示框，等待用户对操作进行确认，点击"是（Y）"按钮，退出操作得到确认，并退出系统；点击"否（N）"按钮，取消操作。如图 1-107 所示。

图 1-107　CCTV 退出界面

3．桌面介绍（图 1-108）

图 1-108　CCTV 显示画面

（1）设备选择区。

① 用户通过该区域选择机构以及所属网点下的设备。

② 用户可以根据设备树显示进行自主选择。

③ 用户可以根据查询条件对设备进行批量选择。

（2）窗口控制区。

① 控制系统界面最小化、退出，同时还具有交接班功能。

② 菜单区：显示当前用户权限可以使用的菜单模块。

③ 图像操作区：对图像进行控制同时调整图像参数。

④ 图像显示区：根据选择的设备，在该区域进行图像显示（可显示单画面、四画面、六画面、九画面和十六画面）。

4．实时预览

1）两种方式选择播放设备

（1）在设备树中手动选择。

用户首先需要选择所属机构（默认为用户登录机构），系统会以树形结构显示该机构下所含有的网点，双击网点展开，下方会显示该网点已经添加的摄像头设备（含未在线的设备），双击网点中的某个设备，系统会在用户当前的选中窗口中进行播放。

注：您同时只能选中一个窗口，如果被选中窗口已经有图像在播放，那么它将被其他设备的播放图像所覆盖。

（2）通过检索功能批量选择。

用户在得到网点设备树后，可以根据访问类型和检索条件对网点中设备进行搜索，可根据名称关键字、访问频率、最后访问和组成调阅四种方式对设备树进行搜索，搜索结果将以列表窗口的方式进行显示。

按名称关键字方式检索：该选择为系统默认选择，用户只需要在"检索条件"中输入设备名称或名称中的关键字就可以对设备树进行搜索。

按访问频率显示：下拉框选择该选项，系统对访问次数最频繁的 10 个设备进行搜索，并以弹出列表窗口的方式进行显示。

按最后访问显示：下拉框选择该选项，系统对最后 1 次访问的设备进行搜索，并以弹出列表窗口的方式进行显示。

成组方式显示：系统弹出成组调阅窗口，如图 1-109 所示。

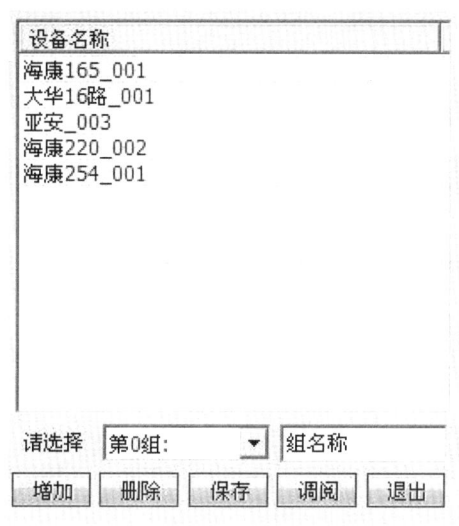

图 1-109　成组方式显示

添加：选择组，添加组名称，在选择所属机构处选择设备，点击"增加"，设备被一次添加到表格栏中。

删除：选择所要删除设备的设备名称，点击删除键。

保存：增加删除完毕后，点击保存，保存当前设备组。

调阅：设备组增加完毕后，点击调阅，设备组中所有设备成员图像显示在电视墙中。

退出：操作完毕后，点击退出，退出成组调阅窗口。

2）多种方式控制显示窗口

（1）窗口数量控制。

显示控制区域可以显示 1~16 个图像窗口，用户可以根据自己的需要，调整窗口数量，点击▢单画面、▦四画面（默认）、▦六画面、▦九画面、▦十六画面进行画面分割。

连续单击"▢"按钮，16 路画面按"1 路 1 组"分为 16 组，依次循环显示。

连续单击"▦"按钮，16 路画面按"4 路 1 组"分为 4 组，依次循环显示。

连续单击"▦"按钮，16 路画面按"6 路 1 组"依次循环显示。

连续单击"▦"按钮，16 路画面按"9 路 1 组"依次循环显示。

（2）窗口宽度控制。

为了最大限度地提高显示区域的显示效果，用户可以通过点击 按钮，隐藏图像操作区域，从而达到提高显示图像宽度的目的，当用户需要对图像窗口进行操作时，可以点击 按钮调出被隐藏的控制区。

（3）标签页（图1-110）。

图1-110 CCTV标签页

标签页功能可以突破16窗口的数量限制，使窗口最大数量提高到96个，点击 按钮，显示区下方出现首个标签页，点击标签页右侧的 按钮，可添加新的标签项，最多可以添加6个标签页，当用户不再需要时，可以点击 按钮，将标签页关闭，同时该标签页中的视频图像也会随之被关闭，每个标签页中最多可包含16路视频，用户对图像显示区的操作也同样可以实现于标签页中。

注：同一个视频通道的图像无法在一个或多个标签页中重复播放。

3）右击画面控制图像

鼠标右键点击某个播放中的图像，会弹出右键功能列表，这些功能可以帮助用户对图像事件进行快速处理，如图1-111所示。

（1）报警处理。

当窗口处于报警状态时，报警处理将处于可选状态，该选项可以帮助用户对报警事件快速定位、快速处理，选择报警处理选项，系统会弹出报警工单处理窗口。

（2）关闭图像。

关闭某路视频图像。

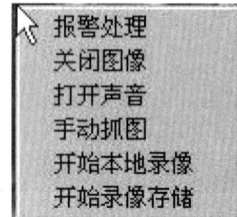

图1-111 CCTV鼠标右键界面

（3）打开声音。

打开此路视频现场监听。

（4）手动抓图。

截取当前图像，并保存为大小352×288的BMP格式文件，保存完成后右下角会弹出抓图成功提示框，默认保存位置为安装根目录下的bjpicture文件夹，如图1-112所示。

（5）本地录像：录像中的窗口 图标会处于 状态，选择"停止本地录像"，文件将会存储到本地的存储介质中，生成以"设备ID_录像时间"为名称的rec文件。

（6）录像存储：录像存储与本地录像不同的是存储位置，录像存储是将录像文件存储到了集中存储服务器中。

图1-112 CCTV抓图界面

注：画面中的小标示含义：当 ![] 变为 ![] 时，表示报警功能启用；当 ![] 变为 ![] 时，表示录像功能启用；当 ![] 变为 ![] 时，表示对讲功能启用。

4）控制栏调节窗口图像

（1）获得设备的控制权限。

点击 ![] 来申请设备的控制权限，![] 代表权限申请成功。

（2）云镜控制。

① 当用户取得对云镜的控制权限后，可以通过 ![] 对球形摄像机的旋转方向进行控制，点击或拖动 ![] 控速点，调整球形摄像机的旋转速度。

② 用户需要对摄像头的某个位置进行保存时，只需要在"预置位 ![] "中选择预置位数值，点击 ![设置]，就可以把云台当前摄像头位置保存在对应的预制位数值中。每个摄像头最多可以设置 128 个预置位，点击 ![调用]，云台自动调整到预先设置的位置。

（3）图像调节。

点击 ![焦点] 加减号调节焦点，使实时图像显示清晰。

点击 ![焦距] 加减号调节焦距，实现实时图像拉远和拉近控制。

点击 ![光圈] 加减号调节光圈，使实时图像正确曝光。

拖动滑动条"![]"，可以调节当前画面的亮度、色度、饱和度和对比度。

点击"![默认]"按钮，图像显示效果恢复为默认状态。

（4）释放设备的控制权限。

用户点击 ![] 将主动释放设备的控制权限，![] 代表控制权限释放成功。如果用户长时间无任何操作（默认 50 秒），系统也将主动释放控制权限。

注：同一视频通道同一个时间只能被一个用户所控制。

5. 历史回放（图 1-113）

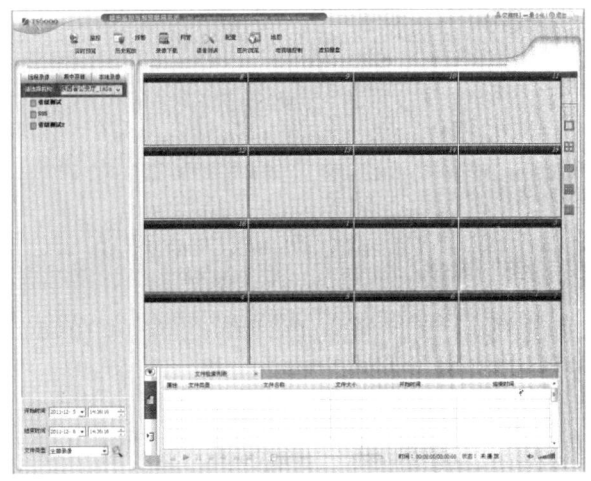

图 1-113 CCTV 历史回放界面

1）远程录像

远程录像代表的是设备中硬盘上存储的录像文件，展开设备树，首先在下方选择开始/结束时间作为搜索时间范围，可精确到秒（单位级），然后选择欲检索的文件类型（全部录像、定时录像、报警录像、移动侦测录像和手动录像），点击 ![] 开始搜索，搜索结束后，符合预置条件的视频文件将出现在播放控制列表中，双击视频文件开始播放。

（1）两种播放方式（无按快照回放）。

① 按文件回放（图1-114）。

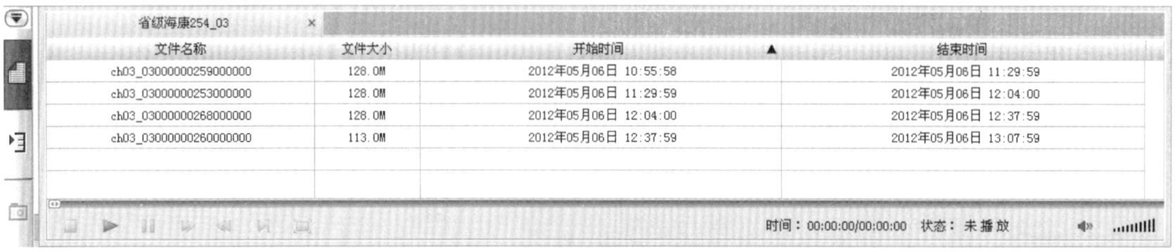

图1-114 CCTV历史回放文件界面

当用户搜索多个设备录像时，在"按文件回放"方式下将为每一个设备生成一个标签页（最多4个），并将每个设备中符合检索条件的视频文件在列表中显示出来，用户选中欲播放的文件点击 ▶ 按钮或双击该文件，就可以直接在当前选中的窗口中对其进行播放，点击 ✕ 可以关闭某个标签页。

② 按时间回放。

图1-115 CCTV历史回放时间轴界面

当用户搜索多个设备录像时，在"按时间回放"方式下将为每一个设备生成一条时间轴（最多4个），如图1-115所示，4个绿色时间条分别代表4个设备，最上面的为第一个设备；用户可以点击绿色条，直接选择某个时间作为起点开始播放，当有多个时间轴时，用户可以通过 按钮来选择多个时间轴同时播放，也可以通过 按钮来删除多余的时间轴。 可以帮助用户调整时间轴上得时间单位，根据搜索中的时间长短，用户可以调整时间轴中的时间单位，以帮助用户更快地定位自己想要的时间点。如果用户已经有了具体时间，可以通过 直接将某日的时间轴显示出来并使用 >> 以日为单位进行定位。

（2）播放控制。

▶为播放键，■为停止键，❙❙为暂停键，▶▶为快放键，可选择×1、×2、×4、×8、×16的播放速度，◀◀为慢放键，▶❙为帧进键，按帧进行播放（1秒钟25帧）， 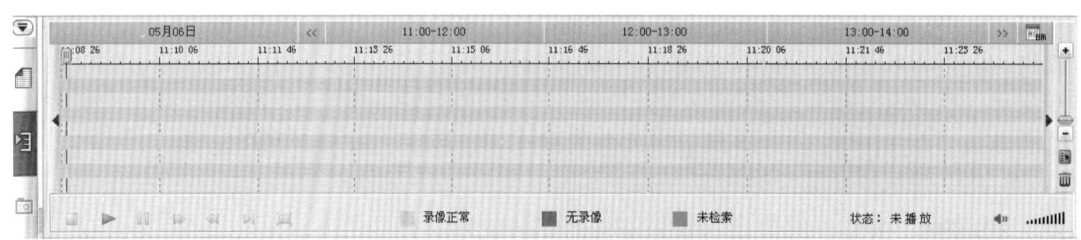 为播放条，可以左右拖动，选择播放的时间， 为播放状态框， 为声音控制区， 可控制声音的大小，或者 关闭声音。

（3）窗口控制。

选择文件进行播放时，可选择 单画面、 四画面、 六画面、 九画面、 十六画面几种页面情况进行播放；点击 ，选择隐藏表格栏，点击 ，选择显示表格栏。

2）集中存储

集中存储操作与远程录像操作方式相同，不同的是集中存储回放的是存储在集中存储服务器所在的机器中的录像文件，在文件检索类型选择有"录像文件检索""录像快照检索"两种方式。

要进行集中存储回放，首先需要确保要回放的设备，在集中存储所在的机器有录像文件存在，否则需要在WEB页面—服务配置—录像计划下面，为该设备设定录像计划，使其录像成功生成录像文件。

录像的播放方式主要分三种：按文件回放、按时间回放和要快照回放，其中前两种操作同远程录像，下面介绍按快照回放。

首先选中要回放的设备，选择检索的时间段，"检索，类型"选择"录像文件检索"，点击搜索按钮。符合检索条件的视频文件将在列表中显示出来。如图1-116所示。

图1-116　CCTV历史回放文件界面

双击视频文件，在文件播放过程中，点击"帧标记"按钮，输入备注信息（如盗窃报警等等），将会生成快照，在播放进度条上会有显示，鼠标放在标记的时间点，会自动弹出备注信息，如图1-117所示。另外，系统也会自动生成快照，默认生成快照间隔为3分钟，如需修改，可在集中存储服务器配置页面，参数配置中修改。

图1-117　CCTV帧标记信息界面

选择检索的时间段，"检索类型"选择"录像快照检索"，客户端会自动跳转到"按快照回放"标签，列出设备当前时间段所有的快照。也可输入关键字信息，点击搜索，可检索出需要的快照（如：输入"盗窃报警"，即可检索出备注信息包含盗窃报警的快照），点击相应的快照，即可从当前快照开始回放。如图1-118所示。

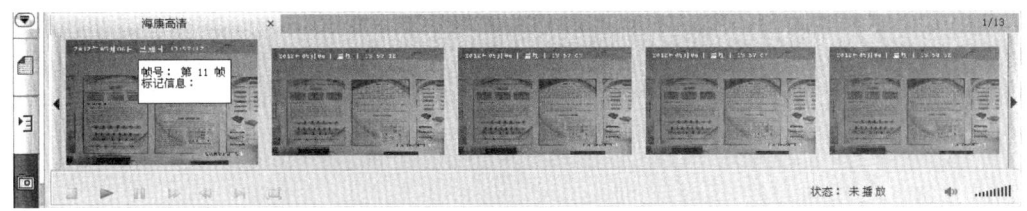

图1-118　CCTV快照检索界面

3）本地录像

首先进入客户端安装路径，打开TermSetting.exe，输入用户名admin、密码111111，可配置本地录像存储路径。

进入客户端，打开设备图像，右击图像，选择"开始本地录像"即可。可进入存储录像路径查看是否录像成功。

进入历史回放、本地录像，选择路径，点击搜索，查询保存在本地的录像文件，并进行播放。

6. 录像下载（图1-119）

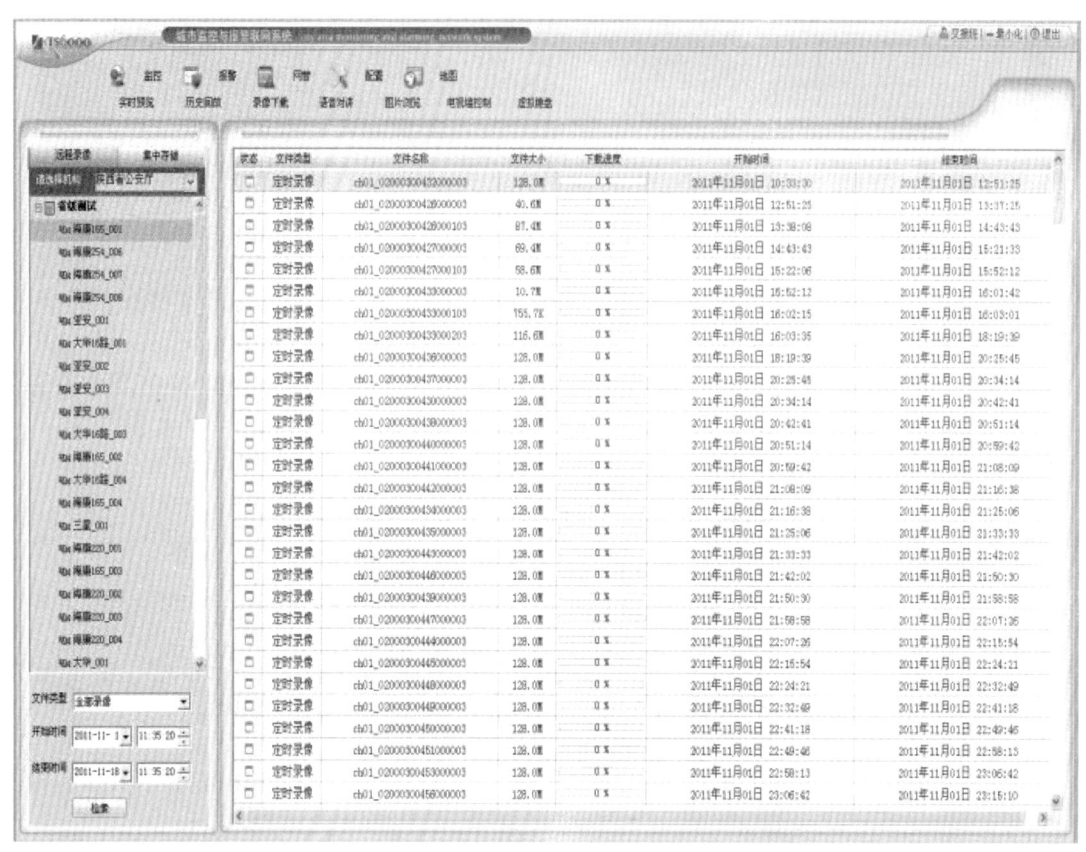

图1-119　CCTV录像下载功能

1）远程录像

① 根据设备树选择机构，可以精确到县（区）级，点击"确定"，下方页面出现所有此机构中的网点名称，选择网点，在下方选择开始/结束时间，可精确到秒（单位级），选择文件类型（定时录像、报警录像、移动侦测录像和手动录像），点击 🔍，搜索完毕后，符合条件的视频出现界面中央的表格栏中，双击 📁，弹出提示框，可修改文件名称，选择录像的存储路径，点击立即下载，远程录像开始在本地进行下载，点击取消，结束本次录像下载任务。

② 录像在下载过程中，图标 📁 变为 ⬇，双击此图标，可暂停下载任务，下载的进度可根据进度条 ▭▭1%▭▭ 进行查看。

2）集中存储

与远程录像操作方式相同，不同的是集中存储是下载存储在集中存储服务器中的文件，在文件类型选择有定时录像、手动录像和报警录像三种方式。

7. 备档上传

1）备档上传

选择机构，根据上传文件添加关键字和文件注释，选择文件开始时间，点击"添加文件"，点击"开始上传"，如图1-120所示。

图 1-120　CCTV 备档上传

在播放上传文件时，可以通过以下两种方式控制。

（1）文件检索列表（图 1-121）。

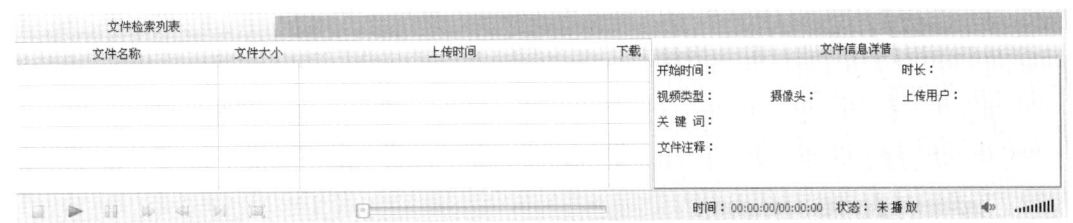

图 1-121　文件检索列表

当用户搜索多个设备录像时，在"文件检索列表"方式下将为每一个设备生成一个标签页（最多 4 个），并将每个设备中符合检索条件的视频文件在列表中显示出来，用户选中欲播放的文件，点击 ▶ 按钮或双击该文件，就可以直接在当前选中的窗口中对其进行播放，点击 × 可以关闭某个标签页，可以通过右下角对话框了解文件信息详情。

（2）当前任务列表（图 1-122）。

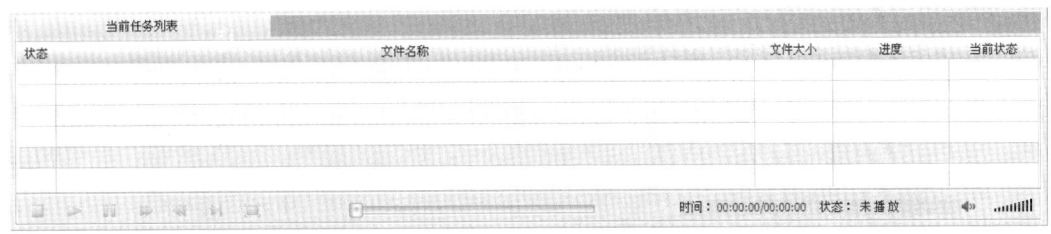

图 1-122　当前任务列表

可以查看当前任务列表中文件的详细信息，并进行文件播放。

① 播放控制。

▶ 为播放键，■ 为停止键，❚❚ 为暂停键，▶▶ 为快放键，可选择 ×1，×2，×4，×8，×16 的播放速度，◀◀ 为慢放键，▶❙ 为帧进键，按帧进行播放（1 秒钟 25 帧）， 为播放条，可以左右拖动，选择播放的时间， 为播放状态框，为声音控制区， 可控制声音的大小，或者 关闭声音。

② 窗口控制。

选择文件进行播放时，可选择 □ 单画面、▦ 四画面、▦ 六画面、▦ 九画面、▦ 十六画面几种页面情况进行播放。

点击 ▼ ，选择隐藏表格栏，点击 ▲ ，选择显示表格栏。

2）检索下载

选择机构，选择文件名、关键字、注释包含字符和上传时间范围，点击 🔍 进行检索，检索完毕后，可以进行下载，使用方式同备档上传。

8. 图片预览

1）查找图片

在"我的电脑"选择磁盘路径，点击 🔍 ，可以查找保存在本地的图片文件，或输入关键字进行查找，查找到文件显示在下方的表格栏中，双击图片在主界面进行显示。

2）预览控制

点击 ▼ ，选择隐藏表格栏，点击 ▲ ，选择显示表格栏。点击 ← 或 → 浏览上一文件和下一文件。

五、车站 PIS 操作手册

（一）区域的选择

打开车站 PIS 控制主画面，对于编辑或预定义的信息，操作员可以通过综合监控系统的人机界面选定这些信息需要显示的区域。

进入信息显示范围选择画面的操作步骤如下：

（1）启动并进入 PIS 主画面（注：必须选择有 PIS 操作权限的用户类进入）。

（2）选中画面顶端子系统导航区域的"乘客信息"按钮。如图 1-123 所示。

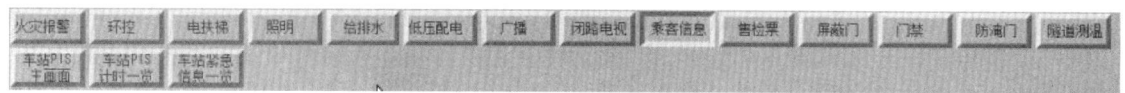

图 1-123 系统导航区域

（3）将弹出子系统功能导航按钮，单击其中的"主画面"按钮 车站PIS主画面 ；进入后，显示效果如图 1-124 所示。

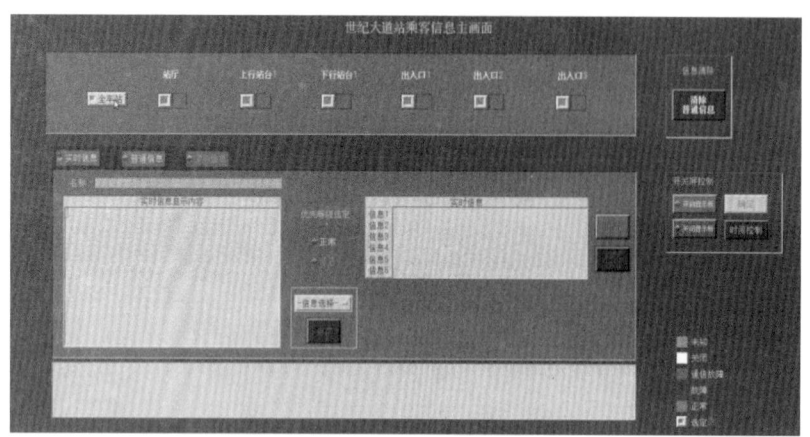

图 1-124 乘客信息主画面

车站不同分区按钮旁都有相应控制器的状态显示，其中绿色代表控制器正常，红色代表控制器故障，蓝色代表通信故障。

（4）车站的所有显示区。

① 单击画面左侧的"全车站"按钮 全车站 。

② 则对应的全站所有区域的按钮显示为被按下的状态，如图 1-125 所示。

图 1-125　乘客信息区域选择主画面

（二）信息的发布

对于车站信息编辑和发布而言，系统为操作人员设计了三类消息的发布方式。

（1）首先是实时信息，如图 1-126 所示。

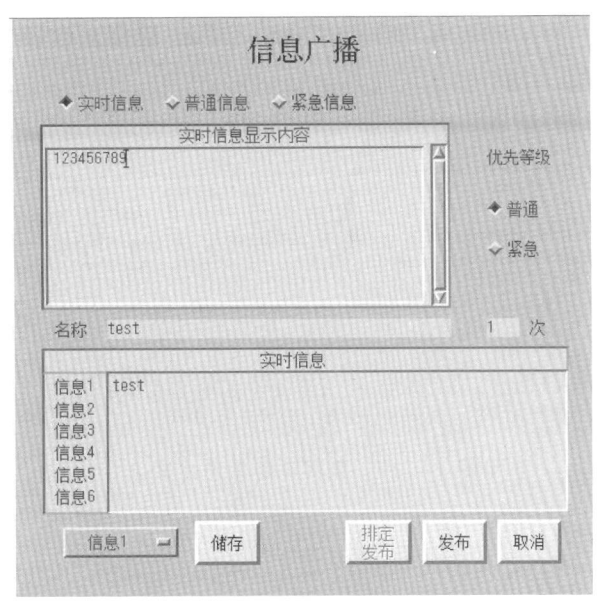

图 1-126　乘客实时信息广播 1

操作步骤：

① 选中实时信息。

② 在显示内容栏中输入要发布的内容。

③ 在名称栏里输入信息的名称。

④ 在次数栏里输入次数（不输默认为一次）。

⑤ 在优先等级选定栏中选定优先级。

⑥ 设置完毕，点"发布"按钮 发布 。

⑦ 实时输入的内容可以储存下来，输入完内容和名称后，可以在"信息选择" -信息选择- 储存 下拉菜单中选择信息的编号，然后点"储存"即可。

⑧ 如需计时发布，点击"排定发布"按钮，打开参数设置区域，如图 1-127 所示。

在新打开的区域设置参数，设置完毕，点"排定确认"按钮进行发布；这里设置了三个快捷键"今日""无截止"和"一次"，"延时时间"指的是每两条消息发布之间的间隔时间。

（2）其次是普通信息，如图 1-128 所示。

普通信息是预定义信息，不需输入内容，其余与实时信息步骤一致。

（3）紧急信息，如图 1-129 所示。

紧急信息没有次数设定功能及排定发布功能，其余操作与普通信息一致。

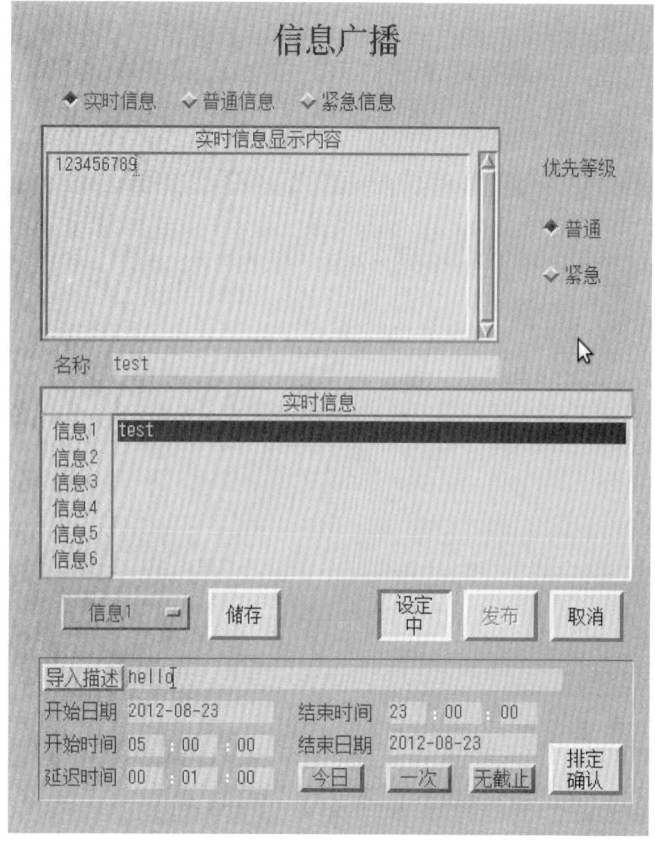

图 1-127　乘客实时信息广播 2

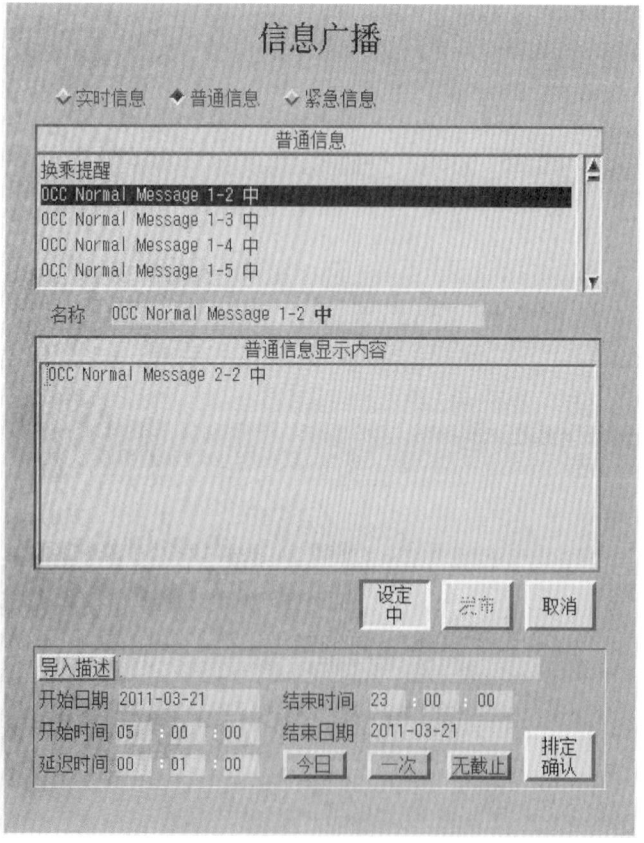

图 1-128　普通信息广播

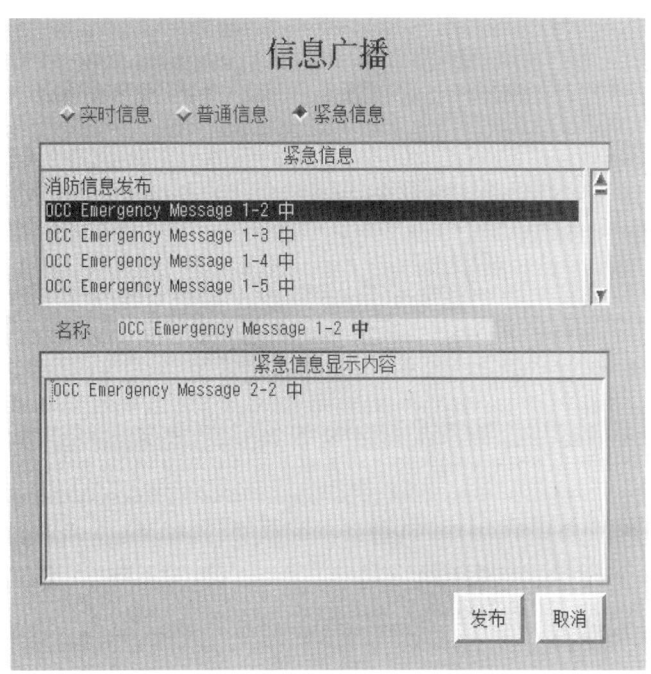

图 1-129　紧急信息广播

(三) 计时发布监控

综合监控系统提供有一个画面，可以用于监视计时信息发布的状态。
操作步骤：
① 登录系统并启动系统画面。
② 单击画面顶端子系统导航区域的"乘客信息"按钮。
③ 将弹出子系统功能导航按钮。单击其中的"计时一览"按钮。
④ 进入计时发布监视画面。该画面的显示效果如图1-130所示。

图 1-130　计时发布监视画面

⑤ 选择一条计时发布信息后，画面下侧会显示该条及时发布所选择的区域。
⑥ 此画面还可以对计时发布的信息进行停用、激活和删除的操作。

(四) 紧急发布监控

① 登录系统并启动系统画面。
② 单击画面顶端子系统导航区域的"乘客信息"按钮。
③ 将弹出子系统功能导航按钮。单击其中的"紧急发布一览"按钮。
④ 进入紧急发布监视画面。该画面的显示效果如图1-131所示。

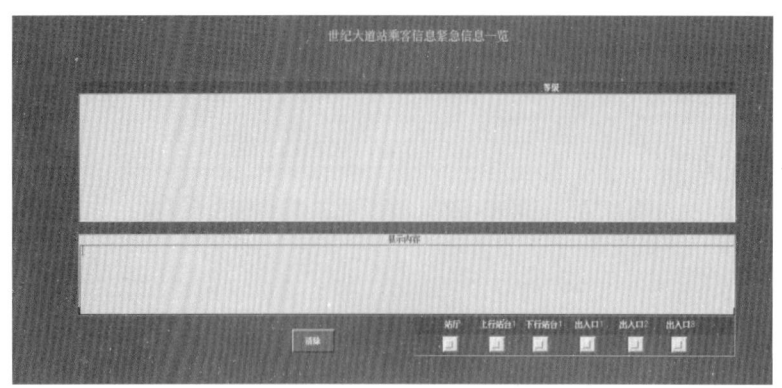

图 1-131　紧急发布监视画面

在乘客信息主画面上，每成功发布一条紧急信息，在 PIS 紧急信息一览表中都会有相应的条目显示，点击相应的条目，点击"清除"按钮，可对紧急信息进行清除操作。紧急发布功能的"区域详细"操作和与计时发布功能的"区域详细"操作一致。

（五）LCD 开关屏控制

在车站 PIS 主画面可以对本站的 LCD 屏进行开关控制（只能整站控制，不能单独对本站的一块屏进行控制），如图 1-132 所示。

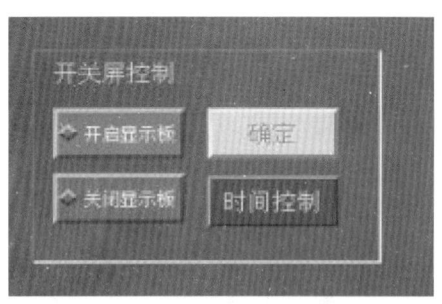

图 1-132　车站 PIS 主画面 1

点击 开启显示板 按钮，"确定"按钮由 确定 变为 确定 ，再点击"确定"按钮即可对本站所有 LCD 进行开控制。

点击 关闭显示板 按钮，"确定"按钮由 确定 变为 确定 ，再点击"确定"按钮即可对本站所有 LCD 进行关控制。

点击 时间控制 按钮，可以进行时间排布控制，设置本站 LCD 屏的开关时间，如图 1-133 所示。

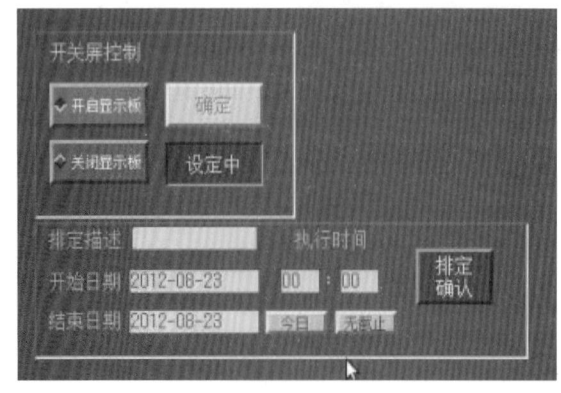

图 1-133　车站 PIS 主画面 2

六、ISCS 操作手册

(一) 术语及定义

ISCS——Intergrated Supervision & Control System 综合监控系统。
IBP——Integrated Backup Panel 综合后备盘。
UPS——Uninterrupted Power System 不间断电源系统。
TMS——Training Management System 培训管理系统。
STP——Simulation &Test Platform 软件测试平台。
BAS——Building Automation System 环境与设备监控系统。
FAS——Fire Alarm System 火灾报警系统。
PLC——Programmable Logic Controller 可编程序控制器。
HMI——Human Machine Interface 人机界面。
OCC——Operation Control Center 控制中心。
FEP——Front End Processors 前端处理器。

宁波轨道交通一号线车站 ISCS 有两个双屏工作站，左侧的显示器为操作站主显示器，右侧的显示器为操作站辅显示器。每个屏幕上可以显示不同的 HMI 画面。

(二) 基本要求

1. 操作人员要求

（1）必须参加 ISCS 相关系统的操作培训，熟悉 ISCS 系统操作方法，包括 HMI 工作站和 IBP 盘。
（2）必须理解 ISCS 各系统设备的操作顺序及操作后果。
（3）必须熟练掌握环控灾害模式和火警处理程序，通过工作站或 IBP 盘执行相应的火灾防排烟、紧急疏散模式。
（4）维修人员需要进行相关系统操作时，必须经车控室值班人员允许。
（5）环调、车站值班员应不间断监控 ISCS 系统设备的运行状态，掌握运行情况，及时做好值班记录，出现故障及时报告相关部门调度。
（6）应使用自己的账户进行登录和操作，离开工作站时，应及时退出登录。
（7）不得删除系统软件、数据库、报警记录和全日志记录，不得安装与系统无关的任何软件，未经允许不得在操作站上使用软盘、光盘和 U 盘。
（8）严禁发布未经申请确认的 PIS 系统信息。

2. 安全注意事项

（1）操作人员的用户权限由综合监控系统专业人员分配并维护，保障系统使用安全。操作人员及维修人员发生人员变化时，以联系单的方式及时通知系统主管部门，屏蔽或删除其账户。
（2）分配了操作权限的操作人员须定期更换密码，禁止将密码泄漏给其他人员。
（3）导入计算机的数据必须经过防病毒软件扫描，确认文件安全后方可导入。
（4）未经许可任何人员严禁对服务器、工作站等相关设备进行强行关机、断电、切断通信接口等危害设备系统正常工作的行为。

(三) 通用 HMI 布局

1. 系统登录及退出

1）系统登录

用户首先必须输入合法的用户名和登录密码，然后选择"用户类"，这样才允许登录用户访问系统功能。

操作步骤：

打开计算机的电源后，系统将自动进入操作系统 Ubuntu，并自动启动人机界面；稍后在左屏内出现登录窗口，提示输入用户名。如图 1-134 所示。

输入用户名，此时将进入用户类选择窗口。窗口如图 1-135 所示。

图 1-134　系统登录界面

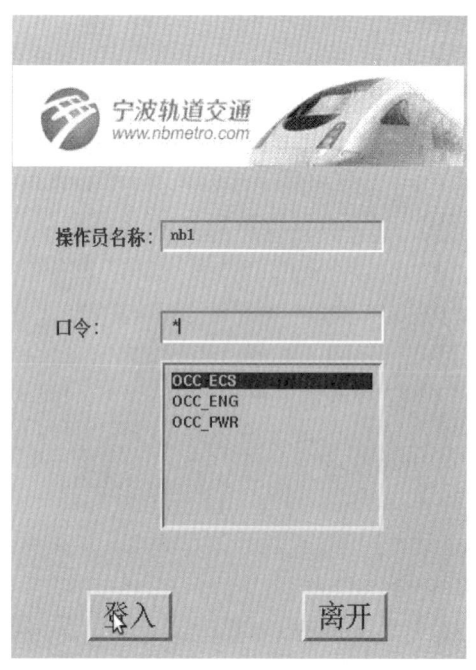
图 1-135　用户角色选择

登录后，左右两屏将打开本用户类默认的 HMI 画面。HMI 的布局如图 1-136 所示。

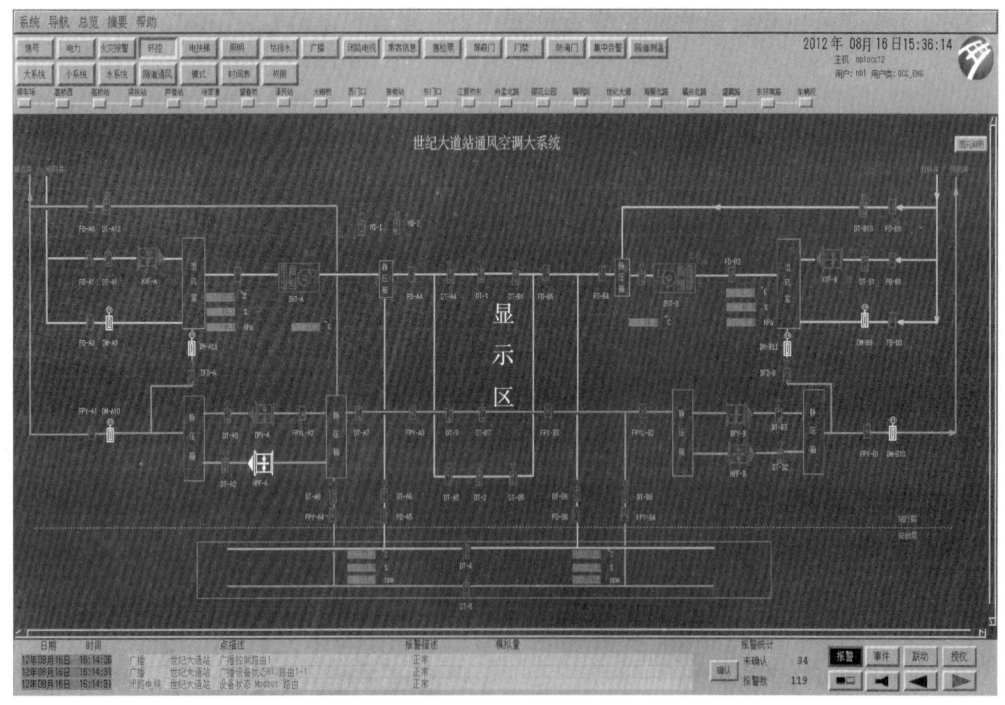
图 1-136　典型 HMI 画面

2）系统注销

鼠标点击左上角菜单栏中的"系统"，选择注销即可。

2. 导航栏（图 1-137）

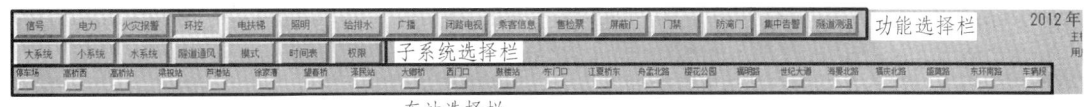

图 1-137 导航栏画面分布

用户可以利用导航栏的子系统选择栏、功能选择栏、车站选择栏提供的按钮调用需要显示的 HMI 画面。导航栏中各部分的功能如表 1-2 所示。

表 1-2 ISCS 界面介绍

区　域	功能描述
子系统选择栏	子系统选择栏用来选择接入 ISCS 系统的所有子系统。如：机电、电力、门禁、广播、安全门、信息发报、自动售检票等
功能选择栏	功能选择栏用来选择各子系统的功能画面。如：机电子系统的水系统、大系统、小系统、隧道通风、照明、电扶梯等
车站选择栏	车站选择栏用来选择宁波 1 号线的各个车站

1）子系统和功能选择栏

每当操作员登入系统后，画面会自动展现此操作员权限所能操控的导航栏。

被禁用的子系统（因为当前用户权限不许可），其按钮会自动变成灰色，不提供使用，因此，不会出现越权操作。

子系统选择栏和功能选择栏具有紧密的耦合关系，即：子系统选择栏上的每一个按钮在功能选择栏上有唯一的一组按钮与之对应。用户在子系统选择栏上选择了某个子系统后，在功能选择栏上就会出现该子系统的一组功能按钮。被禁用的功能（因为当前用户权限不许可），其按钮会自动变成灰色，不提供使用，因此不会出现越权操作。

当用户在子系统选择栏上选择了某个子系统按钮并在该子系统的功能选择栏上选择了功能按钮后，被选中的按钮会呈现棕褐色，方便用户了解当前所做的选择。

2）车站选择栏

车站选择栏显示了宁波 1 号线的整条行车线内所有车站。由于车站选择栏的空间有限，因此车站选择栏上的车站名称无法使用完整的中文名称，可以使用表 1-3 中列出的车站中文缩写词。

表 1-3 车站方案名及中文缩写

序号	方案名	车站中文缩写
0	停车场	停车场
1	高桥西站	高桥西
2	高桥站	高桥站
3	梁祝站	梁祝站
4	芦港站	芦港站
5	徐家漕站	徐家漕
6	望春桥站	望春桥
7	泽民站	泽民站
8	大卿桥站	大卿桥

续表

序号	方案名	车站中文缩写
9	西门口站	西门口
10	鼓楼站	鼓楼站
11	东门口站	东门口
12	江夏桥东站	江夏桥
13	舟孟北路站	舟孟北
14	樱花公园站	樱花站
15	福明路站	福明路
16	世纪大道站	世纪站
17	海晏北路站	海晏北
18	福庆北路站	福庆北
19	盛莫路站	盛莫路
20	东环南路站	东环南
21	车辆段	车辆段

一般车站操作员的权限只允许对本车站进行监控，即：车站栏上的按钮不可选。

3. 底部栏

底部栏位于屏幕的底部，主要由报警区、报警计数器、按钮组等，如图1-138所示。

图1-138 底部栏功能分布

1）最近3条报警区

工作站显示器中的报警条里显示的是操作员可见监控的系统产生的报警。

报警区中各部分的描述如表1-4所示。

表1-4 报警区中的描述

名 称	描 述
最近3条报警文本框	三个文本行，显示报警文本信息和发生的时间日期，按时间顺序排列。具体格式如图1-138所示
报警确认按钮	点击报警确认按钮可以确认第一行报警信息

2）报警计数器

报警计数器可以统计系统当前的报警总数和未确认报警个数。统计的方法是：总报警个数＝未确认报警个数＋已确认报警个数。

3）按钮组

底部栏提供了一组按钮可以让操作员方便实现HMI画面调用和清除、打印等功能，可以将其按功能分为如表1-5所示的几类。

表 1-5　图标的功能描述

功能分类	图标		描述
画面调用		报警	当有新的未确认报警发生时，该按钮上"报警"两个字的颜色为红色，当所有报警都确认以后按钮上的"报警"两个字的颜色为蓝色
		事件	按下该按钮后将显示事件列表画面
		联动	当与预定义的联动功能相关的报警点触发动作后，该按钮呈现红色闪烁，提示操作员按下该按钮后将显示联动功能状态画面
		授权	点击该按钮可以实现车站权限的交接
功能按钮	声音报警按钮	🔇	声音报警按钮是一个切换按钮，按下该按钮后可以禁用声音报警功能
		🔊	声音报警按钮是一个切换按钮，弹起该按钮后可以启用声音报警功能
导航按钮	向前导航	◀	按下该按钮后可以在用户显示区显示当前画面的前一幅画面
		◁	如果当前画面已经是第一幅画面，则该按钮变灰，不可使用
	向后导航	▶	按下该按钮后可以在用户显示区显示当前画面的下一幅画面
		▷	如果当前画面已经是最后一幅画面，则该按钮变灰，不可使用
	双屏导航		按下该按钮后可以将右屏用户显示区的画面送至左屏
			按下该按钮后可以将左屏用户显示区的画面送至右屏

（四）报警/事件查询

系统提供通用的报警处理功能，处理其他服务生成的报警。报警通过报警列表画面显示给操作员，包括：用颜色来表示信息的报警状态或正常状态以及报警的等级；用闪烁/不闪烁表示报警的未确认/已确认状态；同时，提供了过滤查询的工具。报警列表画面的底部面板统计了报警信息的总数目和未确认报警信息的总数目。

1. 报警查询功能

1）报警列表画面

报警列表画面如图 1-139 所示。

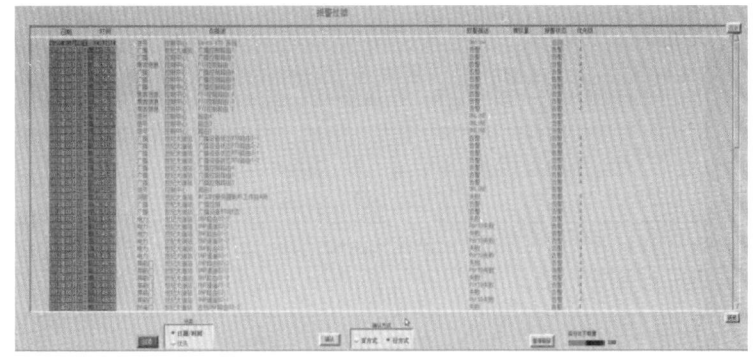

图 1-139　报警列表画面

当新报警产生后，HMI 画面底部栏的"报警"按钮上的文字颜色会变成红色，点击后可以打开报警列表画面。新产生的报警信息被添加到报警列表 HMI 画面第一行，新添加的报警信息的日期/时间栏会不停地闪烁，操作员可以"行方式"或"页方式"加以确认，被确认的报警不会再闪烁，并被移至已确认部分。

报警列表画面会根据报警信息的确认/未确认状态自动将整个报警列表分为上下两部分：未确认部分和已确认部分。未被确认的报警信息被放在报警列表画面的上面，按时间顺序排列，最新的未被确认报警排在最上面；已确认的报警信息，如果仍为报警状态，其日期/时间栏会停止闪烁，并被移至报警列表画面的后面，所有的已确认报警信息也按时间顺序排列，最新的已确认报警排在上面。

报警 HMI 画面上各部分的功能如表 1-6 所示。

表 1-6 HMI 报警画面上的功能描述

功　能	描　述
过滤	可以按操作员设定的过滤条件显示报警信息
分类（日期/时间、优先）	报警可以按照日期/时间顺序或优先级分类。根据选择的顺序从头到尾显示报警
确认	可以通过页方式或者行方式确认报警
暂停刷新	如果出现大量的新报警，可以冻结报警屏幕（报警列表画面滚动条不再移动），而此时系统仍然可以接收新报警信息
百分比下载量	报警 HMI 画面装载报警信息的进度指示条
顶部	点击该按钮可以显示最近一页报警信息
底部	点击该按钮可以显示最老一页报警信息
滚动条	滚动条不支持鼠标滚轮操作。操作员可以点击滚动条上的向上箭头△，可以向上滚动报警行；或者点击滚动条上的向下箭头▽，可以向下滚动报警行

报警列表中，每一条报警信息的显示从左到右分别包括以下各个组成部分日期时间栏、点描述、报警描述、模拟量值、报警状态。

2）报警分类

报警列表画面可以将不同等级的报警信息用不同的颜色加以区分，方便操作员对报警信息作出迅速的处理。每个报警都分配有报警优先级，优先级分为紧急级或告知级。每个子系统的报警优先级的定义在各自的功能描述文件中。

各种报警等级的定义如表 1-7 所示。

表 1-7 报警等级分类

报警类别	优先级	子系统	声　音	颜　色
1	1	PSCADA1	1	红色
	2	PSCADA2	2	
	3	FAS	3	
	4	BAS、CCTV、PIS、PA	没有声音	
2	5	所有子系统的 2 级报警	没有声音	橙色
3	6	所有子系统的其他报警	没有声音	黄色

3）报警确认

操作员可以在报警 HMI 画面上确认报警。如果报警确认后仍然是不正常状态，将留在报警画面内，并被移至已确认部分。

报警被确认后自动关闭报警声。

报警列表分成两个主要的组，确认的和未确认的报警。未确认的报警位于报警画面的顶部，新的报警加在列表的顶部。

报警可以在最新的三条报警栏内个别确认或通过报警列表 HMI 画面确认。如果通过画面来确认报警，可以选择"页确认"或"行确认"方式。

4）报警过滤

报警列表 HMI 画面中的报警信息都可以通过报警过滤面板进行过滤，经过过滤后，HMI 画面只显示操作员希望看到的报警信息。报警过滤面板提供如下过滤选项，如图 1-140 所示。

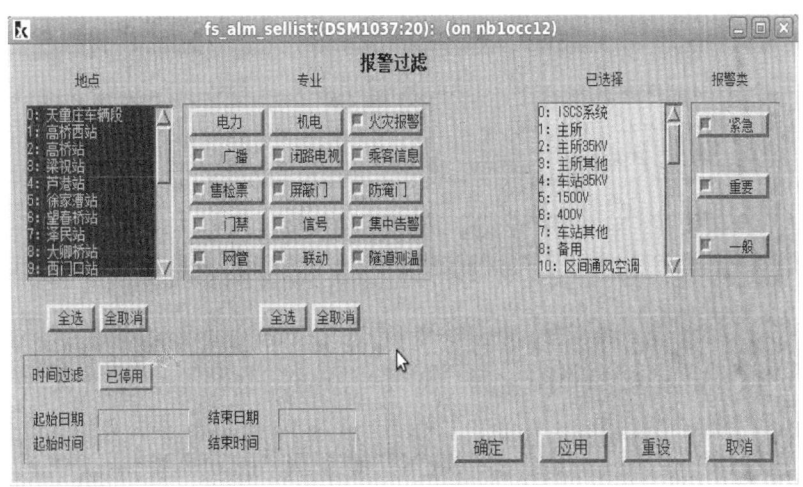

图 1-140 报警过滤画面

操作员可以选择的报警过滤条件包括：

① 车站：操作员选择车站。

② 专业及子系统：选择各个专业及其子系统。

③ 报警类：共有三个报警类，可以多选。

操作员可以通过以下操作设定报警过滤的条件：

① 选择需要查看报警的车站，可以选择多个车站或所有车站。车站级不能选择车站。

② 点击某个专业的按钮，"子系统"栏会自动给出可选择的子系统或功能按钮。如图 1-140 所示：点击"PSCADA"按钮，会出现"110 kV""35 kV""1500DC""400 V""顺控"等子系统及功能按钮；在选择具体的子系统或功能按钮时将选中此过滤条件，再次选择将取消此过滤条件。"已选择"栏会实时列出操作员当前已选中的子系统。

③ 选择想要过滤的报警类，一共有三个报警类可供选择，可以单选或多选。

④ 操作员亦可以使用"时间过滤"功能，操作员输入"开始日期""开始时间""结束日期"及"结束时间"，系统将根据上述过滤条件及此处设定的时间段进行报警信息的查询及显示。过滤条件中的日期和时期按照 yyyy-mm-dd 和 hh：mm：ss 的格式输入。

⑤ 操作员点击"重置"按钮时，过滤条件将按照操作员的权限全部选择，同时，时间过滤选项也重置成默认设置（无效）。

⑥ 操作员点击"应用"按钮后，设定的过滤条件即可生效，上述过滤界面不关闭，系统在报警列表中即刻显示所过滤的报警信息。

⑦ 操作员点击"确定"按钮后,设定的过滤条件即可生效,上述过滤界面自动关闭,系统在报警列表中即刻显示所过滤的报警信息。

⑧ 操作员点击"取消"按钮,系统将放弃所作的选择。过滤界面自动关闭。

4. 事件查询功能

1）事件列表画面

事件列表从数据库读取当前和历史事件最终显示在 HMI 画面中供操作员查看。操作员可以通过事件列表 HMI 画面查询系统运行过程中产生的各种事件。

事件画面可以通过点击 HMI 通用布局中的"事件"按钮打开,与"报警"按钮不同,在新事件产生时"事件"按钮不会改变颜色或闪烁。

新产生的事件信息可以被添加到事件列表 HMI 画面第一行。事件列表画面如图 1-141 所示。

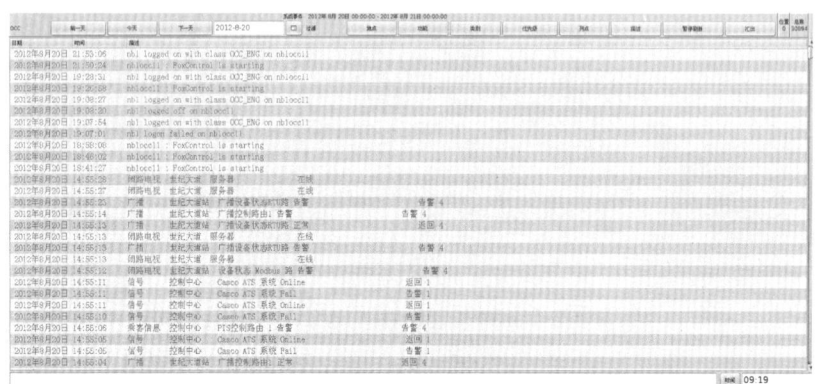

图 1-141 事件列表画面

该画面上各部分的功能如表 1-8 所示。

表 1-8 功能描述

功　　能		描　　述
OCC		显示当前车站域名
日期快速切换按钮	前一天	点击该按钮可以查看当前时间（显示在事件列表上的时间）前一天的事件记录
	下一天	点击该按钮可以查看当前时间（显示在事件列表上的时间）后一天的事件记录
	今天	点击该按钮可以查看当天的事件记录
	2012-8-20	支持日历模式的日期选择
位置 总数 0 30894		画面显示的第一条时间位置及事件总数
暂停刷新		如果出现大量的新事件,可以冻结事件屏幕（HMI 的画面滚动条不再移动）,当此时系统仍然可以接收新事件信息
事件过滤条件	地点	根据事件发生的车站域过滤事件
	功能	根据事件发生的专业名称过滤事件

续表

功　能		描　述
事件过滤条件	类别	根据事件的性质类别过滤事件
	优先级	根据事件优先级过滤事件
	列点	根据事件发生设备的点号过滤事件
	描述	根据事件描述过滤事件
	汇出	将所有事件内容以电子表格的形式存储在本地计算机
屏幕控制（支持鼠标滚轮操作）	▲	点击一次事件上移一条
	▼	点击一次事件下移一条
	（滑块）	鼠标左键控制滑块移动，画面随之滚动
	时间 09:19	设定当前页面第一条事件发生的最早时间

根据操作员的权限，事件列表将显示该操作员权限范围内的每一条事件。事件列表中，每一条事件信息的显示从左到右分别包括以下各个组成部分日期时间栏、事件描述。如表1-9所示。

表1-9　信息名称说明

名　称	说　明
日期时间	事件信息的日期时间标记。显示为yyyy年mm月dd日，hh:mm: ss: ccc，其中： ① dd=日（数字，01～31）。 ② mm=月（字符，1～12）。 ③ yyyy=年（数字，如1997）。 ④ hh=小时（数字，00～23）。 ⑤ mm=分（数字，00～59）。 ⑥ ss=秒（数字，00～59）。 ⑦ ccc=毫秒（数字，只用于SOE，如345）
事件描述	事件描述包括以下部分： ① 车站名或触发事件的系统模块名称，描述上述对象的文本。 ② 描述设备的状态或测量值的文本（设备状态及测量值描述文本与数据库中定义的点描述一致）。 ③ 操作员的用户名和进行相应操作的工作站名。 ④ 描述具体的错误信息或错误原因的文本（错误信息中使用的点描述与数据库中定义的一致）。 ⑤ 报警信息文本，使用与报警等级一致的颜色显示（具体的字段格式与报警一致，包括：点描述、点状态/点值、报警/返回的状态以及等级等，详见报警列表的详细说明）

2）事件过滤

宁波1号线事件过滤界面如图1-142所示。

图 1-142 事件过滤菜单

操作员可使用的事件过滤条件包括：
① 地点：事件发生车站。
② 功能：选择各个专业及其子系统。
③ 类别：可根据事件类型选择过滤。
④ 优先级：优先级别过滤。
⑤ 列点：选择属于某一特定点的事件。
⑥ 描述：根据事件描述过滤。

操作员可以通过组合选择来设定过滤条件。

（五）摘要画面

通用摘要画面显示全线设备手动标记的信息，SystematICS 提供的设备手动标记种类包括：人工状态、报警停用、暂停使用、故障设备、手动设备和维修许可。

1. 报警停用摘要画面

报警停用可以防止产生更多的报警，但不阻碍相关实时信息的正常处理。有权限的操作员可以从任何显示这个对象的画面上，对其应用报警停用。有权限的操作员亦可以从这个对象上移除报警停用。报警停用的移除使得正常报警处理恢复。每个报警停用的对象在报警停用摘要画面上均有一个单独的条目。

图 1-143 显示了典型的报警停用摘要画面。

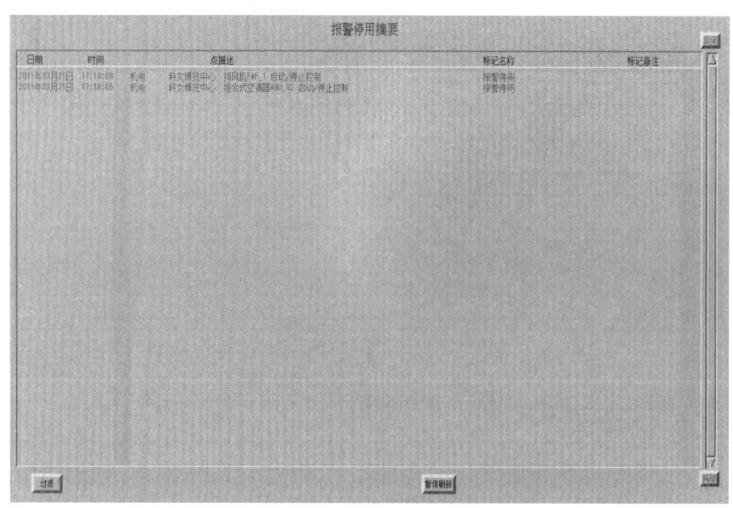

图 1-143 报警停用摘要画面

报警停用画面可以按照下列属性过滤：
① 位置：只有与配置了指定站属性的对象相关的报警停用才被显示。
② 分区：只有与配置了指定分区属性的对象相关的报警停用才被显示。
③ 类别：只有与配置了指定类别属性的对象相关的报警停用才被显示。

当报警停用摘要条目超过一页时，点击画面上的"暂停刷新"按钮，可以冻结滚动条的移动，使操作员浏览当前页的报警摘要情况。

2. 故障设备摘要画面

有权限的操作员可以从任何显示这个对象的用户画面上，标识任何设备为故障设备。有权限的操作员可以从这个对象上移除故障设备。从 ISCS 至任何被标识故障的设备的控制被禁止进行；同时，该设备的实时数据和报警将被暂停。每个被标为故障的设备在故障设备摘要画面上均有一个单独的条目。

图 1-144 显示了典型的故障设备摘要画面。

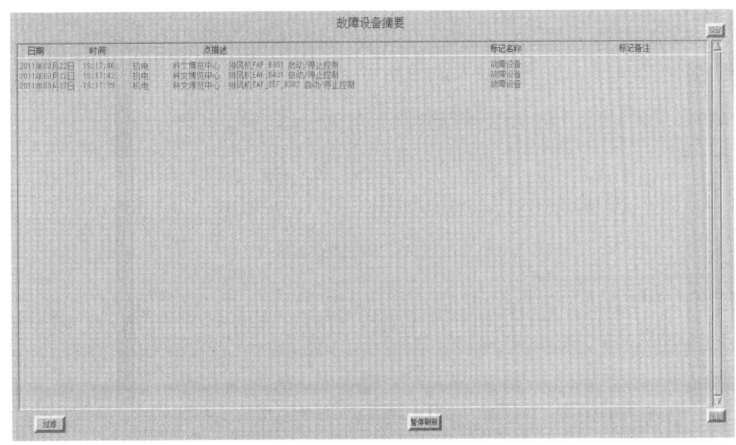

图 1-144 故障设备摘要画面

故障设备画面可以按照下列属性过滤：

① 位置：只有与设置成特定站属性的对象相关的故障设备才被显示。

② 分区：只有与配置了指定分区属性的对象相关的故障设备才被显示。

③ 类别：只有与配置了指定类别属性的对象相关的故障设备才被显示。

3. 人工状态摘要画面

有权限的操作员可以从任何显示这个对象的用户画面上，人工状态标记任何一个对象以及替换一个替代值或者状态。有权限的操作员可以从这个对象上移除人工状态。标记的设备实时数据将被暂停正常的数据以及实时的报警处理，直到人工状态被移除。

如果对于一个实时数据的人工状态值满足报警条件，将产生一个报警。移除人工状态使得当前值或者状态被报告，然后这个对象的正常处理恢复。人工状态数据值和报警界限在人工状态摘要画面上有一个单独的条目。

图 1-145 显示了典型的人工状态摘要画面。

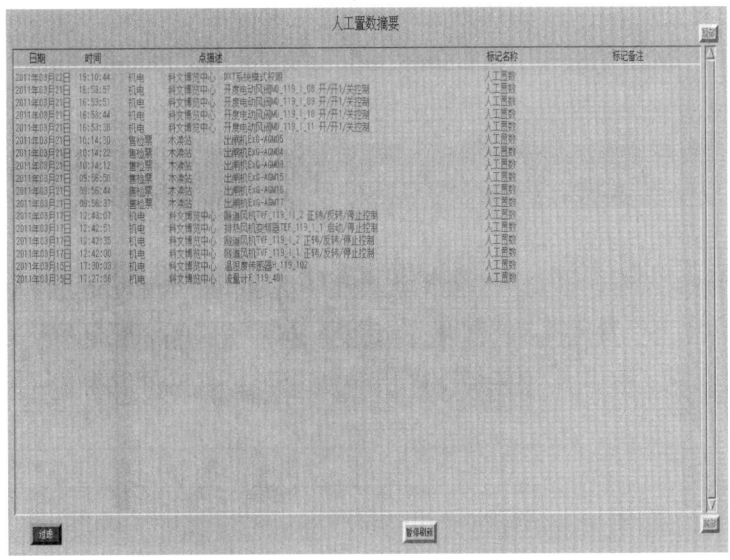

图 1-145 人工状态摘要画面

人工状态画面可以按照下列属性过滤：

① 位置：只有与配置了指定站属性的对象相关的人工状态设备才被显示。

② 分区：只有与配置了指定分区属性的对象相关的人工状态设备才被显示。

③ 类别：只有与配置了指定类别属性的对象相关的人工状态设备才被显示。

（六）历史和实时趋势

趋势图 HMI 为操作员提供了一种以图表的形式浏览历史和实时数据的方法，多个数据对象的趋势图可以放置在一幅趋势图 HMI 上，方便操作员对这些趋势进行对比分析。

操作员可以通过"系统"下拉菜单打开趋势图。

1. 历史趋势

历史趋势图是浏览历史数据的一种理想工具，在趋势图上每一个数据点都有时间标记。一幅趋势图上最多可以显示 8 个趋势曲线，所有的趋势曲线都使用同一个时间轴（水平方向），但每一个曲线都有自己独立的 Y 轴（垂直方向）。多条趋势曲线用不同的颜色进行区分。如图 1-146 所示。

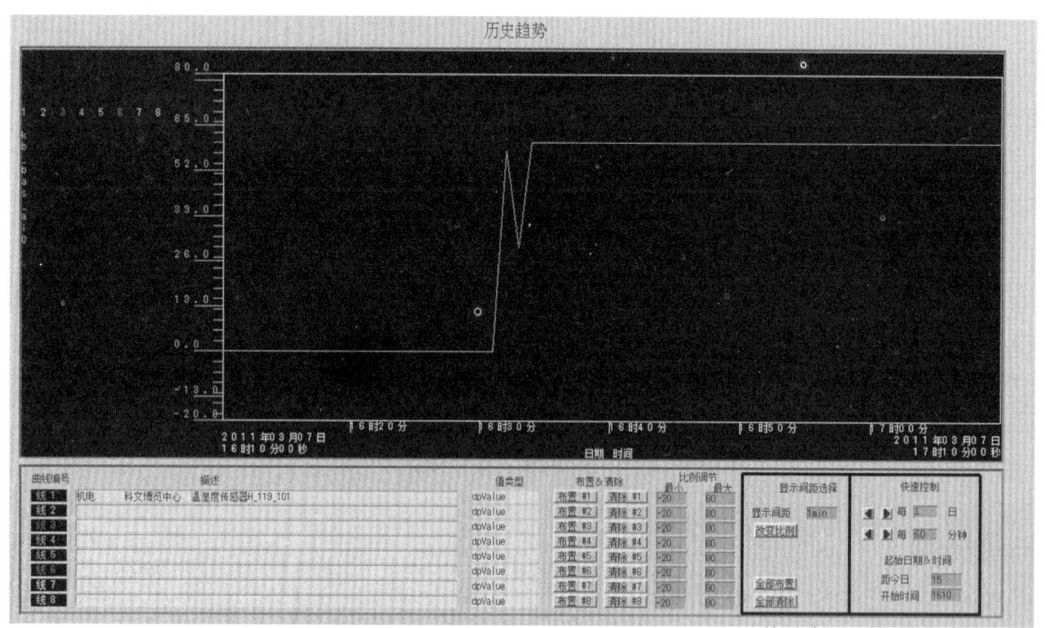

图 1-146 历史趋势 HMI

操作员可以按如下步骤查看数据对象的趋势图：

（1）选择需要在趋势图上显示的数据对象，选择数据对象后，可以弹出所选对象的 Palette 对话窗口。操作员需要点击 Palette 对话窗口上的"指派趋势"按钮，这个按钮主要用于将所选的数据点指派到趋势图上。

（2）操作员需要点击趋势图上的"布置#1"按钮，点击后所选数据点的趋势曲线就会显示在趋势图上，在"描述"文本框中会显示出该数据点的描述信息，比如"雍和宫－负极柜直流母线电压"。

（3）由于一张趋势图中分布了多条趋势曲线，而每条趋势曲线的 Y 轴坐标（工程量范围）不完全相同，"Y 轴调节区"主要用来对所选数据点的 Y 轴坐标进行调节，使不同工程量范围的趋势曲线都能清晰的反映在趋势图上。设置每条趋势曲线的 Y 轴坐标后（即在"Y 轴调节区"的"最小""最大"文本框中设置趋势曲线相应的工程量范围），点击"改变比例"按钮，修改后的设置就会反映在趋势图上。

（4）"时间轴调节区"主要用来对趋势曲线的时间坐标进行调节，可以使操作员方便地查看设定时间段内的趋势图。

2. 历史表格

历史表格用于将历史数据显示在一个表格中。打印数据（包含性质）将按时间顺序列出。任何存储的属性都将按需求类型被显示出来。

历史表格可以用于任何模拟量点，将该模拟量点的值显示在一个表格中。该表格为操作员提供了以表格方式浏览历史数据的方法。

典型的两对象如图 1-147 所示。

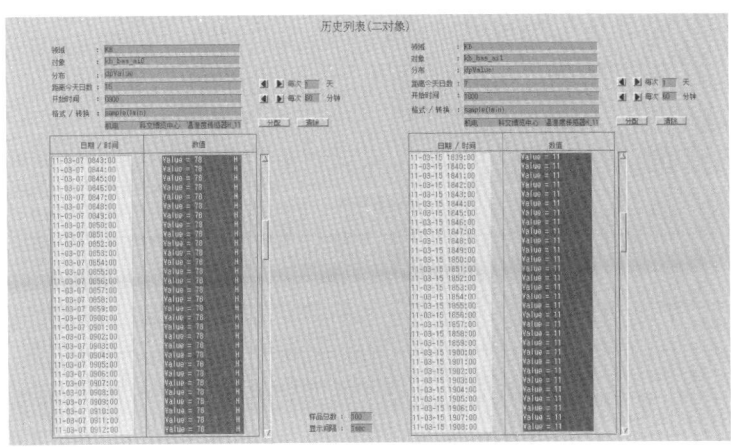

图 1-147　历史表格数据显示两对象

3. 实时趋势

实时趋势图与历史趋势图类似，也可以显示最多 8 个趋势曲线，并且这些曲线会不断地进行更新，以便与当前的实时数据保持同步。在实时趋势图中，操作员不能指定曲线的起始日期和时间，曲线时间轴的起始点会随着曲线的更新逐步地向后推移。实时趋势图如图 1-148 所示。

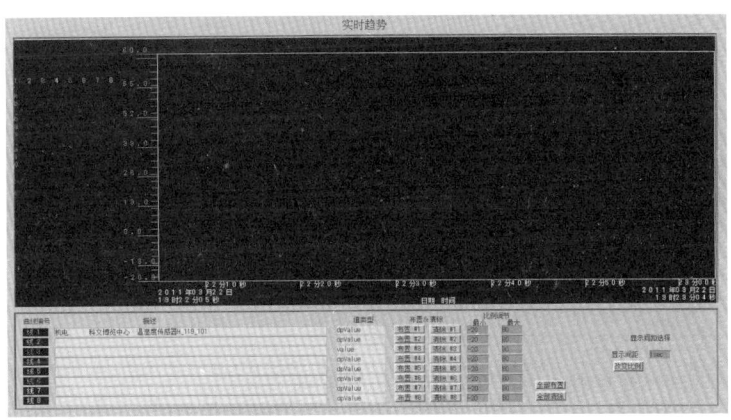

图 1-148　实时趋势 HMI

实时趋势图的具体操作方法与历史趋势图完全一致，不再赘述。

（七）BAS 系统

1. 车站 BAS 设备的监控画面（图 1-149）

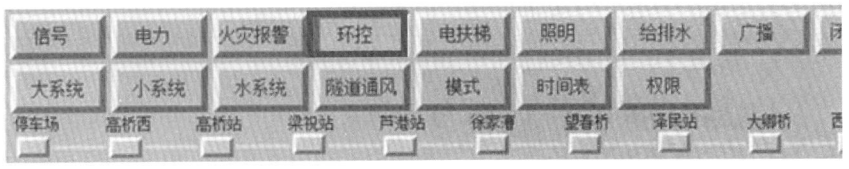

图 1-149　BAS 设备的监控画面表头

2. BAS 系统图元设计（表 1-10～表 1-23）

表 1-10　一般风机（含送风机、排风机、回排风机）图元说明

图标（Symbol）	描述（Description）	颜色（Colour）
	停　止	白　色
	运　行	中海绿色
	设备报警	红　色
	通信中断	淡蓝色

表 1-11　射流风机图元说明

图标（Symbol）	描述（Description）	颜色（Colour）
	停　止	白　色
	运　行	中海绿色
	设备报警	红　色
	通信中断	淡蓝色

表 1-12　组合式空调机组图元说明

图标（Symbol）	描述（Description）	颜色（Colour）
	停　止	白　色
	风机运行，静电除尘器和过滤器停止	风机中海绿色，静电除尘器和过滤器白色，边框绿色
	静电除尘器运行，风机和过滤器停止	静电除尘器中海绿色，风机和过滤器白色，边框绿色
	过滤器运行，风机和静电除尘器停止	过滤器中海绿色，静电除尘器和风机白色，边框绿色
	风机报警	风机红闪，边框红闪
	静电除尘器报警	静电除尘器红闪，边框红闪
	过滤器报警	过滤器红闪，边框红闪
	通信中断	淡蓝色

表1-13 冷却塔图元说明

图标（Symbol）	描述（Description）	颜色（Colour）
	停 止	白 色
	运 行	中海绿色
	设备报警	红 色
	通信中断	淡蓝色
	液位高报警	冷却塔的液位色块变为红色
	液位低报警	冷却塔的液位色块变为红色

表1-14 冷水机组图元说明

图标（Symbol）	描述（Description）	颜色（Colour）
	停 止	白 色
	1#空压机运行	1#空压机中海绿色，2#和3#空压机白色，边框绿色
	2#空压机运行	2#空压机中海绿色，1#和3#空压机白色，边框绿色
	3#空压机运行	3#空压机中海绿色，1#和2#空压机白色，边框绿色
	1#空压机设备报警	1#空压机红色闪烁，边框红色闪烁
	2#空压机设备报警	2#空压机红色闪烁，边框红色闪烁
	3#空压机设备报警	3#空压机红色闪烁，边框红色闪烁
	通信中断	淡蓝色

表 1-15　水箱图元说明

图标（Symbol）	描述（Description）	颜色（Colour）
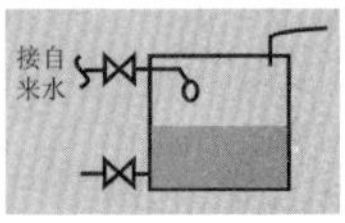	水位正常	中海绿色
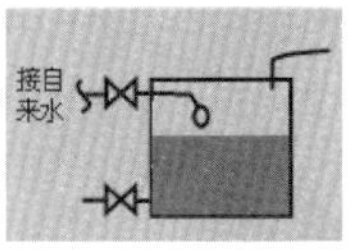	水位过高	红　色
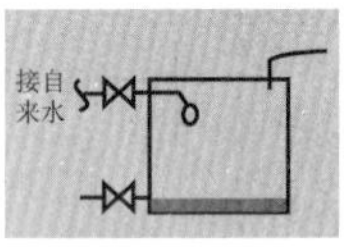	水位过低	红　色
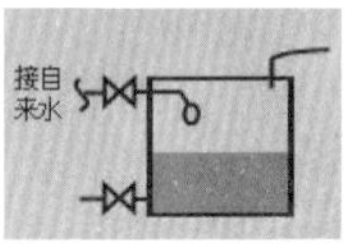	通信中断	淡蓝色

表 1-16　电动组合风阀图元说明

图标（Symbol）	描述（Description）	颜色（Colour）
	闭　位	白　色
	开　位	中海绿色
	设备报警	红　色
	通信中断	淡蓝色

表 1-17　电动多叶（调节）阀图元说明

图标（Symbol）	描述（Description）	颜色（Colour）
	闭　位	白　色
	开　位	中海绿色
	设备报警	红　色
	通信中断	淡蓝色

表 1-18 电动防烟防火调节阀（70 ℃，常开）图元说明

图标（Symbol）	描述（Description）	颜色（Colour）
	闭　位	白　色
	开　位	中海绿色
	设备报警	红　色
	通信中断	淡蓝色

表 1-19 电动排烟防火调节阀（280 ℃，常开）图元说明

图标（Symbol）	描述（Description）	颜色（Colour）
	闭　位	白　色
	开　位	中海绿色
	设备报警	红　色
	通信中断	淡蓝色

表 1-20 电动排烟防火调节阀（280 ℃，常闭）图元说明

图标（Symbol）	描述（Description）	颜色（Colour）
	闭　位	白　色
	开　位	中海绿色
	设备报警	红　色
	通信中断	淡蓝色

表 1-21 电动蝶阀图元说明

图标（Symbol）	描述（Description）	颜色（Colour）
	闭 位	白 色
	开 位	中海绿色
	设备报警	红 色
	通信中断	淡蓝色

表 1-22 电动二通阀图元说明

图标（Symbol）	描述（Description）	颜色（Colour）
	闭 位	白 色
	开 位	中海绿色
	设备报警	红 色
	通信中断	淡蓝色

表 1-23 压差阀图元说明

图标（Symbol）	描述（Description）	颜色（Colour）
	闭 位	白 色
	开 位	中海绿色
	设备报警	红 色
	通信中断	淡蓝色

（1）第一类水泵（表1-24）。

表1-24所示泵系统的图型包括：冷冻泵、冷却泵和补水泵。

设备代表：LD（冷冻泵），LQ（冷却泵）和BS（补水泵）。

表1-24 第一类水泵图元说明

图标（Symbol）	描述（Description）	颜色（Colour）
	运行状态：停止	白 色
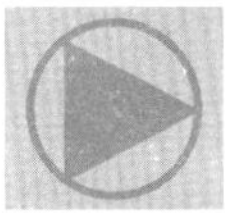	运行状态：运行	中海绿色
	设备报警	红 色
	通信中断	淡蓝色

（2）第二类水泵（表1-25～表1-31）

表1-25所示泵系统的图型包括：主排水泵、废水泵、污水泵和局部排水泵。

表1-25 第二类水泵图元说明

图标（Symbol）	描述（Description）	颜色（Colour）
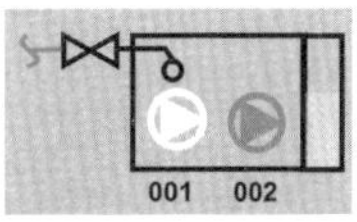	运行状态：泵1停止、泵2运行 水位状态：正常	水是黄色
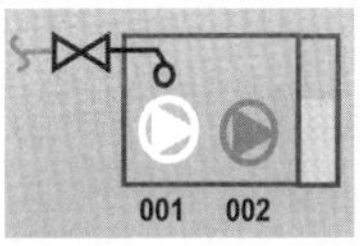	运行状态：泵1停止、泵2运行 水位状态：正常 告警状态：总报警	红色 水是黄色
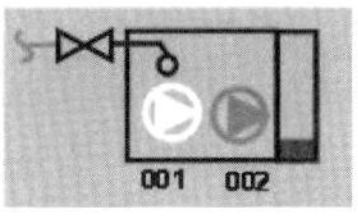	运行状态：泵1停止、泵2运行 水位状态：低报警	水是红色
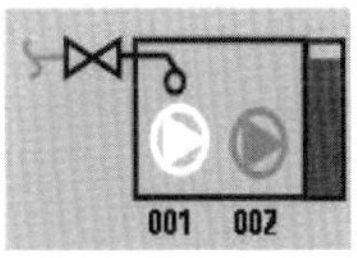	运行状态：泵1停止、泵2运行 水位状态：高报警	水是红色
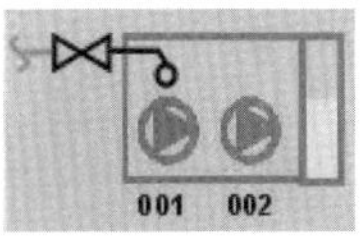	通信中断	淡蓝色 水是黄色

表1-26 温度传感器

图标（Symbol）	描述（Description）	颜色（Colour）
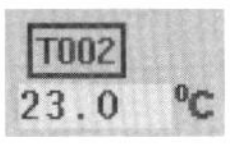 T002 23.0 ℃	正常，温度显示于设备号下方	深灰色

表 1-27 湿度传感器

图标（Symbol）	描述（Description）	颜色（Colour）
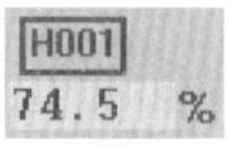 H001 74.5 %	正常，湿度显示于设备号下方	深灰色

表 1-28 水流度传感器

图标（Symbol）	描述（Description）	颜色（Colour）
 F003 115.3 ltr/s	正常，湿度显示于设备号下方	深灰色

表 1-29 水/风管

图标（Symbol）	描述（Description）	颜色（Colour）
	回风管	宝蓝色
	新风管	宝绿色
	进水线	浅绿色
	出水线	浅海绿色

注：箭头显示流动方向。

表 1-30 自动扶梯

图标（Symbol）	描述（Description）	颜色（Colour）
	行驶状态：停止	白色
	启动，向上	中海绿色
	启动，向下	中海绿色
	总报警	红色
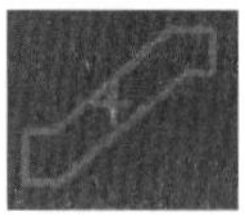	通信中断	淡蓝色

注：设备代表：APT。

表 1-31　直升电梯

图标（Symbol）	描述（Description）	颜色（Colour）
	行驶状态：停止	白　色
	启　动	中海绿色
	总报警	红　色
	通信中断	淡蓝色

（3）各类照明（表 1-32、表 1-33）

以下照明系统的图型包括：工作照明、节电照明、广告照明、区间照明、应急照明和安全门照明。（注：照明系统应该不需要点自动状态和连锁状态）

设备代表：ALB、ALJ、ALG、ALQ、ALE、ALA。

表 1-32　各类照明

图标（Symbol）	描述（Description）	颜色（Colour）
	关	白　色
	开	中海绿色
	设备报警	红　色
	通信中断	淡蓝色

表 1-33　模式

图标（Symbol）	描述（Description）	颜色（Colour）
	红色闪烁，模式启动失败	红色闪烁
	1. 绿色：模式正在运行 2. 绿色闪烁：模式正在启动	中海绿色
	白色，模式停止	白色
	通信中断	淡蓝色

3. 系统画面（图 1-150～图 1-156）

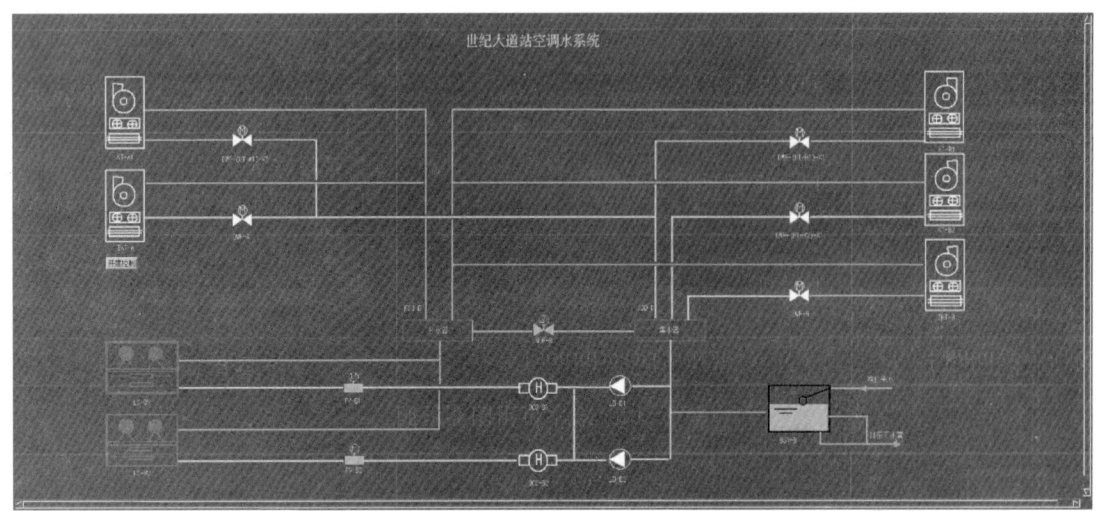

图 1-150　空调水系统（空调水系统）画面

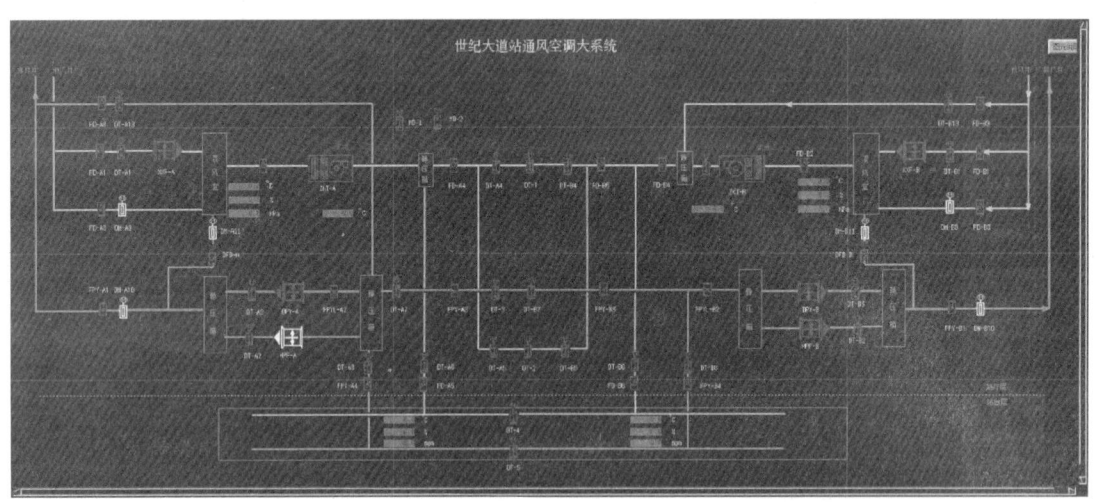

图 1-151　空调大系统（公共区空调通风系统）画面

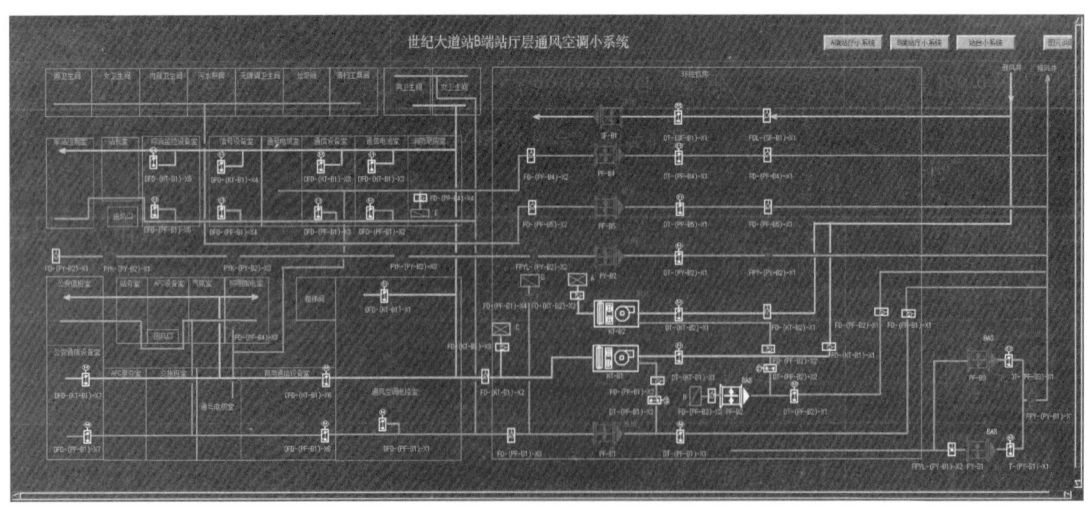

图 1-152　空调小系统（设备用房等空调通风系统）画面

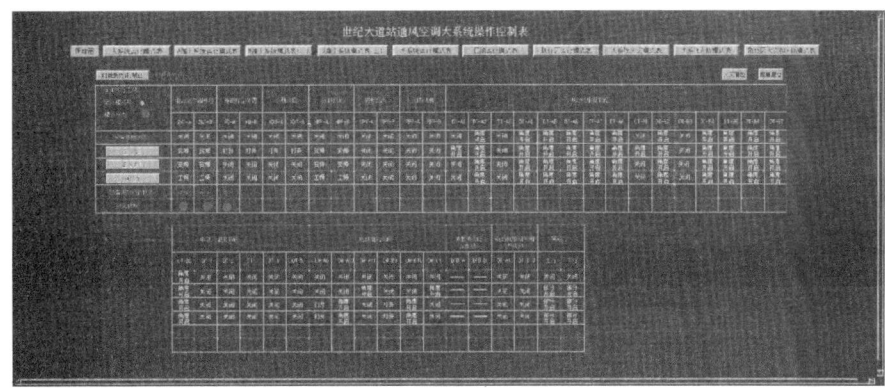

图 1-153　车站模式画面

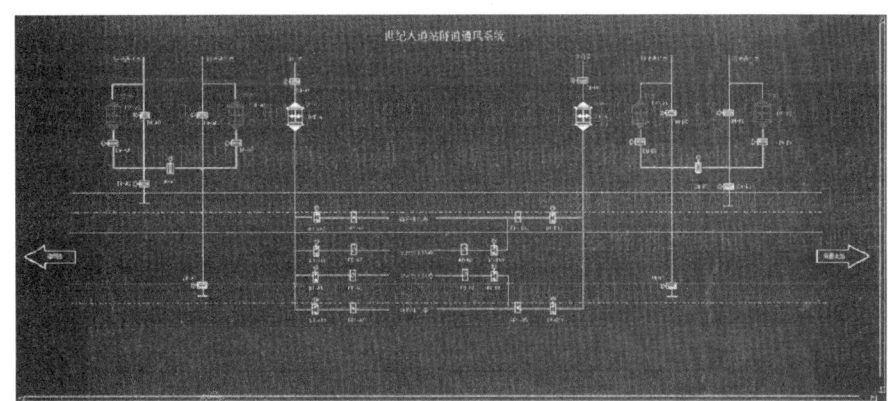

图 1-154　区间隧道通风画面

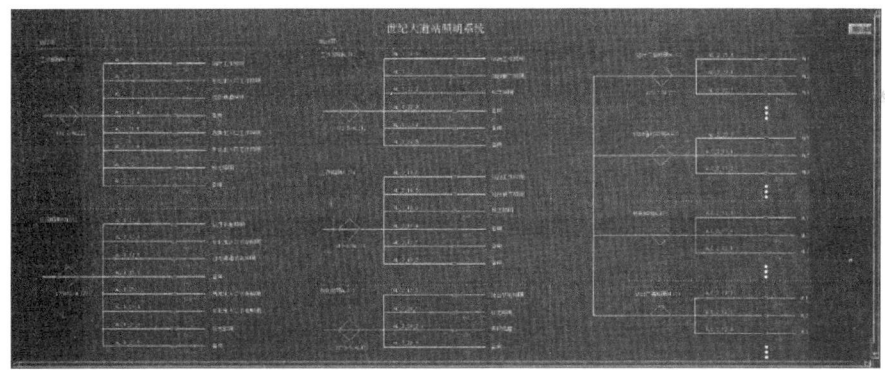

图 1-155　车站照明及配电设备状态显示画面

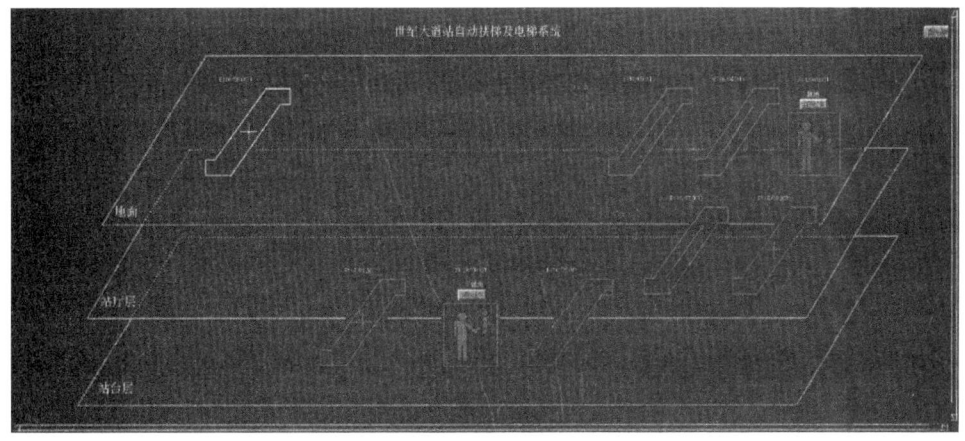

图 1-156　车站电扶梯监控画面

车站模式画面包括火灾模式和阻塞模式的状态查看画面；空调大系统与水系统、空调小系统、动力照明和点扶梯系统的模式画面。

4. 车站级 BAS 功能

车站 ISCS 工作站，提供本站 BAS 功能的多级显示，包括：设备、模式和时间表的运行状态、告警状态。

车站 ISCS 工作站还提供了时间表查看、模式控制与设备监控功能。车站操作员所关心的本站 BAS 画面和监控功能与中心 ISCS 提供的完全一样。

车站 ISCS 工作站提供以下的 BAS 功能：

（1）本站范围内的 BAS 权限管理和时间表查看功能，包括：

① 本站各个 BAS 子系统的控制权限查看和交接。

② 本站时间表查看。

（2）本站范围内的 BAS 设备和运行模式的监视、控制和管理功能，包括：

① 车站 ISCS 值班员可以监视、控制和管理本站 BAS 子系统的控制方式（如：时间表的运行/停止控制、模式控制等）。

② 车站 ISCS 值班员可以监视本站各个子系统的模式状态，包括：空调通风系统（大系统和小系统）模式号、动力照明系统模式号、电扶梯系统模式号、空调水系统模式号、阻塞模式号以及 BAS 在火灾时的模式号。

③ 车站 ISCS 值班员可以下发模式控制，包括：空调通风系统（大系统和小系统）模式、动力照明系统模式、电扶梯系统模式和空调水系统模式。

④ 车站 ISCS 值班员可以监视本站范围内空调通风系统（大系统、小系统）、空调水系统、动力照明系统、电扶梯、给排水系统等设备，以及温湿度传感器等的状态和各类参数值。

⑤ 车站 ISCS 值班员可以发布对设备的单点控制指令，车站级 BAS 可以控制的设备包括：车站空调通风系统（大系统、小系统和隧道射流风机等）、空调水系统、动力照明系统、给排水系统等。

⑥ 车站 ISCS 值班员可以对冷冻水、冷却水等环控参数进行设定，具体包括：风机转速设定、冷冻水出水温度、冷却水出水温度。

（3）告警、事件和报表等查看功能。

记录车站设备的实时告警、事件等信息，统计设备启停次数、故障次数和累计运行时间。

5. 控制功能

1）单点控制

BAS 设备的单点控制步骤如下：

① 操作员可以在 HMI 画面上用鼠标左键单击数据对象的图元，将弹出如图 1-157 所示的操作面板。

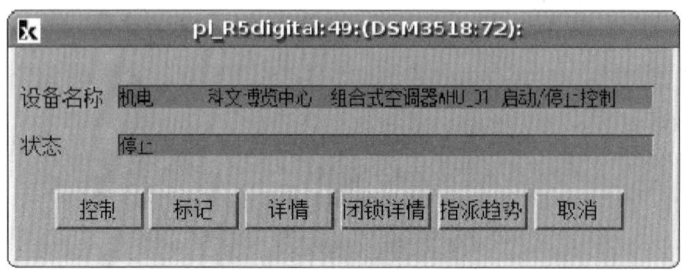

图 1-157 设备单点控制 1

② 点击该操作面板上的"控制"按钮，将弹出如图 1-158 所示的控制面板。

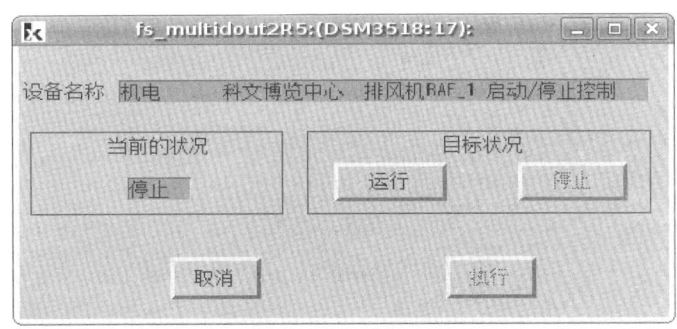

图 1-158　设备单点控制 2

操作员可以看到被控数据点的设备名称、点的当前状态。在"目标状态"选择框中，被控数据点有两个目标状态按钮。

③ 选择所要的操作，然后单击"执行"按钮就可以将控制命令发送给被控数据点。

如果操作员在 HMI 画面上选择的设备具有三态控制，点击操作面板上的"控制"按钮后，将弹出三态数字量控制面板，如图 1-159 所示。

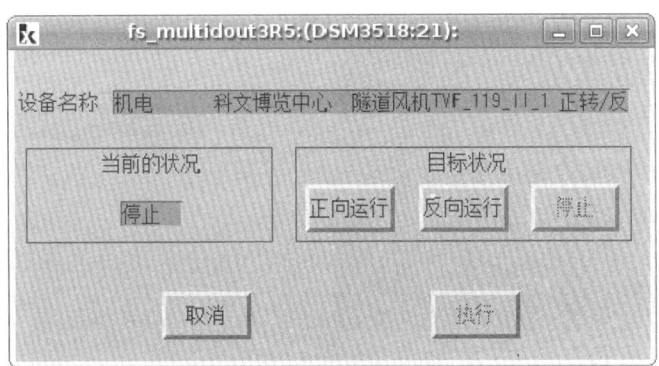

图 1-159　设备单点控制 3

操作员可以看到被控数据点的设备名称、点的当前状态。在"目标状态"选择框中，被控数据点有三个目标状态按钮，不可用的目标状态按钮会自动变灰，不提供使用。操作员必须要为被控数据点选择一个可用的目标状态按钮，选择了目标状态按钮后，"执行"按钮可用。

然后单击"执行"按钮就可以将控制命令发送给被控数据点。

2) 控制闭锁

当用户单击面板窗口上的"控制"按钮后，系统都会检查被控对象的相关闭锁条件。如果该对象的闭锁条件不满足，则会在弹出的对话窗口中显示出来，并且此时对话窗口上的"执行"按钮变灰，不提供使用。如图 1-160 所示。

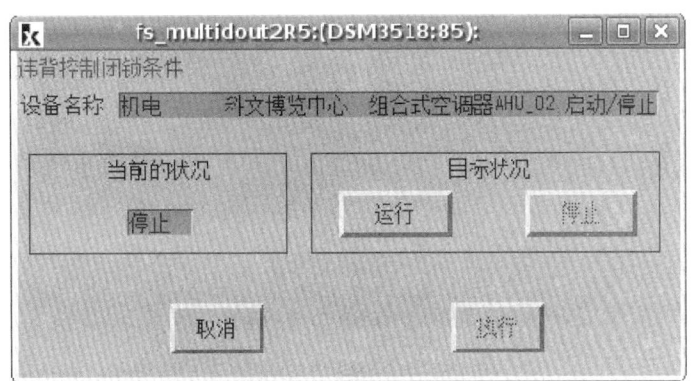

图 1-160　设备控制闭锁

此时，操作员可以点击操作面板上的"闭锁详情"按钮，查看闭锁详情画面，以确定当前控制违背了哪些闭锁条件。

3）设备详情

当设备的参数太多，无法在设备周围标记表示时，点击该设备将会弹出窗口，上有详情按钮，点击可查看设备详细信息，具体操作如下：

① 按上述步骤打开大系统画面。

② 在打开的 HMI 画面上选择一个设备，将弹出操作面板。

③ 点击操作面板上的"详情"按钮则出现详情窗口（图 1-161）。

4）模拟量控制

BAS 设备的模拟量控制步骤如下：

① 操作员可以在 HMI 画面上用鼠标左键单击模拟量数据对象的图元，将弹出如图 1-162 所示的操作面板。

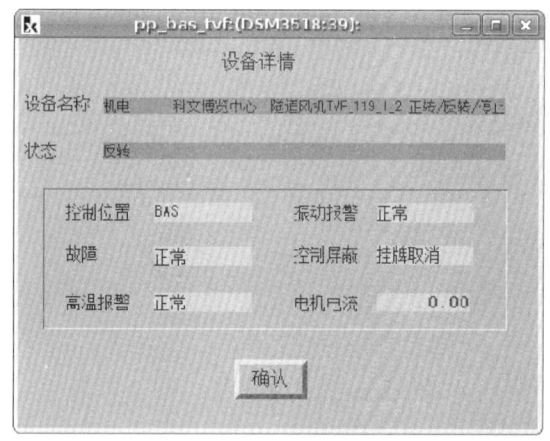

图 1-161　设备详情

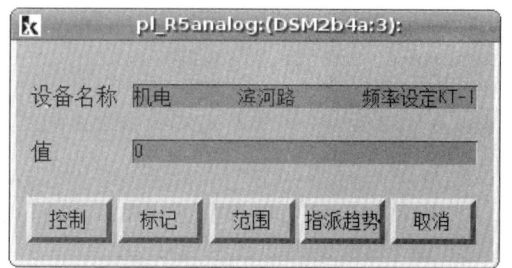

图 1-162　模拟量控制 1

② 点击该操作面板上的"控制"按钮，将弹出如图 1-163 所示的控制面板。

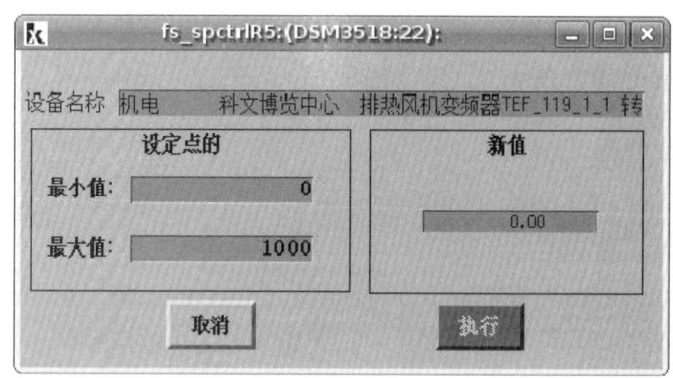

图 1-163　模拟量控制 2

操作员在"新值"文本框中输入需要数据，回车，然后点击"执行"按钮，就可以将模拟量值发送给设备。

5）模式控制功能

宁波 1 号线在正常运营时，每日所有 BAS 设备的启停等控制由 ISCS 的 BAS 时间表功能实现。当时间表运行被禁止时可以对设备子系统（Subsystem）进行模式控制。

模式画面如图 1-164 所示。

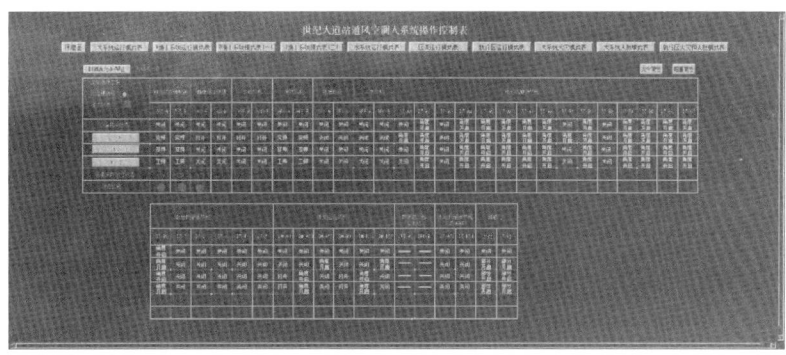

图 1-164 模式控制功能界面

进行模式控制前也需要对闭锁条件进行检查,检查的内容包括:控制权所在地和设备子系统的时间表控制方式是否为禁止状态。模式控制的画面如图 1-165 所示,单击需要下发的模式,在弹出的模式下发对话框中单击"执行",ISCS 将下发选中的模式号至 BAS PLC,PLC 收到控制指令并判断合法后,分解为具体的设备控制指令,并执行。

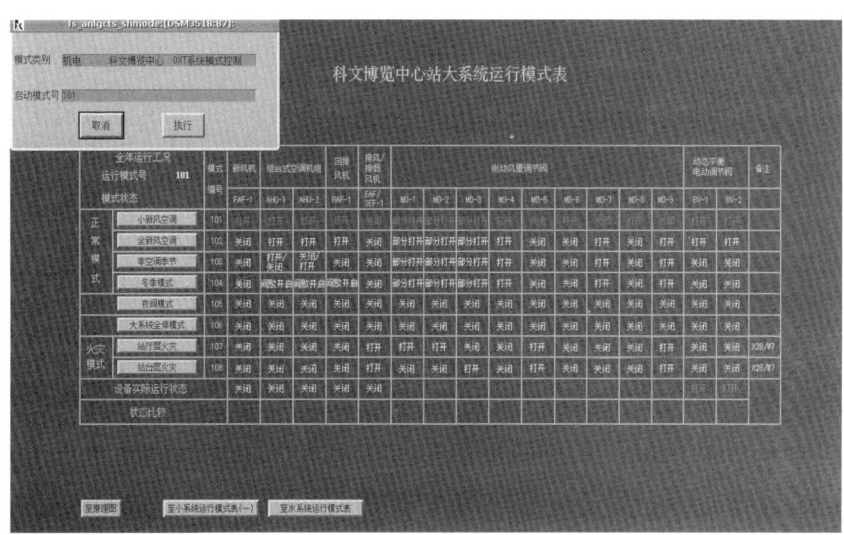

图 1-165 时间表功能

车站的 ISCS 可以查看本站的排定下发设置,操作员通过车站 ISCS 可以查看每天本站需要下发的时间表表名(图 1-166);还可以查看本站所有时间表的内容,如图 1-167、图 1-168 所示。

图 1-166 车站的操作员可以查看本站 ISCS 内保存的所有 10 张时间表的内容

图 1-167　车站保存时间表查看

图 1-168　车站运行时间表查看

6. 控制权限移交功能

1）概　述

对 BAS 设备的控制包括以下几个层次：

① 就地/远控，本体设备控制箱或动力配电柜。

② IBP 盘允许/禁止。

③ FAS 指令。

④ 车站 ISCS。

⑤ 中心 ISCS。

ISCS 的 BAS 控制权限管理功能部署在上述 4 和 5 两级的 ISCS 工作站上，具体包括两个地点：车站和 OCC。

在 ISCS 内提供了控制优先级闭锁逻辑。为便于操作快速判断无法控制设备的原因，对应上述①至⑤各个条件的重要性，系统将给出如下不同的失败提示：

当某个 Subsystem 的控制权限所在地与当前操作员的权限类别不一致时（即：④和⑤条件不正确。如：当权限在中心 ISCS 时，车站的操作员操作该 Subsystem 下某个设备），系统将闭锁该设备的控制功能，"控制"按钮无效。如图 1-169 所示。

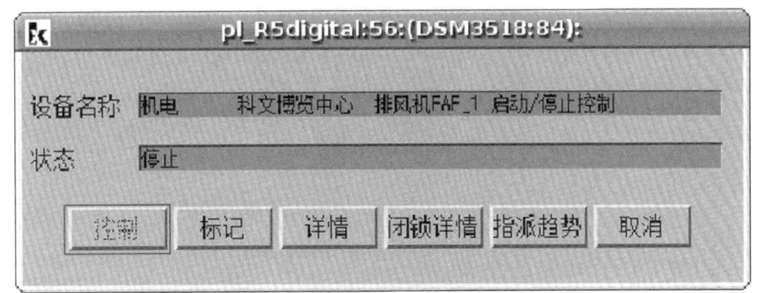

图 1-169 "控制"按钮无效

当某个 Subsystem 的控制权限所在地与当前操作员的权限类别一致时（如：当权限在中心 ISCS 时，中心的操作员操作该 Subsystem 下某个设备），"控制"按钮有效；但是，当设备、模式号的其他控制条件（如：远控/就地条件不对，或 IBP 有效等）不满足时，系统在控制窗口内自动给出"违背控制闭锁条件"的提示，"执行"按钮亦为无效状态，如图 1-170 所示。

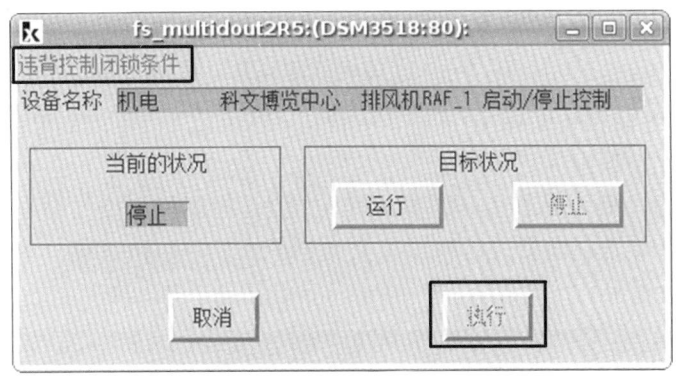

图 1-170 "执行"按钮无效

ISCS 对 BAS 控制权限管理的范围包括：
① 对 BAS 子系统的时间表"允许/禁止"控制。
② 对 BAS 设备的控制操作。
③ 对 BAS 设备的标记操作（含挂牌操作、人工置数、告警停用等通用功能）。
④ 对 BAS 正常工艺模式号的控制。

由于区间隧道通风系统仅仅在中心 ISCS 控制，故控制权限管理的子系统包括：
① 车站照明配电子系统。
② 车站通风空调子系统。
③ 车站空调水系统子系统。
④ 给排水子系统。

2）控制权限管理画面

车站 BAS"授权"管理画面。允许操作员对车站的 BAS 子系统的控制权限进行转移。

权限移交画面中的使用的文字及按钮的颜色定义如下：
① 绿色：表示系统的控制权在默认地点（控制权的默认地点为：车站）。
② 暗黄色：表示系统的控制权不在默认地点。
③ 蓝色：表示权限移交的过程。

车站的权限画面如图 1-171 所示。

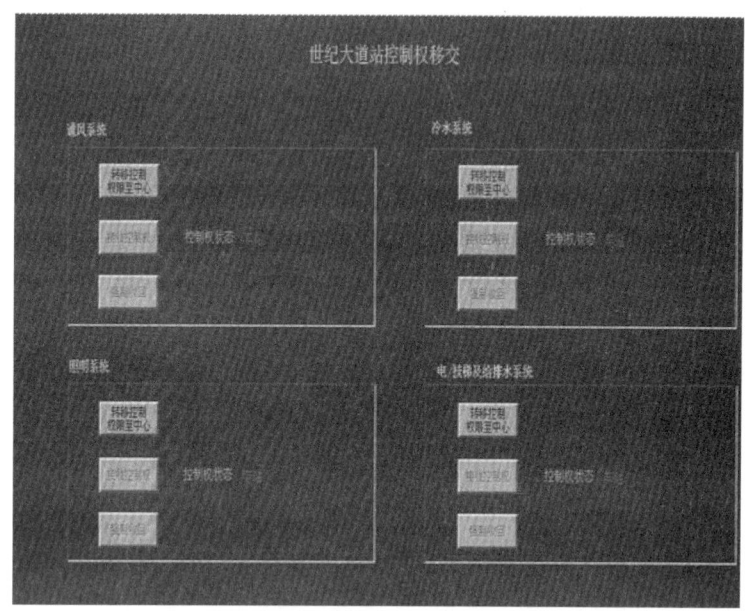

图 1-171　车站权限移交画面

3）车站和控制中心之间的权限移交

（1）车站和中心级之间权限的正常移交。

车站和中心级之间的权限的正常移交的步骤如下（假设控制权在控制中心）：

① 在车站权限 HMI 中选择需要进行权限移交的子系统，如通风系统，单击"转移控制权限至远方"按钮，如图 1-172 所示。

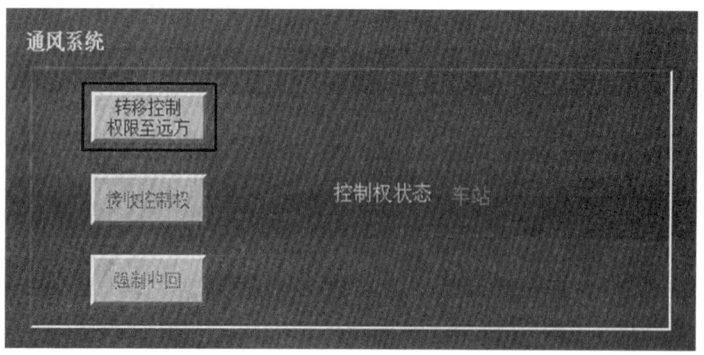

图 1-172　控制权移交

② 系统的控制权状态将变为蓝色字体，描述为"车站交接权限"（若有中心级向车站转移权限，则描述为"交接权限到车站"），如图 1-173 所示。

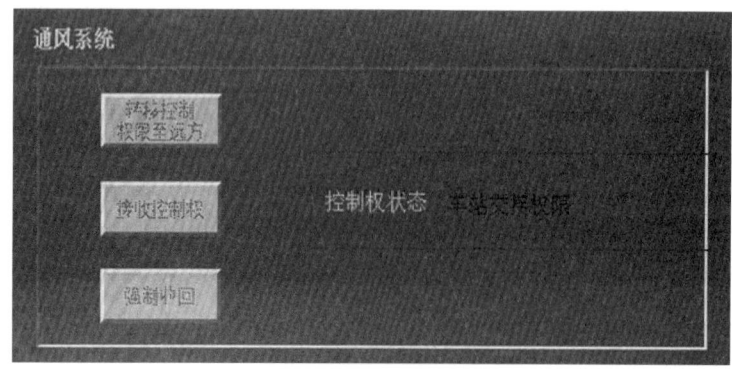

图 1-173　控制权接收 1

③ 中心的权限交接画面的"接收控制权"按钮将变为红色,以提示操作员接收系统的控制权限,如图 1-174 所示。

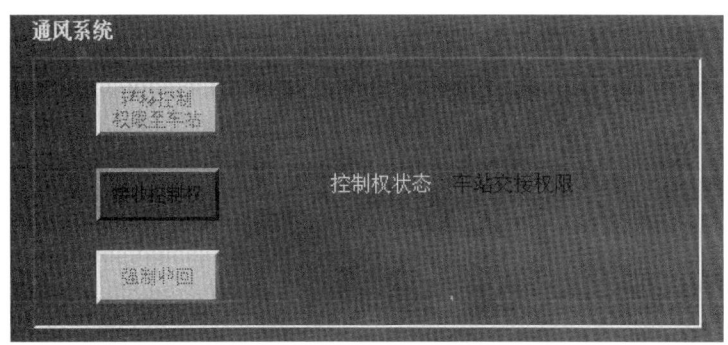

图 1-174　控制权接收 2

④ 操作员单击接收控制权按钮后,系统的控制权限将转移到控制中心。转移后的控制权限画面如图 1-175 所示。

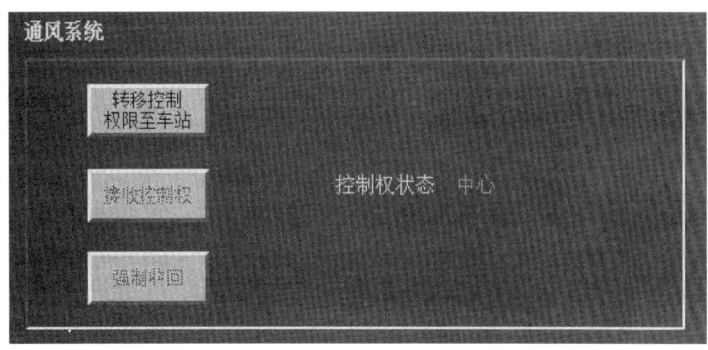

图 1-175　控制权上交 2

(2) 车站和中心级之间权限的强制移交。

在车站和中心级之间支持权限的强制转移。当控制权在车站时,中心级控制权地点能够强制收回系统的控制权;当控制权限在中心级时,车站可以强制收回系统的控制权。权限强制转移的步骤如下(假设系统的控制权限在控制中心):

在车站权限 HMI 中选择需要强制收回控制权的状态,如通风系统,单击"强制收回按钮",如图 1-176 所示,系统的控制权将被车站强制收回。

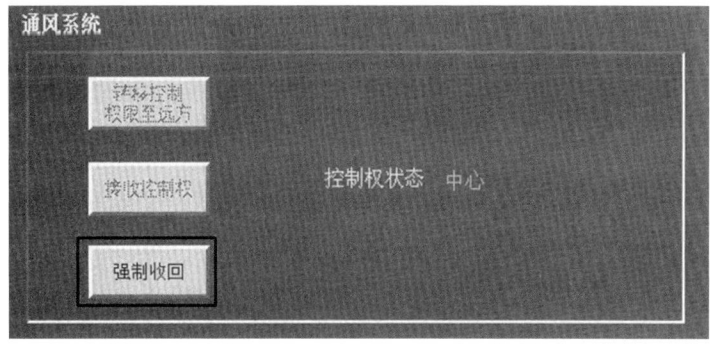

图 1-176　车站强制收回控制权

(八) 门禁系统

1. ACS 概述

门禁系统是综合监控系统的子系统之一,按照设计原则其主要的监视功能通过 ISCS 来完成。

车站 ISCS 工作站则只监视本车站的门禁系统设备。

2. ACS HMI 图元

ISCS 系统门禁子系统的设备包括：主控制器、子控制器、读卡器、门状态等。一般除门的开关状态和报警信息以门的图元形式在地图位置上表示出来，其他设备图元都不在画面上显示，当发生报警时门图元的边框红闪，点击后可以弹出信息面板，告诉操作员该门的具体状态和报警信息。

ISCS 的 ACS 系统底图是参照设计院的平面分布图来设计的，这样更能形象地表示出每个门所在的位置和状态，便于操作员查看。

根据 ACS 系统的类表，门禁系统的状态有、开门、关门两种状态；在图元上显示有门开、门关两种状态。表 1-34 是在 ACS HMI 画面上可看到的门禁系统的图元。

表 1-34 ACS 系统的状态图元描述

图标（Symbol）	描述（Description）	颜色（Colour）
	门打开，无报警	门图元颜色为中海绿，不显示边框
	门关闭，无报警	门图元颜色为中海绿，不显示边框

3. ACS 功能及 HMI

HMI 功能设计如下：在门禁系统图设有门禁的位置上画有门图元，当控制器等设备有故障信息时，门图元的边框会变成红色，点击后弹出详情面板，从面板上的指示灯和字可判断出为何种报警。

所有实时报警信息都可以在门禁系统报警窗口里显示，也可以历史查询。

不在门禁系统操作画面时，如果门禁系统发生报警，会在报警信息窗口显示。

（1）车站级 ACS 功能详细描述如下：

车站工作站上的 HMI 只监视本车站的所有门禁系统设备状态、报警和事件。相关的 HMI 界面如图 1-177 所示。

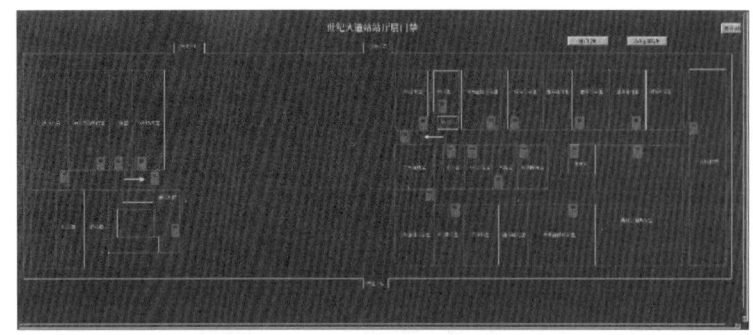

图 1-177 ACS 车站级 HMI 界面

（2）设备控制功能。

宁波 1 号线门禁系统提供三种门禁控制命令，即单门、组门和站点全部开关控制。

车站的 ACS 报警功能与控制中心功能基本相同，只是在查询报警时，仅可选择本站。

4. 报警/事件查询

当某一扇门的终端设备报警时，布局图上对应报警设备的门的边框变成红色闪烁，点击后弹出设备详情通用面板，可看出本次门报警的设备及报警类型，该门面板能显示该门的所有终端设备信息，如图 1-178 所示。相应的门禁控制器报警时会在对应图元上显示红色报警图标。

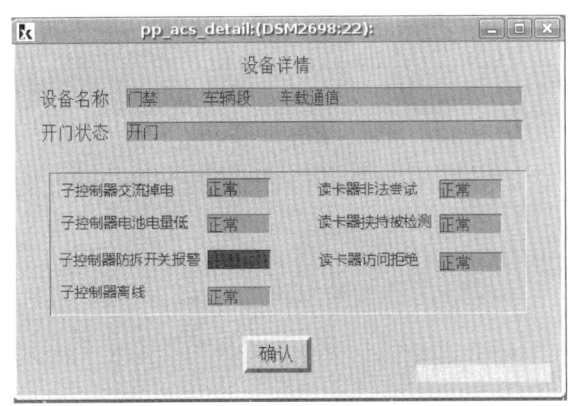

图1-178　ACS设备详情面板

报警历史查询功能主要实现历史报警记录的查询，查询信息内容为：报警信号类别或级别、发生时间、所在设备（或端口号）、报警信号的描述等。可以通过事件进行过滤查询。

（九）FAS系统

1. 车站FAS设备的监控画面根据工艺图位置（图1-179）

图1-179　车站FAS设备的监控画面根据工艺图位置

2. FAS系统图元（表1-35～表1-38）

表1-35　烟感探测器

图标（Symbol）	描述（Description）	颜色（Colour）
	设备停止运行	白色
	设备正常运行	中海绿
	设备报警	红色闪烁
	设备通信中断	淡蓝色

表1-36　电话插孔

图标（Symbol）	描述（Description）	颜色（Colour）
	设备停止运行	白色
	设备正常运行	中海绿
	设备报警	红色闪烁
	设备通信中断	淡蓝色

表1-37 手动报警按钮

图标（Symbol）	描述（Description）	颜色（Colour）
	设备停止运行	白色
	设备正常运行	中海绿
	设备报警	红色闪烁
	设备通信中断	淡蓝色

表1-38 消火栓

图标（Symbol）	描述（Description）	颜色（Colour）
	设备停止运行	白色
	设备正常运行	中海绿
	设备报警	红色闪烁
	设备通信中断	淡蓝色

2. 车站FAS功能及HMI

车站工作站上的HMI只监视本车站的所有FAS系统设备（烟感探测器、手报、FAS模块）状态、报警和事件。

以车站平面分布图形式实现上述功能，FAS系统的设备以图元形式在地图上显示，当设备有报警时，图元变成红色闪烁状态。操作员可以在导航栏上选择"火灾报警"→选择"站厅层"或"站台层"查看HMI画面，如图1-180及表1-39所示。

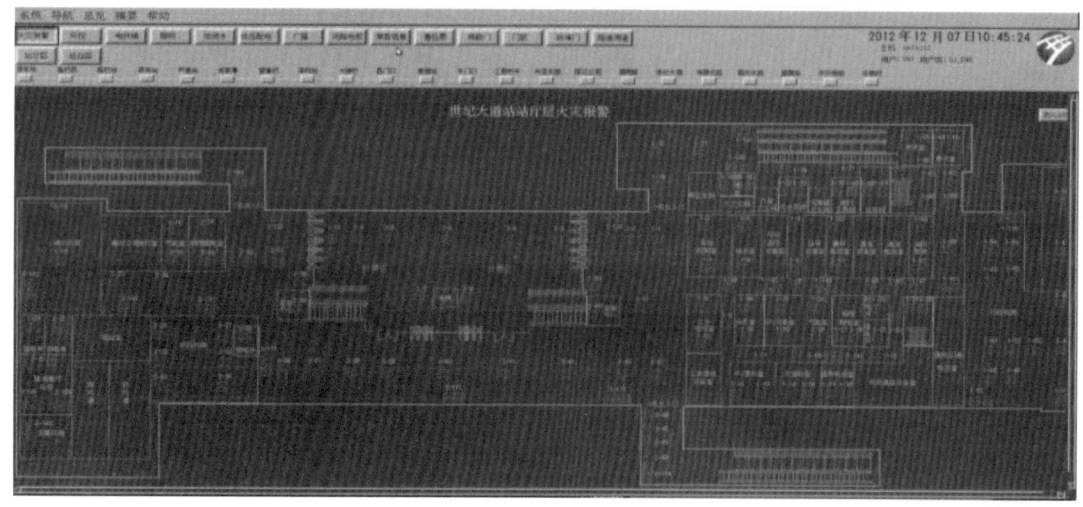

图1-180 中心FAS系统图

表 1-39 功能描述

功　能	描　述
烟感探测器	1. 通过 HMI 画面，操作员可以监视烟感探测器的报警状态，包括：正常、报警、故障等； 2. 当监视烟感探测器报警的时候，烟感会红色闪烁； 3. 当监视烟感探测器故障的时候，烟感图元会黄色闪烁； 4. 报警/故障解除后，图元将恢复正常状态
手报状态监视	1. 通过 HMI 画面，操作员可以监视手报状态，包括：正常、报警、故障等； 2. 当手报报警的时候，手报图元会红色闪烁； 3. 当手报故障的时候，手报图元会黄色闪烁； 4. 报警/故障解除后，图元将恢复正常状态
FAS 模块状态监视	1. 通过 HMI 画面，操作员可以监视 FAS 模块状态，包括：正常、报警、故障等； 2. 当 FAS 模块报警的时候，图元会红色闪烁； 3. 当 FAS 模块故障的时候，图元会黄色闪烁； 4. 报警/故障解除后，图元将恢复正常状态

1) FAS 报警功能

实时显示 FAS 系统烟感探测器、手报、FAS 模块的报警信息。这些报警信息如表 1-40 所示，该表中所有的报警信息来自 FAS 类表。

表 1-40 FAS 报警

设备名称	信号类型	状　态	
		状态 0	状态 1（报警状态）
烟感探测器	设备报警	正　常	报　警
	设备故障	正　常	故　障
	动作被屏蔽	正　常	屏　蔽
手　报	设备报警	正　常	报　警
	设备故障	正　常	故　障
	动作被屏蔽	正　常	屏　蔽
FAS 模块	设备故障	正　常	故　障
	被屏蔽	正　常	屏　蔽
	发生联动	正　常	联　动

具体的报警内容为：报警发生日期时间、所在车站、报警信号的描述、报警状态、报警信号类别或级别等。

无论操作员当前监控的画面是不是 FAS 系统 HMI 画面，均可以通过报警列表画面筛选察看 FAS 报警信息。点击图 1-186 下方的"报警"按钮就可以调出报警列表画面，操作员可以使用报警列表画面提供的过滤对话框查看某类设备报警信息。AFC 系统使用的报警列表画面和报警过滤窗口与主体系统完全一致。过滤出含有 FAS 信息的报警 HMI，如图 1-181 所示。

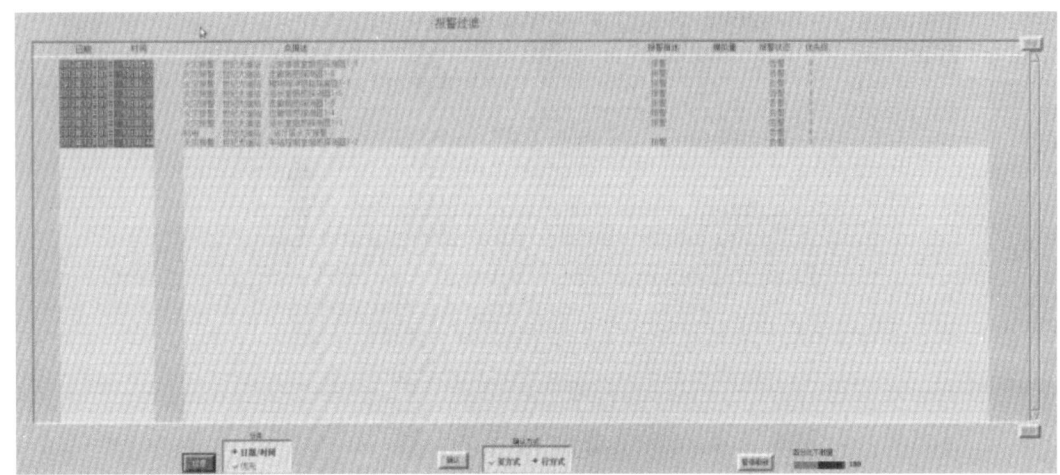

图 1-181　FAS 报警列表

2）FAS 事件功能

操作员利用 FAS 事件 HMI 画面可以查询 FAS 的事件记录，无论操作员画面是否处于 FAS 系统画面，只要点击图 1-186 下方的"事件"按钮，就可以调出事件列表画面，操作员可以使用事件列表画面提供的过滤对话框查看某类 FAS 事件信息。

有关事件列表画面和事件过滤对话框的具体 HMI 画面和操作方式见《ISCS 培训手册 2_ISCS 主体系统功能与 HMI》的有关描述。AFC 系统使用的事件列表画面和事件过滤窗口与主体系统中完全一致。

（十）CCTV 系统

详细见本任务"相关知识"中标题四下的 CCTV 操作介绍。

（十一）PA 系统

1. 广播系统（PA）概述

公共广播系统是有线广播系统，它包括背景音乐、运营广播以及紧急广播功能，通常结合在一起，平时播放背景音乐或其他节目，出现火灾等紧急事故时，转换为报警广播。

背景音乐简称 BGM，是 Back Ground Music 的缩写，它的主要作用是掩盖噪声并创造一种轻松和谐的气氛，音量较小，是一种能创造轻松愉快环境气氛的音乐。

消防广播是在有事故发生时启用（所以它跟人身的安全有密切关系）。消防报警信号应在系统中具有最高优先权，可对背景音乐和呼叫找人等状态具有切断功能。

2. 广播系统（PA）ISCS 功能

1）车站广播系统（PA）ISCS 功能

（1）值班员通过综合监控系统完成的功能。

① 广播范围选择，应可以按照列表方式选择，种类包括：

a. 对本站的全部广播区。

b. 对本站的任意部分广播分区组合。

c. 对本站任一单独广播分区。

② 可进行音源选择：语音（预录制）、话筒。

③ 监听：可选择本站任意单一广播区域的语音广播内容进行监听。

④ 车站计时广播功能。

⑤ 广播设备状态监视：本站以广播分区为单位的占用和故障情况。

（2）PA 系统车站人机界面如图 1-182 所示。

图 1-182　PA 系统车站人机界面

（3）下行命令功能的实现过程是。

操作员使用车站值班员工作站 HMI 软件，根据选择好的广播范围将话筒广播、播放预录等信息发布给车站 PA 系统。PA 系统根据 ISCS 发来的话筒广播和预录制广播的控制反馈如下信息：

① 话筒/预录制广播开始进行。
② 话筒/预录制广播由于广播区有更高级别的占用而失败。
③ 话筒/预录制广播由于广播区故障而失败。
④ 话筒/预录制广播被打断。
⑤ 预录制广播播放完毕（成功）。

（4）上行命令功能的实现过程是：

ISCS 系统完成 PA 系统的数据收集，车站实时服务器完成 PA 系统传输过来数据的集中和处理，供各工作站人机界面的显示和操作。

2）监控功能（表 1-41）

表 1-41　监控功能要求

监控对象	监控要求		
	单区域控制	区域组控制	车站控制
语音广播	√	√	√
背景音乐	√	√	√
话筒广播	√	√	√
监听	√		

3）PA HMI 优先级

中心-车站广播优先级：

① 第一级中心防灾环控调度员（人工大于语音）。
② 第二级车站防灾语音广播。
③ 第三级中心行调或总调人工。
④ 第四级车站行车值班员（人工大于语音）。
⑤ 第五级站台客运值班员广播。
⑥ 第六级列车进出站语音广播。
⑦ 第七级线路广播（背景音乐）。

3. PA 功能（表 1-42）

表 1-42　手动广播

功能描述	操作员操作	ISCS 响应
HMI 选择及操作	调用 PA HMI 主画面	显示所有控制选项和 PA 广播区状态。 显示的广播区状态（通过不同的颜色），包括： 1. 火灾占用； 2. 广播区占用（包括高级/低级占用）； 3. 没有占用； 4. 广播区故障； 5. 设备通信失败； 6. 被选择
	关闭 PA HMI 主画面	关闭画面
	广播类型的选择（话筒、普通预录制语音、紧急预录制语音或背景音乐）	允许操作员在 HMI 上选择本次广播的类型。广播区状态根据不同的广播类型通过不同颜色显示不同的广播区占用
	对人工广播区域的选择或取消	在 HMI 上显示选择或取消选择
背景音乐广播	开始背景音乐广播	向 PA 系统发送控制开始广播。 产生有关操作的事件记录。 在小事件栏显示控制反馈
	停止背景音乐广播	向 PA 系统发送控制停止广播。 产生有关操作的事件记录
实时广播	开始实时广播	向 PA 系统发送控制开始广播。 产生有关操作的事件记录。 在小事件栏显示控制反馈
	停止实时广播	向 PA 系统发送控制停止广播。 产生有关操作的事件记录
预录制广播	开始预录制广播	向 PA 系统发送控制开始广播。 产生有关操作的事件记录。 在小事件栏显示控制反馈
	停止广播	向 PA 系统发送停止广播。 产生有关操作的事件记录
广播时间控制	创建 PA 广播时间控制	通过 HMI 对所选预录广播及所选广播区，设置开始日期、开始时间、结束日期、结束时间和播放间隔。 产生一条 PA 广播时间控制，系统根据这条 PA 广播时间控制的设置向 PA 系统发出相应控制。 产生每次操作的事件记录
	编辑现有 PA 广播时间控制	编辑现有 PA 广播时间控制。 产生一条已修改的 PA 广播时间控制，系统根据这条新的 PA 广播时间控制的设置向 PA 系统发出相应控制。 产生每次操作的事件记录

续表

功能描述	操作员操作	ISCS 响应
广播时间控制	删除现有 PA 广播时间控制	删除现有 PA 广播时间控制。 PA 广播时间控制一览里不再显示该条 PA 广播时间控制。 产生每次操作的事件记录
	抑制一条现有 PA 广播时间控制	停止一个现有 PA 广播时间控制。 PA 广播时间控制一览里仍保留该条 PA 广播时间控制。 产生每次操作的事件记录
	激活一条被抑制的 PA 广播时间控制	恢复一条停止的 PA 广播时间控制，系统根据这条 PA 广播时间控制的设置向 PA 系统发出相应控制。 产生每次操作的事件记录
广播监听	开始监听	向 PA 系统发送指令。 话筒前级播放监听内容
	停止监听	向 PA 系统发送指令。 话筒前级停止播放监听内容

4. 车站广播系统（PA）HMI 操作方法

（1）在子系统选择栏，点击按钮"广播"，然后再点击按钮"车站广播主画面"，进入车站广播主画面（图 1-183）。

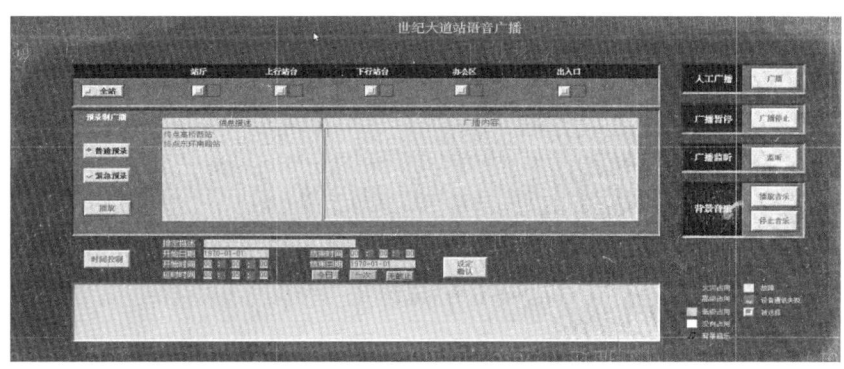

图 1-183　车站广播主画面

（2）广播区域的选择：

① 在上方的特定区域左键点击全车站，以实现对整个车站的广播区域选择，再次点击取消选择。

② 在上方特定区域列表左键点击上行站台和下行站台，实现对车站任意广播区（现以上行站台和下行站台为例）的选择，再次点击取消选择。

③ 在上方的特定区域左键点击上行站台，实现对车站单个广播区（现以上行站台为例）的选择。

（3）对选中广播区进行广播。

① 实时广播：点击"广播"按钮，可通过配备的 PA 话筒前级进行实时广播，同时按钮内容由"广播"转为"停止"。再次点击此按钮，停止实时广播，同时释放选择区域中实时广播占用。

② 预录广播：分为普通预录和紧急预录两种。现以普通预录为例，选中普通预录按钮，在窗口中选择需要播放的普通预录制语音，点击"播放"，广播普通预录制语音。点击"广播停止"按钮，停止选中区域中的普通预录制语音广播。

③ 背景音乐：选择广播区域后，点击"播放音乐""停止音乐"按钮，选中区域中的背景音乐播放、停止。

（4）车站计时广播。

点击"时间控制"按钮，打开"计时广播一览"画面（图 1-184 所示），在广播列表中含有描述、开始日期、开始时间、结束日期、结束时间、延迟时间、等级、排定状态等信息。

PA 的广播时间控制功能包括建立新的广播时间控制、删除或修改已有的广播时间控制。PA 广播时间控制只局限与预录制广播。

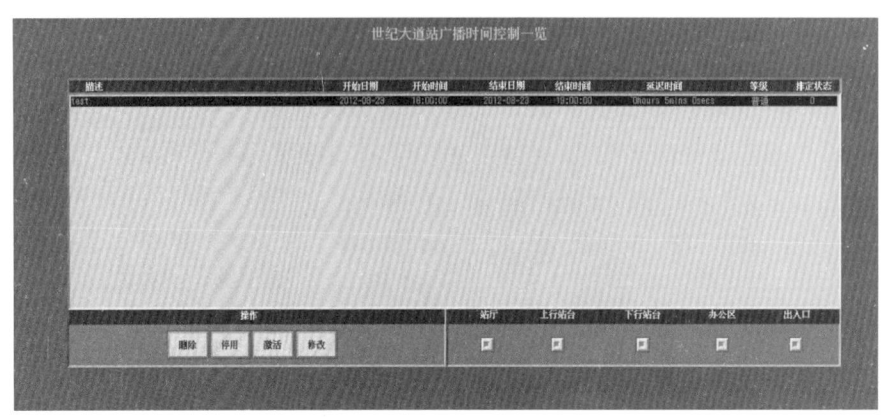

图 1-184　车站广播计时一览画面

① 监听：

在车站广播主画面选择广播区域，点击"监听"按钮，实现对选中区域的监听。监听区域只能单选。

② 背景音乐：选择对应的广播区，在背景音乐区域点击播放音乐。

③ 广播设备状态监视：

通过不同颜色的色块，实现对广播设备占用、故障、选定的描述。如图 1-185 所示。

图 1-185　设备状态

5. ISCS PA 报警、事件及小事件栏

1）报警及事件（表 1-43）

表 1-43　ISCS 产生系统事件或告警

类　型	系统事件	ISCS 动作
报　警	PA 广播区故障	收到 PA 系统故障信息。 产生系统告警提醒操作员
	PA 广播区 FAS 占用	收到 PA 系统 FAS 占用的信息。 产生系统告警提醒操作员
事　件	PA 手动广播的操作（话筒、预录制语音或背景音乐）	向 PA 系统发送相关广播控制。 产生有关操作的系统事件
	PA 自动广播的禁止/恢复操作	向 PA 系统发送相关禁止/恢复控制。 产生有关操作的系统事件
事件和告警	与 PA 系统通信中断	产生系统事件和告警。 继续保持一定时间的重新连接
	与 PA 系统恢复通讯	产生系统事件和告警恢复

2）小事件栏

小事件栏提供控制反馈的显示，默认显示最近的 3~5 条（待定）控制反馈信息，提供滚动条可以对以往的控制反馈进行查看。

小事件栏的内容依照不同的域来划分，比如相同车站的域内，操作员在不同的工作站登陆，小事件栏显示的信息也是相同的。

小事件栏主要显示 ISCS 控制的反馈信息，包括广播占用（预录广播和口播），广播失败（预录广播和口播），广播成功（口播），广播完成（预录广播）。

（十二）PIS 系统

1. PIS 概述

车站级综合监控系统提供的旅客信息功能与中央级综合监控系统相同，但仅对本车站范围的 PIS 设备进行管理。

2. ISCS PIS 在车站 ISCS 工作站的操作步骤

详细操作见本书的前面 PIS 操作部分介绍。

（十三）PSD 系统

1. PSD 概述

在车站工作站可以监视本站的 PSD 信息；包括：滑动门、应急门、端门、就地控制器、单元控制器、不间断驱动电源、不间断控制电源的状态和报警信息。

2. PSD 功能及 HMI

综合监控系统中 PSD 系统底图是参照设计院的车站施工图来设计的，这样更能形象地表示出每个设备所在的位置和状态，方便操作员察看。

HMI 设计如下：

① 在 PSD 系统地图上在上下行的位置上画出滑动屏蔽门、端门和就地控制器的图元。正常情况下设备图元为绿色，当设备出现故障时，设备图元会红色闪烁，点击该图元后可以弹出设备详情面板，从面板上的指示灯和文字描述可判断出发生何种报警。正常情况下 HMI 画面上不显示应急门信息，当应急门出现报警时，在相应的位置出现红色闪烁的中文提示，如"应急门 001"。

② 所有实时报警信息都可以在系统报警窗口里显示。

③ 当屏幕当前显示的 HMI 画面不是 PSD 系统画面时，如果 PSD 系统发生报警，会在底部栏的最近 3 条报警信息窗口显示。

3. 中心 PSD 功能及 HMI

控制中心/备用中心的 PSD 功能及 HMI 设计主要包括以下几个部分：设备状态监视、报警 HMI 设计、事件 HMI 设计。

1）设备状态监视

控制中心工作站的 HMI 软件上显示全线 PSD 系统运营状况，可实时监视全线所有滑动屏蔽门、应急逃生门、端门的状态和报警。

以车站平面分布图形式实现上述功能，按照列车编组长度、各个门的实际位置放置滑动屏蔽门、端门的图元，通过预定义的图元向操作员提供 PSD 信息的监视。当设备有报警时，图元变成红色闪烁状态。

操作员可以在导航栏上选择"车站"→选择"屏蔽门"查看 HMI 画面。

HMI 设计如图 1-186 所示，PSD HMI 画面功能说明见表 1-44。

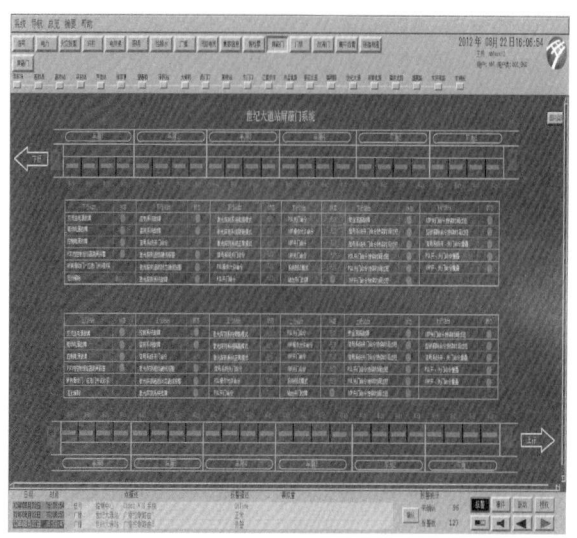

图 1-186 中心 PSD 站台系统图

表 1-44 PSD HMI 画面功能说明表

功　能	描　述
滑动屏蔽门和端门状态监视	1. 通过 HMI 画面，操作员可以监视上下行屏蔽门和端门状态，包括：门开、门关、门报警、通信中断等； 2. 当门设备报警的时候，门图元会红色闪烁，点击后可以弹出该图元的详情面板，如图 1-187 所示，从面板上的指示灯和中文描述可以判断出为何种报警； 3. 如果确认过该报警，图元将不再闪烁，但仍然会保持红色，直到报警消除
应急门状态监视	应急门在绝大部分时间处于正常状态，因此在正常情况下，HMI 画面上不显示应急门信息，当应急门报警时出现红色闪烁的中文提示
画面切换	中心级工作站可以查看全线所有车站的 PSD 信息，通过车站选择栏按钮查看各站的信息；也可以通过每个车站 HMI 上的邻站切换按钮，切换到邻站 PSD HMI 画面

2）车站 PSD 功能及 HMI

车站工作站上的 PSD HMI 只监视本车站的所有滑动屏蔽门、应急逃生门、端门、报警和事件。因为车站的操作员只能监视本站的设备，所以当车站操作员登录到综合监控系统后，车站选择栏自动选择操作员所在的车站，不允许操作员进行选择。

车站的 PSD 报警功能和事件功能与控制中心功能相同。

4．PSD 报警功能

在报警列表画面上可以实时显示 PSD 系统滑动屏蔽门、应急逃生门、端门、就地控制器、单元控制器和电源的报警信息。这些报警信息见表 1-45，该表中所有的报警信息均来自 PSD 专业的类表。

具体的报警内容为：报警发生日期时间、所在车站、报警信号的描述、报警状态、报警信号类别或级别等。

（1）HMI 设计如下：

无论操作员当前监控的画面是不是 PSD 系统 HMI 画面，均可以通过报警列表画面筛选察看 PSD 报警信息。点击图 1-186 下方的"报警"按钮就可以调出报警列表画面，操作员可以使用报警列表画面提供的过滤对话框查看某类 PSD 报警信息。当 PSD 系统的设备报警时，在 HMI 布局图上与该设备对应的图元会变成红色闪烁，点击该图元后弹出如图 1-187 所示的 PSD 设备详情窗口，操作员可以通过该窗口查看本次报警设备的报警类型（即引起报警的原因），该窗口能显示该设备的所有报警信息。

所有实时报警信息都可以在系统报警窗口里显示。

当操作员当前不在 AFC 系统的 HMI 画面时，如果 AFC 系统发生报警，会在底部栏的最近 3 条报警窗口显示。

1）车站 AFC 功能及 HMI

（1）设备状态的监视。

车站工作站上的 HMI 只监视本车站的所有 AFC 系统设备（进出站闸机、自动售票机、自动充值验票机）状态、报警和事件。HMI 设计：以车站平面分布图形式实现上述功能，AFC 系统的设备以图元形式在地图上显示，包括正常开/关状态，当设备有报警时，图元变成红色闪烁状态。操作员可以在导航栏上选择"售检票"→选择"售检票"查看 HMI 画面，如图 1-188、表 1-46 所示。

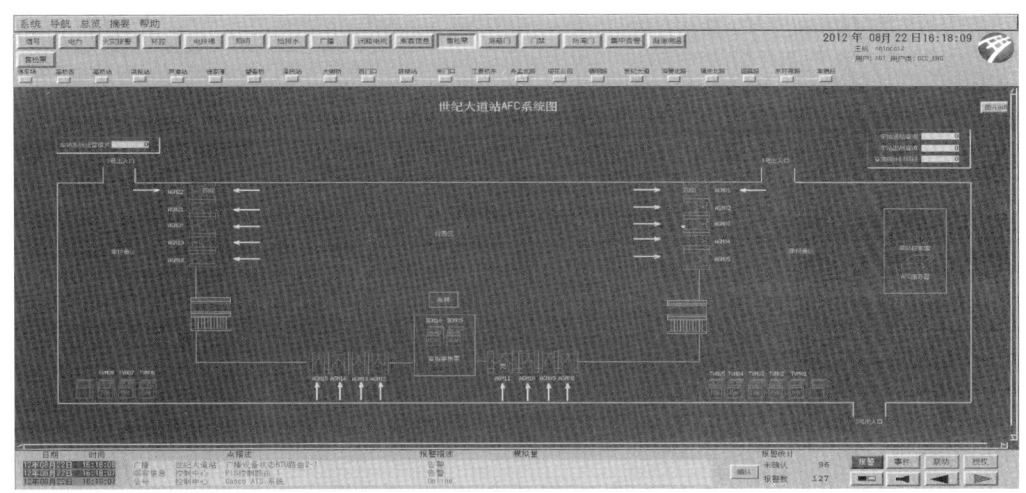

图 1-188　中心 AFC 系统图

表 1-46　AFC HMI 画面功能说明表

功　能	描　述
进出站闸机 状态监视	1. 通过 HMI 画面，操作员可以监视进出站闸机状态，包括：正常、报警、故障、离线等； 2. 当闸机设备报警的时候，闸机图元会红色闪烁； 3. 当闸机设备故障的时候，闸机图元会黄色闪烁； 4. 报警/故障解除后，图元将恢复正常状态
自动售票机 状态监视	1. 通过 HMI 画面，操作员可以监视自动售票机状态，包括：正常、报警、故障、离线等； 2. 当设备报警的时候，图元会红色闪烁； 3. 当设备故障的时候，图元会黄色闪烁； 4. 报警/故障解除后，图元将恢复正常状态
自动充值验票机 状态监视	1. 通过 HMI 画面，操作员可以监视自动充值验票机状态，包括：正常、报警、故障、离线等； 2. 当设备报警的时候，图元会红色闪烁； 3. 当设备故障的时候，图元会黄色闪烁； 4. 报警/故障解除后，图元将恢复正常状态
自动查询机 状态监视	1. 通过 HMI 画面，操作员可以监视自动查询机状态，包括：正常、报警、故障、离线等； 2. 当设备报警的时候，图元会红色闪烁； 3. 当设备故障的时候，图元会黄色闪烁； 4. 报警/故障解除后，图元将恢复正常状态
进/出站客流	可以查看 15 分钟内进/出站的客流

（2）AFC 报警功能。

实时显示 AFC 系统进出站闸机、双向闸机、自动售票机、自动加值机和自动查询机的报警信息。这些报警信息如表 1-47 所示，该表中所有的报警信息来自 AFC 类表。

表 1-47　AFC 报警表

设备名称	信号类型	状　态	
		状态 0	状态 1（报警状态）
进出站闸机	通信状态	正　常	报　警
	服务状态	服　务	停　止
	设备故障	正　常	报　警
	紧急释放	正　常	报　警
自动售票机	通信状态	正　常	报　警
	服务状态	服　务	停　止
	设备故障	正　常	报　警
票房售票机	通信状态	正　常	报　警
	服务状态	服　务	停　止
	设备故障	正　常	报　警
自动查询机	通信状态	正　常	报　警
	服务状态	服　务	停　止
	设备故障	正　常	报　警

具体的报警内容为：报警发生日期时间、所在车站、报警信号的描述、报警状态、报警信号类别或级别等。

无论操作员当前监控的画面是不是 AFC 系统 HMI 画面，均可以通过报警列表画面筛选察看 AFC 报警信息。点击图 1-186 下方的"报警"按钮就可以调出报警列表画面，操作员可以使用报警列表画面提供的过滤对话框查看某类设备报警信息。有关报警列表画面和报警过滤窗口的具体 HMI 画面及操作方式见《ISCS 培训手册 2_ISCS 主体系统功能与 HMI》的有关描述。AFC 系统使用的报警列表画面和报警过滤窗口与主体系统完全一致。过滤出光含有 AFC 信息的报警 HMI 如图 1-189 所示。

图 1-189　报警信息统计

(3) AFC 事件功能。

操作员利用 AFC 事件 HMI 画面可以查询 AFC 的事件记录，无论操作员画面是否处于 AFC 系统画面，只要点击图 1-186 下方的"事件"按钮，就可以调出事件列表画面，操作员可以使用事件列表画面提供的过滤对话框查看某类 AFC 事件信息。

有关事件列表画面和事件过滤对话框的具体 HMI 画面和操作方式见《ISCS 培训手册 2_ISCS 主体系统功能与 HMI》的有关描述。AFC 系统使用的事件列表画面和事件过滤窗口与主体系统中完全一致。

2) 车站 AFC 功能及 HMI

车站工作站上的 HMI 只监视本车站的所有 AFC 系统设备（进出站闸机、自动售票机、自动充值验票机）状态、报警和事件。因为车站的操作员只能监视本站的设备，所以当车站操作员登录到综合监控系统后，车站选择栏自动选择操作员所在的车站，不允许操作员进行选择。

（十五）FG 系统

1. FG 概述

东门口和江夏桥东两站的车站级操作员在车站工作站只可以监视本站的 FG 信息；包括：防淹门的设备运行状态、检修状态、控制按钮状态等信息。

2. FG 功能及 HMI

综合监控系统中 FG 系统以表格和图元的形式列出了所有监视信息，这样能够使操作员的监视工作变得直观和方便。

如果操作员当前不在 FG 系统的 HMI 画面时，如果 FG 系统发生报警，会在底部栏的最近 3 条报警窗口显示。

1) 车站 FG 功能及 HMI

（1）设备状态的监视。

操作员可以在导航栏上选择"防淹门"→选择"防淹门"查看 HMI 画面，如图 1-190 所示，表 1-48 为系统图元说明。

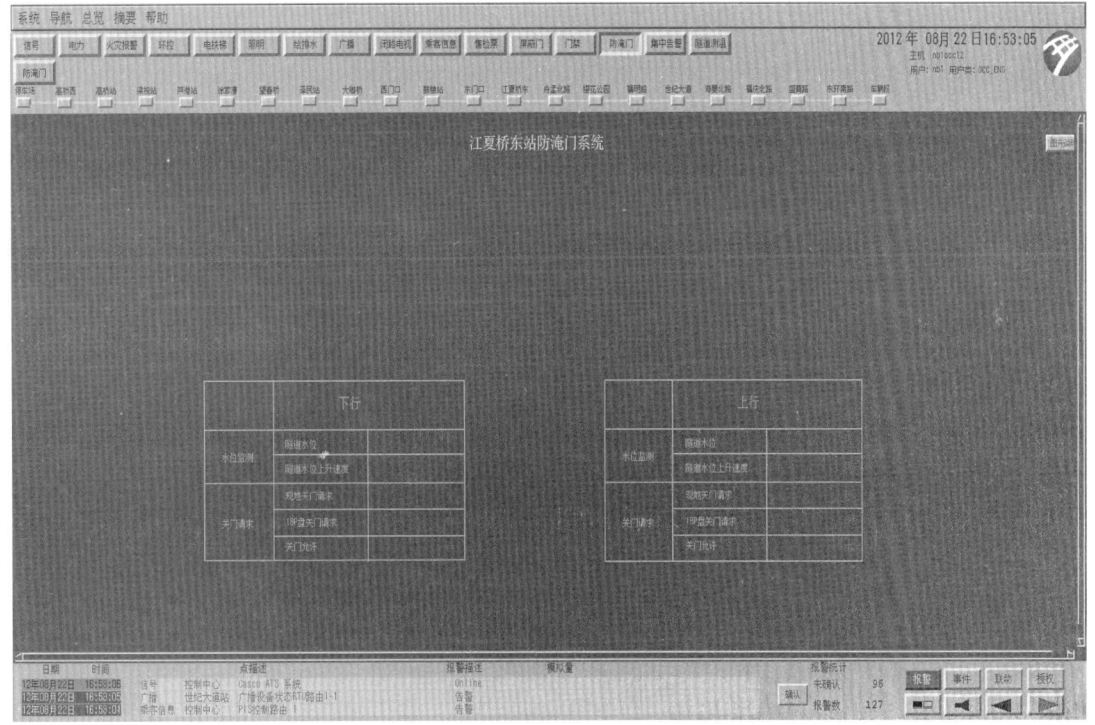

图 1-190　中心 FG 系统图

表 1-48　系统图元说明

图标（Symbol）	描述（Description）	颜色（Colour）
	设备正常	绿　色
	设备停止	白　色
	门关到位	红　色
	门正在开启	红　色
	门正在关闭	红　色
	高水位报警	红　色
	低水位报警	红　色
	通信中断	淡蓝色

通过图 1-190 画面中的列表信息可以实现水位监测和关门动作的监视。

（2）FG 报警功能。

综合监控对 FG 系统如表 1-49 所示的设备具有报警功能，该表中所有的报警信息来自 FG 类表。

表 1-49 报警列表

状态点	状态 0 描述	状态 1 描述（异常状态）
故障报警	正常	故障
低水位报警	正常	报警
高水位报警	正常	报警

具体的报警内容为：报警发生日期时间、所在车站、报警信号的描述、报警状态、报警信号类别或级别等。

无论操作员当前监控的画面是不是 FG 系统 HMI 画面，均可以通过报警列表画面筛选察看 FG 报警信息。点击图 1-186 下方的"报警"按钮就可以调出报警列表画面，操作员可以使用报警列表画面提供的过滤对话框查看某类设备报警信息。有关报警列表画面和报警过滤窗口的具体 HMI 画面及操作方式见《ISCS 培训手册 2_ISCS 主体系统功能与 HMI》的有关描述。FG 系统使用的报警列表画面和报警过滤窗口与主体系统完全一致。

（3）FG 事件功能。

操作员利用 FG 事件 HMI 画面可以查询 FG 的事件记录，无论操作员画面是否处于 FG 系统画面，只要点击图 1-186 下方的"事件"按钮，就可以调出事件列表画面，操作员可以使用事件列表画面提供的过滤对话框查看某类 FG 事件信息。

2）车站 FG 功能及 HMI

车站工作站上的 HMI 只监视本车站（只有滨河路站和西环路站具有 FG 功能）的所有 FG 系统设备状态、报警和事件。因为车站的操作员只能监视本站的设备，所以当车站操作员登录到综合监控系统后，车站选择栏自动选择操作员所在的车站，不允许操作员进行选择。

（十六）DTS 系统

1. DTS 概述

宁波市轨道交通 1 号线 ISCS 在全线地下车站设置隧道测温系统，并在望春桥、大卿桥、江厦桥东、福明路和福庆北路站设有测温主机。

车站级操作员在车站工作站只可以监视本站所属测温主机控制的 DTS 信息；包括：测温主机运行状态、光纤断裂报警、每米测点温度信息。

2. DTS 功能及 HMI

综合监控系统中 DTS 系统以图元和柱状图的形式列出了所有监视信息，这样能够使操作员的监视工作变得直观和方便。

当操作员当前不在 DTS 系统的 HMI 画面时，如果 FG 系统发生报警，会在底部栏的最近 3 条报警窗口显示。有关底部栏的具体信息请查看《ISCS 培训手册 2_ISCS 主体系统功能与 HMI》的有关描述。

车站工作站上的 HMI 只监视本车站所属的测温主机控制的 DTS 系统设备状态、报警和事件。

（1）设备状态的监视。

操作员可以在导航栏上选择"隧道测温"→选择"隧道测温"查看 HMI 画面，如图 1-191 所示。

由于 DTS 系统在每米都设有测温点，将所有测点放置在 HMI 画面很难实现，所以在 HMI 画面上用一个图元代表 100 米内的所有测点，当该 100 米内有温度超过报警阈值时，图元变为红色并闪烁，操作员可以按图 1-191 中的"报警点温度分布图"按钮来查看具体的报警点位置，此处只考虑同时只发生一处报警的情况。

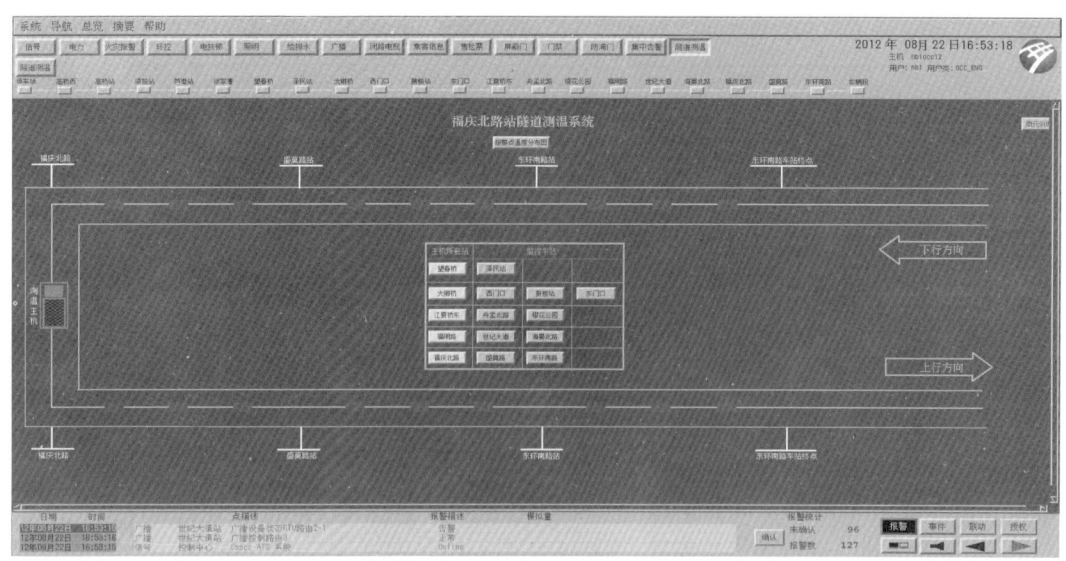

图 1-191 中心 DTS 系统图

报警点温度分布图以柱状图的形式直观展现报警点前后 50 米内的测点温度分布，便于操作员做出客观正确的判断。报警点温度分布如图 1-192 所示。

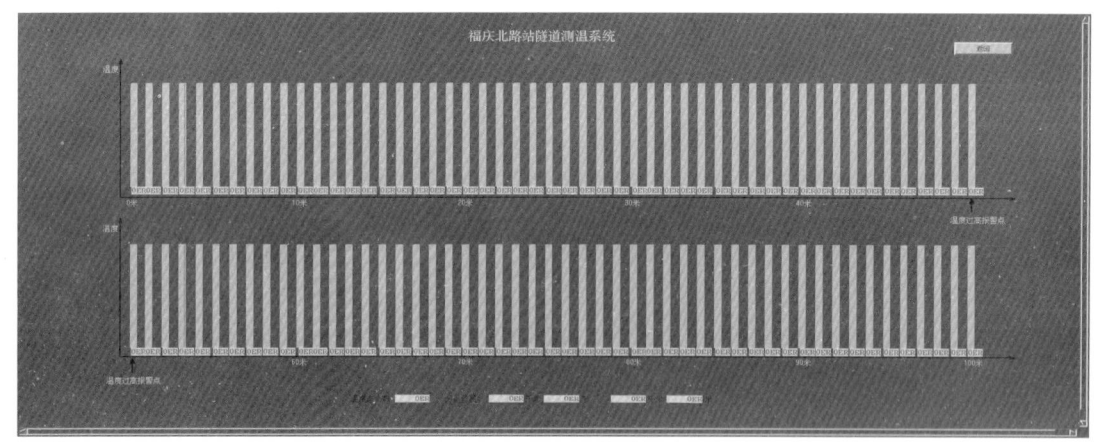

图 1-192 隧道测温系统

一个测温主机对应一张 HMI 画面，在 HMI 画面中分别放置测温主机、光纤和百米报警点的图元。

（2）DTS 报警功能。

综合监控对 DTS 系统的测温主机、光纤断裂、及温度超限具有报警功能。

具体的报警内容为：报警发生日期时间、所在车站、报警信号的描述、报警状态、报警信号类别或级别等。

无论操作员当前监控的画面是不是 DTS 系统 HMI 画面，均可以通过报警列表画面筛选察看 DTS 报警信息。点击图 1-186 下方的"报警"按钮就可以调出报警列表画面，操作员可以使用报警列表画面提供的过滤对话框查看某类设备报警信息。FG 系统使用的报警列表画面和报警过滤窗口与主体系统完全一致。

（3）DTS 事件功能。

操作员利用 DTS 事件 HMI 画面可以查询 DTS 的事件记录，无论操作员画面是否处于 DTS 系统画面，只要点击图 1-186 下方的"事件"按钮，就可以调出事件列表画面，操作员可以使用事件列表画面提供的过滤对话框查看某类 DTS 事件信息。

(十七) ISCS 车站操作权限（见图 1-50）

表 1-50　ISCS 车站操作权限表

专　业		监控对象	车站车控室 操作员	
			监视	控制
BAS	环控	隧道风机、射流风机、轨排风机及相关风阀	√	√
	设备	双速风机及相关风阀	√	√
		区间风机联动风阀	√	√
		组合式空调机	√	√
		新风机、回排风机、送风机、排烟机	√	√
		二通阀及相关风阀	√	√
		传感器	√	
		蝶　阀	√	√
		冷水机组、冷却塔	√	√
		水系统水泵	√	√
	自动扶梯	电　梯	√	√
		扶　梯	√	
	照明	照　明	√	√
	配电	三类负荷	√	√
		蓄电池	√	
	给排水	水泵（A/B）	√	√
		蝶　阀	√	√
FAS		感烟探测器、手动报警按钮	√	
		气体灭火一次报警、二次报警、系统故障、气体释放、手/自动状态	√	
		防火阀	√	
		火灾模式	√	√
PSD		屏蔽门状态	√	
FG		防淹门状态	√	
PA		广　播		√
CCTV		视　频		√
ACS		房间门状态	√	√
AFC		客流、设备工作状态	√	
DTS		隧道测温	√	

七、ACS 操作手册

（一）专业术语

ACS——Access Control System 门禁系统。

ISCS——Integrated Supervision Control System 综合监控系统。
HMI——Human Machine Interface 人机界面。
IC——Integrated Circuit 集成电路。
TCP/IP——Transmission Control Protocol/Internet Protocol 传输控制协议/网络互联协议。

(二) ACS 简介与系统构成

1. ACS 简介

门禁系统是门禁系统设备通过计算机网络与车站主控制器和中央级服务器连接组成的自动化控制系统。门禁系统包括了智能门禁控制、消防联控、考勤及人员跟踪等多种功能。门禁系统由线网授权系统、中央服务器系统、车站工作站、门禁控制器、读卡器、电控锁、门磁、出门按钮等组成。

门禁卡（员工卡）需要由安全部统一初始化，然后由线网授权中心作门禁卡个人化授权后发行给使用者，使用者通过门禁卡可以进入属于自己级别的房间。

2. 系统结构

1）线网授权系统

线网授权系统主要由线网授权服务器、线网授权工作站组成。

（1）线网授权服务器。

线网授权服务器能够实现对既有各条线路门禁系统的员工卡统一发卡、挂失和删除；可对既有各线路人员卡权限进行设置；能够存储最近 5 年内所有员工卡发卡授权的历史记录；并支持数据库的定时备份、查询、统计、数据导入和导出、报表打印等功能。

（2）线网授权工作站。

实现门禁卡（员工卡）的授权以及资料的录入等。

2）中央级门禁系统

中央级门禁系统主要由线路中央服务器、门禁授权工作站组成。

（1）中央服务器。

中央服务器是门禁系统中央集中部分，能实现对各车站系统内的所有门禁客户端的监控，具有系统运作、授权、设备监测与控制、网络管理、数据库管理、维修管理及系统数据的集中采集、统计、保存、查询等功能。

（2）门禁授权工作站。

设置员工卡的安全级别、授权进入的区域、授权进入时间、票卡进出模式、密码等。可以将具有相同通行权限的人定义为一个通行级别，实现批量操作，门禁授权可以采用表格形式批量导入员工信息进行授权设置。

3）车站级门禁管理系统

车站级门禁管理系统由车站管理工作站、网络控制器、就地控制器、读卡器、电子锁和出门按钮、紧急开门按钮等组成。

（1）车站管理工作站。

车站管理工作站由综合监控工作站和站长室管理工作站组成。实现对车站系统管辖范围内的门禁终端设备的监控，能满足系统运行、网络管理、维修管理及系统数据的采集、统计、保存、查询等功能；站长室管理工作站还能实现考勤数据的采集、统计、保存、查询等功能。

（2）网络控制器。

线路中央级服务器通过网络 TCP/IP 协议对网络控制器进行统一管理，从而实现数据交换和数据处理。网络控制器驱动 4 条 RS-485 总线，使所有的就地控制器根据地址接入到 RS-485 总线。网络控制器具有控制设备联动、操作优先次序、实现时间表操作和实现模式控制等功能，并能对设备进行有秩序的监控，具有广泛的门禁管理功能。当通信网络发生故障，网络控制器能在网络通信恢复后，即时自动连接上通信网络，同时程序和内存应具有断电自保持功能。

（3）就地控制器。

就地控制器读取门禁卡的授权信息后，在线模式下将信息上传到网络控制器，接收网络控制器的指令；离线模式下则根据所保存的安全参数进行分析，在与就地控制器的通信中断情况下，自动转为离线模式工作，并且自动继续保留门禁各种信息，在离线后重新在线时，离线的信息可以重新上传到网络控制器。

（4）读卡器。

读卡器可读取符合 ISO14443、ISO15693 标准的非接触式 IC 卡的信息，把读到的信息反馈给就地控制器。分公司发行的专用员工卡作为门禁卡。

（5）电子锁。

采用机械一体化、磁力锁，接收到现场控制器的控制信号进行解锁和闭锁。

（6）出门按钮。

出门时对门禁进行解锁。

（7）紧急开门按钮。

在紧急情况下，开门时对门禁进行解锁。

3．ACS 操作说明

1）ACS 基本使用说明（图 1-193）

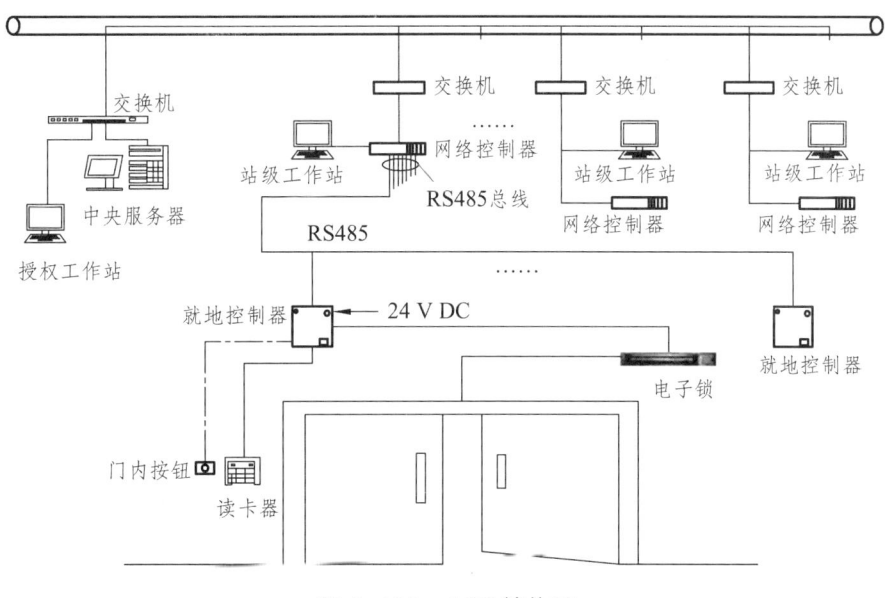

图 1-193　ACS 结构图

（1）进入房间。

① 用员工卡放置在距离门禁读卡器 5 cm 内，读卡器如图 1-194 所示。

② 读卡器上指示灯闪绿色、同时听到一声"嘀"，电子锁打开。

③ 紧急情况下，可采用紧急开门按钮来开门（为逃生用），如图 1-195 所示。

④ 旋转门把手进设备房，如图 1-196 所示。

（2）离开房间。

① 出门时按下墙上的开门按钮，如图 1-197 所示。

② 听到一声"嘀"，电子锁打开。

图 1-194　读卡器

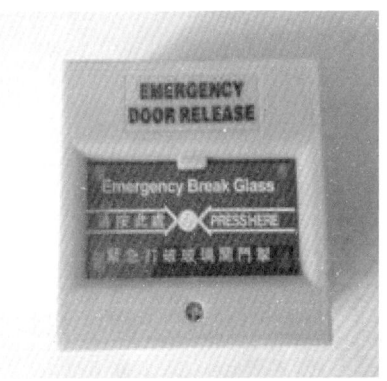

图 1-195 紧急开门按钮

图 1-196 进门

③ 旋转门把手，出设备房，如图 1-198 所示。

图 1-197 开门按钮

图 1-198 出门

2）门禁的实时监控说明

门禁系统是综合监控系统的子系统之一，按照设计原则其主要的监视功能通过 ISCS 来完成。门禁的授权和考勤等管理功能将独立于 ISCS，由门禁子系统完成。

门禁设备的状态监视、故障报警及其报警与事件记录的查询可在中央和车站的 ISCS 工作站来完成。中央 ISCS 工作站监视所有车站的门禁系统设备；车站 ISCS 工作站则只监视本车站的门禁系统设备。

（1）ACS HMI 图元。

ISCS 系统门禁子系统的设备包括：主控制器、子控制器、读卡器、门状态等。一般除门的开关状态和报警信息以门的图元形式在地图位置上表示出来，其他设备图元都不在画面上显示，当发生报警时门图元的边框红闪，点击后可以弹出信息面板，告诉操作员该门的具体状态和报警信息。

ISCS 的 ACS 系统底图是参照设计院的平面分布图来设计的，这样更能形象地表示出每个门所在的位置和状态，便于操作员察看。

根据 ACS 系统的类表，门禁系统的状态有、开门、关门两种状态；在图元上显示有门开、门关两种状态。表 1-51 是在 ACS HMI 画面上可看到的门禁系统的图元。

（2）ACS 功能及 HMI。

综合监控系统中门禁系统底图是参照设计院的车站施工图来设计的，这样更能形象地表示出每个门所在的位置和状态，利于操作员察看。

各个设备的状态信息如下：

子控制器：交流电掉电、电池电量低、破坏报警、开门超时报警、离线状态。通信正常为在线状态；通信异常为离线状态；交流电掉电、电池电量低、防拆开关报警为报警状态。

读卡器：正常、报警。读卡器报警为非法卡使用报警。

表 1-51 ACS 系统的状态图元描述

图标 Symbol	描述 Description	颜色 Color
	门打开，无报警	门图元颜色为中海绿，不显示边框
	门关闭，无报警	门图元颜色为中海绿，不显示边框
	子控制器正常	箱体图元为中海绿
	子控制器报警	箱体图元为红色
	子控制器离线	箱体图元为淡蓝色
ACS主控制器	主控制器正常	图元为中海绿
ACS主控制器	主控制器离线	图元为淡蓝色

HMI 功能设计如下：在门禁系统图设有门禁的位置上画有门图元，当控制器等设备有故障信息时，门图元的边框会变成红色，点击后弹出详情面板，从面板上的指示灯和字可判断出为何种报警。

所有实时报警信息都可以在门禁系统报警窗口里显示，也可以历史查询。

不在门禁系统操作画面时，如果门禁系统发生报警，会在报警信息窗口显示。

（3）车站 ACS 功能及 HMI。

① 设备监视功能。

车站工作站上的 HMI 只监视本车站的所有门禁系统设备状态、报警和事件。相关的 HMI 界面如图 1-199 所示。

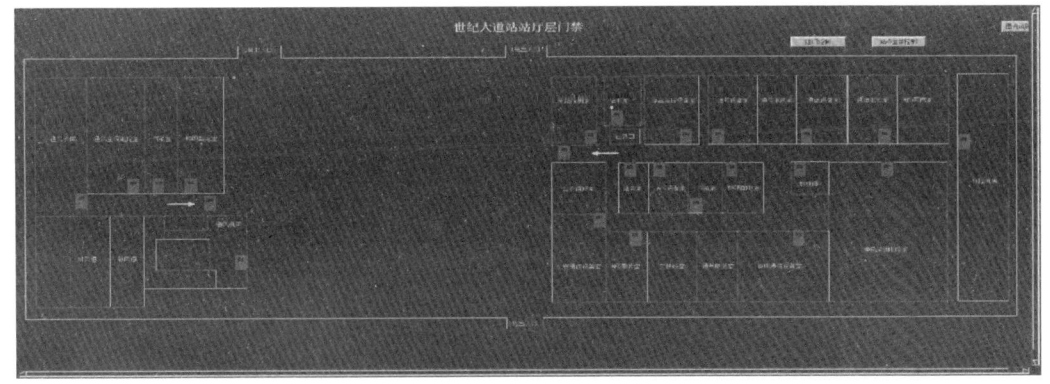

图 1-199 ACS 车站级 HMI 界面

② 设备控制功能。

宁波 1、2 号线门禁系统提供三种门禁控制命令，即单门、组门和站点全部开关控制。

车站的 ACS 报警功能与控制中心功能基本相同，只是在查询报警时，仅可选择本站。

(4)报警/事件查询。

ISCS 提供通用的报警处理功能,处理其他服务生成的报警,通过报警列表画面显示给操作员,包括:用颜色来表示信息的报警/正常状态以及报警的等级;用闪烁/不闪烁表示报警的未确认/已确认状态;同时,提供了过滤查询的工具。报警列表画面的底部面板统计了报警信息的总数目和未确认报警信息的总数目。

八、FAS 操作手册

(一) FAS 系统概述

FAS 全称为 Fire Alarm System,即火灾自动报警系统。FAS 报警系统设备:感烟探测器、感温探测器、火焰探测器、感温电缆、红外对射探测器、手动报警按钮、电话插孔、声光报警器、控制与反馈模块、报警主机、图形工作站等。全线 FAS 按中央、车站两级调度管理,中央、车站、就地三级监控的方式设置,综合监控系统在控制中心设置环调工作站,完成 FAS 中央级功能。监视全线火灾自动报警系统及重要消防设备的状态,接收全线各车站、车辆段、停车场、主变电站的火灾报警信号并显示报警部位。火灾时,工作站显示屏能自动弹出火灾报警区域的平面图并显示火灾报警信息框。

(二) 基本系统操作

1. FAS 主机

EST3 操作面板 3-LCDXL1C 的操作和显示:图 1-200 是 3-LCDXL1C 的外观示意图,具体功能描述参见表 1-52。

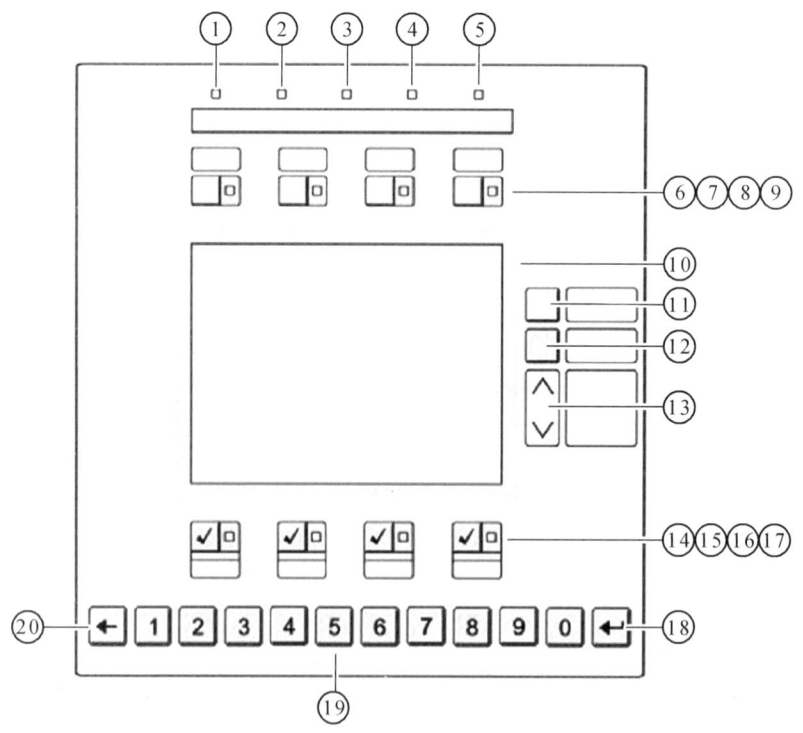

图 1-200 3-LCDXL1C 外观示意图

1—电源指示灯;2—测试指示灯;3—CPU 故障指示灯;4—接地故障指示灯;5—屏蔽状态指示灯;6—复位键/指示灯;7—报警消声键/指示灯;8—控制器消声键/指示灯;9—自检开关/指示灯;10—液晶显示屏(LCD);11—详细信息键;12—命令菜单键;13—上/下信息键;14—报警事件队列键;15—联动/反馈事件队列键;16—其他事件队列键;17—屏蔽事件队列键;18—回车键;19—数字键区;20—删除/退格键

表 1-52　3-LCDXL1C 操作和显示功能描述

名　称	功能描述
电源指示灯	表示控制器有交流电供应
测试指示灯	表示系统的任一部分正处于测试状态
CPU 故障指示灯	当"看门狗"探测到处理器故障时点亮
接地故障指示灯	当连接机箱的非接地线与地相连时黄灯亮
屏蔽指示灯	表示用户屏蔽任一点或任一区域
复位键/指示灯[1]	按此键激活系统的复位功能以便系统恢复正常。注意：复位键对于屏蔽点和人工屏蔽功能无效
控制器消声键/指示灯[1]	关闭控制器的蜂鸣器。指示灯表示控制器消声功能启用。一个新的报警时间将取消控制器消声，同时再次激活控制器的蜂鸣声
自检开关/指示灯[1]	按自检键激活自检功能。黄灯亮指示自检功能被激活。注意：此键可以另外编程，使其具有其他功能
液晶显示屏（LCD）	显示事件信息和系统控制菜单
详细信息键	显示所选事件的详细信息
命令菜单键	显示系统控制菜单，菜单包括：状态、使能、屏蔽、激活、恢复、报告、编程、测试
上/下信息键	滚动查看上一条或下一条事件信息。在主菜单中完成上下选择功能
回车键	按此键用来确认键盘输入或激活选中的菜单功能
数字键	数字键盘可用来输入地址或密码。同时可以在菜单模式下，悬着对应的选项
删除/退格键	按此键将使光标回退一格并删除原先此处的字符。此键在某些菜单中也用作退出功能
屏蔽事件队列键	在火灾事件显示窗口，显示屏蔽事件信息。 当地：显示下一个事件信息。 专有：在显示下一个事件信息前，确认当前事件信息。指示灯表示事件信息队列的如下状态： ① 闪烁表示该队列包含至少一个新的或未确认的事件信息。 ② 常亮表示所有事件信息已经被确认过

说明：[1]默认功能如上所述。按键可被编程激活不同的功能或要求访问级别密码。

2. 显示特性

EST3 系统将所有事件置于四个目录之下：

（1）火警事件：与生命安全相关的事件；例如烟感探头、喷淋系统的水流指示器、手动报警按钮等。

（2）联动事件：系统中发生火警或故障事件时，自动触发其他联动设备的事件。

（3）其他事件：EST3 系统的故障、监视事件以及系统中的非正常状态；如水喷淋系统的阀门关闭。

（4）屏蔽事件：屏蔽系统中某期间的事件。

因为上述事件能在任意事件以任意顺序发生,所以系统按优先权优先显示重要的信息。如图 1-201 所示。火警事件具有最高优先权,屏蔽事件具有最低优先权。

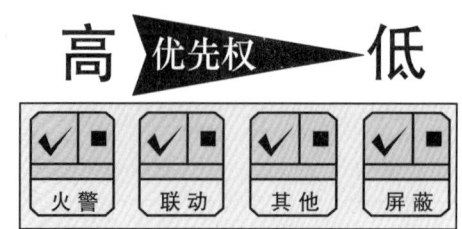

图 1-201　EST3 事件优先级关系

3. 正常屏幕显示

当没有事件信息时,3-LCDXL1C 的屏蔽显示正常状态。图 1-202 是正常屏幕的显示示意图。

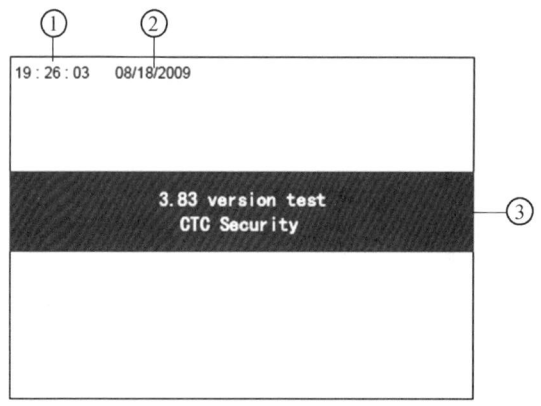

图 1-202　正常屏幕显示示意图

1—时间显示区域；2—日期显示区域；3—没有事件信息时,显示正常状态,即调度集中控制系统（CTC）安全测试版

4. 事件屏幕显示

当有一条以上事件信息时,3-LCDXL1C 的屏幕显示事件状态。图 1-203 是事件屏幕的显示示意图。具体显示内容描述参见表 1-53。

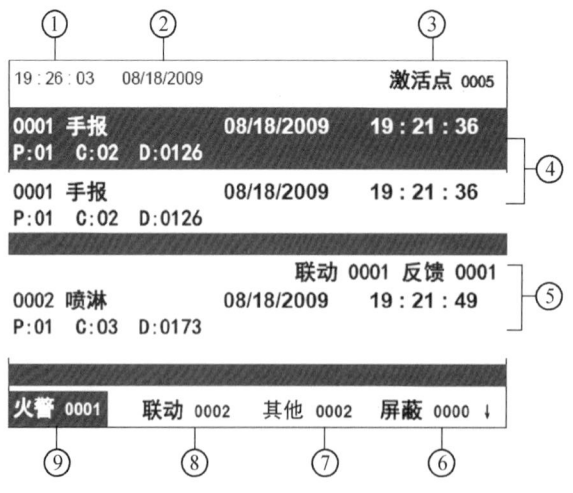

图 1-203　事件屏幕显示

1—时间显示区域；2—日期显示区域；3—点位激活区域；4—火灾/故障/监视/状态事件显示窗；
5—联动事件显示窗口；6—屏蔽事件显示区域；7—故障/监视/状态事件显示区域；
8—联动/反馈事件显示区域；9—火警事件显示区域

表 1-53 时间屏幕显示描述

名　称	功能描述
时间显示区域	显示系统时间，格式：hh：mm：ss
日期显示区域	显示系统日期，默认格式：mm/dd/yyyy
点位激活区域	显示激活的点位数量
火灾/故障/监视/状态事件显示窗口	显示火灾、故障、监视、状态相关事件信息，详细信息，参见"火灾事件显示窗口"，"故障/监视/状态事件显示窗口"
联动事件显示窗口	显示联动相关事件信息，详细信息参见"联动事件显示窗口"
屏蔽事件显示区域	显示屏蔽事件信息的数量
故障/监视/状态事件显示区域	显示故障/监视/状态事件信息的数量
联动/反馈事件显示区域	显示联动，联动反馈和反馈故障事件信息的数量
火警事件显示区域	显示火警事件信息的数量

5. 火灾事件显示窗口（图 1-204、图 1-205）

图 1-204 火灾事件显示窗口示意图

1—最早发生的最高优先级的火灾相关事件信息。2—选中的火灾相关事件信息。此区域自动滚动显示多条事件信息，除非有超过一条的联动事件并且没有报警事件

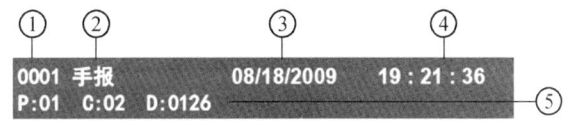

图 1-205 一个火灾事件信息的显示

1—事件编号；2—事件名称；3—事件发生日期；4—事件发生时间；5—设备信息描述

说明：火灾控制器自动显示最近发生的最高优先级的火灾相关时间信息，作为选中的事件。例如，报警事件优先级高于故障事件。

6. 联动事件显示窗口（图 1-206）

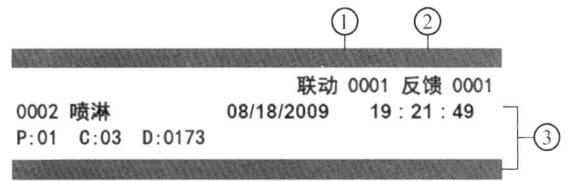

图 1-206 联动事件信息示意图

1—激活的联动输出事件数量。2—激活的联动反馈输出事件数量。3—联动事件信息。此区域自动滚动显示多条联运事件，除非有超过一条的报警事件。

可以通过详细信息键查看联动事件的具体信息，参见图 1-207。

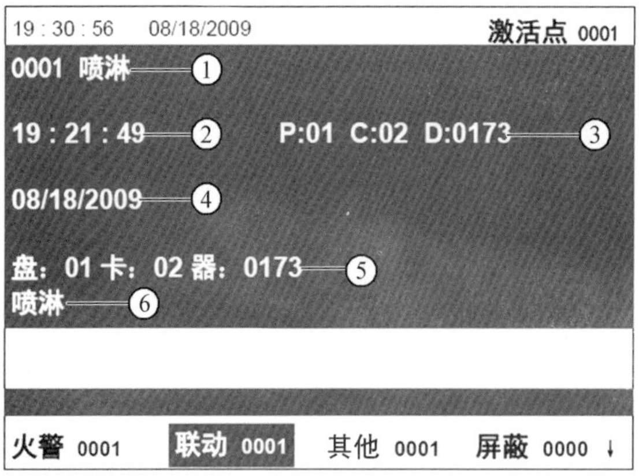

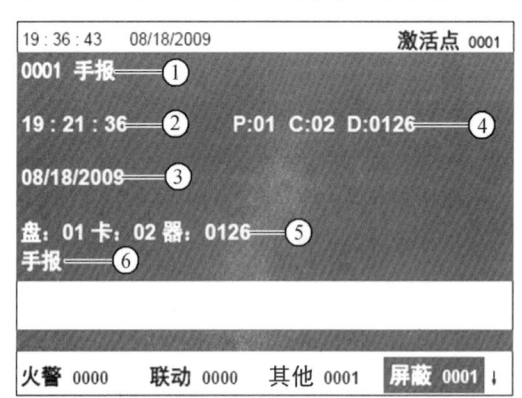

图1-207 联动事件的具体信息

1—事件编号及名称；2—事件发生时间；3—事件描述；4—事件发生日期；5—触发器件位置；6—事件类型

7. 其他事件显示窗口

其他事件包括故障、监视和状态事件，其显示窗口的示意图如图1-208、图1-209所示。

图1-208 故障事件信息

①—事件编号；②—事件名称；③—事件发生日期；④—事件发生时间；⑤—故障信息描述

图1-209 屏蔽事件详细信息显示

1—事件编号及名称；2—事件发生时间；3—事件描述；4—事件发生日期；5—触发器件位置；6—事件类型

8. 事件处理

每一个事件都分别定义为火警、联动、其他（故障/监视/状态或屏蔽）事件之一，与每一个事件种类相关联的是信息队列。当一个事件发生时，有关的事件信息加入相应队列中。可用3-LCDX1L显示屏面板上的事件队列键显示队列中存储的信息。每个队列可存储多达500个事件。

事件队列指示灯作为一个普通事件的指示灯，每当有新的事件加入队列时便闪烁，图1-210为新事件处理。

当系统接收到一个事件时，相应的队列灯闪烁，指示相关的信息未被查看。

（1）通过按队列选择键悬着激活队列。

（2）用上一页/下一页键或队列选择/下一页键来翻阅所有的队列信息。

在任何时候当一个队列被选中时你可以用上一页/下一页键或队列选择/下一页键来翻阅队列中的信息。如图1-211所示。

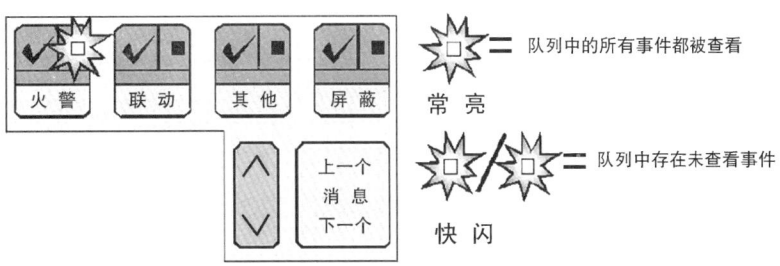

图 1-210 新事件处理 1

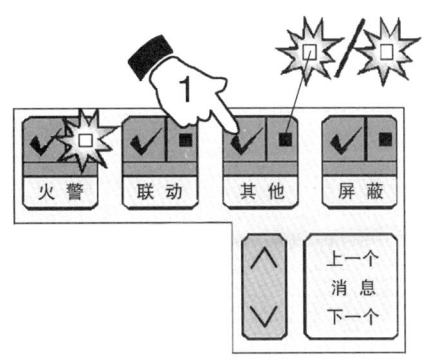

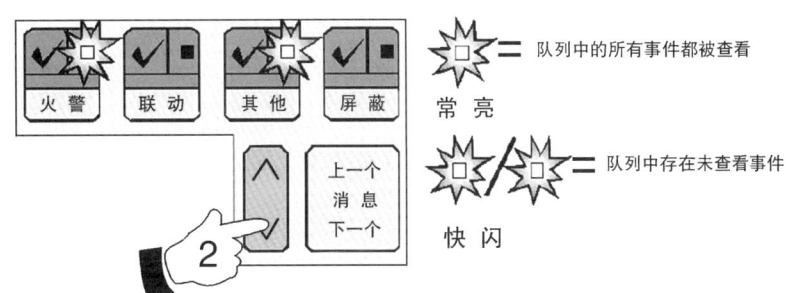

图 1-211 新事件处理

(三) 图形工作站 FACMS 系统的操作

1. 系统启动

插入授权的加密棒至 USB 口,启动计算机之后,系统将自动运行火灾报警图形显示系统,并且以预置的默认监视用户登录。登录成功之后显示火灾报警图形显示系统主窗口,此过程无需用户任何操作。

2. 主窗口与默认账号权限

火灾报警图形显示系统的主窗口界面结构如图 1-212 所示。

主窗口界面各主要部件简介如下:

(1) 地图导航树: 位于火灾报警图形显示系统主窗口左侧,显示所有设定的地图节点。

(2) 地图导航区域: 位于火灾报警图形显示系统主窗口中上部,通过下拉选择"事件类型",可在其右的"地图"下拉选择框中选择事件类型所对应的所有地图。

(3) 电子地图区域: 位于火灾报警图形显示系统主窗口中部,选中上述地图导航树某节点后,将在电子地图区域显示该地图。

(4) 事件分类列表: 位于火灾报警图形显示系统主窗口下方,显示了当前所有分类的事件数量及细节。

(5) 专用总指示区域: 位于火灾报警图形显示系统主窗口右侧,显示了各类事件的总数,包括"火警""联动""故障"与"屏蔽"。

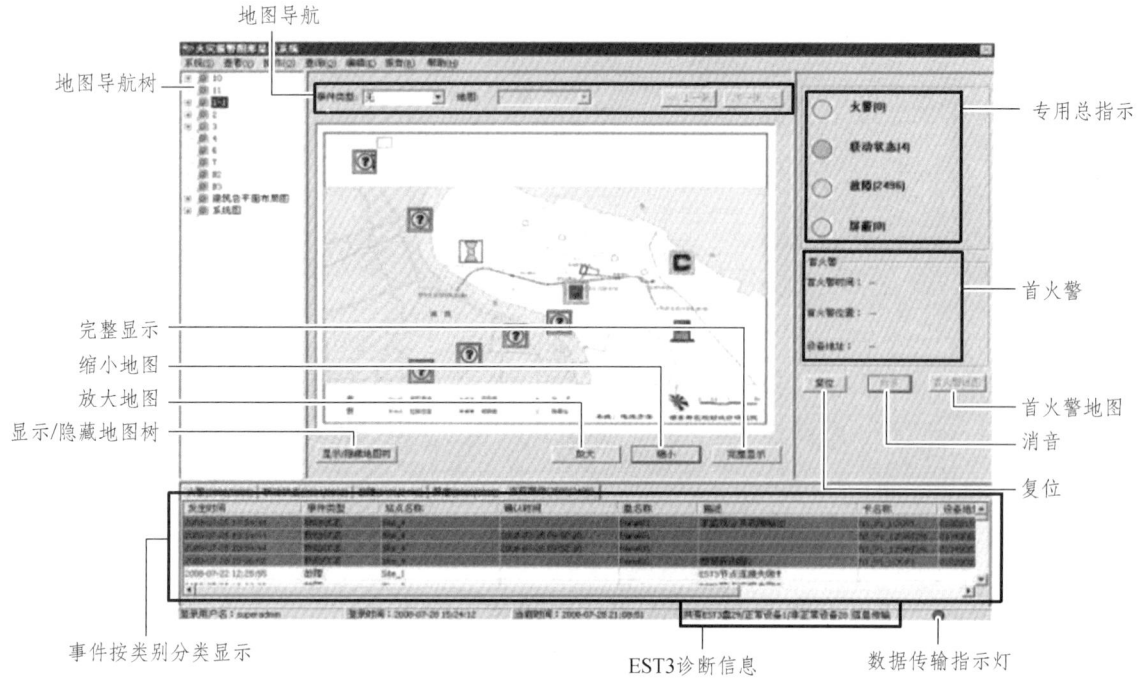

图 1-212 主窗口界面

（6）"首火警"区域：位于火灾报警图形显示系统主窗口右侧，显示了首火警发生时间、位置、设备地址信息。

（7）状态栏：位于火灾报警图形显示系统主窗口最下方，显示了当前用户名、时间信息、与 EST3 主机通信信息及与监控中心通信数据传输状态。

系统初始内置默认账号与权限如下：

（1）监视账号：monitor，默认自动启动即为该账号登录，只有监视与查看等功能。

（2）高级管理员账号：superadmin/superadmin，采用该用户名/密码登录后，可进行系统的配置、用户管理等。

如图 1-213 所示，点击"系统"→"用户切换"，输入上述用户名/密码即可。

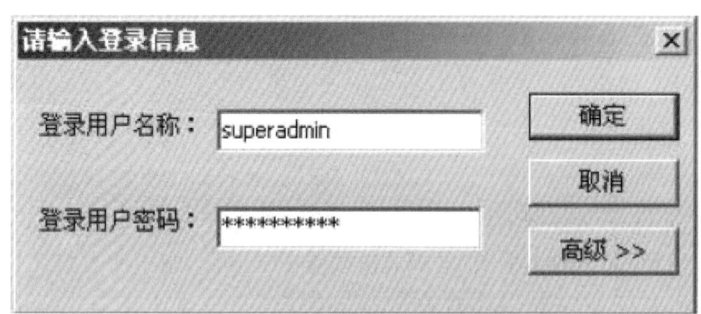

图 1-213 登录信息

维护模式账号：root/动态认证授权码，采用该用户名/密码登录后，可暂时退出软件，用于系统维护、PC 设置、卸载等，需与技术支持工程师联系以获取动态认证授权码。

点击"系统"→"用户切换"→"高级"，输入用户名 root，并将本次的根用户动态认证码发至技术支持工程师以获取动态认证授权码作为登录密码，输入至用户密码窗口后，即可点击"系统"→"维护模式"，软件窗口可最小化。如图 1-214 所示。

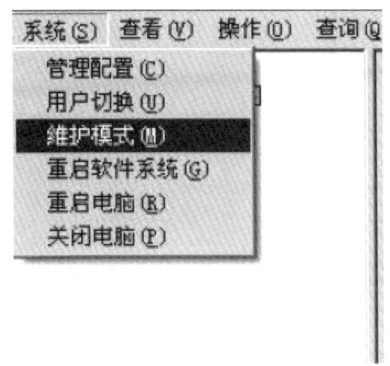

图 1-214 用户切换

注意：每次生成的根用户动态认证码不同，在未获取授权码前请勿关闭该登录信息窗口。

3. 警情处理

本章操作均在 FACMS 系统监管主窗口进行。

1) 查看警情

用户可在 FACMS 系统监管主窗口的正下方查看警情，如图 1-215 所示。

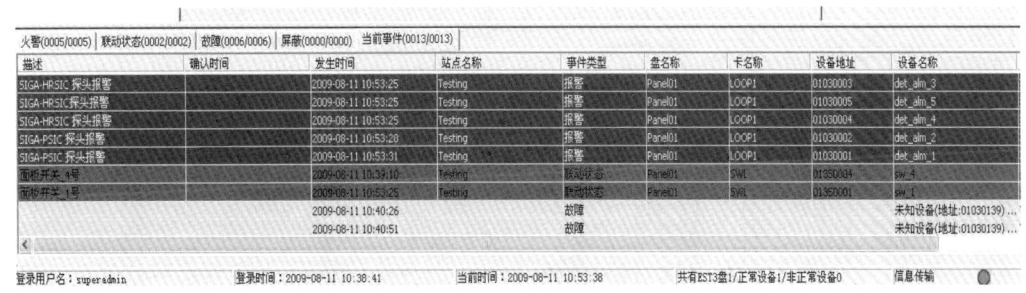

图 1-215 报警信息

如图 1-215 所示，在火灾报警图形显示系统主窗口下方的事件分类列表显示了当前所有分类的事件。

点击"火警"标签页，可以查看当前所有的火警事件。

点击"联动状态"标签页，可以查看当前所有的联动状态事件。

点击"故障"标签页，可以查看当前所有的故障事件。

点击"屏蔽"标签页，可以查看当前所有的屏蔽事件。

点击"当前事件"标签页，可以查看当前所有的事件。

每个标签页顶部显示了当前分类事件的总数及未确认的总数。如"故障（2500/2499）"表明当前共有2 500条故障，尚有2 499条未确认。

在火灾报警图形显示系统主窗口右侧的专用总指示区域也显示了各类事件的总数。

2）查看首火警

如图1-216所示，在火灾报警图形显示系统主窗口右侧的"首火警"区域显示了首火警发生时间、位置、设备地址信息。

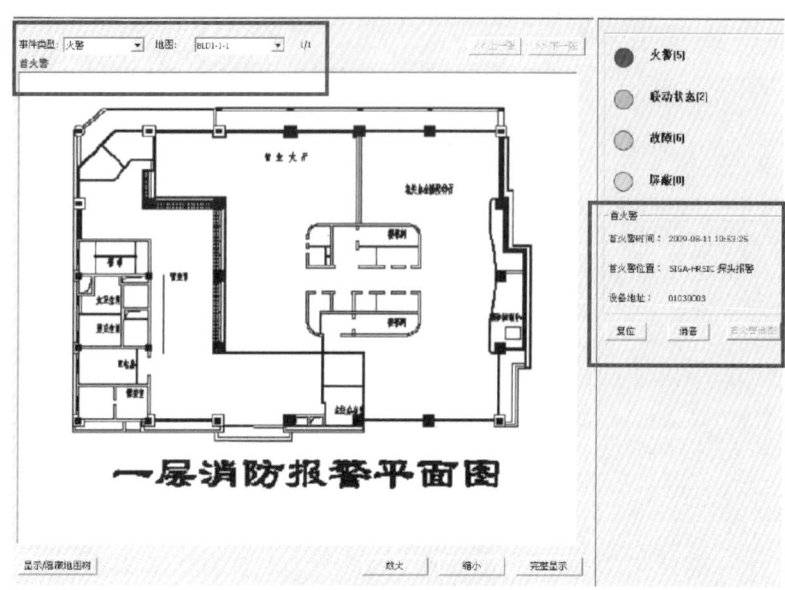

图1-216 消防报警图

点击"首火警地图"按钮，火灾报警图形显示系统主窗口中部的"电子地图"区域将切换到发生首火警的电子地图。

3）电子地图浏览

图1-217所示，可按照如下操作进行电子地图浏览。

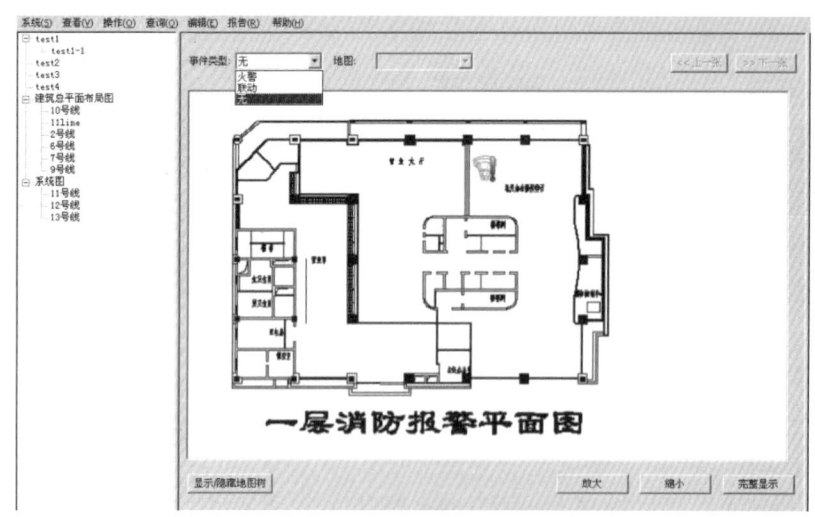

图1-217 消防报警图

① 按地图树导航浏览：在火灾报警图形显示系统主窗口左侧的"地图树"区域双击选定的地图节点，将在右侧的电子地图区域显示该地图。

② 按事件类型导航浏览：（需事先定义设备图标至相关地图）在火灾报警图形显示系统主窗口中

上部的"地图导航"区域下拉选择"事件类型",其右的"地图"下拉选择框将显示选定事件类型所对应的所有地图。

③ 在"地图"下拉选择框中选择地图,将在右侧的电子地图区域显示该地图。

④ 显示/隐藏地图树:在火灾报警图形显示系统主窗口的"电子地图"区域下方单击"显示/隐藏地图树"按钮。如果当前已经显示了地图树,单击此按钮,将隐藏地图树。再次单击,将会再次显示地图树。

⑤ 放大缩小:在火灾报警图形显示系统主窗口的"电子地图"区域下方单击"放大""缩小"按钮。单击"完整显示"按钮将以最佳比例完整显示当前地图。

4. FAS集成至综合监控的画面介绍(表1-54~表1-57)

表1-54 烟感探测器

图标(Symbol)	描述(Description)	颜色(Colour)
	设备停止运行	白 色
	设备正常运行	中海绿
	设备报警	红色闪烁
	设备通信中断	淡蓝色

表1-55 电话插孔

图标(Symbol)	描述(Description)	颜色(Colour)
	设备停止运行	白 色
	设备正常运行	中海绿
	设备报警	红色闪烁
	设备通信中断	淡蓝色

表1-56 手动报警按钮

图标(Symbol)	描述(Description)	颜色(Colour)
	设备停止运行	白 色
	设备正常运行	中海绿
	设备报警	红色闪烁
	设备通信中断	淡蓝色

表 1-57 消火栓

图标（Symbol）	描述（Description）	颜色（Colour）
	设备停止运行	白　色
	设备正常运行	中海绿
	设备报警	红色闪烁
	设备通信中断	淡蓝色

5. FAS 集成到综合监控的人机界面操作

宁波轨道交通 1 号线综合监控系统采用 22 英寸液晶显示器，人机界面必须要在此型号的显示器上全屏显示。为此可以将人机界面分为 4 部分，分别是：菜单栏、导航栏、用户显示区、底部栏。系统启动后，菜单栏、导航栏和底部栏会自动加载，并且在屏幕的固定区域显示，用户不能移动或者关闭这些窗口。用户显示区是除了菜单栏、导航栏和底部栏这些固定窗口以外的部分，不会被固定窗口覆盖，用户打开的人机界面可以在这个区域显示。

操作员可以利用导航栏完成宁波轨道交通 1 号线 FAS 画面的导航。

导航栏包括子系统选择栏，功能选择栏，车站栏，日期时间以及宁波地铁 LOGO 和用户信息区如图 1-218 所示。

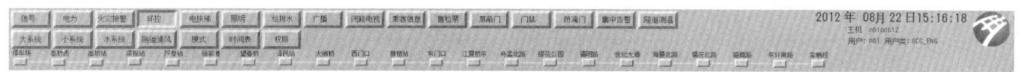

图 1-218　导航栏

用户可以利用导航栏的子系统选择栏，功能选择栏，车站选择栏提供的按钮调用需要显示的画面。

综合监控系统人机界面的导航流程基本原则是：中心操作员在 OCC 选择时，可以对全线进行操作；而车站操作员在车站选择时，只能对本站进行操作。

九、屏蔽门操作手册

（一）概　述

名词定义和缩写如表 1-58 所示。

表 1-58　名词定义和缩写

序　号	术　语	描　述
1	PSD	屏蔽门/安全门系统
2	ASD	滑动门
3	FIX	固定门
4	EED	应急门
5	MSD	端　门
6	DCU	门控单元

续表

序 号	术 语	描 述
7	DOI	门状态指示灯
8	IBP	综合后备盘
9	ISCS	综合监控系统
10	LCB	就地控制盒
11	EOI	应急门状态指示灯
12	PS	电源系统
13	PSC	中央接口盘
14	PSL	就地控制盘
15	SIG	信号系统

PSD系统机械门体包含4种不同的门型，各自具有不同的功能。

滑动门（ASD）：由电机驱动的自动门，与列车车门一一对应。

应急门（EED）：包含由推杠五金把手开门，紧急情况下可向站台侧手动推开。

固定门（FIX）：填充ASD间的空隙，不存在人机接口。

端门（MSD）：功能、组成与EED相同，作为操作人员进出轨道侧的通道。

如图1-219所示，为一个典型屏蔽门机械门体的组合。对于屏蔽门，每侧站台包含24对ASD、2对EED和2扇MSD。

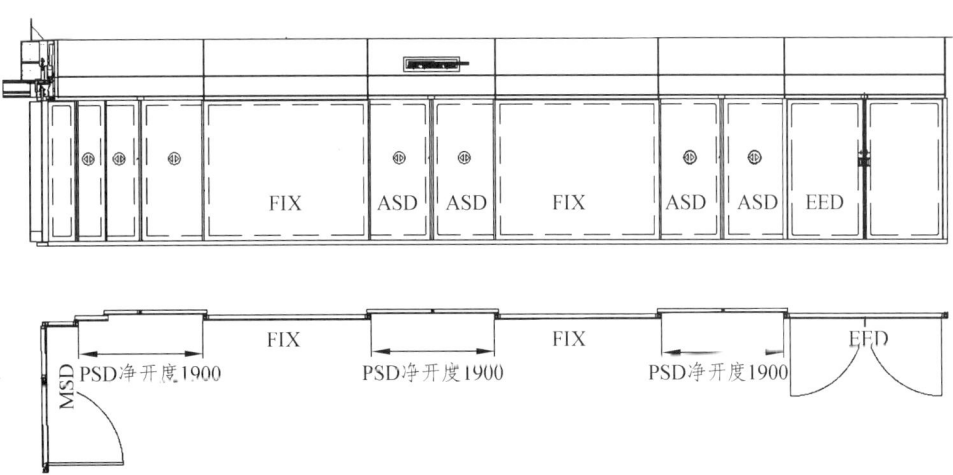

图1-219 屏蔽门机械门体

1. 滑动门（ASD）

滑动门的人机操作界面主要包含手动解锁装置和门状态指示灯（DOI），如图1-220所示。

对于屏蔽门，左滑动门设计有门解锁机构，当滑动门由于电源供应或控制系统故障不能打开时，在站台侧可用专用钥匙开门，在轨道侧乘客可拉动开门把手开门。开门把手嵌入在滑动门的竖框内，把手上设有简单醒目的操作标识。紧急情况下站台侧站务员可用专门锁匙手动解锁，也可由列车上的乘客利用门把手开门逃生。门解锁机构位置如图1-221所示。

图 1-220 滑动门现场图

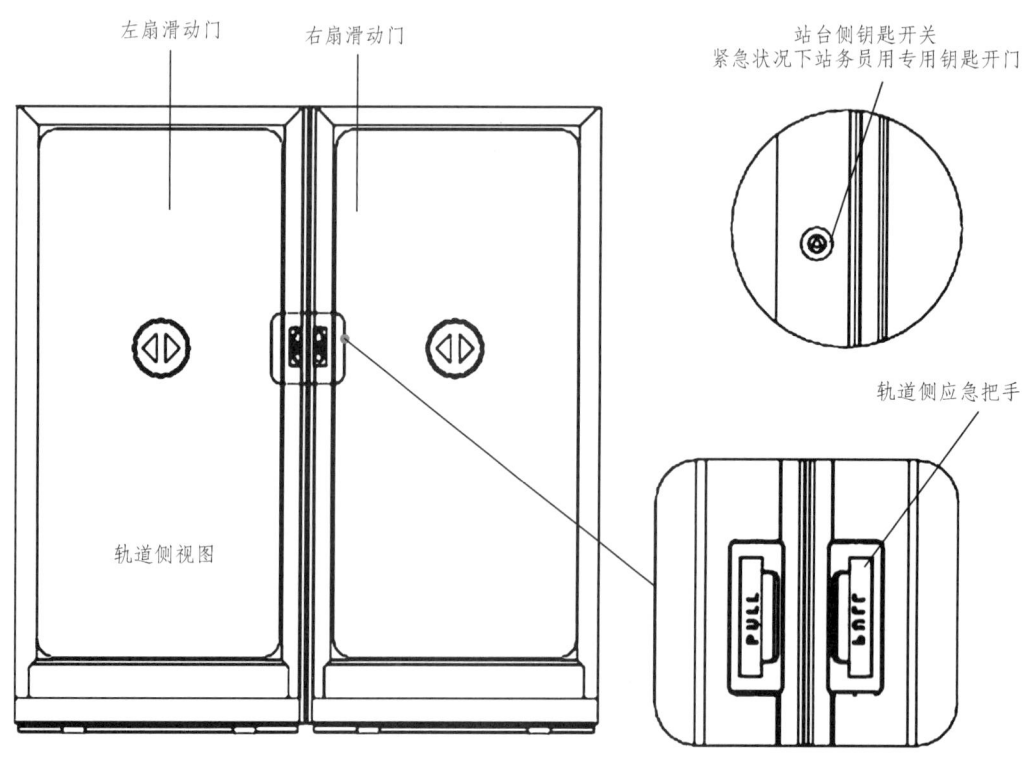

图 1-221 屏蔽门滑动门手动解锁机构

2. 应急门（EED）

应急门一般当作固定门使用，在列车进站无法停靠在允许的误差范围位置时，必有一道列车门对准应急门，若需要由应急门紧急疏散时，可由乘客在轨道侧列车上打开相对应的列车门后推动应急门的解锁装置，或由站台侧站台工作人员用专用钥匙打开应急门进行紧急疏散。

应急门的人机操作界面主要包含手动解锁装置和门状态指示灯（EOI），如图1-222所示。

对于屏蔽门，每扇应急门在轨道侧应急门中部装有逃生装置推杆锁，在站台侧安装锁芯；在轨道侧推压推杆可将门打开，在站台侧站台工作人员用钥匙可将门打开。如图1-223所示。

3. 固定门（FIX）

固定门为不可开启的门体，位于滑动门与应急门之间，是站台与区间隧道隔离和密封的屏障。固定门不存在作为运营操作的人机界面。如图1-224所示。

图 1-222 应急门现场图

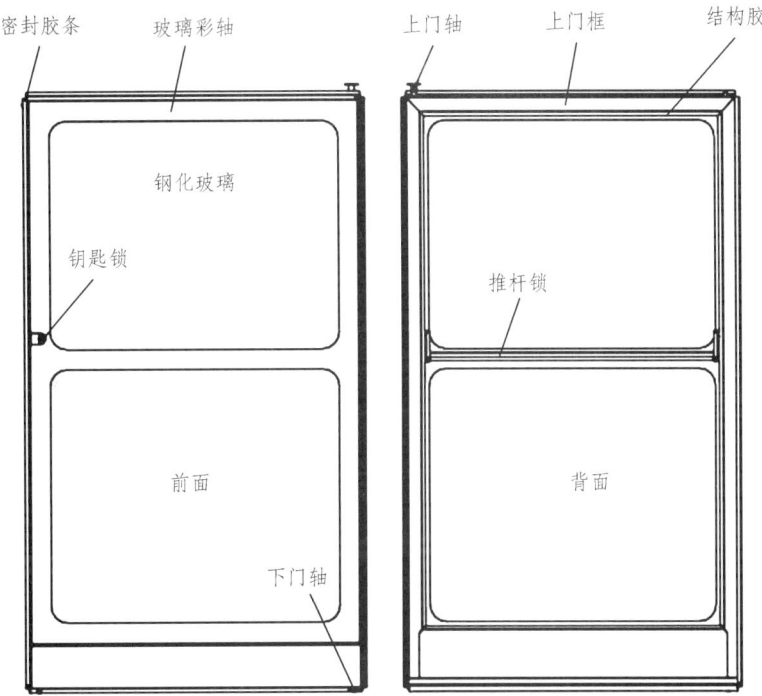

图 1-223 应急门手动解锁机构

图 1-224 固定门现场图

4. 端门（MSD）

端门是列车在区间隧道火灾或故障时的乘客疏散通道以及工作人员进出站台公共区的通道。正常运营状态，端门保证关闭并锁紧，不会由于风压而导致端门解锁打开。工作人员可从站台侧用专用钥匙打开端门。

端门在机械结构和人机界面功能上都与应急门相同。如图1-225、图1-226所示。

 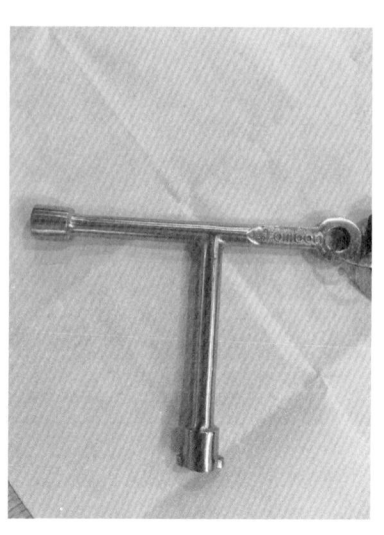

图1-225　端门现场图　　　　　图1-226　端门钥匙

（二）电气控制系统

1. 综合后备盘（IBP）

IBP盘位于车站综合控制室内。在发生火灾、烟雾释放或其他紧急情况时，IBP用于管理并控制PSD完成整侧站台的开/关门操作。

图1-227显示了两侧站台车站的IBP盘布置。

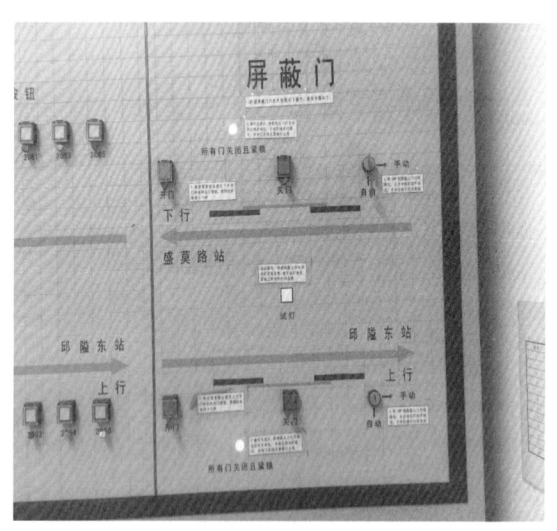

图1-227　IBP盘现场图

2. 就地控制盒（LCB）

对于屏蔽门LCB的安装位置在滑动门门楣右下方，钥匙开关的安装位置应方便站台侧工作人员通过钥匙进行模式转换。如图1-228、图1-229所示。

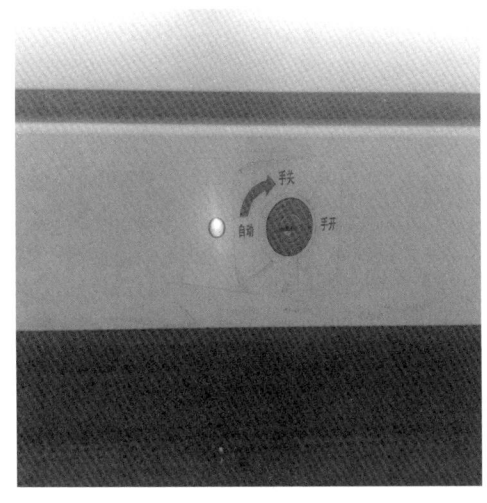

图 1-228 LCB 安装位置

图 1-229 LCB 钥匙

LCB 设"自动、手动关、手动开、隔离"四位，钥匙从"自动"位顺时针旋转 90° 为"手动关"位；再顺时针旋转 90° 为"手动开"位；从"手动开"不能直接旋转至"隔离"位；从"自动"位逆时针旋转 90° 为"隔离"位。当钥匙从"隔离"位转到"自动"位时门头灯亮一次。钥匙只有在"自动"位及"隔离"位时可取出。如图 1-230 所示。

（1）"自动"位：当转换开关处于"自动"位置时，允许门控单元接收中央控制盘的"开门命令"与"关门命令"。

（2）"隔离"位：当转换开关处于"隔离"位置时，隔断本单元的电力供应。

（3）"手动关"或"手动开"位：当开关处于"手动关"或"手动开"位置时，不执行来自中央控制盘的命令，该道门的安全回路处于闭合状态（该道门关闭且锁紧的信号已经发出去了），不影响行车。

图 1-230 LCB 钥匙孔示意图

3. 就地控制盘（PSL）

当系统级控制（SIG 控制模式）出现故障时，PSL 可以管理 PSD 系统。同时 PSL 可以实现 PSD 系统与 SIG 之间的互锁解除。

每个站台的头墙侧安装有一个 PSL，对于一些有折返运营要求的站台，尾端也同时安装一个 PSL。这里的站台头端表示 ASD01 号所在端；尾端表示 ASD24 所在端。如图 1-231 所示。

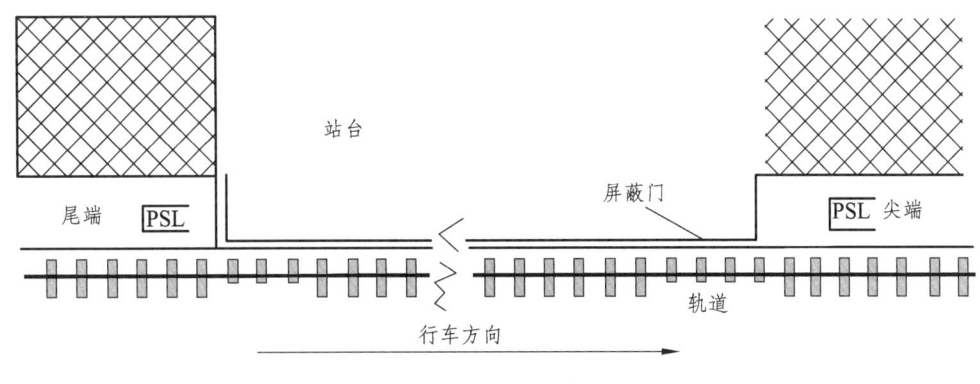

图 1-231 PSL 安装位置

图 1-232、图 1-233 显示了一个 PSL 盘的盘面布置（包含有激光探测系统盘面）。图 1-234 是 PSL 钥匙。

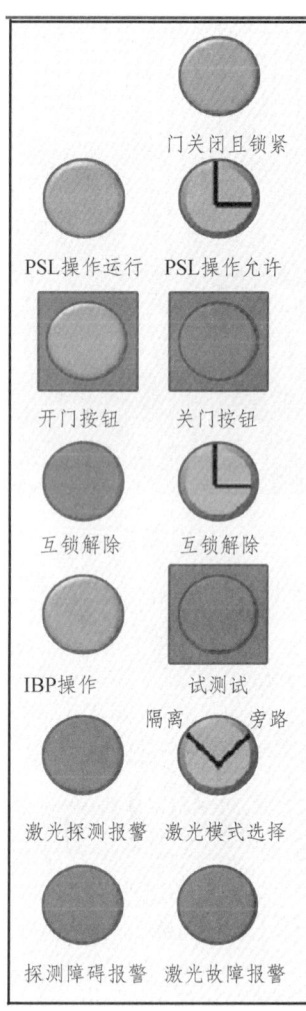

图 1-232　PSL 盘面布置　　　　图 1-233　PSL 现场图

图 1-234　PSL 钥匙

4. 系统级控制

在正常运行情况下，PSD 系统通过信号系统（SIG）的自动控制完成开/关门动作，这也是系统在日常运营中最常用到的开、关门控制模式。一般情况下，开、关门命令由列车司机在列车操作台上发出，或由列车自动控制系统自动发出，其信号传递流程如表 1-59 所示。

5. 站台级控制

在 SIG 系统出现故障（或其他任何原因），导致 PSD 系统不能由 SIG 系统自动执行系统级控制。此时，PSD 系统的开/关门动作需要由列车司机或站台操作人员在站台端头操作 PSL 来实现。

表 1-59 系统级控制操作流程

步骤	图例
列车进站停靠在站台有效范围内，此时所有 ASD 和 EED 应处于锁闭状态	门关闭且锁紧  ⊗
列车车门打开，发出开门命令信号	
PSC 在接收到 SIG 系统发出的命令信号后，所有 ASD 同时开启	门关闭且锁紧  ⊗
列车停靠站台时间到后，司机在列车上按下关门按钮，发出关门命令信号	
PSC 在接收到 SIG 系统发出的命令信号后，所有 ASD 同时关闭。当所有 ASD 都关闭且锁紧后，PSL、IBP 和 PSC 指示灯盘上的"ASD/EED 关闭且锁紧"绿色指示灯点亮	门关闭且锁紧  ⊗
此后，列车离站	

站台级控制的优先级高于系统级。当 PSL 被使能后，PSD 系统将忽略来自 SIG 系统的任何信号。站台级控制的具体操作步骤如表 1-60 所示。

表 1-60 站台级控制操作流程

步骤	图例
前提：车站控制室操作员已知相应侧站台 PSD 系统不能实现系统级控制方式。 列车进站停靠在站台有效范围内，此时所有 ASD 和 EED 应处于锁闭状态；PSL 上的"ASD/EED 关闭且锁紧"指示灯处于点亮状态	 ⊗ ASD/EED 关闭且锁紧
操作人员操作 PSL，先将"PSL 操作允许"两位钥匙开关旋转到"操作允许"位，此时 PSL 上的"PSL 操作允许"绿色指示灯点亮	 0 — I PSL 操作允许 ● PSL 操作运行

续表

步　骤	图　例
操作人员观察站台，确认安全后，按下 PSL 上的绿色"开门"按钮	开门按钮
PSC 在接收到 PSL 发出的开门命令信号后，所有 ASD 同时开启	ASD/EED 关闭且锁紧
列车停站时间到后，操作人员观察站台，确认安全后，按下 PSL 上的红色"关门"按钮	关门按钮
PSC 在接收到 PSL 发出的关门命令信号后，所有 ASD 同时关闭。当所有 ASD 都关闭且锁紧后，PSL 上的"ASD/EED 关闭且锁紧"绿色指示灯点亮	ASD/EED 关闭且锁紧
操作人员操作 PSL，将"PSL 操作允许"两位钥匙开关旋转到"off"位，此时 PSL 上的"PSL 操作模式"绿色指示灯熄灭	PSL 操作允许　PSL 操作模式
最后，司机或操作人员拔下"PSL 操作允许"的操作钥匙	

6. 车站级控制

当出现紧急情况（如火灾）时，PSD 系统的开/关门动作，在经过行调授权的情况下，可以通过由车站控制室内的操作员操作 IBP 盘的方式实现。

紧急控制模式的优先级高于系统级和站台级。当 IBP 盘操作被允许（使能）后，PSD 系统将忽略来自 SIG 或 PSL 的任何信号。

紧急模式控制的具体操作步骤如表 1-61 所示。

表 1-61　紧急模式控制操作流程

步　骤	图　例
前提：出现紧急情况，或系统级和站台级控制全部失效。所有 ASD 和 EED 处于锁闭状态；IBP 上的"ASD/EED 关闭且锁紧"指示灯处于点亮状态	所有门关闭且锁紧 ⊗
操作人员操作 IBP，先将"手自动位"两位钥匙开关旋转到"手动"位	手动　自动
操作人员观察站台，确认安全后，按下 IBP 上的红色"开门"按钮	开门
PSC 在接收到 IBP 发出的开门命令信号后，所有 ASD 同时开启	所有门关闭且锁紧 ⊗
需要关门时，操作人员观察站台，确认安全后，按下 IBP 上的绿色"关门"按钮	关门
PSC 在接收到 IBP 发出的关门命令信号后，所有 ASD 同时关闭。当所有 ASD 都关闭且锁紧后，IBP 上的"ASD/EED 关闭且锁紧"绿色指示灯点亮	所有门关闭且锁紧 ⊗
操作完成后，操作人员操作 IBP，将"IBP 操作允许"两位钥匙开关旋转到"自动"位	手动　自动
最后，操作人员拔下"手自动位"的操作钥匙	

7. 就地级 LCB 手动操作

当站台上的单个 ASD 出现故障，需要手动开启/关闭或进行隔离操作时，可以通过每个 ASD 门楣梁上（屏蔽门）安装的 LCB 对该道门进行局部控制。

LCB 单个门局部控制是最高优先级的电气控制模式，当操作 LCB 执行开/关门控制时，被操作的 ASD 将忽略所有来自 SIG、PSL 和 IBP 的控制信号。

单道门局部控制的具体操作步骤如表 1-62 所示。

表 1-62　单道门局部控制模式控制操作流程

步　骤	图　例
正常情况下，LCB 上的 4 位钥匙开关位置应处于"自动"位，该道 ASD 接收系统级控制、站台级控制和车站级的信号，完成相应动作。钥匙可以从"自动"位上取出	自动　隔离　手动关门　手动开门

步骤	图例
需要对单道ASD进行手动开/关操作时,需先将4位钥匙开关旋转到"关门"位,然后到"开门位"。 此时,该道ASD将忽略其他任何命令信号而执行开门动作。 关门时,将钥匙开关旋转到"关门"位,该道ASD将立即执行关门动作。 在"关门"和"开门"位置,该道ASD的"门锁闭"信号(安全回路)是被旁路的;钥匙是不能被取出的	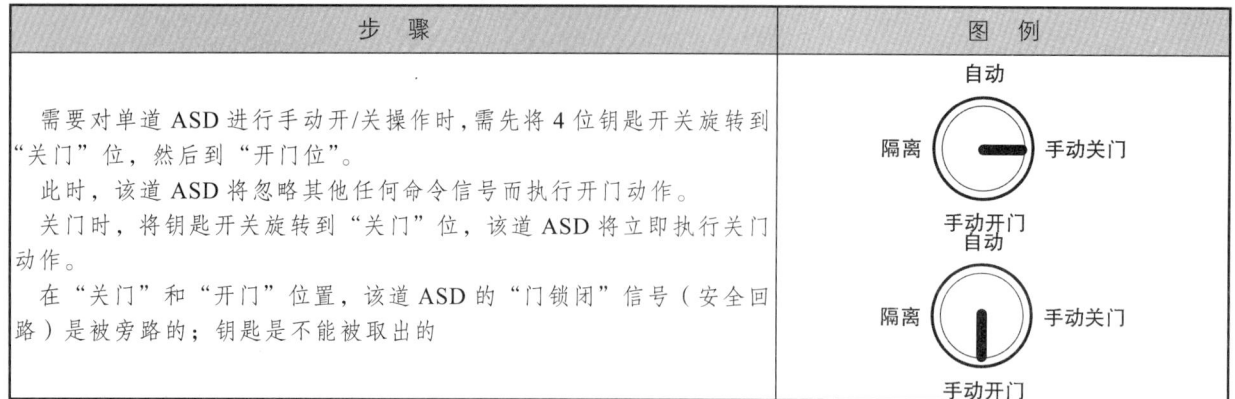

特别注意:钥匙开关不能够从"隔离"位直接旋转到"开门"位,反之亦然。

十、气灭系统操作手册

(一)气灭系统概述

气体灭火系统主要分为两个部分:控制系统和管网系统。控制部分采用美国爱德华系统技术公司EST3系列产品。灭火部分采用烟烙尽IG-541,车站采用IG-541,组合分配式,全淹没灭火系统。

(二)气灭系统主机

1. 操作面板LCD火灾显示盘的操作和显示

宁波轨道交通1号线气灭系统主机与FAS主机都采用爱德华EST3系列主机,图1-235是LCD火灾显示盘的外观示意图,具体功能描述参见表1-63。

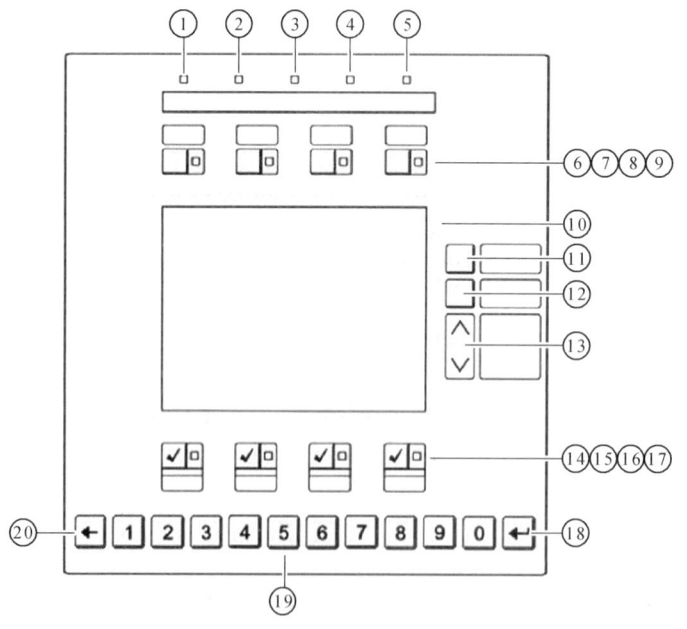

图1-235 LCD火灾显示盘外观示意图

1—电源指示灯;2—测试指示灯;3—CPU故障指示灯;4—接地故障指示灯;5—屏蔽状态指示灯;6—复位键/指示灯;7—报警消声键/指示灯;8—控制器消声键/指示灯;9—自检开关/指示灯;10—液晶显示屏(LCD);11—详细信息键;12—命令菜单键;13—上/下信息键;14—报警事件队列键;15—联动/反馈事件队列键;16—其他事件队列键;17—屏蔽事件队列键;18—回车键;19—数字键区;20—删除/退格键

表1-63 LCD火灾显示盘操作和显示功能描述

名　称	功能描述
电源指示灯	表示控制器有交流电供应
测试指示灯	表示系统的任一部分正处于测试状态
CPU故障指示灯	当看门狗探测到处理器故障时点亮
接地故障指示灯	当连接机箱的非接地线与地相连时黄灯亮
屏蔽指示灯	表示用户屏蔽任一点或任一区域
复位键/指示灯[1]	按此键激活系统的复位功能以便系统恢复正常。注意：复位键对于屏蔽点和人工屏蔽功能无效
控制器消声键/指示灯[1]	关闭控制器的蜂鸣器。指示灯表示控制器消声功能启用。一个新的报警时间将取消控制器消声，同时再次激活控制器的蜂鸣声
自检开关/指示灯[1]	按自检键激活自检功能。黄灯亮指示自检功能被激活。注意：此键可以另外编程，使其具有其他功能
液晶显示屏（LCD）	显示事件信息和系统控制菜单
详细信息键	显示所选事件的详细信息
命令菜单键	显示系统控制菜单，菜单包括：状态、使能、屏蔽、激活、恢复、报告、编程、测试
上/下信息键	滚动查看上一条或下一条事件信息。在主菜单中完成上下选择功能
报警事件队列键	在火灾事件显示窗口的下半部分，显示报警事件信息。当地：显示下一个事件信息。专有：在显示下一个事件信息前，确认当前事件信息。指示灯表示事件信息队列的如下状态： ① 闪烁表示该队列包含至少一个新的或未确认的事件信息。 ② 常亮表示所有事件信息已经被确认过
回车键	按此键用来确认键盘输入或激活选中的菜单功能
数字键	数字键盘可用来输入地址或密码。同时可以在菜单模式下，悬着对应的选项
删除/退格键	按此键将使光标回退一格并删除原先此处的字符。此键在某些菜单中也用作退出功能
联动/反馈事件队列键	在联动事件显示窗口，显示联动事件信息。 当地：显示下一个事件信息。专有：在显示下一个事件信息前，确认当前事件信息。 指示灯表示事件信息队列的如下状态： ① 闪烁表示该队列包含至少一个新的或未确认的事件信息。 ② 常亮表示所有事件信息已经被确认过
其他事件队列键	在事件显示窗口，显示故障、监视和状态事件信息。 当地：显示下一个事件信息。 专有：在显示下一个事件信息前，确认当前事件信息。 指示灯表示事件信息队列的如下状态： ① 闪烁表示该队列包含至少一个新的或未确认的事件信息。 ② 常亮表示所有事件信息已经被确认过。常亮表示所有事件信息已经被确认过
屏蔽事件队列键	在火灾事件显示窗口，显示屏蔽事件信息。 当地：显示下一个事件信息。 专有：在显示下一个事件信息前，确认当前事件信息。 指示灯表示事件信息队列的如下状态： ① 闪烁表示该队列包含至少一个新的或未确认的事件信息。 ② 常亮表示所有事件信息已经被确认过

说明：[1]默认功能如上述所述。按键可被编程激活不同的功能或要求访问级别密码。

2. 显示特性

EST3 系统将所有事件置于四个目录之下：

（1）火警事件：与生命安全相关的事件；例如烟感探头、喷淋系统的水流指示器、手动报警按钮等。

（2）联动事件：系统中发生火警或故障事件时，自动触发其他联动设备的事件。

（3）其他事件：EST3 系统的故障、监视事件以及系统中的非正常状态；如水喷淋系统的阀门关闭。

（4）屏蔽事件：屏蔽系统中某期间的事件。

因为上述事件能在任意事件以任意顺序发生，所以系统按优先权优先显示重要的信息。如图 1-236 所示。火警事件具有最高优先权，屏蔽事件具有最低优先权。

3. 正常屏幕显示

当没有事件信息时，LCD 火灾显示盘的屏蔽显示正常状态。图 1-237 是正常屏幕的显示示意图。

图 1-236　EST3 事件优先级关系

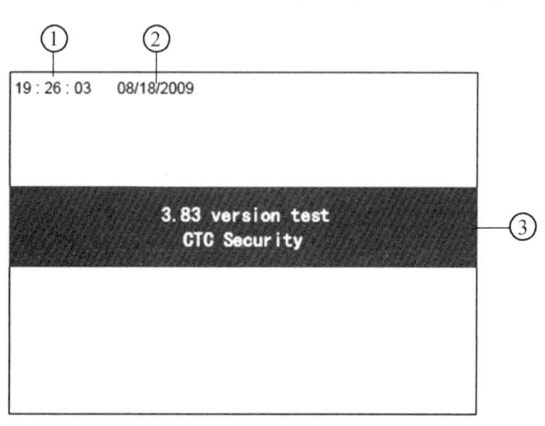

图 1-237　正常屏幕显示示意图

4. 事件屏幕显示

当有一条以上事件信息时，LCD 火灾显示盘的屏幕显示事件状态。图 1-238 是事件屏幕的显示示意图。具体显示内容描述，参见表 1-64。

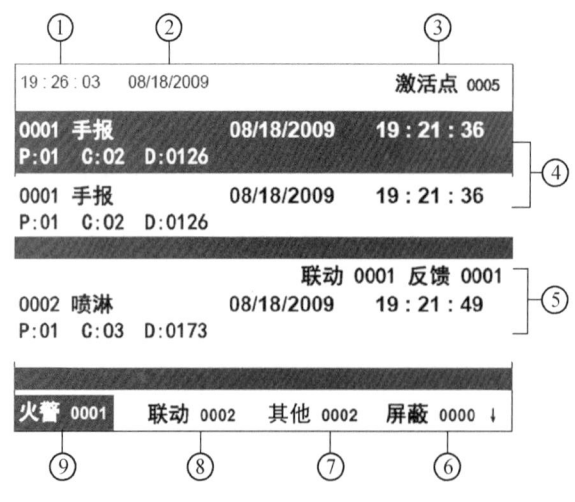

图 1-238　事件屏幕显示

1—时间显示区域；2—日期显示区域；3—点位激活区域；4—火灾/故障/监视/状态事件显示窗；
5—联动事件显示窗口；6—屏蔽事件显示区域；7—故障/监视/状态事件显示区域；
8—联动/反馈事件显示区域；9—火警事件显示区域

表 1-64　时间屏幕显示描述

名　称	功能描述
时间显示区域	显示系统时间，格式：HH：MM：SS
日期显示区域	显示系统日期，默认格式：MM/DD/YYYY
点位激活区域	显示激活的点位数量
火灾/故障/监视/状态事件显示窗口	显示火灾、故障、监视、状态相关事件信息，详细信息，参见"火灾事件显示窗口"，"故障/监视/状态事件显示窗口"
联动事件显示窗口	显示联动相关事件信息，详细信息，参见"联动事件显示窗口"
屏蔽事件显示区域	显示屏蔽事件信息的数量
故障/监视/状态事件显示区域	显示故障/监视/状态事件信息的数量
联动/反馈事件显示区域	显示联动，联动反馈和反馈故障事件信息的数量
火警事件显示区域	显示火警事件信息的数量

5. 火灾事件显示窗口（图 1-239、图 1-240）

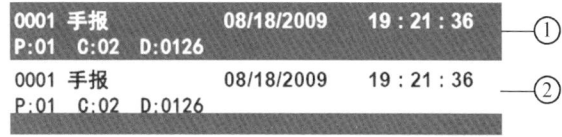

图 1-239　火灾事件显示窗口示意图

1—最早发生的最高优先级的火灾相关事件信息；2—选中的火灾相关事件信息。此区域自动滚动显示多条事件，事件除非有超过一条的联动事件并且没有报警事件

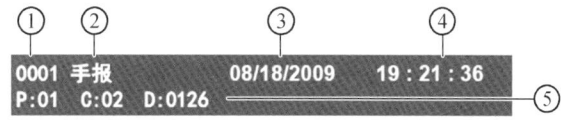

图 1-240　一个火灾事件信息的显示

1—事件编号；2—事件名称；3—事件发生日期；4—事件发生时间；5—设备信息描述

说明：火灾控制器自动显示最近发生的最高优先级的火灾相关时间信息，作为选中的事件。例如，报警事件优先级高于故障事件。

6. 联动事件显示窗口

可以通过详细信息键查看联动事件的具体信息，参见图 1-241 和图 1-242。

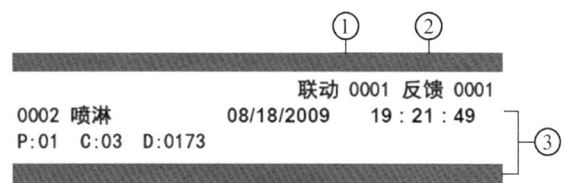

图 1-241　联动事件信息示意图

1—激活的联动输出事件数量。2—激活的联动反馈输出事件数量。3—联动事件信息。此区域自动滚动显示多条联运事件，除非有超过一条的报警事件

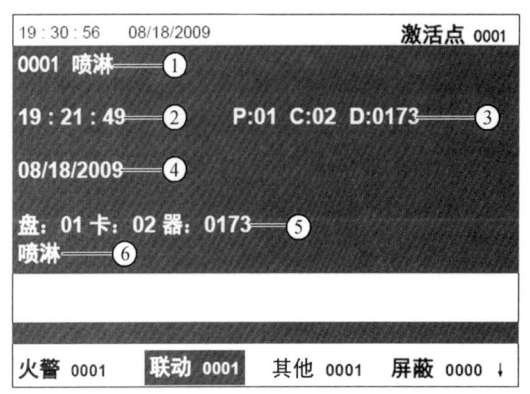

图 1-242 联动事件的具体信息

1—事件编号及名称；2—事件发生时间；3—事件描述；4—事件发生日期；5—触发器件位置；6—事件类型

7. 其他事件显示窗口

其他事件包括故障、监视和状态事件，其显示窗口的示意图如图 1-243、图 1-244 所示。

图 1-243 故障事件信息

1—事件编号；2—事件名称；3—事件发生日期；4—事件发生时间；5—故障信息描述

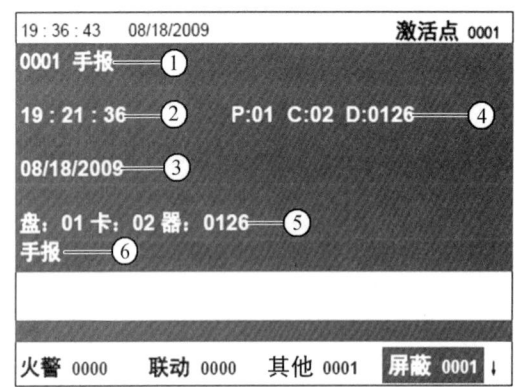

图 1-244 屏蔽事件详细信息显示

1—事件编号及名称；2—事件发生时间；3—事件描述；4—事件发生日期；5—触发器件位置；6—事件类型

8. 事件处理

每一个事件都分别定义为火警、联动、其他（故障/监视/状态或屏蔽）事件之一。与每一事件种类相关联的是信息队列。当一个事件发生时，有关的事件信息加入相应队列中。可用 LCD 火灾显示盘面板上的事件队列键显示队列中存储的信息。每个队列可存储多达 500 个事件。

事件队列指示灯作为一个普通事件的指示灯，每当有新的事件加入队列时便闪烁，如图 1-245 所示。

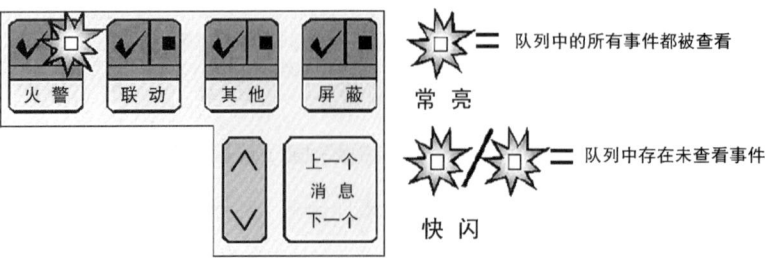

图 1-245 新事件处理

当系统接收到一个事件时，相应的队列灯闪烁，指示相关的信息未被查看。

（1）通过按队列选择键悬着激活队列。

（2）用上一页/下一页键或队列选择/下一页键来翻阅所有的队列信息。

在任何时候当一个队列被选中时你可以用上一页/下一页键或队列选择/下一页键来翻阅队列中的信息，如图1-246所示。

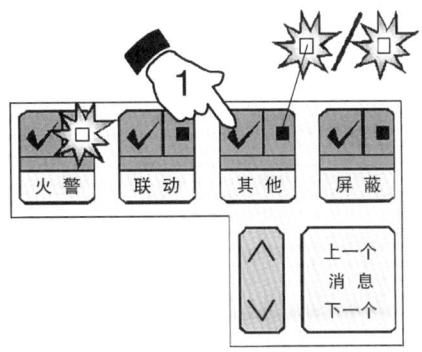

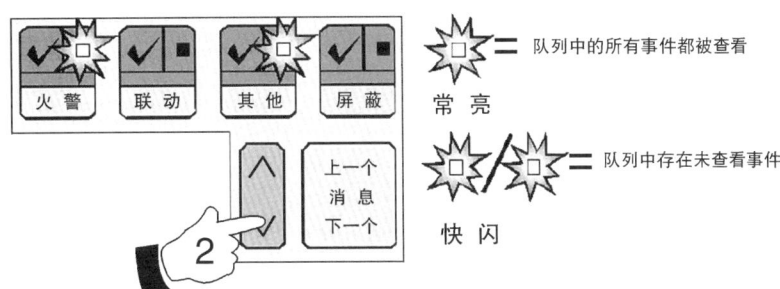

图1-246 新事件处理

（3）气体灭火控制器（REL，图1-247）。

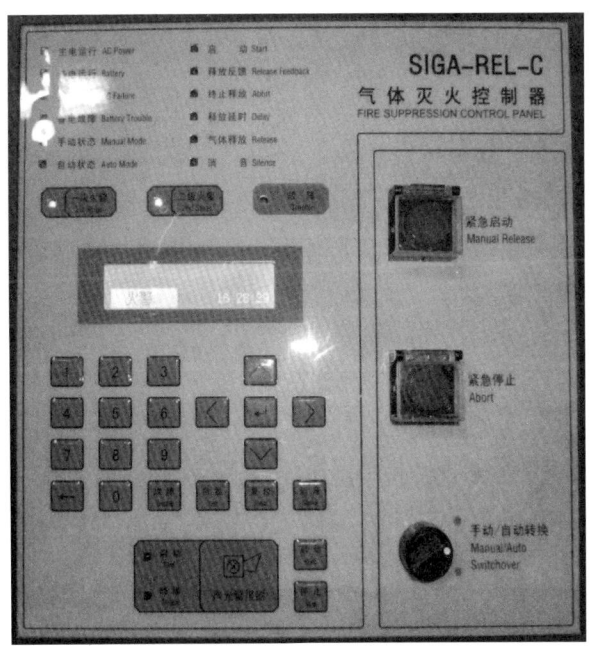

图1-247 气体灭火控制器（REL）

① 事件监视界面。

气体灭火控制器接通电源并完成初始化后，即进入监视状态。液晶分为两行，第一行最左边是查询图标，在查询历史事件时使用，见"历史事件查询"部分。图标后面是当前的一条事件或是一条历史事件的所有信息，包括事件名、事件发生的时间和日期，其中时间和日期分两次滚动显示。液晶右下角实时显示当前时间，也是滚动显示。

如果有火警或是防火设备启动等事件，可以记录该事件并立刻在液晶上显示，并发出警报声，详细介绍见"报警状态"部分。这时如果产生故障，只会记录该故障事件和亮故障灯，而不会显示出来，且只有当故障发生时火警声已被消音，才可以发故障声；如果当前没有火警或是防火设备启动等高优先级事件，有故障产生时可以马上显示出来，并且亮故障灯和发出故障声。另外，在某一故障恢复时，会记录该恢复事件，如果所有故障都消失，则故障灯灭，故障声停止。如果气体释放延时正在进行，则不会显示其他任何事件，直到延时被中止或结束。

② 按键及功能菜单。

a. 按键。

在监视界面下，按下"自检"键，可对控制器上的两个蜂鸣器、面板上的所有灯和液晶进行检测。按"∧"键或"∨"键可查询历史事件，详细介绍见"历史事件查询"部分。按下控制器下方的"启动"或"停止"键，可以启动或停止声光警报器，并使控制盘发出警报声。有报警声或故障声时，按下"消音"键可以消除声音，同时消音灯亮。"复位"键的功能尚未定义。

b. 菜单。

在监视界面下，按下回车键"⏎"并通过密码验证后，可打开功能菜单。再按下菜单号，即进入相应的操作界面。

设置延时值：可设置气体释放的延时值，单位为秒。可设置的最大值为30秒。其初始值为最大值。设置好后，按下回车即可保存；按下"←"取消修改；

修改时间：可修改控制器的内部时钟。

修改密码：可修改进入菜单的密码。密码只能为4位，初始密码为4个0。

③ 历史事件查询。

在监视界面下，并且不处于气体释放延时中，按"∧"键或"∨"键即进入历史事件查询状态。按"∧"键可查看当前显示事件的前一条事件，按"∨"键可查看当前显示事件的后一条事件。当向上翻到最早的一条事件时，如果再按"∧"键，那么液晶左上角的查询图标中的右上角就会出现一个小点，表明没有更早的事件了。当翻到最新一条事件时，如果再按"∨"键，那么查询图标的左下角就会出现一个小点，表明已经翻到最新的事件了。

另外，还可按优先级来查询。按下"＜"键选择只查询高优先级事件，这时查询图标的右下角的小方块就会消失，这时上下翻只能查询到高优先级的事件。按下"＞"键选择只查询低优先级事件，这时查询图标的左上角的小方块就会消失，这时上下翻只能查询到低优先级的事件。

在历史事件查询状态下，发生的任何一条新事件都会马上显示出来，并退出历史查询状态。

④ 报警事件操作。

当控制器检测到一次火警时，一次火警灯亮并发出警报声。当检测到二次火警时，二次火警灯亮并发出警报声，然后开始气体释放延时，液晶上显示气体释放倒计时，释放延时灯亮。如果之前没有按过"紧急启动"按钮，则属于自动释放，自动释放灯亮，手动释放灯灭。在倒计时的过程中如果按下"紧急停止"按钮，则释放倒计时中止，中止释放灯亮，释放延时灯闪烁，此时可以让保护区内的工作人员马上撤离或人工灭火。"紧急停止"按钮只在释放延时的过程中起作用，延时尚未开始或结束时都不起任何作用；若火势无法控制，需要进行气体灭火时，应持续按压"紧急启动"按钮3秒以上，可使倒计时从被中止时的时间值处继续。当倒计时到0时，电磁阀隔离继电器启动，气体喷放。如果气体成功喷放，会向控制器送回一个反馈信号，在收到该反馈信号前，气体释放灯会一直闪烁，收到反馈信号后就会长亮。气体喷放后，保护区门口放气指示灯将被点亮。

当气体保护区内发生火灾，直接按下"紧急启动"按钮 3 秒以上后，控制器可收到一次火警或二次火警信号，系统将延时 30 秒启动灭火程序，释放气体。"紧急启动"按钮在"手动"/"自动"位置均起作用。

当有人进入气体保护区时必须将"手动/自动转换"开关置于"手动"位置，手动指示灯点亮。退出保护区时将"手动/自动转换"开关置回"自动"位置，自动指示灯点亮。

工作人员要熟悉灭火保护区及相应的"紧急启动"按钮、"手动/自动转换"开关和"紧急停止"按钮的位置，防止误操作。

非气体保护区内发生火灾，严禁按压"紧急启动"按钮。

十一、电扶梯操作手册

（一）扶梯操作示意图（图 1-248）

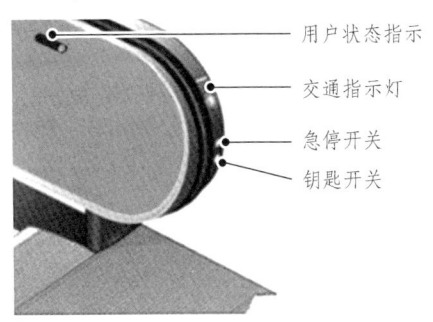

图 1-248　扶梯操作示意图

（二）标志及含义（表 1-65）

表 1-65　扶梯标志及含义

序号	图示	含义
1	STOP	此标志在操作手册中用于急停按钮将扶梯电源断开
2		此标志在操作手册中用于钥匙将自动扶梯电源接通
3	⚠	注意：此标志在操作手册中用来指出操作扶梯的正确步骤。为保护使用者避免人身伤害和自动扶梯损坏，业主必须严格遵守本操作手册的规定
4	☞	此标志在操作手册中用于需要注意特殊的信息
5	■	此标志出现时，跟随其后是一段文字说明，通常在说明文字的右侧或其下方有图示说明
6	▶	操作步骤的反馈信息

（三）交通指示灯

绿色箭头指示灯表示扶梯正在按箭头指示方向运行，并且表示从此端进入扶梯；红色横杆指示灯表示禁止从此端进入扶梯。如图 1-249 所示。

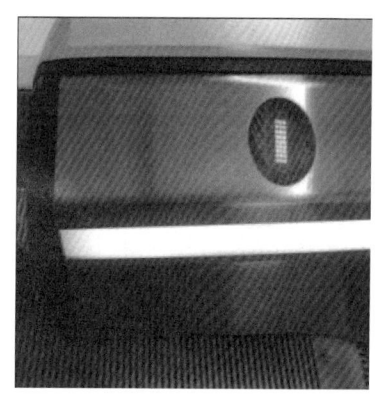
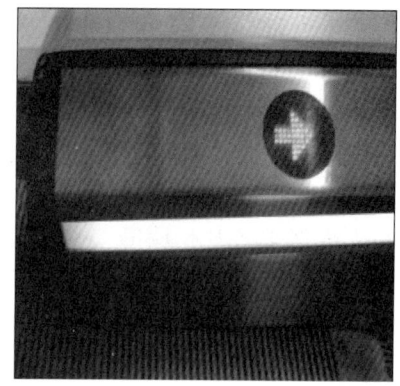

图 1-249　扶梯通行指示灯

（四）运行自动扶梯

在自动扶梯的下端登梯口处有一只带标记的上行和下行的钥匙开关，而自动扶梯的上端和下端都装置有一只红底白字"STOP"急停按钮，如图 1-250 所示。

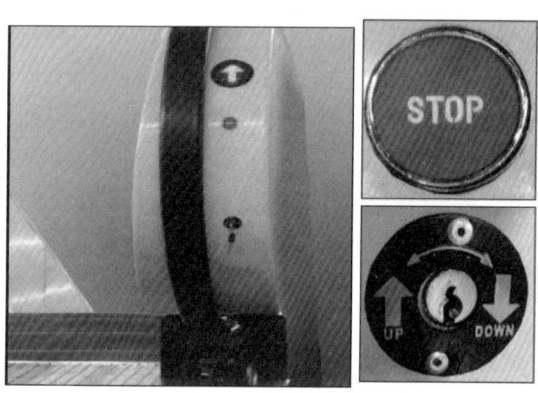

图 1-250　扶梯开启按钮和紧停按钮

⚠ 注意：在接通自动扶梯电源之前，要确保自动扶梯上没有人员和物件。

🔑 插入钥匙，按所需运行方向上或向下，向对应方向转动。

🔄 顺时针转动钥匙，扶梯开启向下运行。

逆时针转动钥匙，扶梯开启向上运行。

钥匙弹回原始位置，待自动扶梯开始运行后，拔出钥匙并保存在一个安全处，观察梯级运行一周，并确认梯级和扶手带无损坏。

扶手带必须和梯级同步运行并且不得发生跳动。

（五）自动扶梯停止运行

停梯之前，确保自动扶梯上没有任何人员。

（六）改变运动方向

⚠ 停梯之前，确保自动扶梯上没有任何人员。

🛑 按住"STOP"按钮令停止扶梯运行。

🔄 待扶梯完全停止后，重新插入钥匙，按所需运行方向上或向下，向对应方向转动。

▶ 钥匙弹回原位置。待自动扶梯开始运行后，拔出钥匙并保存在一个安全处，观察梯级运行一周。

一、HMI 操作的情况

（1）HMI 交接后，必须确认区域选择，已经选择了，否则会出现命令无法操作的情况。

（2）除行值和值班站长外，其他任何人不得私自使用 HMI。

二、IBP 盘操作的情况

（1）上一班组的突发事件未处理完，不得办理交班。

（2）值班站长要认真监督行车值班员、客运值班员交接的情况，对交接的质量进行把控，对存在的问题及时指出。

（3）接班的值班站长等所有岗位办理完交接后，在"值班站长交接班本"上签字，签字后，代表签字后，发生的事情由接班的班组来处理和负责。

（4）因交接不清楚，导致的钥匙丢失、备品损坏、备品缺失等，由接班人负责。

三、常见问题及注意事项

（1）HMI 在交接控制权后，要第一时间选择"控制区域"，否则在紧急情况下，无法实行命令操作。

（2）车控室内设备报警行车值班员要及时查看，及时汇报，及时处理，严禁置之不理的现象。

根据以上学习内容，评价自己对本模块内容的掌握程度，在下表相应空格里"√"。

评价内容	差	合格	良好	优秀
HMI 重启后的流程掌握程度				
CCTV 监控历史查询				
学习中存在的问题或感悟				

任务五　巡视及检查

值班站长按照要求每 2 小时巡视车站一次，按照巡视的路线，完成相关巡视内容，认真查看，对巡视过程中发现的问题及时上报和处理。

一、巡视的范围

设备区、管理用房、站厅、站台、出入口及通道。

二、巡视的要求

（1）认真：巡视人必须以认真负责的态度去巡视所管辖范围的每个角落。
（2）细致：从细微处着手，做到防微杜渐，从看、摸、嗅、听四觉入手。
（3）周全：岗位内的设备、设施、告示牌、安全警示标志乃至螺丝都应检查；站台岗应做到三步一回头。
（4）及时：巡视、记录汇报、处理及时。
（5）真实：填写台账必须真实，不能有弄虚作假，发现问题及时跟进，完成后签名确认。

三、巡视填写的台账

车站防火巡查记录本、车站巡视记录表。

一、巡视路线制定

每个车站都有自己制定的车站巡视路线，从车控室开始出发，巡视路线要求覆盖设备区通道、出入口、安检岗、客服中心、站台岗等。

二、巡视检查的内容

（1）设备设施是否正常：例如，TVM是否暂停服务，闸机、车站公共区照明、垂直电梯等；
（2）员工的在岗情况及劳动纪律：员工是否在岗，作业是否标准，有没有违反劳动纪律，私自携带手机等情况。
（3）标识标贴：消防封条是否脱落，6S标贴是否破损，告示牌是否有移动。
（4）其他：车站的广播是否正确，地面是否有积水，车站卫生是否整洁等。

三、常见问题及注意事项

巡视过程中，要认真细致，要能发现问题，及时处理问题，不得走流程，走过场。

根据以上学习内容，评价自己对本模块内容的掌握程度，在下表相应空格里"√"。

评价内容	差	合格	良好	优秀
巡视检查内容的掌握程度				
巡视填写台账掌握情况				
学习中存在的问题或感悟				

任务六 非正常情况下行车组织

正常的情况下,行车采用的CBTC模式在非正常的情况下,行车组织模式有哪些?作为一名值班站长应该怎么组织车站内的行车工作?

一、非正常情况下的行车组织方式

(1)BM模式。
(2)联锁后备模式。
(3)电话闭塞法组织行车。

二、启用条件

1. BM模式采用的条件

(1)线路控制器(LC)不可用。
(2)区域控制器(ZC)不可用。
(3)无线通信(轨旁⟷列车)不可用。

2. 联锁后备模式

具备联锁但不具备车载ATP功能的模式。

3. 电话闭塞法组织行车

(1)集中站发生CBI、DCS故障(仅车地通信故障时除外)或全部计轴故障。
(2)OCC及车站工作站上一个或多个联锁区均无法对正线运行车辆进行监控时。
(3)清水浦站与东外环停车场、鄞州大道站与黄隘车辆段、高桥西站与江南停车场、东环南路与天童庄车辆段的信号联锁设备故障失效时。

一、BM模式下行车组织

(1)凭地面信号及车载信号采用进路闭塞法组织行车。
(2)列车凭地面信号机及车载信息显示运行,越过地面信号机的禁止信号必须得到行调批准,地面信号机与车载设备显示不一致时,按地面信号机显示运行。
(3)客车正常驾驶模式为BM-ATPM。

无车载信号时，（需转为 RM 模式或 NRM 模式动车）越过地面信号机的禁止信号必须得到行调批准，行调在批准列车越过地面禁止信号前必须确认本信号机至前方信号机间线路空闲、道岔位置正确且锁闭（列车救援时除外）。

（4）点式 ATP 模式客车初始化具体程序如下：

① 客车停在初始化区域或需在 RM 模式下行驶至初始化区域。

② 在前方信号机开放后，司机选择 BM 模式开关，RM 模式下动车。

③ 当 BM-MCS 模式可用信息显示在司机 DMI 上时，司机从 RM 模式切换到 BM-ATPM 模式。

（5）一条进路（仅指相邻两个同方向的信号机间的空间）内只允许一列车占用（列车救援时除外）。

（6）信号控制以 OCC 为主，必要时可以将控制权下放到集中站。

（7）此办法适应于具备车载 ATP 功能的客车。

二、联锁后备模式下行车组织

（1）列车凭地面信号机显示运行，越过地面信号机的禁止信号必须得到行调批准；行调在批准列车越过地面禁止信号前必须确认本信号机至前方信号机间线路空闲、道岔位置正确且锁闭（列车救援除外）。

（2）客车正常驾驶模式为 URM。

（3）一条进路（仅指相邻两个同方向的信号机间的空间）内只允许一列车占用（列车救援时除外）。

（4）信号控制以 OCC 为主，必要时可以将控制权下放到集中站。

（5）此办法适应于不具备车载 ATP 功能的客车及工程列车。

三、电话闭塞法组织行车作业标准

表 1-66 为电话闭塞前准备作业标准，表 1-67 为中间站电话闭塞法接发车作业标准。

1. 电话闭塞法列车站后折返接发车作业标准（表 1-68）

（1）折返站准备好站台至折返线的进路后，方能同意发车站的接车请求，接车程序参照中间站接发列车作业程序。

（2）列车完成折返作业后的发车作业参照前款执行。

2. 车站与车场采用电话闭塞法作业标准（表 1-69、表 1-70）

（1）车站与车场办理电话闭塞法时，采用出段（场）线组织列车出场，入段（场）线回场。

（2）请求闭塞后，车站和车场可同时准备接发列车进路。

四、常见问题及注意事项

（1）采用电话闭塞法组织行车时，要确认前方站空闲，本站进路准备妥当，前面站给出了电话闭塞号码后，才填写路票，严禁路票提前填写。

（2）在非正常行车组织模式下，发生屏蔽门故障时，屏蔽门故障恢复后，行值或者行调要在 HMI 上操作出站信号机的"信号重开"功能，重新开放出站信号机。

表 1-66　电话闭塞前准备作业标准

程序及项目	岗位作业标准		
	行调	电话闭塞站 各站值班站长	电话闭塞站 各站行车值班员	司机
一、发现导致电话闭塞法改用电话闭塞法行车	（1）立即使用无线调度合呼叫全线司机凭速度码就近车站待命，故障区域内列车凭无线速度码至就近地待命。列车已占用站待命时，行调指令司机改用 RM 模式进站待令或退行至车站待令。行调应同时对开行故障区段内的列车实施扣车，防止列车进入故障区段。 （2）需要车站准备进路将车站-区间、区间-车站的进路排好后，行调可授权车站办理列车提前至车站进路。 （3）实施列车定位，确定故障区域内列车占位（具体规定见《行车组织规则》7.2.3.2 条）。 （4）达到启动电话闭塞法的时机后（具体规定见《行车组织规则》7.2.3.4 条），发布实行电话闭塞法组织行车的调度命令。 （5）通知全线列车司机和三站："自××时××分起，××至××站采用电话闭塞法组织行车"。 （6）根据车站报点，手绘列车运行图，记录列车位置和车次。 （7）做好行车记录	（1）接行车值班员汇报后，指定两名胜任人员到车控室向行车值班员报告。 （2）有岔站需通知务员准备下轨行区进路	（1）通知值班站长故障情况，启用列车占用表示牌。 （2）向行调报告本站列车占用情况和车次，与行调确认情况，并站前区同列车占用表示牌。摆挂好列车占用表示牌，做好行车记录。 （3）中间有岔站与正线连接道的请下轨机行区将钩锁器锁定于车站。 （4）折返站现场办理进路。 （5）接收行调改用电话闭塞法的行车命令。 （6）确认发车进路闭塞后，向前方站请示发车	（1）迫停列车，向行调报列车位置处必须报上，报告列车位置；区间行，按行调指示或调度命令时处米标。 （2）接收车站递交的路票确认无误后凭路票进入闭塞区间，按发车信号启动列车

表1-67　中间站电话闭塞法接发车作业标准

程序	项目	发车站（A站）车站值班员	发车站（A站）站务人员	司机	接车站（B站）车站值班员	接车站（B站）站务人员	司机	B站前方车站（C站）车站值班员	B站前方车站（C站）站务人员	司机
一、确认区间空闲	1.确认区间空闲	（2）复诵站内务人员汇报，答："线路出清，发车准备好"。（3）与B站确认A、B站共同确认区间空闲："××站至××站区间空闲"。（5）向B站请求闭塞："×时×分，××站请求××站至××次上/下行闭塞"	（1）准备发车进路，检查进路出岔位置正确后，向车站值班员汇报："线路出清，发车准备好"		（4）与A站共同确认A、B站共同确认区间空闲："××站至××站区间空闲"。（6）复诵："×时×分，××站请求××站至××次上/下行闭塞"。（7）与站务人员确认本站接车进路，发令："接车进路，准备好"。（9）复诵："线路出清，接、发车进路准备好"。（10）与C站确认："C站接车进路是否准备好，B、C站区间是否空闲？"。（15）复诵："C站接车进路准备妥当，B、C站区间空闲"	（8）准备接、发车进路，检查进路出岔位置正确后，向车站值班员汇报："线路出清，接、发车进路准备好"		（11）与站务人员确认本站接车进路，发令："接车进路，准备好"。（13）复诵："线路出清，接车进路准备好"。（14）回复B站："C站接车进路准备好，B、C站区间空闲"	（12）准备接车进路，检查进路出岔位置正确后，向车站值班员汇报："线路出清，接车进路准备好"	

续表

程序标准		岗位作业标准							
		发车站（A站）			接车站（B站）			B站前方车站（C站）	
程序	项目	车站值班员	站务人员	司机	车站值班员	站务人员	司机	车站值班员	站务人员	司机
二、办理闭塞	2. 办理手闭塞（接续车）	（17）复诵："×时×分，同意××次上/下行闭塞，号码××"。（19）得到接车站"正确"答复并填写"行车日志"			（16）同意A站闭塞："×时×分，同意××站××次上/下行闭塞记录号码××"。（18）回答："正确"。填写"行车日志"					
	3. 办理手闭塞（填写路票）	（20）向站务人员发布路票内容："电话记录号码××，××站，值班员××，×年×月×日，加盖专用章"。（22）回答："正确"	（21）手填路票，并复诵："电话记录号码××，车次×，××站至××站，值班员××，×年×月×日，××站行车专用章印有"							

程序标准		岗位作业标准							
		发车站（A站）			接车站（B站）			B站前方车站（C站）	
程序	项目	车站值班员	站务人员	司机	车站值班员	站务人员	司机	站务人员	司机
二、办理闭塞	4.发车作业	（29）复诵发车通知："××次×时×分开出×站台"。（30）向接车站（B站）报点："××站××次×时×分开"。（32）听取回复诵无误"正确"。摘挂列车显示牌。（33）向后方站报到发点	（24）与司机交接路票，先交路票后呼："电话记录号码××，××站至××站，××车×月××日，××站印有"。（26）在站台司机门显示发车信号。（28）目送列车出清车头端墙后向车站值班员报点："××次×时×分清×站台"	（23）列车停稳后，站机开车门和屏蔽门。（25）路票交接完毕，确认上下客完毕，司机门先关屏蔽门再关司机门。（27）司机确认上车关司机门动车	（31）复诵发车点："××站××次×时×分开"。（34）通知站务人员："准备上/下行接车"	（35）复诵："准备上/下行到车站台接车"			
三、接车	5.接车作业	（38）复诵："××次上/下行整列到达"	（37）列车进站停稳后向车站值班员报告："××次上/下行整列到达"。收回路票，划×作废	（36）列车到站停稳，司机先开屏蔽门，再开车门，向站务人员交还路票					

表 1-68　电话闭塞法列车站后折返接发车作业标准

程序标准	岗位作业标准			
程序	折返站			司机
	车站值班员	站台站务员	摇岔站务人员	
一、折返（列车从站台进折返线）	（4）得到司机已关门的汇报后，布置站台站务员向司机显示发车信号。 （8）复通："向发车站报点"。 （10）复通："××次在××站××折返×道停妥"。 （11）摘挂区间占用表示牌	（1）确认列车清客完毕，向司机显示"好了"信号。 （3）向车站值班员汇报清客完毕，用语："××次车门、司机已关车门"。 （5）在站台向司机显示发车信号。 （7）目送列车出清站台后向车站值班员报告："××次上/下行已出清站台"	（9）列车折返线对标停车后向车站值班员报："××次在折返×道已停妥"	（2）收到站务员"好了"信号后，司机关屏蔽门，再关车门。 （6）确认发车信号上车后关司机室门凭发车信号进入折返线
二、折返线进上/下行站台接车	（12）向站台摇岔站务员："准备折返线进上/下行站台进路"。 （15）复通："折返线进上/下行站台进路准备好，具备接车"。 （16）通知站台站务员准备接车。 （17）通知摇岔站务人员：上/下行站台线路空闲，向司机显示发车信号。 （19）回答："正确"		（13）复通"准备折返线×道进上/下行站台进路"。 （14）现场手摇道岔，准备好进路后，检查线路出清，道岔位置正确，立于规定位置向车站值班员报"折返线×道进上/下行站台进路准备好，具备发车条件"。 （18）复通"上/下行站台发车条件"，向司机显示发车信号。 （20）在规定位置显示发车信号	（21）司机凭发车信号起动车进入上/下行站台

表1-69 电话闭塞法入段（场）接发车作业标准

程序标准	发车站（A站）		车场（B站）		司机
程序	车站值班员	扳岔站务人员	车场调度员/信号楼值班员	信号人员	
一、请求闭塞及准备进路	（1）布置现场扳岔站务人员准备进路：“准备上/下行站台至××道××线进路”。（4）复诵扳岔站务人员汇报内容："线路出清，上/下行站台至××道××线进路准备好"。（5）与车场（B站）共同确认B站场同空闲："××站至××段××区间空闲"。（7）向车场（B站）请求闭塞："××时××分，××站请求××站至××段××次闭塞"	（2）复诵："准备上/下行站台至××道××线进路"。（3）准备发车进路，检查线路出清，道岔位置正确后，向车站值班员汇报："线路出清，上/下行站台（场）至××道××线进路准备好"	（6）与A站共同确认A,B站场间空闲："××时××分，××站至*段××区间空闲"。（8）复诵："××站至××段××次闭塞"。（9）与信号人员确认进路准备好，向信号人员发布信号楼（场）调度命令："线路出清，转换轨道××道接车进路准备好"	（10）检查线路，道岔位置正确后，向信号楼（场）调度员汇报："××段××线路转换轨道××道接车进路准备好"	
二、同意闭塞及接车	（13）手填路票，并填写"行车日志"，电话记录号码××，车次××，××站至××段，对照××××年××月××日，值班员××，加盖行车专用章。（16）回答："正确"。（22）复诵"行车日志"，填写后站方站台值班员报点，"××次××分开"。（26）复诵方站台值班员报点，"行车日志"，并填写"××次××时××分到"	（15）手填路票，并复诵："电话记录号码××，车次××，××站至××段（场），××××年××月××日，值班员××，加盖行车专用章"。（17）站务人员在确认路票正确后，递交给司机。（19）向司机显示发车信号。（21）确认列车出清台后，向车站值班员报告"××次出清台"	（12）同意A站同意××时××分，××站至下行站台（场）××次闭塞。（14）听取复诵正确，回答"正确"并填写"行车日志"、复诵"××时××分开"、填写"行车日志"、（23）接到司机报告，填写"行车日志"，并向车站值班员报点，"××次××时××分到"	（11）复诵内容：出清，转换轨道××道接车进路准备好	（18）司机接受路票上车，先关车门，再关屏蔽门。（20）凭信号动车。（24）在停车库××道指定停车位置停妥，报车场值班员，"××次列车××道停妥"

表1-70　电话闭塞法出段（场）接发车作业标准

程序标准	车场（A站）			接车站（B站）			B站前方车站（C站）	
程序	车场调度员/信号楼值班员	信号人员	司机	站务人员	车站值班员	摇岔站务人员	车站值班员	站务人员
一、请求闭塞及准备进路	（1）布置现场信号人员准备进路："准备×道转换轨×道进路"。（4）复诵信号人员汇报内容："线路出清，××转换轨×道停车库××道进路准备好"。（5）与接车站（B站）共同确认A、B站场（场）区间线路空闲。（7）向接车站（B站）请求闭塞："××时××分，请求××段（场）××道至××站××次闭塞"	（2）复诵："准备停车库××道转换轨×道进路"。（3）准备发车进路，检查道岔位置正确后，向车场调度员/信号楼值班员汇报："线路出清，××次转至发车进路准备好"			（6）与车场（A站）共同确认A、B站场（场）区间空闲（场）区间空闲。（8）复诵："××时××分，××段（场）请求至××站××次闭塞"。（9）与摇岔站务人员确认本站接、发车进路人员汇报内容："线路出清，××段上/下行线至××站出发（场）合场，发车进路准备好"。（12）与C站确认"C站接车进路是否准备好，B、C站区间是否空闲？"		（10）准备接、发车进路，检查线路出清，道岔位置正确后，向车站值班员汇报："线路出清，××段上/下行线至××站出发（场）合场，发车进路准备好"	（13）与站务人员确认本站接车进路准备好。（15）复通："线路出清，接车进路准备好"。（16）回复接车站："C站进路准备好，B、C站区间空闲"	（14）准备接车进路，检查线路出清，道岔位置正确后，向车站值班员汇报："线路出清，接车进路准备好"

续表

程序标准	岗位作业标准							
	发车场（A站）			接车站（B站）			B站前方车站（C站）	
程序	车场调度员/信号楼值班员	信号人员	司机	车站值班员	站务人员	摇岔站务人员	车站值班员	站务人员
二、同意闭塞及接车	（18）复诵："×时×分，同意××段（场）××道××次闭塞，电话记录号码××"。 （20）得到接车日志"行车日志"填写。 （21）确认路票正确后交路票给司机，司机确认路票无误后凭发车信号发车。如电路票不便，在无电话良好的情况下，可省略第21条。 （22）使用无线电台向司机传达电话记录号码和接车线路并无线电台发车。用语："×××+×××（车组号）司机，电话记录××道（或到环线××道）经转换轨××（高桥西站）×行站台××路股，现在可以启动车，调度员×××发"。 （25）填写"行车日志"。 （29）复诵车站值班员报点，"××+××（车组号）×时×分到"，并填写"行车日志"		（23）司机记录电话记录号码，及时与车场调度员核对，复诵无线电台发车，用语："×××+×××（车组号）司机，电话记录××道（或到环线××道）经转换轨××（高桥南站）×行站台进站路准备好，司机×××，现在可以启动车"。 （24）运行至标停稳车，对标停车后，开车门，再开屏蔽门（如携带路票需交给车站站务人员）	（17）同意闭塞，用语："×时×分，同意××段至××站××道××次闭塞，电话记录号码××"。 （19）回答"正确"。填写"行车日志"。 （26）复诵"车组号"××（车组号）××分"行开"，并填写"行车日志"。 （28）复诵"××+××（车组号）上/下行到达"，并向车场值班员报点×时××分"行车日志"到	（27）在确认列车完全停稳后，站值班员报班，"××+××（车组号）上/下行整列车到达"（如司机携带路票收回）			

根据以上学习内容，评价自己对本模块内容的掌握程度，在下表相应空格里"√"。

评价内容	差	合格	良好	优秀
电话闭塞法组织行车的掌握程度				
电话闭塞法组织行车启用条件的掌握程度				
学习中存在的问题或感悟				

任务七 车站关站程序

在值班站长的组织下，严格按照车站关站程序组织各岗位完成关站工作。

车站关站程序（见表1-71）。

表1-71 车站关站程序

序号	时间	责任人	内容
1	本站线路末班车开出前10分钟	行车值班员	按照"本站末班车时间"提前10分钟播放"末班车提示广播"
2	本站线路末班车开出前10分钟	值班站长	检查行车值班员（行车）是否"末班车提示广播"
3	本站最后一班车开出前5分钟	行车值班员	关闭TVM、进站闸机，通知停止售票和进站检票工作，并开始播放"停止服务广播"
4	本站最后一班车开出前5分钟	值班站长	确认所有TVM、进站闸机已关闭，播放"停止服务广播"
5	最后一班车开出前	站台岗	进行检查，确认站台乘客均已上车，无异常情况
6	最后一班车开出后	值班站长 站台岗	清站，关闭电梯、扶梯、出入口
7	停止服务后	票亭岗	收拾票、钱，整理客服中心备品，注销BOM，回票务室结算
8	停止服务后	客运值班员	与票亭岗结算
9	关站后	行车值班员	执行车站节电照明模式，关闭PIS，按要求关闭部分环控设备

 任务实施

一、值班站长岗位

（1）值班站长在末班车开出前 15 分钟，到站厅立岗，现场查看闸机、自动售票机是否按时暂停服务，广播是否按时关闭。

（2）在最后一班车开出后，协同站台岗，从站台开始进行整个车站清站，确保无闲杂人员滞留，车站出入口关闭完后，安排有扶梯操作证的员工关闭电梯、扶梯。

二、行车值班员岗位

（1）本站线路末班车开出前 10 分钟，按照"本站末班车时间"提前 10 分钟播放"末班车提示广播"

（2）本站最后一班车开出前 5 分钟，关闭 TVM、进站闸机，通知停止售票和进站检票工作，并开始播放"停止服务广播"。

（3）车站出入口关站后，执行车站节电照明模式，关闭 PIS，按要求关闭部分环控设备。

三、客运值班员岗位

运营截止后，客运值班员与站务员办理结算。

四、站务员岗位

车站停止服务后，收拾票、钱，整理客服中心备品，注销 BOM，回票务室结算。

五、站台岗位

最后一班车开出前，确认所有的乘客都已经上车，无乘客滞留。

六、常见问题及注意事项

（1）各岗位要做好相互督促，相互提醒，共同完成关站程序。

（2）值班站长在末班车开出前 15 分钟，到站厅立岗，现场查看闸机、自动售票机是否按时暂停服务，广播是否按时关闭。

（3）清站的时候，要认真仔细，地下站从下至上，要确保角落无流浪的闲杂人员滞留。

 任务评价

根据以上学习内容，评价自己对本模块内容的掌握程度，在下表相应空格里"√"。

评价内容	差	合格	良好	优秀
关站流程的掌握程度				
关站注意事项的掌握程度				
学习中存在的问题或感悟				

模块训练

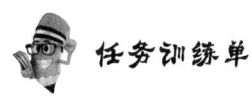 任务训练单

班级：　　　　　　　姓名：　　　　　　　训练时间：

任务训练单	行车组织相关作业
任务目标	掌握运营前检查流程、车站开站程序及时间节点、值班站长交接的主要内容、车站行车相关设备操作方法、车站巡视的内容及路线、非正常情况下的行车组织模式、车站工作环境、信息汇报的要求、车站关站程序及时间节点、能监督车行车方面的工作开展，确保车站正常运营
任务训练	任务训练说明：请从下列任务中选择其中的两个进行训练。 运营前检查流程、值班站长交接会、车站行车设备相关操作方法、车站巡视的内容及路线、非正常情况下的行车组织模式、车站工作环境、信息汇报的要求、车站关站程序及时间节点

任务训练一：
（说明：总结作业流程，并在实训室进行实操训练或者在车站内设备进行模拟训练）

任务训练二：
（说明：总结作业流程，并在实训室进行实操训练或者在车站内设备进行模拟训练）

任务训练的其他说明或建议：

指导老师评语：

任务完成人签字：　　　　　　　　　　　　　　　　　　　　　　日期：　　年　　月　　日
指导老师签字：　　　　　　　　　　　　　　　　　　　　　　　日期：　　年　　月　　日

模块小结

本模块讲述了车站运营前检查流程的内容及注意事项，车站开站关站的程序，车站行车设备监控及操作及非正常情况下的行车组织模式，采用的时机，对值班站长在实际工作中有极大的指导意义。

一、填空题

1. 运营前检查的项目有：
（1）施工结束、（　　　　），运营线路是否空闲，（　　　　）运作情况。
（2）（　　　　）是否齐全完好。
（3）信号机、道岔功能是否正常，站台是否有异物侵入限界，（　　　　）功能是否正常。
2. （　　　　）分钟，值班站长依次打开出入口卷帘门。
3. （　　　　）分钟，票厅岗到客服中心开窗售票。
4. 值班站长巡视车站的范围、管理用房、站厅、（　　　　）及通道。
5. 本站最后一班车开出前（　　　　）分钟，关闭 TVM、进站闸机，通知停止售票和进站检票工作，并开始播放"停止服务广播"。
6. 电话闭塞法组织行车采用的条件：
（1）集中站发生（　　　　）、（　　　　）故障（仅车地通信故障时除外）或全部计轴故障。
（2）OCC 及车站工作站上一个或多个（　　　　）均无法对（　　　　）进行监控时。
（3）（　　　　）与东外环停车场、鄞州大道站与（　　　　）、高桥西站与江南停车场、东环南路与天童庄车辆段的信号联锁设备故障失效时。

二、简答题

1. 运营前检查的具体内容有哪些？
2. 简述车站开站程序。
3. HMI 上"站控"与"遥控"的转换操作。
4. 车站巡视的内容有哪些？
5. 电话闭塞法组织行车折返站的流程是怎样的？
6. 简述电话闭塞法组织行车中间站的组织流程和车站关站的工作流程。

模块二 施工管理

案例导学

小李是某站新考上的值班站长,晚上运营结束后,在顶替行车值班员上洗手间,有施工负责人到车控室请 A1 类施工点,小李需要核对施工负责人哪些证件?怎么登记施工物料清单?怎么同辅站办理施工请销点?怎么在施工调令系统上进行操作?以上的问题可以通过学习本模块得到解决。

学习目标

(1)施工的分类。
(2)A 类施工请销点流程。
(3)C 类施工请销点流程。
(4)施工请销点的凭证有哪些。
(5)施工的安全防护设置和撤除。

技能目标

(1)能够独立与上一个班组办理施工交接。
(2)能组织车站员工完成补币补票、开启垂直电梯和扶梯、督促站台岗和站务员及时到岗、准时开启出入口卷帘门等工作。
(3)能组织召开交接班会议,将上班情况和重点事项交接清楚,利用交接班会议组织员工业务学习,同时,开展班前的工作设想。
(4)能熟练操作 HMI、ISCS、CCTV、IBP 盘、PIS、屏蔽门等操作。
(5)能按照巡视的要求进行巡站,发现问题、记录台账、及时解决问题。
(6)能胜任在点式 ATP 模式、联锁后备、电话闭塞法组织行车等方式行车组织工作。
(7)车站工作环境管理的要求。
(8)信息汇报的流程及汇报的内容。
(9)能够在运营结束前 10 分钟播放末班车提示广播,最后一班车开出前 5 分钟,播放停止进站广播,运营结束后,组织车站清客。

任务一 A 类施工作业流程

A 类施工是指有进入轨行区作业或者不进入轨行区但是会对轨行区造成影响的作业,作为值班站

长要求对施工的请销点、施工凭证核对、施工安全防护设置等进行监督把控,以确保施工作业的有序安全可控。

一、A类施工的分类(表2-1)

表2-1　A类施工的分类

A类	影响正线、辅助线行车的施工	A1	在正线、辅助线,需要开行工程列车、电客车的施工
		A2	在正线、辅助线,不需要开行工程列车、电客车的施工
		A3	在车站、变电所、控制中心范围内,影响正线、辅助线行车设备运行的施工

二、施工的凭证

(1)内部单位施工凭证:"施工作业令"和工作证;无需施工作业令的施工,只凭工作证。

(2)外单位施工凭证:"外单位施工作业许可单""施工作业令"、工作证、施工负责人合格证;无需施工作业令的施工凭证:"外单位施工作业许可单"、工作证、施工负责人合格证。

三、施工安全防护

(1)A1类施工作业防护。

站间及跨越站间线路施工时,除作业单位设置防护外,施工作业区段两端车站还负责在车站端墙门对应线路中央(尽头线除外)处各设置一盏红闪灯防护(特殊情况下,白天高架车站派专人使用红色信号旗或红牌进行防护,下同),得到行调批准下轨行区后由请点车站通知相关车站设置红闪灯防护;施工线路出清后,由销点车站通知相关车站撤除红闪灯。

(2)A1以外的施工作业,由施工负责人在作业过程中设置必要的防护。

(3)全线进行封锁的施工作业,无需放置红闪灯进行防护。

一、单个车站请销点

(1)施工负责人凭施工负责人证进入设备区。

(2)行车值班员对照"施工行车通告"核对有无此项作业,同时核对施工负责人的其他凭证,施工负责人证是否本人,施工作业令的施工负责人是否与其本人一致等。

(3)施工负责人填写"物料清单""车站施工登记表",行车值班员在施工调令系统上办理预请点。

(4)行调批准请点,行车值班员通知施工负责人。

(5)施工负责人带领施工人员到达站台,站台岗查看其"施工作业令",与行车值班员核对此项施工是否请点完成,在"端门进出登记本"上进行登记,站台岗清点人数,与"端门进出登记本"一致后汇报车控室,打开相应的端门进行放行。

(6)施工人员作业完毕后,从端门出来,站台岗清点人数,询问施工作业项目,同时向车控室汇报。

(7)施工负责人到车控室,与行车值班员共同核对人员线路全部出清,施工负责人在"车站施工登记本"上销点，行车值班员在施工调令系统上办理销点。

（8）行调批准销点，行值通知施工负责人，施工负责人方可离开车站。

二、多个车站请销点

（1）施工负责人到达主站，施工联络人到达辅站。

（2）施工作业的辅站向主站行车值班员请点，主站的行车值班员核对所有的辅站全部请点，同时此项施工满足请点的条件后，向行调办理请点作业。

（3）行调批准此项施工，主站的行车值班员通知辅站行车值班员，通知施工负责人。辅站的行车值班员通知施工联络人。

（4）施工人员进入轨行区作业。

（5）施工作业结束，施工人员出清轨行区，施工联络人到辅站办理销点，施工负责人到主站办理销点。

（6）辅站行车值班员向主站行车值班员销点，主站的行车值班员确认所有的辅站都已经向主站销点，同时确认进入轨行区的人数与出来轨行区的人数一致，向行调办理销点。

（7）行调批准销点，主站行车值班员通知辅站行车值班员，通知施工负责人，辅站的行车值班通知施工联络人。

（8）整项施工作业完毕。

三、异地请销点

（1）施工负责人到车站办理请点，施工负责人提前说明异地销点的车站。

（2）请点车站将此项施工辅站的情况，每个车站进入人数，施工负责人及联系方式通知异地销点的车站。

（3）施工作业结束，施工负责人到达异地销点的车站办理销点。

（4）销点车站确认所有的辅站人员全部出清，向行调办理销点作业，行调批准销点。

（5）销点车站通知辅站销点，通知施工负责人销点。

（6）此项施工完毕。

四、正线施工作业，供电专业自身挂拆地线施工作业请销点

（1）施工负责人到车站登记请点，车站向行调请点。

（2）线路出清后，行调通知电调停电。

（3）行调接到电调已停电的通知，向车站发布停电通知，行调确认施工负责人已与电调请完点后批准车站请点。

（4）车站接到行调的通知，方可批准施工负责人施工。

（5）施工结束，施工人员出清施工现场，施工负责人向电调销点并向车站销点，车站报告行调销点，行调向电调确认地线撤除、线路出清后方可同意车站销点。

（6）行调确认可以送电，通知电调送电。

（7）电调根据行调的要求送电。

五、正线施工作业，需配合挂/拆地线

（1）施工负责人到车站登记请点，车站向行调请点。

（2）线路出清后，行调通知电调停电。

（3）行调接到电调已停电的通知，向车站发布停电通知，并确认可以挂地线后，通知电调可以挂地线。

（4）电调接到行调可以挂地线的通知，通知现场挂地线，确认完成后由电调通知行调。

（5）行调接到挂好地线的通知后，通知车站准许施工。

（6）车站接到行调的通知，方可批准施工负责人开始施工。

（7）施工结束，施工负责人向车站销点，车站报告行调销点。

（8）行调接到车站销点并确认后，通知电调施工结束。

（9）电调获知施工结束后，通知现场拆除接地线。

（10）电调确认现场已拆除接地线，施工人员已出清施工现场后通知行调。

（11）行调接到电调地线已拆的通知，行调确认销点生效，并确认可以送电，通知电调送电。

（12）电调根据行调的要求送电。

六、常见问题及注意事项

（1）施工的过程中必须认真核对施工人员的本人证件是否是其本人，是否与施工作业令上一致。

（2）施工的请点人必须与销点人一致，不得找人代替销点，更不得出现施工负责人不到现场，使用电话销点的现象。

（3）A类施工请点，必须待所有回场列车回场后，方可开始请点。

（4）C类施工，值班站长或者值班员要充分对施工作业内容进行了解，对于对客运服务有影响的作业，尽量安排在运营结束后进行。

根据以上学习内容，评价自己对本模块内容的掌握程度，在下表相应空格里"√"。

评价内容	差	合格	良好	优秀
单个车站请销点流程掌握情况				
多个车站请销点流程的掌握情况				
对自己岗位运营前检查掌握情况				
对运营前检查使用的工器具掌握				
学习中存在的问题或感悟				

任务二　C类施工请销点流程

作为值班站长，需要熟知C类施工请销点的凭证，施工请销点的流程及安全把控。

一、C 类施工的分类（表 2-2）

表 2-2 C 类施工的分类

C 类	在车站、变电所、控制中心等范围内不影响行车的施工	C1	大面积影响客运或影响消防设备正常使用或需要动火的作业（含外单位进入变电所、通信设备房、信号设备房、环控电控室、照明配电室、蓄电池室、水泵房、其他气体灭火保护房内作业）
		C2	除 C1 外其他不影响行车的施工

二、C 类施工的凭证

本单位的需要施工负责人证，外单位的还需要《外单位施工作业许可单》，长期委外单位比照运营分公司内部员工执行。

任务实施

施工请销点流程如下：

（一）C1 类施工组织程序

（1）请点：施工负责人提前到相关车站、变电所、控制中心进行请点登记。

（2）批点：由行车值班员/值班站长、变电所值班人员根据需要向电调/环调请点或直接批准。在控制中心由行调/电调/环调根据自身专业直接批准。

（3）进场：请点完成后，施工人员自行进入正确的作业区域。

（4）销点登记：施工结束后，施工负责人确认施工区域出清后，到车站、变电所、控制中心进行销点登记。

（5）批准销点：确认施工区域出清后，由行车值班员/值班站长、变电所值班人员根据需要向电调/环调销点或直接批准销点。在控制中心由行调/电调/环调根据自身专业批准销点。

（二）C2 类施工组织程序

（1）登记：施工人员到相关车站、变电所、控制中心进行施工登记。

（2）批准：经车站、变电所、控制中心同意后开始施工作业。

（3）注销：施工结束后，施工人员确认设备恢复正常后，到车站、变电所、控制中心注销登记。

（4）结束：经车站、变电所、控制中心确认后结束施工。

任务评价

根据以上学习内容，评价自己对本模块内容的掌握程度，在下表相应空格里"√"。

评价内容	差	合格	良好	优秀
C 类施工的分类要求掌握				
请销点流程的要求				
学习中存在的问题或感悟				

模块训练

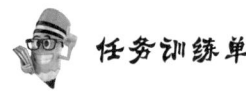

班级：　　　　　　　姓名：　　　　　　　训练时间：

任务训练单	行车组织相关作业
任务目标	能够掌握施工的分类、独立完成 A 类和 C 类施工的请点工作、A 类和 C 类施工的销点工作、A 类施工人员凭证的核对、能够正确的设置施工安全防护作业等，确保整个施工作业的安全可控
任务训练	任务训练说明：请从下列任务中选择其中的两个进行训练。 独立完成 A 类和 C 类施工的请点工作、A 类和 C 类施工的销点工作、A 类施工人员凭证的核对、能够正确的设置施工安全防护作业

任务训练一：
（说明：总结作业流程，并在实训室进行实操训练或者在车站内施工调令系统进行模拟训练）

任务训练二：
（说明：总结作业流程，并在实训室进行实操训练或者在车站内施工调令系统进行模拟训练）

任务训练的其他说明或建议：

指导老师评语：

任务完成人签字：　　　　　　　　　　　　　　　　　　日期：　　年　　月　　日
指导老师签字：　　　　　　　　　　　　　　　　　　　日期：　　年　　月　　日

模块小结

本模块讲述了车站运营前检查流程的内容及注意事项,车站开站关站的程序,车站行车设备监控及操作及非正常情况下的行车组织模式,采用的时机,对值班站长在实际工作中有极大的指导意义。

模块自测

一、填空题

1. 内部单位施工凭证:(　　　)和工作证;无需(　　　)的施工,只凭工作证。
2. 外单位施工凭证:(　　　)、(　　　)、工作证、施工负责人合格证;无需施工作业令的施工凭证:(　　　)、工作证、施工负责人合格证。
3. A类施工包括(　　　)、(　　　)、(　　　)。

二、简答题

1. 简述施工作业的分类。
2. 简述A类施工请销点的凭证。
3. 简述多个车站请销点的施工作业流程。
4. 简述A1类施工的红闪灯设置要求。

模块三 票务管理

案例导学

值班站长小李在巡站过程中经过客服中心，看见一名 AFC 维修人员正在登记"特殊情况票款登记表"，将刚才从 TVM 内部拾获的现金与客运值班员小张进行交接。交接完毕后，小李提醒小张与夜班客运值班员做好交接，特殊票款需统一填记"收入日报"，并备注说明。

在车站日常运营期间，我们每天都需进行各类票务处理，那么标准的票务作业流程你是否了解呢？良好的票务设备操作管理能力你是否具备呢？作为车站值班站长，在车站的日常票务管理方面须具备哪些知识呢？本模块将进行系统的介绍。

学习目标

（1）了解客运值班员交接的流程及内容。
（2）掌握票务相关管理、规定的传达的方式方法。
（3）掌握车站 AFC 设备操作管理的方法。
（4）掌握车站各岗位票务作业流程及要点。
（5）掌握运营结算作业的方法。
（6）掌握补币补票作业的流程。
（7）了解封包解行的流程。
（8）掌握报表填写及递交时的注意事项。

技能目标

（1）能独立按要求对客运值班员清点的钱、票、票务钥匙、备品备件，填写的台账进行监督、检查、确认。
（2）能独立按要求对每日票务相关通知、规定进行传递、交接。
（3）能独立操作车站 AFC 设备。
（4）了解车站各岗位票务作业流程及规范，能独立监督各岗位票务操作。
（5）能独立按要求监督（协助）客运值班员完成清点、结算工作。
（6）能独立按要求监督（协助）客运值班员完成补币补票装机作业。
（7）能独立按要求将当日需解行的票款按要求封包解行。
（8）能独立按要求确认客运值班员的填写票务报表正确无误、递交及时，录入现金库存系统及时准确。

任务一　监督客运值班员交接

每日交接班时，值班站长需在票务室视频监控范围内监督客运值班员清点现金、车票、票务钥匙、台账、票务备品等。票务室摄像监控设备必须24小时开启，票款的清点、交接必须在监控下进行，票款在清点后应立即放入保险柜内保管。接到客运值班员交接数目有误的报告后，值班站长应进行确认，同时按实际数量进行签收，并及时上报站务中心，调查处理此事。若差额原因无法查明，则所短款项由交班人补足，长款随当天票款解行。并监督客运值班员在"客运值班员交接班台账"和车站"收入日报"备注差额及处理情况。

图3-1为客运值班员交接班流程。

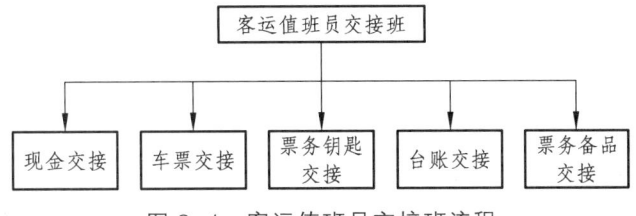

图3-1　客运值班员交接班流程

一、现金交接

（一）现金交接原则

（1）纸币：在监控范围内，双方当面清点金额后签认交接。

（2）硬币：在监控范围内，对已加封的硬币交接时，确认加封正确完好后可凭加封金额交接；对零散硬币按实点数交接。

（二）现金交接要求

（1）现金交接应在票务室的监控范围下，交接双方当面清点所有现金（包括票务室内备用金、预收款、票款、封包数量及金额等），确认无误后进行签字，并填写相关台账。

（2）交接时若发现数据有误，应立即上报当班值班站长或站长进行差额原因调查。差额原因无法查明的，则所短款金额由交班人补足，长款随当天票款解行，在车站"收入日报"注明"客运值班员交接短款""客运值班员交接长款"情况，并在车站相关台账上注明。未在车站"收入日报"中备注交接长短款情况的，视为车站备用金交接正常无误。

二、车票交接

（一）车票的交接原则

（1）单程票：对已加封的单程票交接时，接收人确认加封正确完好后可凭加封数量交接。

（2）预制票：对已加封的预制票交接时，接收人确认加封正确完好后可凭加封数量、金额交接。对零散的预制票，交接双方应通过当面确认车票信息进行交接。

（3）纸票：对已加封的纸票交接时，接收人确认加封正确完好后凭加封数量、金额、纸票编号交接；对零散的纸票，应当面清点纸票数量、金额以及编号，确认信息无误后办理签收交接手续。

（二）车票的交接要求

（1）交接双方在票务室监控下，依据相关交接台账上的记录信息，按照车票交接原则清点票务室内所有类型车票的数量以及编号，确认无误后进行签收。

（2）客运值班员交接时若发现已封装的车票封口破损需进行再次清点加封，当清点数量与已加封数量不符时，交接双方将该情况报当班值班站长或站长，待事实查清后再投入使用。

（3）对于 BOM 不能正常发售的车票，站务员须及时加封，信封上注明 BOM 无法发售及车票的票种、数量、加封人、加封日期，加盖票务专用章。

（4）与乘客事务处理有关的车票交接：经站务员回收的需每日上交的乘客事务处理相关车票，由本人将车票分类扎好，根据加封的车票数量封入票务专用信封或钱袋，注明车票类型、数量、加封车站、加封人和加封日期，由客运值班员根据信封封面的张数与"站务员结算单""乘客事务处理单""车票退款记录表"上的所填写的张数及信息进行核对，确认无误后随报表交收益工班。

（5）配票人员到达车站后，客运值班员在票务室根据"车票调拨单"当面交接各种车票，确认无误后签名，在车站相关台账上做好记录。在客运值班员处理乘客事务或维修机器等不能及时进行车票交接时，允许值班员以上岗位人员，如值班站长进行交接。

三、票务钥匙交接

（1）借用票务钥匙必须在钥匙借用台账上登记，钱箱钥匙由值班站长保管和当面交接。

（2）交接人员需根据交接凭证当面清点钥匙种类、数量，确认无误后办理交接手续，各类票务钥匙数量以"票务钥匙清单"为准，并以实点数交接。交接时若发现钥匙有误，交接双方需及时核查处理。不能及时查明原因的，需及时上报上级，并在五个工作日内将调查结果报相应上级部门。

（3）钥匙遗失或账实不符时，钥匙使用或保管中心应立即展开调查，并在五个工作日内将遗失钥匙或钥匙账实不符的种类、数量及原因等情况报相应上级部门。

四、台账交接

"客运值班员交接班台账""票务钥匙交接台账""车站备用金收支汇总登记台账""票据使用登记台账""TVM 补币、补票登记台账"等票务台账各项内容需填记清楚，且账实相符。监督客运值班员交接班的当班值班站长需在"值班站长签章"栏签章确认。

五、票务备品交接

交接班时需详细说明本班票务备品及工器具出入库、使用、损坏等情况，且需在车站相关台账上反映增减情况，各类票务备品、工器具数量以"票务备品/工器具清单"为准，并以实点数交接。

每日交接班时，监督客运值班员交接的值班站长应该在票务室监控范围内，全程监督客运值班员清点钱、票、票务钥匙和备品；检查点钞机操作，纸币清分机的操作是否正确；票务台账填写是否规范，交班值班员是否正常退出、接班值班员是否登入现金库存系统，有无账号混用现象。

一、监督客运值班员清点钱、票

(一) 清点备用金 (图3-2)

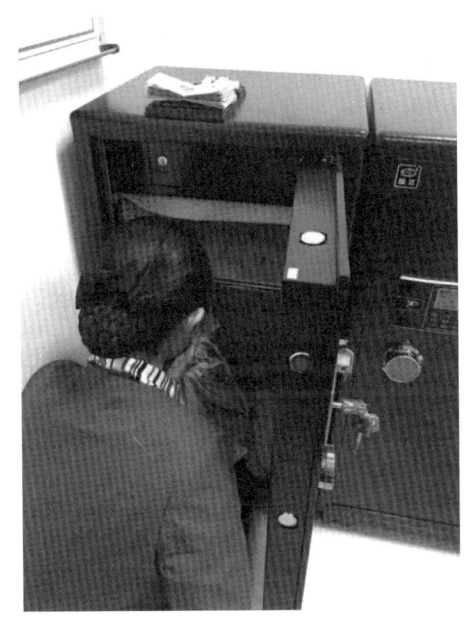

图3-2 清点备用金

在监控范围内,监督接班客运值班员与交班客运值班员当面清点票务室内所有备用金,并与现金库存系统、"客运值班员交接班台账""车站备用金收支汇总登记台账""零钞兑换单"核对,确保备用金账实相符。

(二) 清点票款

在监控范围内,监督接班客运值班员与交班客运值班员当面清点票款,并与现金库存系统、"客运值班员交接班台账"核对,确保票款账实相符。

(三) 清点车票

关于单程票、预制票、纸票、团体票的清点:对已加封的车票交接时,接收人确认加封正确完好后可凭加封数量交接;零散车票应当面清点车票数量、金额及编号。

二、对点钞机操作,纸币清分机的操作要求 (图3-3)

(1) 点钞时将钞票整理,最好是按不同的面值分开并清除钞票上的纸补贴及污染物,再将钞票扇开成小斜坡状,成捆钞票应先拍松再散开,垂直放入滑钞轮。放钞不正确时,会产生真钞误报或机器提示出现点钞不准,请把接钞器上的纸币重新摆好,放到进钞台,按复位键再重新清点。

(2) 钞票在放入清分机之前,要把带有钉书钉、回形针、大头针等金属硬物的钞票和特别残破、绵软的钞票挑出来单独处理,以免造成设备的损坏。要按纸币的面值,调整好进钞架的位置和入钞的间隙。纸币放到入钞口之前要尽量对齐,并保持平整,然后端正地放到入钞口。及时处理好各种异常现象。

(3) 点钞机、纸币清分机日常使用需注意经常清洁、保养。

图 3-3　点钞机的使用

三、监督客运值班员清点票务钥匙和备品

监督客运值班员当面清点票务备品，与"客运值班员交接班台账"上的数据进行核对，确保账实相符，检查票务备品是否齐全、完好，且是否在车站相关台账上反映增减情况；当面清点票务钥匙，与"票务钥匙交接台账""车站钥匙借用记录台账"上的种类、数量进行核对，确保账实相符，且票务钥匙如有折损、折断或遗失，需按照《票务钥匙管理办法》执行。

四、监督客运值班员填写票务台账

（1）检查客运值班员填写的票务台账："客运值班员交接班台账""票务钥匙交接台账""车站备用金收支汇总登记台账""票据使用登记台账""TVM补币、补票登记台账"等各项内容填记是否清楚，且账实相符。

（2）检查票务工作是否交接到位：针对当班已完成、未完成的工作、AFC设备运行情况是否进行详细描述。当日收到的最新票务相关文件、通知、要求是否进行重点交接。

（3）检查台账、报表填写是否使用划线更正法：当台账、报表填写发生错误时，不得刮擦、挖补、涂抹或用化学药水更改字迹。更改数字必须用"划线更正法"。应用"划线更正法"更正时，在报表中错误文字或数字上划一红线，以示注销，要求划去整个错误数字，然后在该处盖上更改人员名章以示负责（若名章未带，可用红色笔工整签名，确保清晰可辨认，若不能辨认视作票务问题），除特殊说明的需要三人签章确认的情况外，其余均需要双人签章确认。

五、监督交班值班员退出、接班值班员登入现金库存系统

检查交班客运值班员是否退出系统，接班客运值班员是否使用自己的用户名密码登入现金库存系统；账号必须单人单用，不得账号混用。当各项均已完成后，双方需在"客运值班员交接班台账"签字、盖章确认。

 任务评价

根据以上学习内容，评价自己对本模块内容的掌握程度，在下表相应空格里"√"。

评价内容	差	合格	良好	优秀
对监督客运值班员交接相关内容的掌握程度				
学习中存在的问题或感悟				

任务二　传达票务管理相关通知、规定

 相关知识

日常工作中，安保部、票务部或客运部会不定时下发票务管理相关文件，每日交接班时，由值班站长主持交接班会，向接班人员传达当日收到的最新票务管理相关通知及规定。

一、短款通知书

票务部票卡收益中心收益工班（以下简称收益工班）负责站务员结算工作及复核站务员有疑义的数据，定期汇总站务员短款的补交情况反馈至部门。正常情况下票务部3个工作日内完成结算工作，通过系统下发"短款通知书"。

二、票务问题

票务部会对核对、结算过程中发现的票务问题进行汇总，审核后由部门票务工程师发至客运部（站务中心）。票务问题核对后由票务部根据情况判断是否由站务中心提交书面调查结果或票务报表差错更改说明。书面调查结果和报表差错更改说明需在票务问题发出后的5个工作日内回复。书面调查结果内容包含事件概述、事件认定、其他需说明的信息等，并由站务中心主任签名确认并加盖中心公章；票务报表差错更改说明需所有涉及事务的当事人及值班站长签章确认，并加盖车站票务专用章。

三、其他票务通知

安保部、票务部或者客运部也会不定时下发《关于TVM卡币卡票、少找零类故障处理流程的补充通知-票务部票字××年第××号》《关于站务人员票务工作规范的通知-票务部票字××年第××号》等关于票务处理、轨道交通票务优惠政策、边门管理等各类票务管理相关通知或文件。

 任务实施

（1）当票卡收益中心下发"短款通知书"时，值班站长应及时通知需补短款的站务员，对于无疑义的短款，车站均须在"短款通知书"下发日期后3个工作日内（不含下发当日）补齐。站务员对"短

款通知书"有疑义的,可在"短款通知书"下发后2个工作日内提交长短款复核申请表(加盖公章),通过站务中心票务工程师向收益工班申请复核。

(2)值班站长收到票务问题通知后,应及时进行传达与核对,如需提交书面调查结果或票务报表差错更改说明,应及时提交。

(3)每日交接班时,值班站长需监督客运值班员将传达下来的票务相关通知、规定填写在"客运值班员交接班本"进行交接;且对当日收到的最新票务相关通知须按要求进行重点交接。

 任务评价

根据以上学习内容,评价自己对本模块内容的掌握程度,在下表相应空格里"√"。

评价内容	差	合格	良好	优秀
对需要传达的票务内容是否了解				
对票务问题的处理方式是否掌握				
学习中存在的问题或感悟				

 任务三 车站 AFC 设备操作管理

 相关知识

车站 AFC 设备包括:自动售票机、自动检票机、半自动售票机、纸币清点机、硬币清点机、卡式车票清点机、验钞机。

一、车站计算机(简称 SC)

(1)主要功能:监控车站 AFC 设备运行状态、监控车站客流、查询设备寄存器及设备事件等。

(2)SC 只允许当班站长、值班站长、客运值班员、行车值班员及 AFC 维修人员在车站 SC 上进行操作或查询;对 SC 操作完毕后,应立即注销退出;在正常情况下,车站计算机应 24 小时开启;在运营开始前,由值班站长负责注册进入车站计算机、检查系统参数版本、通过车站计算机监控台开启 AFC 设备、检测车站计算机与各设备的连接状况等。运营结束后,由值班站长(客运值班员)通过车站计算机关闭所有 AFC 设备(设置为暂停服务),注销退出计算机。

二、自动售票机(简称 TVM)

自动售票机一般设置在非付费区,执行发售单程票的功能。为此,安装了触摸屏,支持硬币、纸币等支付和找零方式,并可以通过一次交易发售多张车票,如图 3-4 ~ 3-5 所示。

TVM 的维护主要包括以下七个主功能项:日常操作、结账操作、测试操作、管理操作、查询操作、数据操作和用户退出。

图 3-4 TVM 外观示意图

图 3-5 TVM 内部结构图

三、半自动售票机（简称 BOM）

（1）票房售票机简称 BOM，由站务员操作，其主要功能是：
① 对票卡进行分析、发售、充值、更新、延期、退款、交易查询、解锁等处理。
② 向乘客发售单程票。
③ 处理非即时退款。
④ 处理车站乘客事务，对处理进行记录。

（2）整机及功能模块。

BOM 整机主要由一个操作员显示器、两个乘客显示器、工控机、打印机、UPS、发卡机；两个读写器组成。其中发卡机、工控机及电源均封装在一个机箱中，实际外观如图 3-6 所示。

图 3-6　BOM 整机实物图

（3）半自动售票机工作流程可参见图 3-7，分为开机、BOM 启动处理、操作员登录、日常售票业务处理、系统维护业务处理、无操作超时/间休、结账处理、签退、关机等九个步骤。

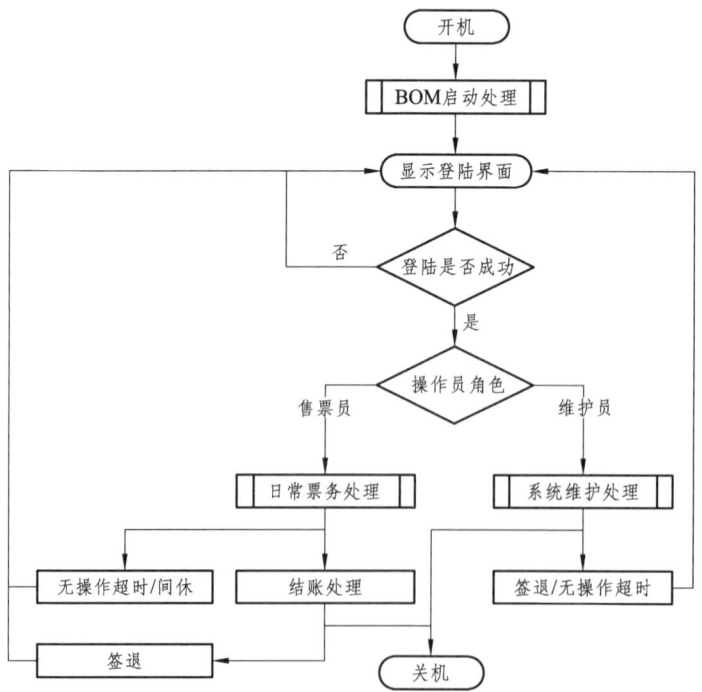

图 3-7　半自动售票机工作流程图

四、闸机（简称 AGM）

（1）功能简介：自动售检票机（闸机）通过读取和验证非接触性智能卡和单程票来控制闸门的开合，从而达到控制乘客进出的目的。AGM 分为进站闸机、出站闸机及双向闸机。可以根据闸机划分付费区和非付费区。AGM 外观面貌如图 3-8 所示。

图 3-8　AGM 外观面貌图

（2）在乘客进入或离开付费区时，闸机对乘客的车票有效性进行检测。持有效车票的乘客正常通过，持无效车票的乘客引导到客服中心。通过闸机控制乘客进入非付费区时，单程票由闸机回收，储值票扣除当次乘坐车费。

（3）客运值班员负责安排并和站务员一起进行闸机票箱的更换工作。闸机票箱的更换操作时，须设置"暂停服务"牌并按规定操作。

五、AFC 模式

AFC 模式包括：正常运行模式、降级运行模式、紧急放行模式。模式执行优先权由高到低依次为紧急放行模式、降级运行模式、正常运行模式。

（一）正常运行模式

正常运行模式主要包括正常服务状态、关闭状态、暂停服务状态、设备故障状态、测试（维修）状态及离线运行状态等。

（二）降级运行模式

降级运行模式一般包括列车故障模式、进站免检模式、时间日期免检模式、超程免检模式及其他模式。

（1）设置原则。

① 轨道交通发生运营故障，需要在某站进行清客；列车晚点且要求退票乘客人数较多。

② 车站的进闸机全部故障无法立即修复或由于车站出现大客流乘客拥挤，大量由本站进站的乘客未通过进闸机。

③ 由列车延误等轨道交通原因导致乘客手中的车票超时。

④ 由轨道交通原因导致乘客手中车票过期。

⑤ 在接到行车调度部有关"列车越站"的通知时。

（2）设置地点：受影响车站。

（3）设置方法：通过 SC 设置。

（4）设置取消：影响结束，车站基本正常运营时，值班站长下令通过SC取消。

（三）紧急放行模式

当运营过程中发生地震、火灾等紧急情况，需要乘客紧急撤离车站时，车站现场拍打紧急按钮或接收上一级系统的控制命令，AFC系统进入紧急放行模式。紧急放行模式具备最高的模式执行优先权，在任何运行模式下，系统接收到紧急放行模式指令都必须无条件进入紧急放行模式。

（1）设置紧急模式的人员：车站值班站长及以上人员。

（2）设置原则：当运营过程中发生地震、火灾等紧急情况，需要乘客紧急撤离车站时。紧急放行模式具备最高的模式执行优先权，在任何运行模式下，系统接收到紧急放行模式指令都必须无条件进入紧急放行模式。

（3）设置地点：出现紧急情况的车站。

（4）设置方法：车站现场拍打紧急按钮或接收上一级系统的控制命令，AFC系统进入紧急放行模式。

（5）设置取消：在紧急情况结束后，通过SC取消该模式或确认紧急按钮复位。

任务实施

一、通过SC查看设备状态

在运营开始前，由值班站长负责注册进入车站计算机、通过车站计算机监控台开启AFC设备、检测车站计算机与各设备的连接状况等。

1. 主要功能

用以监控整个车站运行情况，包括：监视设备、客流监控、钱箱/票箱查询，如图3-9所示。

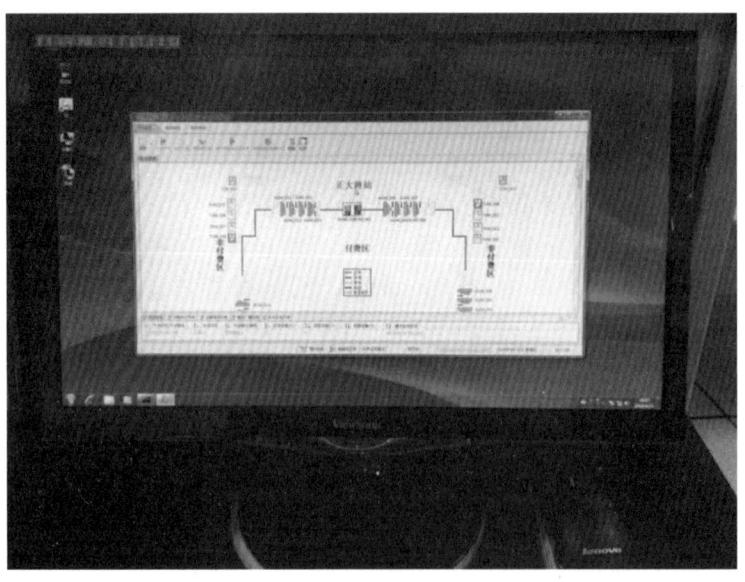

图3-9 车站SC

2. 操作界面

在监控管理系统中，主界面中显示该车站下所有设备的在线情况。车站可以对其本身进行运营模式切换操作，在工作台选择界面中，点击  登录监控管理工作台。用户成功登录监控管理工作台后，进入如图3-10所示的工作界面。

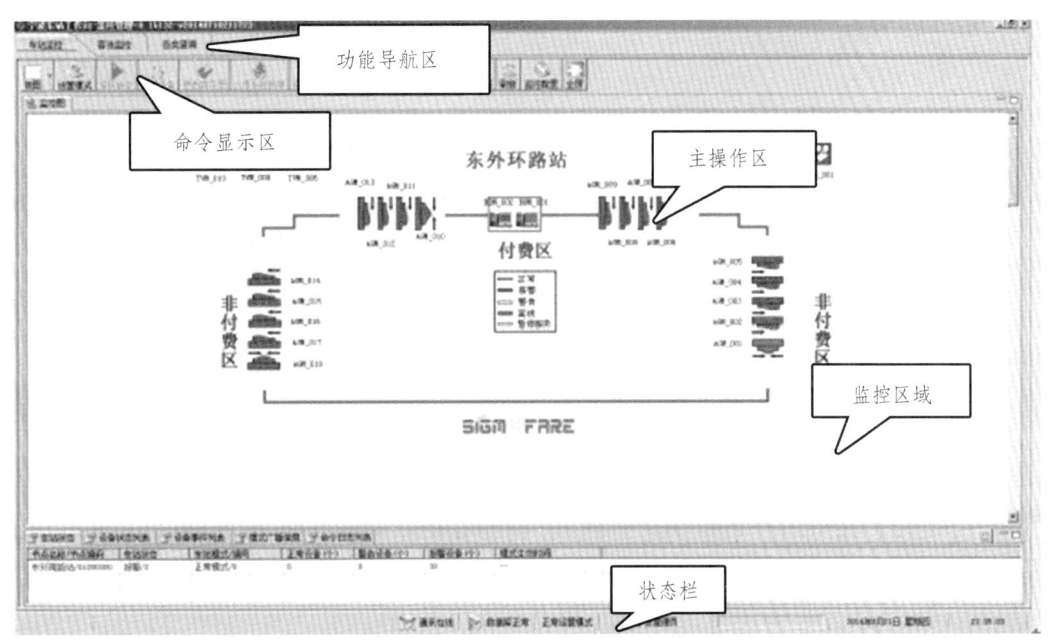

图 3-10 监控管理工作界面

3．运营模式

系统运营模式包括正常运行模式、降级运行模式和紧急放行模式。正常运行模式包括正常服务模式、关闭模式、暂停服务模式等，降级运行模式包括进站免检模式、出站免检模式、日期时间免检模式、超程免检模式、列车故障模式等。

操作说明：点击 按钮，弹出运营模式发送对话框。

选择运营模式，点击 按钮，弹出用户口令输入框。

输入口令，点击 按钮，弹出运营模式发送进度提示框，发送完毕，弹出发送运营模式的结果信息。

4．钱箱/票箱查询

在监控图中，选中一个设备，点击 按钮，弹出钱箱票箱查询对话框。

5．客流监控

业务描述：用以查看车站的客流信息。

操作说明：点击"客流监控"标签，进入客流监控界面，如图 3-11 所示。

图 3-11 客流监控界面

二、AFC 设备操作注意事项

(一) TVM

(1) 车站必须保证运营开始时有足够的 TVM 能够投入服务。

(2) 在运营中对 TVM 进行补币、补票、更换钱箱时，应确认乘客的交易已完成并设置"暂停服务牌"后方可开始操作。

(3) 钱箱钥匙不能由钱箱更换人员和钱箱保管人员来管理（由值班站长携带保管）；

(4) 每日运营开始前或运营过程中 TVM 票箱将空时，车站必须对 TVM 进行补充单程票工作；运营结束后，车站必须清理 TVM 废票。值班站长需监督（协助）客运值班员进行 TVM 单程票补充和回收工作；清理出的 TVM 废票必须另行加封留存，由票卡收益中心定期下站回收，不得再投入 TVM 使用。

(5) 使用维护面板时当操作完成之后，务必将维护门关好。

(6) 车票发卡模块在拉出时不能使用太大力，以免对发售模块导轨损坏。做完操作后要将票箱上面把手合上（图 3-12），防止在推入发卡模块的时候，票箱把手与中间隔板碰撞，损坏票卡发售模块。并且推入票卡发售模块时用力要轻，以免损坏票卡发售模块。

(7) 票箱里装完票卡之后，票箱应直立放置，不可倾倒放置。

(8) 纸币回收箱更换时需注意，拆下纸币钱箱后，放置纸币钱箱时，钱箱上有金属指的一面朝下（图 3-13）。禁止纸币钱箱入钞口，朝下放置（图 3-14）。纸币回收箱上面金属指处，劲量避免与污垢和腐蚀性的物质接触。在安装钱箱过程中遇到，钱箱 ID 号读不出时可用棉签清洁金属指。

图 3-12 票箱把手未合上

图 3-13 纸币模块正确放置

图 3-14 纸币钱箱错误放置

（二）BOM

每日运营开始前，由客运值班员负责给 BOM 站务员配票；BOM 营业需要领用的钥匙及备品，站务员必须与客运值班员办理借还登记手续；站务员之间换岗时，必须在 BOM 上办理注销和登陆操作；当车站当天有使用 BOM 发卡模块发售单程票时，运营结束后，须清理 BOM 废票箱废票，并随当日报表上交。

（三）AGM

（1）客运值班员负责安排并和站务员一起进行闸机票箱的更换工作。闸机票箱的更换操作时，须设置"暂停服务"牌并按规定操作。

（2）闸机票箱更换时间：出闸机票箱将满时；出闸机票箱已满时；每天运营结束后；车站根据各站实际情况进行更换。

（3）当发生紧急情况需要乘客紧急撤离车站时，事发车站进入"紧急放行模式"。紧急放行模式具有最高级的模式执行优先权，车站现场拍打 IBP 盘紧急按钮或接收上一级系统的控制命令，车站 AFC 设备进入紧急模式。在紧急放行模式下，各类闸机全开，乘客不检票直接出站。IBP 盘 AFC 紧急释放按钮操作如下：

① 打开 IBP 盘 AFC 紧急释放。

打开"紧急释放"按钮上的保险盖，按下"紧急释放"按钮，车站所有闸机扇门打开进入紧急释放状态（此时"紧急释放"按钮内的 LED 亮起）。

② 关闭 IBP 盘 AFC 紧急释放。

再次按下"紧急释放"按钮，车站所有闸机撤出紧急释放状态恢复正常状态（此时"紧急释放"按钮内的 LED 熄灭，图 3-15）。

图 3-15　闸机界面

值班站长应按时巡视、密切关注 AFC 设备的运行状态，一旦发现 AFC 设备故障或接到报告，立即通知客运值班员前往处理。并在"车站巡视记录表"上做好记录。若客运值班员无法排除故障，则监督其在故障的 AFC 设备前摆放暂停服务牌，并通知 AFC 工班进行处理，由行车值班员填写"设备故障报修登记本"。运营结束后，由值班站长（客运值班员）通过车站计算机关闭所有 AFC 设备（设置为暂停服务），注销退出计算机。

 **任务评价**

根据以上学习内容,评价自己对本模块内容的掌握程度,在下表相应空格里"√"。

评价内容	差	合格	良好	优秀
对 AFC 设备功能及操作的了解程度				
对 AFC 设备操作注意事项的掌握程度				
学习中存在的问题或感悟				

任务四　票务处理正常情况(特殊情况下票务处理)

 相关知识

运营期间可能遇到乘客反映的设备卡币、卡票、少找零等情况,值班站长应能独立完成 TVM 卡币、卡票、少找零及发售无效票等问题的处理,且能独立按要求处理列车故障、清客等紧急情况下的票务应急处理工作。

一、TVM 卡币、卡票、少找零的相关处理

(1)寻找设备周围是否有钱、票。

(2)再打开设备维修门观察是否有交易记录,如已生成交易记录,确认交易记录中显示的少找零金额、出票情况。

(3)如交易记录显示已找零或已出票,则在机器内部明显地方查看是否有钱、票。

(4)针对卡币、少找零情况,对设备进行复位操作后查看 TVM 前方是否有钱、票吐出。

(5)如以上操作均不能解决时,打电话报修票务二调,等待工班人员修理。

二、发售无效票、乘客退票、闸门误用情况

(一)发售无效票

(1)TVM 发售无效票(当场能查询到相关交易记录)。

(2)其他情况:包含单程票、甬城通、市民卡、计次纪念票、日票和月票无效情况。

(二)乘客退票

1. 付费区

(1)当日购买,且无进、出站记录的有效单程票。

(2)单程票能够正常分析,并符合退票要求,但不能进行系统操作。

(3)单程票无效且非人为折损。

(4)纪念计次票、日票、月票。

2. 非付费区

当已发售付费出站票,乘客又找到原车票。

(三)闸门误用

闸门误用分为单程票、"甬城通和市民卡""计次纪念票和月票"和日票。

三、票务应急处理(特殊情况下的票务处理)

(1)"列车晚点"时的应急处理。
(2)"运营故障需清客"的应急处理。
(3)"列车越站"的应急处理。
(4)"车站出现火灾等紧急情况"的应急处理。
(5)特殊情况时票务处理规定。

任务实施

一、TVM卡币、卡票、少找零的处理流程

(一)乘客事务处理

1. 未生成交易记录

(1)在现场设备中发现现金(如设备地上或边角掉落的钱款,复位操作退出的现金或通道内明显位置发现的现金)。

填"乘客事务处理单"并请乘客签名,直接将钱款退还给乘客。在BOM上打印小单与"乘客事务处理单"装订在一起,上交票卡收益中心。

(2)当时未发现钱款的处理。

① 当场处理规定。

车站在投/退币口、通道口/TVM机周边均未发现钱款,按要求填写"乘客事务处理单"、打印BOM小单,当班客运值班员暂不填写"退款申请单"。

② 后期处理规定。

a. 车站通知AFC巡检工班人员对该台设备内部通道钱款进行确认,如当天即发现所卡钱款或票,TVM内所发现金额由客运值班员与站务员/维修人员共同在"特殊情况票款登记表"中"TVM内部现金"栏记录。

b. 车站通过原设备状态或录像能确定为该名乘客时,车站在"特殊情况票款登记表"中注明该钱款为已办理的"乘客事务处理单"编号中找到的对应钱款。车站及时通知乘客办理退款(乘客未在当日前来办理退款的,该特殊钱款应先解行),不填"退款申请单"。

c. 车站无法判断所卡钱款或票是否为该名乘客,或AFC巡检工班人员到场确认后也未找到钱款或车票时,车站按规定填写"退款申请单",报票卡收益中心审核确认是否退款。

③ 非当场退还乘客钱款规定(包括当日和非当日)。

当乘客接到通知前往车站取回对应钱款时,经客运值班员确认后,重新填写"乘客事务处理单",并收取上次为乘客办理的"乘客事务处理单"后为乘客办理退款,两张"乘客事务处理单"均随当日报表上交票卡收益中心审核。

2. 交易记录已生成

(1)与乘客反映情况一致的处理。

交易记录显示确实少找零或少出票,填"乘客事务处理单"请乘客签名,退还相应款额给乘客或发售相应面值的车票。在 BOM 上打印小单与“乘客事务处理单”装订在一起上交票卡收益中心。

（2）与乘客反映不完全一致的处理（如乘客反映投入 10 元，买 1 张 2 元车票，未找零或只找零 3 元，但交易记录显示找零 8 元）。

车站检查设备各通道口是否有遗留钱款，同时车站及时调看购票录像确认该名乘客描述是否属实，排除实际已找零或已出票的情况。

① 当场处理规定。

若当场在设备中发现所卡钱款，车站通过原设备状态或录像能确定为该名乘客时，填“乘客事务处理单”请乘客签名，直接将钱款退还给乘客。在 BOM 上打印小单与“乘客事务处理单”装订在一起，上交票卡收益中心。

若当场未发现钱款和车票，按要求填写“乘客事务处理单”、打印 BOM 小单，当班客运值班员暂不填写“退款申请单”。

② 后期处理规定。

车站通知 AFC 巡检工班人员对该台设备内部通道钱款进行确认，如当天即发现所卡钱款或票，车站在“特殊情况票款登记表”中注明该钱款为对应“乘客事务处理单”编号中找到的钱款。车站及时通知乘客办理退款（乘客未在当日前来办理退款的，该特殊钱款应先解行），不填“退款申请单”。

若经 AFC 工班人员确认后仍未发现钱款，且后期录像确认乘客描述属实，当班客运值班员填写“退款申请单”，备注车站及 AFC 巡检人员排查情况，报票卡收益中心审核确认是否退款。

③ 非当场退还乘客钱款规定（包括当日和非当日）。

当乘客接到通知前往车站取回对应钱款时，经客运值班员确认后，重新填写“乘客事务处理单”，并收取上次为乘客办理的“乘客事务处理单”后为乘客办理退款，两张“乘客事务处理单”均随当日报表上交票卡收益中心审核。

（二）“乘客事务处理单”填写说明

（1）车站站务人员按图 3-16 形式填写“乘客事务处理单”。

xx号线_xx_站乘客事务处理单

2015 年 10 月 30 日 10 时 00 分　　NO.：15000010　编号：PWBB0105

事件详情	处理结果
（ √ ）~~TVM卡币/少出票~~/少找零，设备编号：TVM01	（ ）发售免费出站票___张
（ ）车票无效不能（进 / 出闸）	（ ）收取现金____元，发售付费出站票____张
（ ）闸机误用，扇门不开	（ ）收取现金____元，更新车票
（ ）乘客无票乘车	（ ）免费发售____元单程票____张
（ ）一卡通内余额不足/上次出站未刷卡/进站未刷卡	（ ）回收原票
（ ）手机支付，无法分析，不能出闸	（ √ ）其他
（ ）违规使用车票	退还乘客4元
（ ）单程票/一卡通超时（进 / 出闸）	AFC协查排查设备情况（以下1、2两种情况根据实际选）：1、未发现钱款；2、发现钱款，面额*张数；钱款位置。
（ ）乘客使用过期票（进 / 出闸）	
（ ）其他	
TVM01少找零4元，经客值查询情况属实，与乘客反映一致，且已生成交易记录，退还乘客4元	涉及差额（+/-）：¥ -4.00
乘客确认以上内容属实后，签名并填写以下资料：	
乘客签名：XXX	电话：XXXX
车站确认：站务员签章：刘二	客值/值站签章：王五
此表一式三联，第一联上交票卡收益中心（白色），第二联留存车站（蓝色），第三联交乘客（红色）	

图 3–16 “乘客事务处理单”示例

（2）"乘客事务处理单"一式三联，第一联上交票卡收益中心（白色），第二联留存车站（蓝色），第三联交乘客（红色）。

（三）注意事项

请各车站注意：在处理设备故障时，不以乘客同伴作证或保安、安检可能看到乘客投币作为退款依据，请车站客值严格遵循规章、流程进行乘客事务处理。

二、发售无效票、乘客退票、闸门误用的相关处理

（一）发售无效票（表3-1）

表3-1 发售无效票处理流程

乘客事务类型	票种	现场处理流程	后续处理
TVM发售无效票（当场能查询到相关交易记录）	单程票	回收车票，填"乘客事务处理单"，标注交易记录详细信息，由车站值班员及以上级别人员确认后，在BOM上给乘客免费发售一张等值单程票。车站将BOM小单与"乘客事务处理单"装订在一起上交票卡收益中心。打印BOM小单（乘客无需签名），"乘客事务处理单"（乘客签名）	乘客事务差额计入"站务员结算单"中，与负责为其结账的客值一起用信封加封车票，随当日报表上交票卡收益中心收益工班
其他	单程票	当车票可分析到该票是当日本站售票时，回收车票，填"乘客事务处理单"，由车站值班员及以上级别人员确认后，在BOM上给乘客免费发售一张等值单程票。车站将BOM小单与"乘客事务处理单"装订在一起上交票卡收益中心。打印BOM小单（乘客无需签名），"乘客事务处理单"（乘客签名）	乘客事务差额计入"站务员结算单"中，与负责为其结账的客值一起用信封加封车票，随当日报表上交票卡收益中心收益工班
	甬城通市民卡	车站不办理甬城通、市民卡、新版工会"5.1服务卡"相关手续，请乘客自行到发卡方处理	—
	计次纪念票	请乘客重新购票进站。由车站值班站长及以上级别人员确认后，回收车票，填写"乘客事务处理单"，记录卡面号，请乘客签名留下联系方式，告知乘客3个工作日后接到车站通知到站领取车票。涉及车票须单独加封随报表一起上交票卡收益中心。请乘客在BOM小单、"乘客事务处理单"上签名	与负责为其结账的客值一起用信封加封车票，随当日报表上交票卡收益中心收益工班
	日票	回收车票，填"乘客事务处理单"，由车站值班员及以上级别人员确认后，在BOM上给乘客免费发售一张使用天数相符的日票。车站将BOM小单与"乘客事务处理单"装订在一起上交票卡收益中心。打印BOM小单（乘客无需签名），"乘客事务处理单"（乘客签名）	乘客事务差额计入"站务员结算单"中，与负责为其结账的客值一起用信封加封车票，随当日报表上交票卡收益中心收益工班
	月票	若BOM读写器上无法更新或无法分析，由车站客值及以上级别人员确认后，回收原无法分析的月票，为乘客更换一张新月票，填写"乘客事务处理单"，记录两张月票的卡面号（包括更换给乘客的月票票面号及回收的旧月票票面号），涉及车票须单独加封随报表一起上交票卡收益中心。"乘客事务处理单"（乘客签名）	与负责为其结账的客值一起用信封加封车票，随当日报表上交票卡收益中心收益工班

(二)乘客退票

1. 付费区

(1)当日购买,且无进、出站记录的有效单程票:在 BOM 上给乘客退票;退还车票票面金额,请乘客在 BOM 小单上签名。

(2)单程票能够正常分析,并符合退票要求,但不能进行系统操作:通知客值及以上级别人员到现场处理,填写"车票退款记录表",给乘客退还车票票面金额。

(3)单程票无效且非人为折损:填写"乘客事务处理单",通知客值及以上级别人员到现场签字确认,按照单程票无效、非人为折损(TVM 发售无效票,当场能查询到相关交易记录或分析结果是"发售 MAC 错误")规定处理流程进行操作。

(4)纪念计次票、日票、月票不办理挂失、退票、续次及延期手续(票务通知特殊规定除外)。

2. 非付费区

当已发售付费出站票,乘客又找到原车票时,填写"车票退款记录表",给乘客退还原付费出站票的金额,付费出站票回收,单独加封上报票卡收益中心。

3. 注意事项

退票数量、金额计入"站务员结算单"中,相关车票由站务员与负责为其结账的客值一起用信封加封车票,随当日报表上交票卡收益中心收益工班。

(三)闸门误用

(1)单程票:通知客值及以上级别人员确认,情况属实则给乘客发售免费出站票出站,并请乘客在 BOM 小单上签名。

(2)"甬城通和市民卡":站务员在 BOM 上分析显示有本站出站码,且能分析出车票最后一次扣钱车站、扣钱时间及扣钱金额,通知客值及以上级别人员确认,发售免费出站票出站,并请乘客在 BOM 小单上签名。

(3)"计次纪念票和月票":通知客值及以上级别人员确认,情况属实则给乘客发售免费出站票出站,并请乘客在 BOM 小单上签名。不回收车票。

(4)日票:有效期内给乘客免费更新乘客凭原票出站;超过有效期时,通知客值及以上级别人员确认,情况属实则给乘客发售免费出站票出站,并请乘客在 BOM 小单上签名。

三、票务应急处理(特殊情况下的票务处理)

1. "列车晚点"时的应急处理

(1)列车晚点时控制中心行调通知各站。车站接到晚点信息后做好给乘客退票/更新的准备工作。

(2)受影响乘客处理。

① 乘客在付费区,受影响乘客要求取消乘车时:

a. 单程票:引导乘客从边门出站(车票不回收),车站根据现场情况在非付费区即时办理退票或告知乘客 7 日内(指从应急情况发生当日起计 7 日内,以下同)可持该票到任一车站退票。

b. 非免费乘车的甬城通、市民卡:引导乘客从边门出站,车站根据现场情况在非付费区即时免费更新或告知乘客 7 日内可到任一车站进行免费更新。

② 从晚点列车上下来的乘客:

a. 单程票超时:回收车票并计入当天站存车票,引导乘客从边门出站。

b. 当晚点未超过 30 分钟时,非免费乘车的甬城通、市民卡:直接引导其从闸机出站,若乘客手中车票超时,则给车票进行免费超时更新,并请乘客在 BOM 小单上签名,乘客从闸机出站。

c. 当晚点超过 30 分钟时，非免费乘车的甬城通：引导乘客从边门出站，车站根据现场情况在非付费区即时免费更新或告知乘客 7 日内可到任一车站进行免费更新；市民卡：引导乘客从边门出站。

③ 乘客不在付费区，受影响的持单程票乘客，可按车票实际余值办理即时退票，或引导乘客 7 日内到任一车站办理退票。

④ 除以上情况外的其他车票按乘客事务处理规定或当时的票务通知规定办理。

2."运营故障需清客"的应急处理

（1）运营故障需清客，控制中心 OCC 行调通知各站。车站接到相关信息后做好给乘客退票/更新的准备工作。

（2）受影响乘客处理。

① 乘客在付费区，受影响乘客要求退票时：

a. 单程票：引导乘客从边门出站（车票不回收），车站根据现场情况在非付费区即时办理退票或告知乘客 7 日内可持该票到任一车站退票。

b. 非免费乘车的甬城通、市民卡：引导乘客从边门出站，车站根据现场情况在非付费区即时免费更新或告知乘客 7 日内可到任一车站进行免费更新。

② 乘客不在付费区，受影响乘客要求退票时，可按车票实际余值办理即时退票，或引导乘客 7 日内到任一车站办理退票。

③ 除以上情况外的其他车票按乘客事务处理规定或当时的票务通知规定办理。

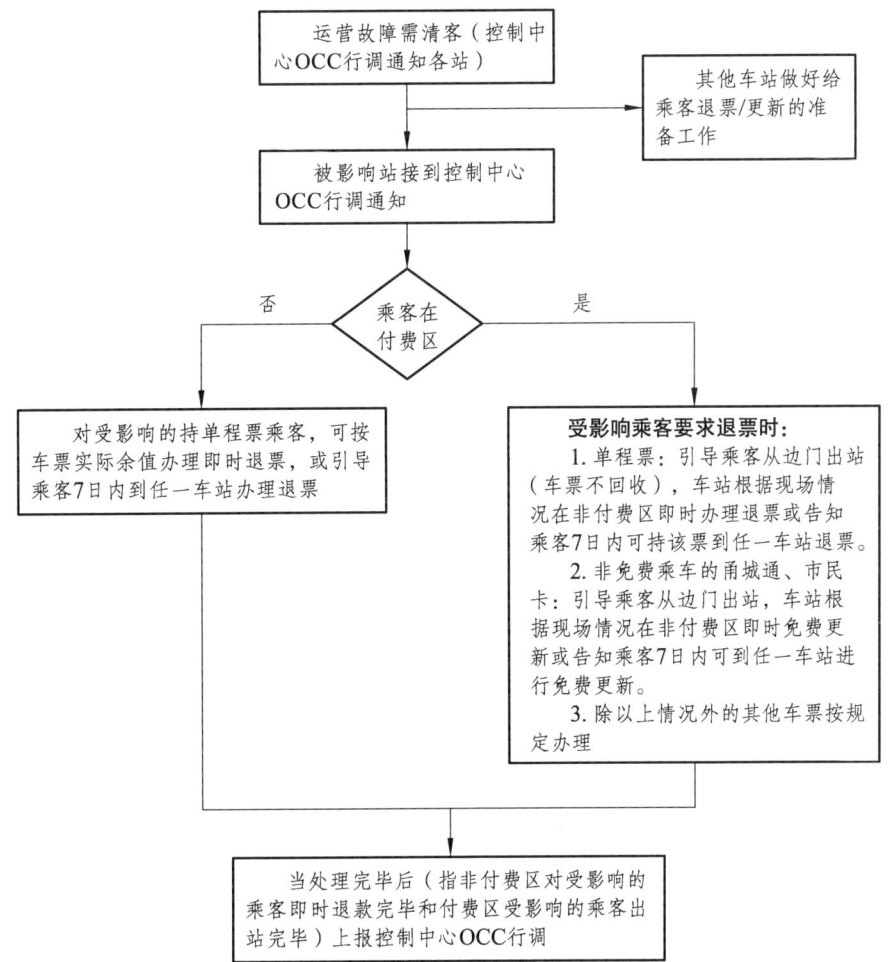

图 3-17 "运营故障需清客"的应急处理程序

3. "列车越站"的应急处理

（1）接到控制中心 OCC 行调列车越站的通知后，越站停车的第一个车站做好给乘客退票/更新的准备工作。

（2）受影响乘客处理。

① 越站列车上受影响的乘客。

a. 单程票超程：回收车票并计入当天站存车票，引导乘客从边门出站。

b. 非免费乘车的甬城通、市民卡超程且余额不足：给车票进行免费超程更新，并请乘客在 BOM 小单上签名，乘客从闸机出站。

② 付费区持票无法到达越站车站的乘客要求退票时，车站确认车票与当天发生特殊情况的时间相符，单程票按车票实际票价即时退票，填写"车票退款记录表"，并请乘客在 BOM 小单上签名。

③ 除以上情况外的其他车票按乘客事务处理规定或当时的票务通知规定办理。

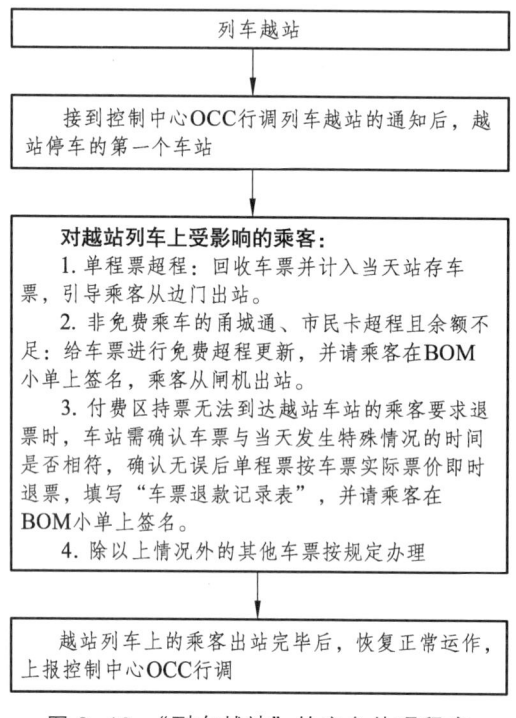

图 3-18 "列车越站"的应急处理程序

4. "车站出现火灾等紧急情况"的应急处理

（1）引导乘客从边门、闸机处离开车站。

（2）乘客持受影响单程票办理退款时，车站需确认车票的上次使用日期与应急日期相同，且在允许期限内，回收乘客的车票，填写"车票退款记录表"，给乘客退还相应金额。

（3）甬城通、市民卡：乘客持受影响车票前来处理时，站务员需确认车票的上次使用日期与应急日期相同，且在允许期限内，给乘客免费更新车票，并请乘客在 BOM 小单上签名。

5. 特殊情况时票务处理规定

应急情况下车站对受影响的车票进行处理时可由站务员单独办理，车站值班员或以上级别人员及时跟进了解现场办理情况。

1）应急情况受影响车票处理

（1）非免费乘车的甬城通、市民卡：乘客持受影响车票前来处理时，站务员需确认车票的上次使用日期与应急日期相同，且在允许期限内，给乘客免费更新车票，并请乘客在 BOM 小单上签名。

（2）单程票：乘客持受影响单程票办理退款时，车站需确认车票的上次使用日期与应急日期相同，且在允许期限内，回收乘客的车票，填写"车票退款记录表"，给乘客退还相应金额。

（3）免费乘车的票种：乘客持受影响车票前来处理时，站务员在非付费区模式下为乘客进行免费更新。

2）相关车票的上交规定

站务员与值班员（或以上级别员工）共同清点加封应急情况下给乘客即时/非即时退款单程票，加封内容填写××情况下，即时/非即时退款单程票××张"。相关车票录入库存现金系统，并随当日报表上交票务部票卡收益中心。

3）运能不足的处理

出现突发客流或车站客流组织失误而导致车站客流量大、不能及时疏散乘客时，由车站立即汇报客运部、票务部、行车调度部，接控制中心行调通知后，受影响车站可比照列车晚点模式进行相关票务处理。涉及报表填写时，事件详情注明"运能不足，比照晚点"；非当天办理的，详情注明"×月×日运能不足"。其他项的填写与列车晚点填写方法相同。

4）特殊情况审批

分管领导批准特殊办理的情况，办理部门需在特殊情况发生后3个工作日内将事件相关说明（含发生时间、影响车站、同意处理模式等信息）以书面形式知会客运部、票务部。

任务评价

根据以上学习内容，评价自己对本模块内容的掌握程度，在下表相应空格里"√"。

评价内容	差	合格	良好	优秀
对卡币、卡票、少找零等乘客事务处理的掌握情况				
对票务应急处理流程的掌握程度				
学习中存在的问题或感悟				

任务五　运营结算作业

相关知识

车站每日运营结束后，当班值班站长需监督（协助）进行 TVM、闸机回收，钱箱、票箱清点工作，并在规定时间内完成 AFC 设备数据录入及票务结算工作，清点结算工作需客运值班员、值班站长双人在票务室监控状态下进行。

一、TVM、AGM 回收

TVM、AGM 回收需在本站最后一列载客列车开出，车站关站后以及在 SC 设置的系统运营结束时间之前完成。TVM 回收流程如下（图 3-19）：

（1）系统登录。

（2）取出纸币回收箱。
（3）取出硬币回收箱。
（4）取出纸币找零箱。
（5）取出纸币废币箱。
（6）取出硬币找零箱。
（7）取出票箱。
（8）更换废票箱。
（9）打印结账小单。
（10）退出 TVM 系统。
（11）将钱箱、票箱送回票务室，双人进行钱箱、票箱清点工作，填记报表、台账。

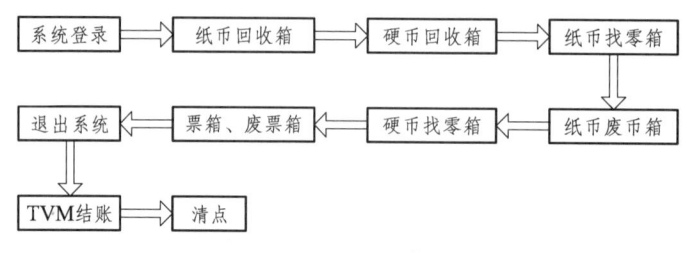

图 3-19 TVM 回收流程

二、清点、结算

运营结束后，当站务员完成结算，且所有投入服务的 TVM、闸机均已回收（若当天车站有使用 BOM 票箱售卖单程票，也需将该台 BOM 的票箱回收）后，车站可开展清点工作。清点完毕后，需在运营当日规定时间内完成 AFC 设备数据录入及票务结算工作。清点、结算流程如下（图 3-20）：

（1）取出纸币钱箱中纸币。
（2）取出纸币找零箱内纸币。
（3）取出纸币废币箱内纸币。
（4）取出硬币回收箱中硬币。
（5）报表填写。
（6）数据核算。
（7）数据录入。

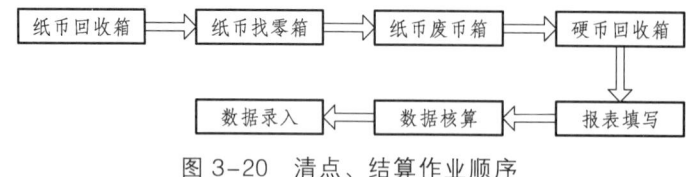

图 3-20 清点、结算作业顺序

三、报表、台账填写

车站日常需要上交报表有："站务员结算单""乘客事务处理单"（与同一个站务员的结算单装订在一起）、"退款申请单""车票退款记录表""TVM 清点记录""车站收入日报""车站车票库存日报""车站报表上交明细表""现金缴款单""特殊情况票款登记表"。

需填记的台账包括"TVM 补币、补票登记台账""客运值班员交接班本"等。

四、数据核算

（1）核算备用金金额：客运值班员核算现金库存系统上备用金金额、"客运值班员交接班台账"

中备用金填写区域"本班结存"处"金额""车站备用金收支汇总登记台账"中的车站备用金"余额"与备用金实点数是否相符。

（2）核算票款金额：客运值班员核算现金库存系统上票款金额、"收入日报"中营收总金额与票款实点数是否相符。

（3）核算车站车票数量：客运值班员根据"TVM补币、补票登记台账""客运值班员交接班台账"核算有效单程票、无效单程票、纸票、预制票及其他类型票卡数量与现金库存系统上库存及实点数是否相符。

 任务实施

一、监督（协助）客运值班员回收AFC设备内的车票及票款

（1）确保双人操作。
（2）确保在回收钱箱、票箱过程中现金、车票的安全。
（3）必须逐台收取。
（4）每日TVM进行结账时，需清空硬币找零、循环找零箱后再更换硬币回收箱。
（5）每日运营结束后，必须更换所有投入服务的TVM钱箱、票箱。

二、监督（协助）客运值班员完成清点工作

（1）钱票清点，报表填写，数据录入需认真复核，避免账实不符。钱票至少连续清点两次且数据一致方可确认。
（2）两名站务人员双人清点TVM、BOM、AGM回收的单程票。站务员/值班站长和客运值班员，双人共同清点现金。
（3）确保票务室门处于锁闭状态，清点现金时要在摄像头有效监控范围内。现金清点完毕后，票款与备用金需分区放入保险柜。
（4）严禁携带结算之外的任何现金及票卡（专用卡除外）进入票务室。
（5）纸币钱箱、硬币钱箱均应分开并逐台清点，同一钱箱内钱款应清点确认合计金额后方可清点下一钱箱，不同钱箱内钱款严禁混点。
（6）监督客运值班员在TVM清点完毕后才可进行车站备用金换零工作。

三、监督（协助）客运值班员填写相关票务报表及录入现金库存系统

夜班值班站长需监督客运值班员在规定时间内完成AFC设备数据录入及票务结算工作。
（1）负责核实报表填写是否规范、准确。
（2）负责检查当日现金库存系统内所有数据录入情况，核实数据录入是否准确、齐全，无误后在规定时间前提交报表。

 **任务评价**

根据以上学习内容，评价自己对本模块内容的掌握程度，在下表相应空格里"√"。

评价内容	差	合格	良好	优秀
对运营结算流程的了解程度				
对运营结算作业的监督重点的掌握程度				
学习中存在的问题或感悟				

任务六　补币补票作业

相关知识

一、补币、补票的时机

（1）每日运营前检查开始前（凌晨4时前），车站需对所有投入服务TVM进行补币、补票工作。

（2）运营期间车站工作人员发现TVM需要补币、补票时。

二、补币、补票流程

（1）将5元/10元纸币装入5元/10元纸币找零箱。
（2）将硬币装入硬币找零箱。
（3）将车票装入票箱。
（4）系统登录。
（5）装入硬币找零箱。
（6）装入纸币找零箱。
（7）装入纸币废币箱。
（8）装入硬币回收箱。
（9）装入纸币回收箱。
（10）装入票箱。
（11）退出系统。
（12）填写票务报表台账。

三、TVM装机流程（图3-21）

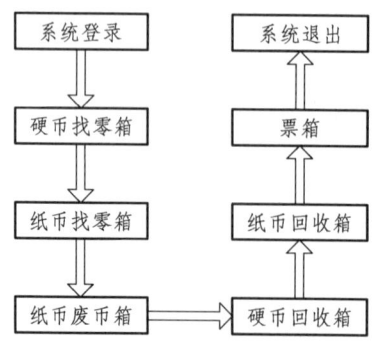

图3-21　TVM装机流程

 任务实施

一、工作流程

（1）监督（协助）客运值班员清点确认需补入 TVM 的现金及车票，并确认备用金。
（2）监督（协助）客运值班员将清点完毕后的现金、票补入钱箱及票箱。
（3）监督（协助）客运值班员填写相应台账并录入现金库存系统。
（4）监督（协助）客运值班员完成补币补票装机作业。

二、注意事项

（1）补币作业需双人（值班站长和客运值班员）进行，应在票务室视频监控状态下对补币金额、数量进行共同清点、双人确认后装入对应的钱箱，并锁闭钱箱。客运值班员负责具体操作，值班站长负责监督和安全工作，由客运值班员填写车站相关台账，补币操作的相关记录必须有操作人员和监督人员签章确认。
（2）运营期间，TVM 补票工作由客运值班员或以上级别人员单人操作；非运营期间，TVM 补票工作由客运值班员与另一名当班站务人员双人操作。
（3）注意监督客运值班员补币补票过程中操作是否规范。
（4）确保在补币、补票过程中现金、车票的安全。
（5）运营期间，对 TVM 进行补币、补票作业时，需设置暂停服务牌，TVM 恢复正常服务后，撤除暂停服务牌。

 任务评价

根据以上学习内容，评价自己对本模块内容的掌握程度，在下表相应空格里"√"。

评价内容	差	合格	良好	优秀
对补币补票操作流程的掌握程度				
对补币补票注意事项的掌握程度				
学习中存在的问题或感悟				

 任务七　封包解行

 相关知识

每日运营结算完成后，客运值班员根据"收入日报"上记录的营收总金额封包需要解行的票款并装箱，填写"现金缴款单""上门服务封箱（包）移交清单"，值班站长需监督相关票款解行工作。

一、票款解行

（1）解行方式：打包返纳。
（2）具体解行流程及相关要求严格根据分公司和银行签订的协议执行。

二、作业内容

1. 表单

银行向车站提供的表单包括:"现金缴款单""上门服务封箱（包）移交清单""零钞兑换单""现金差错通知单""上门送款确认单""下发清单""重要事项登记簿""尾箱等实物交接登记簿"。

2. 专用封箱（包）

银行提供的给车站的专用封箱（包），暂定一站三封箱（包），两个交替使用，一个备用。

三、封包相关要求

（1）纸币封装要求。

现金钞券应按面额整理并平摊，同面额钞券百张成把，尾零钞券自大至小叠放，并用橡皮筋或纸条封扎。

（2）硬币交存封装要求。

硬币上交需使用专用编织袋放置，以袋为单位，按面值一元、五角、一角分别封装。

（3）"上门服务封箱（包）移交清单"以及"现金缴款单"封装要求：

① 客运值班员根据当日票款正确填写"现金缴款单"和"上门服务封箱（包）移交清单"各栏要素，务必填写齐全，大小写金额一致。

② 客运值班员将"现金缴款单"和"上门服务封箱（包）移交清单"连同现金一并装入解行箱，统一使用专用锁片加封。

四、车站开箱清点银行返还的解行箱的操作要求

（1）车站收到银行上门服务人员送来的解行箱，车站人员需当场在监控下核点现金，银行上门服务人员负责见证。

（2）全部清点完毕，确认无误后在一式两联"上门送款确认单"或"下发清单"上签收；随当日票款一并将"上门送款确认单"送交银行，经银行确认后将第二联返回车站。

（3）车站清点现金发现与送交银行的"零钞兑换单"金额不符（或差错）或解行箱内无兑换后现钞的，必须立即报站务中心，并与银行电话联系。

（4）车站换零较多时，由银行上门服务人员通知，相关车站提供小推车，并提供一名工作人员予以配合工作。

五、解行相关规定

（1）银行上门服务人员到达车站后，车站当班客运值班员需确认收款人员的身份，无误后由客运值班员与银行收款人员进行解行箱交接。

（2）在银行上门服务人员接收车站移交的解行箱后，客运值班员应要求银行收款人员在"尾箱等实物交接登记簿"上签章办理接收手续。

一、交接解行箱的操作流程

（1）银行上门服务人员进票务室。

（2）车站交付含票款或兑零金额的解行箱，同时银行返还前一日车站交付的解行箱。

（3）车站工作人员填写"尾箱等实物交接登记簿"，填明交付银行的解行箱件数。

（4）银行上门服务人员填写"尾箱等实物交接登记簿"，填明返还车站的解行箱件数及金额。

（5）银行上门服务人员查验车站交付的解行箱、锁具（锁片）完好无损的，在车站的"尾箱等实物交接登记簿"上双人确认。

（6）车站工作人员查验银行返还的解行箱、锁具（锁片）完好无损的，在"尾箱等实物交接登记簿"上双人确认。

（7）银行上门服务人员同时在车站 IC 卡读写器（图 3-22）上（已预输）确认移交解行箱。

图 3-22　IC 卡读卡器

二、值班站长监督注意事项

（1）车站交存银行及兑零的现金全部在票务室监控下双人清点、加封并装入解行箱。

（2）车站填写"现金缴款单"时，纸币、硬币分别填写一张"现金缴款单"，"现金缴款单"一式二联，两联均需随现金解行。

（3）"上门服务封箱（包）移交清单"一式二联，第一联随现金解行，第二联车站留存。

（4）一个解行箱内只填写一份"零钞兑换单"，"零钞兑换单"一式三联，第一联车站留存，后两联均需随现金解行。银行完成兑换工作后，返还兑换后的现金及第三联"零钞兑换单"至车站。

（5）银行清点车站交送的现金发现差错时，会向车站发送"现金差错通知单"，车站收到"现金差错通知单"后，立即报站务中心，经过调查后，车站需在"企业回执"部分回复银行车站对现金差错的核查情况，并加盖车站票务专用章，完成后复印整份"现金差错通知单"交至站务中心票务工程师处。

（6）运营结束后将当日已签收的"上门送款确认单"或"下发清单"装入解行箱交送银行。

（7）车站接收银行运送的解行箱时发现封箱（包）未用专用锁片加锁或锁片已折断或开启的，应当场告知银行上门服务人员，并详细登记"重要事项登记簿"。

（8）"现金缴款单""零钞兑换单"和"上门服务封箱（包）移交清单"各栏要素，务必填写齐全，大小写金额一致。

根据以上学习内容,评价自己对本模块内容的掌握程度,在下表相应空格里"√"。

评价内容	差	合格	良好	优秀
对封包解行内容及流程的掌握程度				
对解行注意事项的掌握程度				
学习中存在的问题或感悟				

任务八 兑零作业

当车站有零钞兑换需求时,银行按照先收后付的原则办理,银行收取需兑换的现金后,将兑换后的现金以封箱(包)形式运送至车站。零币兑换原则每周(固定时间)一次,节假日提早安排,业务量大的车站,试运营期间视情况增加配送次数。

一、零钞兑换单

(1)车站有兑零需求时填写"零钞兑换单"。

(2)"零钞兑换单"一式三联,第一联车站留存,后两联均需随现金解行。银行完成兑换工作后,返还兑换后的现金及第三联"零钞兑换单"至车站。

(3)一个解行箱内只填写一份"零钞兑换单"(图3-23)。

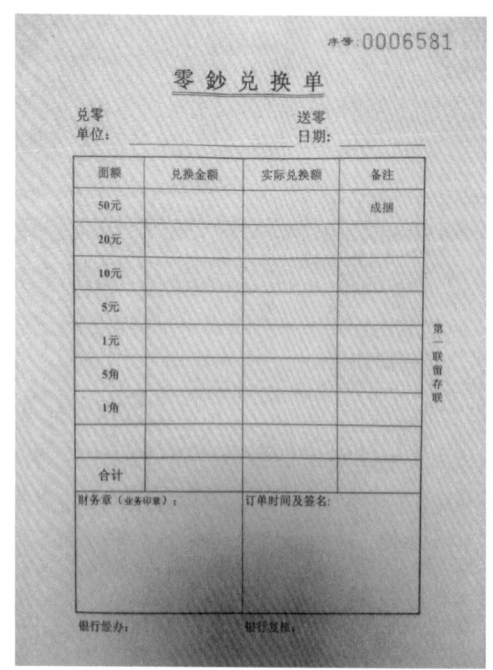

图3-23 零钞兑换单

二、"零钞兑换单"各栏填写规定

（1）"兑零单位"栏，填写车站站名及车站代码。
（2）"送零日期"栏，填写运营当日年月日（与票务报表日期一致）。
（3）"兑换金额"栏，在对应"面额"处填写需求零钞金额，在"合计"处填写需求零钞金额之和，务必与"上门服务封箱（包）移交清单"内兑零封包金额一致。
（4）"备注"栏，可填写需说明的特殊情况。
（5）"实际兑换额"栏、"财务章（业务印章）"栏、"订单时间及签名"栏、"银行经办"栏、"银行复核"栏不需车站填写，由银行补充完成。

一、车站兑零现金封包封装要求

（1）纸币应按面额整理平摊，同面额钞券百张成把，尾零钞券自大至小叠放，并用橡皮筋或纸条封扎。
（2）硬币使用专用编织袋封包，以袋为单位，按面值一元、五角、一角分别封装。
（3）零钞兑换时，车站根据实际送交兑换的现金正确填写"零钞兑换单"。
（4）"零钞兑换单"各栏要素，车站务必填写齐全，大小写金额一致。
（5）车站将"零钞兑换单"连同交存银行兑零的现金一并装入解行箱，使用专用锁片加封[加封前，车站应将专用锁片编号正确填写到"封箱（包）清单"上，若采用无编号锁片可不填]。
（6）车站交存银行兑零的现金全部在票务室监控下双人清点、加封并装入解行箱。

二、银行清点车站兑零现金封包的操作规定

（1）银行最迟应在收到车站"零钞兑换单"后3日内将零钞送至车站。
（2）银行在监控下开启车站送交的解行箱，解行箱中有现金封包的，核对"上门服务封箱（包）移交清单"上的兑零封包件数与实际兑零现金封包件数一致后在"上门服务封箱（包）移交清单"上签收；清点人员逐份拆封兑零封包，清点现金并与对应"零钞兑换单"核对无误后进行兑换处理。
（3）解行箱中无现金封包的，核对"上门服务封箱（包）移交清单"上的"零钞兑换单"份数与解行箱中的"零钞兑换单"份数一致后在"上门服务封箱（包）移交清单"上签收；清点人员清点现金并与对应"零钞兑换单"核对无误后进行兑换处理，在"零钞兑换单"签章。
（4）银行送车站兑换后的现金，银行应双人在监控下将现金和第三联"零钞兑换单"装包，使用专用锁片加封。
（5）车站清点现金发现与送交银行的"零钞兑换单"金额不符（或差错）或解行箱内无兑换后现钞的，必须立即报站务中心，并与银行电话联系。
（6）车站换零较多时，由银行上门服务人员通知，相关车站提供小推车，并提供一名工作人员予以配合工作。

三、银行返还车站的含兑换后现金的解行箱内现金长短款及假币的处理

（1）车站清点现金发现与送交银行的"零钞兑换单"金额不符（或差错）在300元（不含）以内，车站按照实点金额入账，并将实点金额写在"尾箱等实物交接登记簿"和"下发清单"中，由银行上

门服务人员带回"下发清单",长短款金额多退少补。

（2）车站清点现金发现与送交银行的"零钞兑换单"金额不符（或差错）在300元（含）以上或解行箱内无兑换后现钞的,按送交银行兑换现钞的要求对封包加封后将解行箱立即退银行。

（3）车站清点现金发现现金封包内有假钞或残缺不能使用的现钞时,按送交银行兑换现钞的要求对现金封包加封后将解行箱立即退银行。

任务评价

根据以上学习内容,评价自己对本模块内容的掌握程度,在下表相应空格里"√"。

评价内容	差	合格	良好	优秀
对零钞兑换单填写的掌握程度				
对零钞兑换注意事项的掌握程度				
学习中存在的问题或感悟				

任务九　监督递交报表

相关知识

每日完成运营结算后,值班站长必须认真审核本班次的票务报表及车站现金库存系统的数据是否填写/录入正确、完整,确认无误后及时在现金库存系统中提交相关报表,并监督客运值班员按规定时间、地点将纸质报表递交给票卡收益中心人员。

一、报表的种类

车站日常需要上交报表有:"站务员结算单""乘客事务处理单"（与同一个站务员的结算单装订在一起）、"退款申请单""车票退款记录表""TVM清点记录""车站收入日报""车站车票库存日报""车站报表上交明细表""现金缴款单""特殊情况票款登记表"。

二、报表的填写要求

（1）报表填写基本要求。

① 真实:报表必须由相关人员填写且如实反映票务情况,不得捏造事实,弄虚作假。

② 准确:报表填写前认真核对实际情况,以正确无误的数据填写,并要仔细复核。

③ 完整:必须按报表所列事项填写,不得遗漏。

④ 及时:报表必须在规定期限内填制完毕,并按规定时间上交票卡收益中心,不得故意延迟时间。

（2）属于复写的报表,一定要复写清楚,要求上下一致,并可辨认。报表的各项内容必须按要求填写,不应随便空格不报,若因客观原因不产生数字的空格用"—"符号表示。

（3）报表填写的文字不得使用红色笔填写，必须用蓝色或黑色笔填写，字迹必须清晰、工整，不得潦草。属于复写的报表用圆珠笔填写，属于非复写的报表用钢笔或签字笔填写。填写人员必须签章确认，若没有名章，应工整填写姓名和工号，确保清晰可辨认。

（4）报表填写的数字必须一个一个填写，不得连笔书写。对金额一项，小数点后无数时，应用"00"或"—"表示。报表中不需填写的空格需用斜线划掉。

（5）报表填写发生错误时，不得刮擦、挖补、涂抹或用化学药水更改字迹。更改数字必须用"划线更正法"。应用"划线更正法"更正时，在报表中错误文字或数字上划一红线，以示注销，要求划去整个错误数字，然后在该处盖上更改人员名章以示负责（若名章未带，可用红色笔工整签名，确保清晰可辨认），除特殊说明的需要三人签章确认的情况外，其余均需要双人签章确认；若更改3次以上（不含3次）或报表写坏时，应另填写一份，该报表作废，并加盖"作废"戳记，全部保存，不得撕毁，并随当日报表上交票卡收益中心。

任务实施

一、递交流程

（1）车站将每日需要上交的报表及废票单独装入布袋（上标注车站名）中，填写"车站报表上交明细表"，车站封包人、值班站长签字确认。

（2）客运值班员每个工作日（节假日后第一个工作日，如有变更另行通知），按规定时间、地点递交给票卡收益中心人员。

（3）票卡收益中心人员确认信封数量正确、封包完好后接收，不当场确认封包内报表及废票数量。

二、注意事项

（1）信封按照十字加封的要求对每日需要上交的报表进行加封。
（2）注意报表上交的时间。
（3）车站当天如有车票配发、调配及上交等业务，相关"车票调拨单""车票上交单"、各类单据需随报表一并上交。

任务评价

根据以上学习内容，评价自己对本模块内容的掌握程度，在下表相应空格里"√"。

评价内容	差	合格	良好	优秀
对报表填写注意事项的掌握程度				
对递交报表流程的掌握程度				
学习中存在的问题或感悟				

模块训练

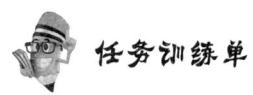 任务训练单

班级：　　　　　　姓名：　　　　　　训练时间：

任务训练单	半自动售票机相关作业
任务目标	掌握基本票务管理知识，了解值班站长日常票务作业内容，掌握 AFC 设备操作管理技能及各类票务工作流程，能监督车站员工的票务作业情况，确保车站票务工作正常开展
任务训练	任务训练说明：请从下列任务中选择其中的两个进行训练。SC 查询设备状态、TVM 结账、钱箱回收、票箱回收、AGM 回收、TVM 补币补票、报表填写、封包解行、零钞兑换单填写、系统录入

任务训练一：
（说明：总结作业流程，并在实训室进行实操训练或者上机在模拟软件上完成实操训练）

任务训练二：
（说明：总结作业流程，并在实训室进行实操训练或者上机在模拟软件上完成实操训练）

任务训练的其他说明或建议：

指导老师评语：

任务完成人签字：　　　　　　　　　　　　　　　日期：　　年　　月　　日
指导老师签字：　　　　　　　　　　　　　　　　日期：　　年　　月　　日

模块小结

本模块讲述了值班站长监督客运值班员交接班、传达票务通知、AFC设备操作管理、运营结算作业、补币补票作业、封包解行、兑零作业及监督递交报表等日常票务管理工作。要提高票务管理能力，首先要掌握车站各岗位的票务作业内容及流程等，熟悉客运值班员、行车值班员及站务员岗位的各项设备操作技能，同时，也需掌握监督各岗位作业时需注意的重点及操作规范。

本模块介绍了车站日常票务作业的基本流程，包括运营结算、补币补票作业及封包解行流程等，也阐述了值班站长监督客运值班员交接班、递交报表等各项票务工作过程中需注意的事项。

模块自测

一、填空题

1. 在更换纸币钱箱、硬币回收箱的操作时，（　　　　）主要负责具体操作，（　　　　）主要负责监督和安全保护。

2. 一次售票作业标准，应遵循"（　　　）、（　　　）、（　　　）、（　　　　）"原则。

3. 对已加封的单程票交接时，接收人确认加封正确完好后可凭（　　　　）交接。

4. 每日交接班时，值班站长需监督客运值班员将传达下来的票务相关通知、规定填写在（　　　）进行交接；且对当日收到的最新票务相关通知须按要求进行重点交接。

5. 在运营开始前，由（　　　　）负责注册进入车站计算机、通过车站计算机监控台开启AFC设备、检测车站计算机与各设备的连接状况等。

6. 与客运值班员一起清点需补充的纸币、硬币，并进行补币操作；补币工作由（　　　　）负责具体操作，（　　　　）负责监督和安全工作，清点工作需客运值班员、值班站长双人在票务室监控状态下进行。

7. TVM、AGM回收需在本站（　　　　）载客列车开出，（　　　　）后以及在SC设置的系统运营结束时间（　　　）完成。

8. 解行方式：（　　　　）。

9. 报表填写必须（　　　）、（　　　）、（　　　）、（　　　　），填制人员必须严格执行票务规章制度。

10. 纸币钱箱、硬币钱箱均应分开并（　　　　　），同一钱箱内钱款应清点确认合计金额后方可清点下一钱箱，不同钱箱内钱款严禁（　　　　）。

二、简答题

1. 简述车站更换钱箱的时机。
2. 简述AFC设备主要功能。
3. 简述TVM找零箱补币补票时机。

4. 车站备用金可以用于哪些方面?
5. 简述车站更换钱箱的注意事项。
6. 简述运营结算流程。
7. 简述补币补票注意事项。
8. 简述兑零作业及解行流程。
9. 车站日常上交的报表有哪些?
10. 请根据本模块所学的知识,完成运营结算及补币补票的实操练习。

下 篇

模块四 客运服务

案例导学

小李到地铁站乘坐地铁时,把笔记本电脑遗忘在站台候车椅上,就乘车离开了。电脑里可存储了重要的办公资料呢!于是她匆匆返回到车站,找到工作人员帮她寻找遗失的笔记本电脑。小李联想到自己在课堂上学的知识,工作人员要对遗失物品进行管理等,原来让乘客满意是需要具备一定的客运服务能力的。

那么,客运服务需要完成哪些工作呢?如果车站出现乘客拥挤情况,造成混乱怎么办呢?通过学习本模块知识,以上问题就可以得到解决。

学习目标

(1)掌握车站开站程序。
(2)掌握乘客事务处理程序。
(3)掌握客流组织。
(4)掌握拾遗物品的管理要求。
(5)掌握乘客乘车服务指引。
(6)掌握边门管理要求。
(7)掌握车站关站程序。

技能目标

(1)能熟练完成开站程序,按要求开启电扶梯、垂梯等客运服务设备,要求查看客运服务设备设施运行情况。
(2)能熟练正确完成乘客事务处理,对乘客提出的问题或不解之处进行回答,对乘客提出的问题或建议向管理部门反映等。
(3)能熟练正确处理正常情况下的客流组织,非正常情况下的客流组织,组织处理大客流。
(4)能熟练正确地帮助乘客寻找遗失物品。
(5)能熟练正确的对乘客投诉进行处理。
(6)能熟练按要求负责车站边门的日常管理,做好车站边门紧急情况下的管理。
(7)能熟练按要求清客后,关闭卷帘门等,完成关站程序。

任务一 车站开站

首班载客列车是运营时间内,按列车时刻表中规定需要载客运行的第一趟列车。

客运服务设备设施是为了给乘客提供优质良好的服务,地铁车站配置一定数量的客运设施和设备,包括出入口卷帘门、站内电梯、扶梯、PIS、TVM、安检仪等,为乘客提供服务。

客运服务设备设施

(一)导向标志系统

导向标志系统是为引导乘客方便、快速、安全地进站乘车、搭乘列车、下车出站、换乘、使用车站设施、观光等行为,而连续设置于地铁站外、站内、列车上的各类标志,以及完成紧急情况下进行客流疏散所设的紧急疏散标志。

导向标志系统中各类标志按其发挥的作用可分为:

(1)确认标志(用以标明某设施或场所的标志)。

确认标志包括:轨道交通标志、站名标志、自动售票标志、客服中心标志、自动检票机状态标志、自动扶梯状态标志、电梯标志、卫生间标志、无障碍设施标志、出口标志。

(2)导向标志(用以向乘客提供某设施或场所方向指示的标志)。

导向标志包括:轨道交通车站导向标志、自动售票导向标志、客服中心导向标志、无障碍设施导向标志、电梯导向标志、自动扶梯导向标志、卫生间导向标志、乘车导向标志、列车运行方向导向标志、出站导向标志、紧急出口导向标志、公交枢纽导向标志。

(3)综合信息标志(用以表达乘客需要了解的与轨道交通系统相关信息的标志)。

综合信息标志包括:车站出入口标志、运营时间标志、公告、轨道交通线网示意图、票务信息示意图、轨道交通车站空间示意图、列车运行线路标志、车站周边信息图、车站出口信息标志、车厢信息标志。

(4)禁止标志(不准许乘客发生相应行为的标志类别)。

禁止标志包括:禁止携带危险品标志、其他禁止标志。

(5)安全警告标志(提示乘客注意,避免可能发生的危险的标志类别)。

(6)消防安全标志(与消防安全有关并符合消防规定的标志类别)。

(二)楼梯及自动扶梯、垂直电梯

由于地下车站一般都由地下两层组成,出入口与站厅层之间、站厅与站台层间应设人行楼梯、自动扶梯或垂直电梯。

(三)乘客资讯系统(Passenger Information System,简称 PIS)

乘客资讯系统通过设在各车站的各类显示终端,为乘客提供列车运行信息;在紧急情况下发布紧急信息,以帮助疏导乘客;通过查询机的触摸屏,乘客可以自行查询换乘信息、车站周边情况、广告、新闻政府公告等资讯,以提升地铁的服务质量。同时也可利用分布在各车站的各类显示终端,发布广告。

PIS 的信息可以分为两大类：文本和简单图片信息、媒体文件。

文本信息包括：预定义的紧急信息和常规信息、实时信息（如列车到站、离站信息、商业信息、系统默认的信息等）。

媒体文件包括：图像、影音等信息。

车站 PIS 的功能：乘客引导信息、乘车须知等其他信息的播出；实时显示列车到达和离开的时间；重要通知和突发事件的通知；各种广告信息和便民信息的显示；转播电视台节目；时钟信息显示。

（四）车站照明系统

车站照明按其不同用途分工作照明、节电照明、标示照明、广告照明及应急照明等。

应急照明是为了车站工作照明发生故障时，为疏散乘客提供必要的照明，通常由蓄电池提供，当正常照明失电时应急照明会立即启动，一般可维持 45 分钟左右。

（五）火灾自动报警系统（Fire Alarm System，简称 FAS）

火灾自动报警系统主要用来探测火警及监视消防装置的动作，发生火灾时，火灾自动报警系统发出视信/音响报警信息，并启动消防联动设备、向设备监控系统发出启动火灾模式指令，协同防排烟系统、以及其他消防灭火系统，共同实施消防灭火。

（六）车站站台屏蔽门

屏蔽门是设在站台边缘，将站台区域与列车运行区域相互隔开的设备。开关屏蔽门可以由人工或自动控制，一般情况下当隧道无车及列车进站时处于关闭状态。

屏蔽门的优点：首先，保证了候车乘客的人身安全，最大限度防止了可能出现的各类人员意外伤亡。其次，节约了车站空调能源，降低了列车噪声对乘客的干扰，环境更加适宜。

车站屏蔽门的控制方式分为系统级、站台级、车站级和就地级控制。

（七）车站环控系统

车站环控系统的作用就是为车站内乘客及工作人员提供舒适的空气环境，为地铁区间隧道通风换气以及火灾时排除烟气，有利于人员疏散。

车站环控系统根据系统功能分为：环控大系统（简称大系统）、环控小系统（简称小系统）、制冷空调循环水系统和隧道通风系统。

（八）其他客运设施

其他的客运设施主要包括：盲道、对讲机、厕所、临时票亭等。

 任务实施

一、开启客运服务设备设施

首班载客列车到站前 10 分钟，按时正确开启车站出入口卷帘门、电梯、扶梯，检查 PIS 状态，巡视全站。

二、检查客运服务设备设施

检查客运服务设备设施运行情况，通过 IBP 盘和 ISCS 监控扶梯运行状态，监控垂直电梯的运行状态；在 SC 上监控 AFC 设备运行状态，巡查车站导向标志、PIS、照明、FAS、车站环控等设备设施状态良好。

三、车站开站程序（表 4-1）

表 4-1　车站开站程序

序号	时间	责任人	内容
1	首班列车出场前 30 分钟	行车值班员、值班站长	行车值班员按规定完成试验道岔；检查行车备品、备件是否齐全完好；值班站长检查施工结束，站线出清，完成开关屏蔽门/安全门测试，检查站台无异物侵入限界，行值汇报行调
2	首班列车到达前 60 分钟	客运值班员	完成 TVM 补币、补票工作，检查 AFC 设备运行情况
3	首班列车到达前 30 分钟	行车值班员	完成开启环控系统并检查运行情况，发现异常，及时汇报环调
4	首班列车到站前 30 分钟	客运值班员	完成票亭岗配票工作
5	首班列车到站前 15 分钟	站台岗	领齐备品到岗
6	首班列车到站前 15 分钟	行车值班员	检查打开照明，并确认开启 AFC 设备
7	首班列车到站前 15 分钟	票亭岗	开启 BOM，开窗售票
8	首班列车到站前 10 分钟	值班站长	依次开启出入口卷帘门、站内垂梯、电扶梯，检查 PIS 状态，巡视全站

四、注意事项

开站前需对所有设备状态进行认真确认，各岗位做好服务乘客的充分准备。若发现设备故障而影响服务乘客质量，要立即向设备归口部门进行报修，并做好应急措施。

五、专家提示

车站开站时，值班站长要预留较充足的时间对各岗位及设备状态进行确认，做好服务乘客的准备工作。

根据以上学习内容，评价自己对本模块内容的掌握程度，在下表相应空格里"√"。

评价内容	差	合格	良好	优秀
对开启客运服务设备设施掌握程度				
对检查客运服务设备设施掌握程度				
学习中存在的问题或感悟				

任务二　乘客事务处理

 相关知识

乘客事务是指乘客对轨道交通运营的投诉性事务和非投诉性事务的统称。非投诉性事务包括咨询和建议、表扬、求助、纠纷等。

一、乘客事务分类

乘客事务依据乘客是否进行了投诉可分为投诉性事务和非投诉性事务。
非投诉性事务包括：
（1）咨询性事务：乘客有问题向工作人员询问的。
（2）建议性事务：乘客有问题或建议向管理部门反映的。
（3）表扬性事务：乘客获得帮助希望向提供帮助的工作人员表达感谢的。
（4）求助性事务：乘客有困难或问题需给予帮助解决的。
（5）其他事务：非乘客主观造成的事务或轨道交通提供的个性化服务措施等。

二、乘客事务处理的要求及方法

（1）要求：员工应具备预防服务冲突的能力。
（2）处理问题时的方法。
① 易地处理：将乘客请至房间内或僻静处处理，尊重乘客。
② 易人处理：必要时，交与其他同事处理。
③ 易性处理：原则性与灵活性有机结合。
（3）处理原则。
① 首问责任制：首位接待乘客的员工应尽力满足乘客的合理诉求，如无法满足的，应为乘客指明其他解决方式。
② 现场处理原则：受理乘客事务的个人或部门要尽量在现场处理完毕，确保事务处理的时效性。
③ 乘客满意原则：在处理乘客事务时，需迅速响应乘客的需求，在规定允许的情况下，尽量满足乘客的需要，做好服务补救措施。

 **任务实施**

一、非投诉处理

（一）咨询或建议性乘客事务处理

（1）受理：在运营分公司范围内，如有乘客当面或来电咨询和建议，由服务乘客的第一位员工当即受理；乘客来信等其他方式可由站长统一处理，首次服务乘客的该员工执行首问责任制。

（2）处理：乘客问询内容如属于运营分公司范围内事务，由首位员工当面解答。如遇首位员工不了解或不能处理的情况，由首位员工求助其他员工获得答案后进行解答。任何员工不得就自己不了解的情况随意或臆测回答。如乘客询问内容属于运营分公司范围内事务但首位员工无法全面回答，首位员工应建议乘客拨打服务热线进行咨询。如乘客问询内容不属于运营分公司范围内事务，建议乘客拨打相关的咨询电话进行咨询，不得将个人主观意见回复乘客。

（3）结果：处理结果以乘客满意为原则，如遇不能回答的问题应取得乘客的谅解。对于乘客经常重复性问到的问题做好记录和统计，以便于下次更好的对乘客进行服务。将乘客有建设性的建议或意见，在有必要的情况下汇总上报部门，并积极改进。

（二）表扬性乘客事务处理

（1）受理：乘客表示表扬时被表扬者或其领导当即受理。应遵循乘客的个人意愿，可以接受感谢信、锦旗等书面表扬，致电服务热线表扬，经过电子媒体或者登报表扬等，但不得接受乘客任何形式的物质表扬尤其是赠送金钱、卡券等方式的表扬。政府部门或其他机构转发的表扬，由综合部和群工部代为受理。

（2）处理：员工收到乘客表扬后，将感谢信、锦旗、照片等表扬现场资料影印，每月汇总后提报中心工程师。中心工程师汇总后提交部门评议。

（3）结果：根据评议结果，部门认为有必要的，可以单独发布表扬通报，其他每月汇总发布一次部门级表扬通报。

（三）求助性乘客事务处理

（1）求助受理：乘客发现随行人员（如小孩、老人、父母等）走散，向车站工作人员寻求帮助。现场工作人员将此情况报告车控室。车控室通知值班站长接待求助乘客，并详细记录走散人员的相关信息。相关信息包括：姓名、性别、年龄、身体特征、穿戴、随身携带的物品、原本预定的目的地（轨道交通车站）、所乘列车的走向等一切可以获得的关于走散乘客的信息。

（2）传递信息：如果乘客原本有目的地站且走散乘客具备独自乘坐轨道交通的能力（会坐轨道交通并了解宁波轨道交通的基本线路），值班站长通知目的地站协助寻找走散乘客。如走散乘客不具备独自乘坐轨道交通的能力（年龄太小或太大、不熟悉宁波轨道交通基本线路等），值班站长向OCC汇报，申请发布通告全线寻找走散的乘客。并让求助乘客打电话询问走散乘客可能会到达的地方（如家里、原本预定的目的地等），确认走散乘客是否到达。

（3）寻找走散乘客：车站收到帮助寻人的要求后，记录走散乘客的详细信息，在全站范围内播放相关寻人广播，通知车站所有当班人员（包括保安、保洁等）注意车站是否出现符合条件的乘客。如有工作人员发现符合条件的乘客，立刻上前确认，如确认是走散乘客立即通知车控室。如走散乘客听到广播主动找到工作人员，则立即通知车控室。值班站长接待走散的乘客，安抚乘客情绪，并回复原求助乘客所在车站，走散乘客已寻获，请求助乘客前来接。如信息来自OCC服务热线转发的寻人通告，应及时回复服务热线走散乘客已寻获。

（4）后期处理：如长时间未找到走散乘客，建议乘客回家或到目的地耐心等待，必要时可以报警求助。

（四）乘客寻物求助的处理

（1）求助受理：乘客发现携带的行李或物品遗失，向车站工作人员寻求帮助。现场工作人员将此情况报告车控室。车控室通知值班站长接待求助乘客，并详细记录遗失物品的详细信息。详细信息包括：遗失物品名称、遗失物品特点、遗失时间、遗失详细地点等一切可以获得的关于遗失物品的信息。

（2）寻找遗失物品：如果遗失物品在本站且本站已经拾获，则及时归还乘客。如乘客遗失地点为本站却未拾获，则指派遗失地点附近的站务人员仔细地寻找，寻获后及时归还乘客。如遗失地点为其他的车站，则通知遗失车站到遗失地点寻找。如遗失地点为列车上，则通知该列车目前前进方向的前方车站或折返车站到列车上的遗失地点寻找。车站接到配合寻物要求后，如遗失在本站，则就近派人仔细寻找。如遗失在列车上，则派人搭乘列车或折返清客时仔细寻找。寻获遗失物品后，通知乘客所在车站告知乘客取回遗失物。

（3）如乘客行程较急，也可留下联系方式先行离开，如若找到其遗失物品再联系乘客，通知认领。

（五）乘客物品掉落轨道处理

1. 乘客掉落物品侵限

（1）站台人员发现后，立即按压紧急停车按钮并显示紧急停车信号，同时报车控室；并做好乘客安抚工作，防止乘客擅自采取行动。

（2）值班员接到有物品掉下轨道并危及行车安全的报告后，立即确认站台紧急停车按钮是否按下，如未按下则及时按下，立即报行调并申请下线路拾取或用拾物钳进行拾取。

（3）行调扣停后续列车并同意下线路处理。值班站长马上赶往事发现场，指挥处理，确认做好安全防护后安排人员打开端门下线路处理或隔离相应屏蔽门后将物品拾出。物品拾上来后，值班站长确认现场线路出清，不影响行车，通知行值报行调。

（4）处理过程中站台人员注意疏散围观乘客，并尽量防止乘客拍照。物品拾上来之后，及时归还乘客。

2. 掉落物品不影响行车安全

（1）站台人员安抚乘客，同时向车控室报告，说明物品不影响行车安全。

（2）如掉落物品为贵重物品或乘客强烈要求马上拾回物品时，在列车未来时，经行调同意，做好防护后打开端门下线路处理或隔离相应屏蔽门后将物品拾出。在列车来时，待列车离开车站后，再申请拾回。站台人员将物品拾上来后，确认线路出清，向车控室汇报，行车值班员报行调。物品归还给乘客。

（3）如经乘客允许可以稍后拾回时，记录物品的特征及内容、掉落的详细位置并目视确认，乘客留下联系方式，告知乘客第二天到车站取回遗失物品。当天运营结束后，向行调申请下线路，做好防护措施后下线路拾回物品。做好物品的保管，第二天通知乘客领取拾回物品。

（六）乘客物品掉落轨道处理

1. 乘客与乘客纠纷处理程序

（1）现场员工发现乘客与乘客之间的纠纷、斗殴，应注意自我保护，第一时间上前劝解、分开乘客，劝阻纠纷或斗殴，并立即报车控室安排支援，疏散周边乘客，防止其他乘客受到伤害。向附近的工作人员求助。车控室接报后，通知值班站长及车站员工赶往现场处理，报轨道交通公安。

（2）值班站长及现场员工、保安在公安未到达现场时，尽力将双方分开隔离、留下，等候公安处理。如纠纷双方在等待过程中强烈要求离开，应留下相应证件资料及联系方式等。若发现乘客流血等伤势较重的，立即报"120"。

（3）公安到达现场后，将乘客双方、目击证人移交轨道交通公安处理，由值班站长向公安了解后续处理情况。

2. 员工与乘客纠纷处理程序

（1）车站员工处理乘客事务受到乘客侮辱、恐吓或攻击时，员工应第一时间做好自我保护、躲避，及时向车控室汇报，行值必须立即组织人员支援，并报警。

（2）现场人员需保持冷静、克制，坚持"骂不还口，打不还手"的原则，尽力控制局面，若乘客攻击车站员工，员工要及时躲避，保护自身安全，并将肇事者留下交公安处理。

（3）若乘客攻击员工，造成员工人身伤害时，车站需立即安排其他员工送伤者到医院验伤、治伤，并马上将情况上报部门。

（4）冲突时，现场人员注意互相协助、保护、克制、冷静地处理，注意保留证据（将肇事者引向录像区域），及时挽留目击证人。

（七）酒醉乘客处理

（1）醉酒者的辨识方法。

① 看：该乘客脸色是否正常，衣着是否整齐干净，行走是否踉踉跄跄。

② 闻：该乘客身体是否有酒气。

③ 谈：该乘客说话是否流利，头脑是否清醒，语言是否颠三倒四。

（2）晕醉处理：在未完全失去理智的情况下，可好言相劝请其离开。设法取得其姓名、地址及电话号码与其家人联系处理。

（3）醉酒闹事处理：乘客因醉酒闹事且不听劝阻，在公共区大吵大闹，打人骂人，损坏公共财物，甚至调戏乘客，招引乘客围观等妨碍正常运营的情况，值班站长应立即组织车站保安将乘客控制起来，将其与普通乘客隔离开来，疏散围观乘客，并立即报轨道交通公安。在等待轨道交通公安到来的过程中要注意控制的方式方法，避免伤到醉酒乘客。另外车站对醉酒乘客损坏的公共财物做好记录（包括照片），并寻找目击证人，做好笔录。如果有乘客受伤，受伤严重的协助报"120"送医处理，轻者做好伤口初步处理。待公安到来，移交公安处理。

（4）醉倒处理：当醉酒者不省人事时，将醉酒乘客移至人少区域并隔离起来，尽量避免直接躺在地面上或面对通风系统风口而受凉。如出现昏迷不醒或其他危险症状时，视情况报"120"送医处理。

（八）乘客晕倒处理

（1）发现乘客晕倒：乘客发现有人晕倒向车站工作人员求助或车站工作人员发现有乘客在车站内晕倒，立即向车控室和值班站长报告。

（2）初期处理及救治。

① 值班站长带领客值和保安携带担架、医药箱和照相机赶到现场，如乘客晕倒的地点为厕所则需要考虑男女搭配。如乘客晕倒地点在列车上，需要提前在对应屏蔽门处等候，待车停稳将乘客从列车上移至站台通道等僻静处。

② 值班站长现场查看，如乘客神智仍未迷失，则询问晕倒原因（明确是否为个人原因）并录音，乘客是否需要打"120"求助，乘客同意后通知车控室报"120"处理，并询问乘客家属联系方式以及基本信息，立即联系家属。并将乘客用担架移至紧急出入口处。如有乘客在旁，客值及时寻找证人，并做好证人笔录（如是乘客发现后向车站求助的，一定要留下该乘客的笔录）。若没有时间笔录，也要留下乘客的身份信息和联系方式。

③ 如判断乘客为嘴唇发白等低血糖特征则应乘客需求提供温糖水。通知乘客家人到场，处理途中注意照片和录音收集，多和乘客聊天，争取保证其神志清醒。

④ 值班站长赶到现场时，如乘客已经晕倒昏迷，无其他明显症状则采用掐"人中"、耳根或拍打等方式，试图刺激乘客清醒。如还有其他严重症状时，视情况对乘客实施简单急救。尽量让乘客恢复神智。并通知车控室及时报"120"。

⑤ 120赶到后，将乘客交由医生处理，家属陪同。如乘客已经昏迷无法联系到家人时，车站视情况派站务员陪同配合，允许用客伤备用金垫付部分医疗费用。

（3）后期处理：及时了解乘客的救治情况，解决好后续问题的处理。

二、投诉处理

（一）乘客投诉分类

（1）按乘客投诉内容，可分为对员工服务态度的投诉、对设施设备的投诉、对公司政策的投诉。

（2）按乘客投诉方式，可分为来信投诉、电话投诉、口头投诉、媒体上投诉。

（3）按乘客投诉信息来源，可分为：分公司接受的投诉和外单位转发的投诉。

（4）按责任承担方式，可分为：有责投诉和无责投诉。

（二）乘客投诉要素

（1）人员服务类的投诉要素包含：时间、地点、人员工号、事件概况、乘客意见、改进建议等。

（2）非人员服务类的投诉要素包含：时间、地点、事件概况、乘客意见、改进建议等。

（三）乘客投诉处理原则

（1）首诉责任制：首位接待乘客投诉的员工应耐心接听接谈，做好解疑释惑和疏导工作，防止矛盾激化。遇沟通性投诉时，尽力满足乘客的合理诉求，如无法满足的，应为乘客指明其他解决方式。如需调查核实的，应明确告诉乘客回复的时间。

（2）投诉不申辩原则：处理乘客投诉时，不能出现辩解、推诿、顶撞的行为。

（3）现场处理原则：在现场受理乘客投诉的个人或部门，要尽量在现场处理完毕，确保投诉处理的时效性。

（4）乘客满意原则：在处理乘客投诉时，需迅速响应乘客的需求，在规定允许的情况下，尽量满足乘客的需要，做好服务补救措施，并及时将无法处理或乘客对回复不满意的投诉向上级反映。

（5）乘客投诉"四不放过"原则：投诉原因分析不清不放过、防范整改措施不落实不放过、责任人没有受到处理不放过、责任人和其他员工没有受到教育不放过。

（6）投诉回复及时性原则：乘客投诉应及时处理。沟通性投诉应当天回复乘客，有责乘客投诉及重大运营服务事件可在 3 个工作日内调查完毕并回复乘客，特殊情况下经分公司主管副总批准可在 7 个工作日内处理完毕并回复。

三、注意事项

投诉处理时，值班站长接待乘客过程中要适时运用易地、易人、易性的处理方法，把握首问责任、现场处理、乘客满意的原则，化解乘客的不满，提高服务乘客的本领和技巧。

四、专家提示

针对车站属地范围内涉及乘客财产安全的问询，如乘客物品掉落轨道的处理、醉酒乘客的处理等，车站员工要及时接待乘客，提供帮助，尽量为乘客排忧解难，维护和提升企业形象。

任务评价

根据以上学习内容，评价自己对本模块内容的掌握程度，在下表相应空格里"√"。

评价内容	差	合格	良好	优秀
对非乘客投诉处理程序的掌握程度				
对乘客投诉处理程序的掌握程度				
学习中存在的问题或感悟				

任务三　客流组织

客流组织是指为保证车站的正常秩序、乘客的人身安全，车站根据当天客流情况进行的人员组织、客流疏导、安全宣传等工作。一般可分为正常情况下的客流组织、非正常情况下的客流组织及大客流组织。

大客流是指在一定时间内出现较多客流并有持续发展的趋势，造成车站能力或列车运能明显不足时。

清客是要求乘客从列车上下车，用于末班车终到站对乘客清客，列车在区间、隧道发生故障时的清客或特殊情况对到站列车清客。

疏散是指组织乘客从站内疏散到站外，从区间疏散到车站并组织出站。

客流组织基本原则如下：

（1）坚持高度集中、统一指挥、逐级负责的原则，OCC行调指挥全线客运组织工作，站长或车站值班站长负责车站的客运组织。

（2）车站客流组织原则坚持地下站由下至上、由内至外的原则，高架站由上至下、由内至外的原则。

一、正常情况下的客流组织

（一）进站客流组织

（1）组织引导客流经出入口楼梯、电扶梯或无障碍电梯进入车站站厅层付费区。

（2）组织引导部分乘客在自动售票机购票后通过进站闸机进入付费区，引导部分持一卡通的乘客直接通过进站闸机进入付费区。

（3）乘客进入付费区后，组织引导乘客再通过楼梯、电扶梯或无障碍电梯进入站台层候车。

（4）乘客到达站台，组织引导乘客站在黄色安全线内候车，通过导向标识和乘客咨询系统选择乘车方向和了解列车到发时刻。

（5）列车到站停稳开门后，引导乘客按照先下后上的顺序乘车，站台岗注意做好引导工作，防止乘客抢上抢下。

（二）出站客流组织

（1）乘客下车到达站台后，组织引导其经过楼梯、电扶梯或无障碍电梯进入站厅层付费区。

（2）通过出站闸机进入非付费区后组织引导乘客（通过导向标识）找到相应的出入口，经过通道、出入口出站。

（3）组织引导无法正常通过出站闸机的乘客到客服中心办理相关事宜后出站。

(三) 换乘客流组织

（1）同站换乘：包括同站台换乘、垂直换乘、站厅换乘三种方式。

① 同站台换乘：乘客换乘站下车后，原地等待另一线路的列车，实现同侧站台的换乘。或乘客到达换乘站下车后，根据导向标识指引，跨过站台到另一侧上车，实现同站台的换乘。

② 垂直换乘：乘客到达换乘站下车后，根据导向标识指引，通过楼梯、自动扶梯、无障碍电梯到达另一线路站台乘车。

③ 站厅换乘：乘客到达换乘站下车后，根据导向标识指引，通过楼梯、自动扶梯或无障碍电梯到达共用站厅后，再经过楼梯、自动扶梯或无障碍电梯到达另一线路站台换乘候车。

（2）通道换乘：乘客到达换乘站下车后，在换乘站内根据导向标识指引，经过换乘站一定区域后步行一段专用通道到达另一线路车站进行换乘。

（3）站外换乘：乘客到达换乘站下车后，根据换乘导向标识指引，经楼扶梯或无障碍电梯到达站厅付费区，通过出站闸机出站，到另一线路重新进入付费区或进站进行换乘。

（4）车站对正常情况下客流组织进行监控，提供咨询，进行引导。

二、非正常情况下的客流组织

(一) 使用隔离的情况下的客流组织

（1）发生乘客打架：车站发生乘客打架并难以控制局面时，用铁马隔离打架区域，避免伤及其他乘客，寻找目击证人，保护事发现场，通知轨道交通公安，公安到达后交公安处理。隔离过程中，尽量疏散围观乘客，保持正常的运营秩序。

（2）发现恶性传染病人：必须采取隔离措施，关闭出入口，汇报 OCC 并申请列车不停站通过车站，站内所有人员暂时隔离在车站，待防疫部门检查允许后方可离站。隔离的过程中应注意安抚乘客的情况并做好解释工作。

（3）乘客伤残、死亡时需要保护现场：必须采取相应的隔离措施，进行围挡，疏散围观乘客，制止乘客拍照，交由公安处理。

（4）其他情况：必须采取相应的隔离措施，进行围挡，并张贴相应的警示告示，必要的情况下，派车站人员驻守防护。

(二) 使用疏散的情况下的客流组织

1. 到站列车清客

列车到达终点站、列车故障退出服务、救援列车清客等情况下，车站都需要对到站列车进行清客的客流组织。清客工作原则上从列车的两端往中部清理，遇到不配合的乘客，通知值班站长到场处理，确保清客质量。站务人员做好候车乘客的解释和安抚，引导部分非正常清客的乘客退票，同时做好车站的广播工作。

2. 区间列车清客

列车在区间故障或牵引供电中断等突发情况需要清客时，由行调指定车站值班站长担任事故处理负责人并带领其他工作人员进入区间，协同列车司机一起将乘客组织疏散到距离事发地较近的车站或安全区域。

3. 站台清客

车站有重要接待或站台出现可疑的爆炸物时需要进行部分或全部站台的清客，做好乘客的引导和疏散。对于有需要进行退票的乘客，引导乘客有序的退票。

4. 车站清客

车站夜间末班车终到站后清客、车站关站、车站发生特殊情况终止服务时，组织引导站内所有乘客全部离开车站。非正常关站时还需要做好乘客解释和安抚工作。

(三) 设备故障时的客流组织

1. 电梯故障

在乘坐电梯楼层处用围栏隔离，摆放警示标识；对需要乘坐电梯的乘客，协助其使用扶梯或楼梯。故障修复确认安全后，方可使用。

2. 扶梯故障

扶梯上下两端用围栏隔离，摆放警示标识，车站人员引导乘客行走楼梯；当设备修复开启时，车站需对扶梯上下两端进行监视，确保维修人员撤出和扶梯上无人时，方可开启。

3. 屏蔽门故障

（1）部分屏蔽门故障，在故障的屏蔽门上张贴提示告示，在能够关闭的情况下尽量将屏蔽门关闭。并做好隔离防护措施，对于无法关闭的屏蔽门派人进行驻守，防止乘客误入轨行区。列车到站时，做好上下车乘客的引导。

（2）整侧屏蔽门故障，采取"隔三开一"的方式保证每节车厢有一个屏蔽门打开，其余屏蔽门关闭。如不能实现自动关闭或开启，运用手动开关门方式（就低级）操作，并采用互锁解除接发列车。做好打开的屏蔽门处的候车乘客防护，防止乘客误入轨行区。列车到站时，做好上下车乘客的引导。

三、车站大客流组织

(一) 大客流组织信息汇报流程

（1）车站根据本站和列车上的客流情况，采取有效措施组织疏导客流，及时报告OCC。

（2）客车司机发现乘客拥挤影响开、关车门时，及时报告行调，并做好列车广播，引导乘客。

（3）发生设备故障或客伤等特殊情况，采取有效措施，及时报告OCC。

(二) 三级客流控制

遇大客流时，车站需进行三级客流控制：一般级客流控制、较大级客流控制、重大级客流控制。

（1）一般级客流控制：站台客流控制，当站台出现乘客拥挤时，在站厅的楼扶梯口控制到站台的乘客，将扶梯方向全部设置为向站厅方向，减缓乘客进入站台的速度，缓解站台乘客的候车压力。

（2）较大级客流控制：付费区客流控制，当站厅付费区乘客比较多时，把关闭部分自动售票机、进站闸机，减缓售票、兑零速度，同时在进站闸机处控制进入付费区的乘客。

（3）重大级客流控制：非付费区客流控制，当站厅非付费区的乘客较多时，在出入口采取分批限量进站的形式或将部分出入口设为只出不进、只进不出或关闭，严重时关闭车站。

(三) 大客流组织措施

（1）增加列车的运能。大客流发生时，根据大客流的方向，利用就近的折返线、存车线组织列车运行方案，加开临时列车，增加列车的运能，保证大客流疏散。

（2）增加售检票能力。当可预测大客流情况发生时，应事先做好相应的票务服务准备。

① 售检票设备的准备。在大客流发生时，设备维护人员应事先对车站的全部售检票设备进行维护、检修，确保在大客流发生时售检票设备能够正常使用。

② 车票和零钞的准备。车站应根据客流预测和以往大客流所消耗的车票及零钞数，在大客流发生前，车站提前储备充足的车票和零钞。

③ 临时售票亭的准备。车站根据大客流的进出方向，选择在进站客流较集中的位置设置临时售票亭，并做好临时售票人员安排。

3. 做好进站客流组织工作

（1）当车站站台还能容纳更多的客流时，可采取以下措施：

增加售检票能力，加开临时售票点出售预制单程票，加快出售单程票的速度。

安排人员在进出站闸机处引导乘客正确快速通过闸机，必要时改变双向闸机为进站及在边门处检票，加快乘客进出站的速度。

适当延长列车停站时间，在站台上做好乘客上下车的引导工作，在确保安全的前提下，争取让更多的乘客上车，增加本次列车运能。

（2）当站台不能容纳更大的客流时，采取以下措施：

暂停或减缓售票速度，暂停临时售票亭出售单程票。

将双向闸机改为出站闸机，必要时可打开边门引导乘客快速出站。

适当延长列车停站时间，尽可能让更多乘客上车。

进行进出分流或关闭出入口。对将部分出入口设置只能出不能进，限制乘客进入；并在公安人员的配合下关闭出入口，安排人员做好乘客解释工作并张贴车站关闭的告示。

4. 做好出站客流的组织工作

出站客流组织工作的指导思想是保证乘客出站线路的畅通，加快出站速度，使其安全、快速、有序地离开车站。紧急情况时，可以采用紧急放行模式。如进站免检模式、AFC紧急放行模式等。

5. 采取临时控制措施

根据车站临时售检票位置的设置，设置临时导向、警戒线，采用人工引导等措施来限制客流方向，保持通道的畅通和保持出入口、站厅、站台的客流秩序。

四、注意事项

对非正常情况时的客流组织，值班站长要对特殊情况等要作出提前预判，采取正确的处置，并熟悉相关应急预案和现场处置方案，做到措施得当，应对正确，保障乘客安全和有序。

五、专家提示

车站进行客流组织时，值班站长要熟悉各类突发事件等应急流程，分析和预判应急情况的风险，做出准确的判断，采取妥当的措施，降低影响。

任务评价

根据以上学习内容，评价自己对本模块内容的掌握程度，在下表相应空格里"√"。

评价内容	差	合格	良好	优秀
正常情况下客流组织的掌握程度				
非正常情况下客流组织的掌握程度				
车站大客流组织				
学习中存在的问题或感悟				

任务四 拾遗物品管理

相关知识

拾遗物品是指电客车司机、车站站务人员、其他工作人员及乘客转交的在轨道交通运营场所拾到的他人遗留的各类有形和有价的物品。

任务实施

一、拾遗物品处理

（一）物品交接

（1）拾遗物品均由车站当班值班站长（或乘务派班员）与拾获人共同清点。清点后，贴上拾遗物品标签并在"车站拾遗物品登记表"上登记，写明现金数额、物品的名称、数量、详细特征以及拾获的时间、地点、拾获人姓名等。

（2）司机在列车上拾物的交接。

司机在列车上拾物与车站站务人员办理移交手续。司机通知车站当值人员在站台屏蔽门端门处进行交接。司机因折返时间有限，可与站务人员对拾物进行简单交接，收条上只注明"车次""拾获时间""××物品一件（批）"或"现金××元"。车站人员对接收的拾遗物品进行详细清点。

（二）物品处理

（1）车站在填写"车站拾遗物品登记表"后，应及时将拾遗物品具体资料电告服务热线，以备乘客查询。有失主资料的，由车站（或乘务派班员）通知失主到车站（或派班室）认领，做好认领登记。

（2）车站应通过广播或其他方式及时将拾遗物品情况公布于众，以便失者认领，公布保留期限为三天，但不得写明拾遗物品详细信息。

（3）拾遗物品为轨道交通车票。

拾遗物品为轨道交通单程票，由拾物当事站务人员投入单程票回收箱，当日运营结束后，由两名站务人员加封，做为无效票保存。

拾遗物品为储值票或甬城通，由拾物当事站务人员与客运值班员加封并填写"拾遗物品登记表"记录 ID 号，于第二个工作日随报表上交票务部。

（4）拾遗物品为现金、有价票据、银行卡、手机等贵重物品。

① 现金及其他有价票据。

一次性拾获现金总额或有价票据总额在 2 000 元以内（含 2 000 元）时，由车站值班站长及拾物当事站务人员双人核实填写"车站拾遗物品登记表"后装入信封密封，由值班站长放入保险柜保存。如一个月内无人认领，于隔月第一个工作日移交安保部。

一次性拾获现金总额或有价票据总额在 2 000 元以上时，车站应及时移交轨道交通公安。

② 银行卡、证件、手机等贵重物品。

车站值班站长及拾物当事站务人员双人核实填写"车站拾遗物品登记表",记录银行卡类型、卡号、证件所属人、证件号后装入信封密封。由值班站长放入保险柜保存。如一个月内无人认领,于隔月第一个工作日移交安保部。

(5) 拾遗物品为食品与易腐物品。

食品与易腐物品不移交安保部,由车站自行处理。

有包装的食品保管期限为 72 小时,如无人认领由车站自行处理。

无包装的食品及易腐物品(如肉类、蔬菜等),保管到当天关站时由车站自行处理。

(6) 拾遗物品为危险品或违禁品。

发现有枪支、弹药、汽油、硫酸等易燃、易爆、腐蚀、剧毒物品时,车站人员应立即填写"车站拾遗物品登记表"移交轨道交通公安,列车司机接到乘客报告或发现列车上有无人认领的枪支、弹药、汽油、硫酸等易燃、易爆、腐蚀、剧毒物品时,应立即报 OCC 和轨道交通公安。

(7) 拾遗物品为普通物品。

车站人员进行清点和登记后,有权利人联系资料的,及时通知权利人认领失物;无权利人联系资料,负责对拾遗物品进行妥善保管。

拾遗物品如无人认领,车站于隔月的第一个工作日将其移交安保部。

(三) 物品存放与保管

(1) 车站由专人负责拾遗物品的管理,建立台账,对物品情况、认领及移交情况进行登记,并对物品进行保管。

(2) 贵重物品,如现金、有价票据、手机、首饰等,必须存放于保险柜内。其他物品,如日用品等,可存放于储物柜内。

(3) 拾遗物品每月进行清理、造册,并按有关规定进行处理。

二、拾遗物品认领

(1) 由认领人提供拾遗物品特征,车站初步确认在所有拾遗物品中是否有相符物品。

(2) 如有相符物品,请认领人提供两项以上最能表现拾遗物品特征的证明。如一致,则请认领人到拾遗物品所在站办理认领手续。

(3) 认领人须凭本人身份证或其他有效身份证明办理领取手续,填写"车站拾遗物品登记表"并签名确认。现金、有价票据、证件、手机等贵重物品的认领时,车站需对权利人身份证或其他有效身份证明进行复印保存。

(4) 认领时,"车站拾遗物品登记表"认领事项中的证明人是车站站长或值班站长。

三、无人认领拾遗物品处理

(1) 拾遗物品在安保部保管时间超过三个月的,按无人认领拾遗物品办理,安保部工作人员每季度对其清理一次。

(2) 无人认领的银行卡、社保卡等各种卡类遗失物,由安保部工作人员进行分类清理,交还各发卡单位进行处理,若发卡单位不受理,由安保部工作人员将卡剪去一角进行作废处理。

(3) 对于无人认领现金或有价证券等由安保部工作人员统一转交给公安。

(4) 其他无人认领的拾遗物品由安保部按物品种类的不同进行划分,统计各类物品的数量,并进行处理。

(5) 对未保管至一季度就已霉已腐及潮湿的物品,安保部需每月进行一次清理。

四、注意事项

针对拾遗物品，要做好登记和妥善保管，重点是贵重拾遗物品要按照流程做好闭环处理，做好拾遗物品的规范管理。

五、专家提示

拾遗物品的处理要定期做好梳理，及时做好移交流程的办理，若有乘客前来认领时要对认领人证件做好核对和记录。

任务评价

根据以上学习内容，评价自己对本模块内容的掌握程度，在下表相应空格里"√"。

评价内容	差	合格	良好	优秀
拾遗物品处理的掌握程度				
拾遗物品认领的掌握程度				
无人认领拾遗物品处理的掌握程度				
学习中存在的问题或感悟				

任务五　乘客服务工作标准

相关知识

无障碍设施是指在轨道交通车站为方便残疾人乘车及出、入车站而设置的专用设施设备。

服务原则：乘客为先，有理有节；形象规范，美观大方；微笑服务，热忱主动；坚持原则，灵活处理。

服务规范：遵章守纪、作业标准、仪表端庄、用语文明、服务周到、礼貌热情、环境整洁、待客如宾。

任务实施

一、仪表着装标准

（1）上班时间应按规定整齐统一穿着工作制服，佩戴领带、肩章、工号牌（在客服中心、设备区当班员工不配带工帽并置于乘客视线范围外），工号牌戴在左胸前口袋上沿中部（如未配发工号牌或工号牌丢失期间应佩带本人胸卡）。

（2）着工作制服时，应衣装整洁，不缺扣、不立领、不挽袖挽裤；凡着工作制服时，必须按规定穿着黑色皮鞋，并保持光亮、整洁。

(3)佩戴标志要清洁平整，肩章佩戴于肩上，服务品牌的宣传牌等佩戴于工号牌中上方；团（党）徽佩戴于宣传牌的中上方；绶带佩挂于左肩上。

(4)留长发（头发过肩）的女员工身着工作制服时，必须佩戴头花，将头发挽于头花网内；男员工不准留长发、大包头、大鬓角和胡须。

(5)女员工穿着制服时，只能佩戴式样简洁大方的项链（不可露出制服）、戒指（只可带一枚简单的）、耳钉（无坠，只可在耳垂上带一付）。其他饰品和款式夸张的项链、戒指，一律不允许佩带。男员工只可佩带一枚简单的戒指。

(6)原则上只能在工作地点、工作时间穿着工作制服。在公司或车站范围内，当班时间应按规定穿齐工作制服，佩戴标志；参加公司组织的重大活动时须按要求统一着装。已下班、但仍穿着工作制服的员工，在车站内行为举止一律按上岗时的规定执行。

二、行为举止标准

(1)自觉遵守《宁波市轨道交通运营管理办法》等法律法规的有关规定。

(2)在岗时要精神饱满，举止大方，行为端正。不得将个人情绪带到工作上，不得当乘客面剪指甲、挖耳朵、打哈欠及伸懒腰等。

(3)专心认真工作，不准在岗位上聊天、说笑、追逐打闹或做与岗位工作无关的事，如看书、看报、吃东西、会客、打私话、发短信等。

(4)在岗位时，站姿挺拔、双手自然下垂、两腿并拢，不得背手、手插进口袋或手搭在物品上；坐着时要正、挺胸、立腰，不得背靠椅背斜躺、抖腿、用手托腮及趴在桌面上，做到"站有站相，坐有坐姿"。

(5)员工工作时应尽力为乘客创造舒适的服务区环境，注意保持工作区整洁有序，并尽力减少服务施工时产生的对乘客的影响。

(6)回答乘客问询时，要耐心有礼，面带微笑。不得不理睬，不得边走边回答，不得边工作边回答，也不得以摇头、点头等方式回答乘客，应站立或停下手中工作认真回答（如工作确实无法终止应请乘客稍等，并在工作后第一时间回答）。对自己无法回答的询问，应请教同事，不得给乘客误导。对违反轨道交通有关规定的乘客应采用解释、诱导、委婉的语言，严禁对乘客有大声呵斥、推、拉、扯、拽等行为。

(7)乘车、候车过程中，原则上不坐在座椅上，并主动维持乘客候车、乘车秩序；对违反轨道交通有关规定的乘客应采用解释、诱导、委婉的语言，尽量站在乘客的角度解释是从乘客安全、利益的角度出发，严禁对乘客有大声呵斥、推、拉、扯、拽、不文明手势等行为。维护公司利益，主动制止破坏车站、列车秩序，损害公司利益的行为；主动阻止乘客的票务违章行为；在发生列车故障、突发事件时应主动维持秩序，对乘客进行引导。

三、服务语言标准

(1)在岗时应使用十字文明服务用语："您好、请、谢谢、对不起、再见"，不准讲口头禅、粗话。

(2)应根据乘客的不同身份使用恰当的称呼用语，如先生、小姐、小朋友、大爷、阿婆、同志等，不得使用"喂""嘿""那位"等不礼貌用语称呼乘客。

(3)回答乘客问题或使用人工广播时，使用普通话，应语调沉稳、圆润，语速适中，音量适宜，避免声音刺耳或使乘客惊慌。

(4)处理违章事宜要态度和蔼、得理让人，不得讲斗气、噎人、训斥、顶撞、过头及不在理的话。

(5)严格遵守各岗位特殊语言要求，如：售票岗兑零时应按规定语言唱票。

四、环境卫生标准

（一）卫生整体标准

（1）卫生质量需满足窗明地净、清洁舒适、协调美观的要求。

（2）站厅、站台：地面、台阶无痰迹、无垃圾、无尘土、无保洁用具/商铺物品等堆放物；站厅及站台安全护栏无痰迹、无印迹、无泥点、无黑灰；边、角、棱、沿无黑灰、无塌灰、无蛛网；垃圾箱周围不得有污迹杂物、箱体外部不得有污垢、箱内杂物不得超过箱口。

（3）客服中心：室内物品按规定摆放整齐，台面无杂物（包括水杯、饮料瓶、抹布等）、积尘，亭壁、玻璃干净无污渍、无油渍、无胶渍、无不标准张贴物等。

（4）车控室、票务室：室内环境整洁，备品清洁整齐，台面无杂物（包括水杯、饮料瓶、抹布等）、积尘，墙壁、天花无污迹或蜘蛛网，各种设备、文件柜面及工作台面干净无积尘。

（5）站长室、交接班室、会议室：室内环境整洁、摆放统一，桌面无杂物、积尘，墙壁、天花无污迹或蜘蛛网，工作台、文件柜面干净无积尘。

（6）服务硬件设施：设置位置合理，摆放端正，状态良好；外观干净整洁，无污渍、无油渍、无胶渍等；按要求张贴相应内容，并确保张贴效果美观、得体。

（7）其他设备、管理用房：室内环境整洁、摆放统一，桌面无杂物、积尘，墙壁、天花无污迹或蜘蛛网。

（8）门前三包区域无乱停车辆、无摆卖摊贩、无乞讨卖艺等闲杂人聚集。

（9）各出入口必须保持整洁，地面、墙壁及玻璃等处无乱张贴、涂写现象，无杂物堵塞通道。

（10）出入口及公共区扶梯表面干净整洁，扶手带、挡板无灰尘，梯级上无垃圾杂物。

（二）环境布置标准

（1）各种临时导向标志要统一布置、摆放端正，保持清洁明亮；自制临时标志要版式正确，内容清晰，放置正确。

（2）横幅、标语按要求在固定位置悬挂，必须平整、干净，不得有撕角或破损。

（3）各种临时标志、宣传画、横幅、标语等车站公共区摆放物品按规定的审批手续审批后，在规定位置和时间内按标准张贴、摆放，到期及时拆除。

（4）非统一印制临时告示须按规定的位置张贴、摆放指定内容；所有告示必须统一打印，不得手写（紧急情况除外），不得丢字少字及使用不规范文字。

（5）公共区宣传内容应平整、美观、色泽鲜亮，不得有破损、卷边、褪色等现象，残旧内容应及时更换。

（6）各工作室、房间内物品摆放有序，各种备品、工器具应实施定置管理，保持整洁完好。

五、岗位工作标准

（一）巡视岗

1. 岗位服务要求

（1）不断巡视站厅设备、扶梯的运行情况、乘客进出站情况等，并根据乘客需要及时主动提供服务。

（2）回答乘客询问，解决一般乘客问题，帮助乘客，特别注意帮助老、弱、病、残等需要提供帮助的乘客。

（3）根据需要配合送币、处理乘客事务及帮助引导进出闸时车票有问题的乘客到客服中心。

（4）负责站厅边门的管理，对由边门进出的人员进行如实汇报和严格登记。

（5）负责有效调动本站临时工作人员（志愿者等）做好乘客服务工作。

（6）积极疏导乘客，要特别注意突发雨雪天气等特殊情况时，乘客拥向出入口，堵塞通道等特殊情况。

（7）及时向值班站长、值班员报告异常情况和问题。

（8）当遇到超过自己处理能力的事情时及时请求客运值班员或值班站长和其他同事协助。

（9）制止并处理乘客违反《宁波市轨道交通运营管理条例》的行为。

（10）见有特殊乘客进站及时通知有关岗位，对老年乘客、小孩、行动不便者要指引其走楼梯，必要时提供扶助以避免客伤事件发生。

（11）发现乘客携带"三品"、宠物、超长、超重等物品进站乘车时应礼貌地制止，并解释相关规定。

（12）在3分钟内赶到现场处理乘客问题，如不能及时赶到，必须马上汇报车控室，听从车控室安排。

（13）以乘客排队人数8人为临界点，及时向客运值班员（或值班站长）汇报客服中心、临时票亭和TVM前乘客排队的人数，以便客运值班员（或值班站长）决策。

（14）积极引导进站乘客到乘客较少的客服中心、TVM、闸机等处购票、进/出站。

（15）熟悉车站周边环境、市内交通信息、轨道交通运营信息、轨道交通路面沿线简介等服务知识，快速、准确的回答乘客问讯。

2. 岗位服务技巧

（1）多看、多听、多巡、多引导。多看：有无异常情况，看有无需要帮助的情况和需要处理的设备故障；多听：多听乘客对我们服务的意见、建议；多巡：即多走动、巡视了解站厅客流情况；多引导：引导乘客到临时票务亭及乘客较少的一端购票乘车。

（2）多名乘客同时求助时，根据实际情况分轻重缓急依次处理，必要时报告车控室，不得对乘客不理不睬。

（3）遇到情绪激动的乘客，注意自我保护，尽量避免与乘客发生正面冲突；若乘客行为危及员工人身安全，及时报警处理。

（4）高峰期可配手提广播上岗，在客流引导时声音不宜过大，吐词清晰，积极主动，不得拿广播对着乘客喊话；使用广播录音功能时，不得连续播放。

（5）当TVM前乘客排长队（超过8人）时，请示客运值班员进入客服中心开窗售票，乘客较少时及时退出客服中心并告知客运值班员。

（6）引导车票有问题的乘客到乘客较少的一端统一办理。

（7）能解决的问题要及时，果断处理，避免处理时间过长，不能处理的问题及时通知客运值班员。

（二）站台岗

1. 岗位服务要求

（1）监视列车运行状态、候车乘客动态，监视是否有乘客跳下轨道、进入隧道、倚靠屏蔽门、抢上抢下或乘客物件掉落轨道，防止列车夹人夹物动车，根据情况及时采取正确的处理办法。

（2）宣传乘客在黄色安全线以内排队候车，不要依靠屏蔽门，不要抢上抢下，维护站台秩序，组织乘客有序候/乘车。

（3）若发现异常情况及时采取措施或与车控室联系。

（4）回答乘客询问，解决一般乘客问题，帮助乘客，特别注意帮助老、弱、病、残等需要提供帮助的乘客。

（5）当客车车门故障时，协助司机处理车门，如贴上"此门故障，暂停使用"的告示等。

（6）制止并处理乘客违反《宁波市轨道交通运营管理条例》的行为。

2. 岗位服务技巧

（1）"四到"。

心到：精神高度集中，随时应变异常。

话到：提醒乘客按顺序排队候车，及时进行安全广播。

眼到：密切注意乘客动态及列车运行情况。

手到：主动处理问题，如发现地面有水，及时设置"小心地滑"牌；设备故障放"暂停服务牌"，地面有脏物时及时找保洁清除。

（2）"四多"。

多监控：密切监督站台乘客情况，必要时采取控制措施。

多广播：通过手提广播提醒乘客看管物品、看好小孩、不得跑闹、追逐、不得倚靠安全护栏、到人少的一端候车等。

多联系：发现异常情况及时与司机、车控室及其他岗位联系。

多巡视：在每次列车到达间隙巡视站台一遍，巡视时"三步一回头"。

（3）"三勤"。

站台发现乘客伤亡事件或其他异常情况时，及时寻找目击证人并记录。

遇蛮横不讲理的乘客及时与公安联系，不与乘客发生正面冲突。

站台客流不均匀时，及时引导控制，防止乘客拥挤。

（三）售票岗

1. 岗位服务要求

（1）售票员出售车票时应按"一收、二唱、三操作、四找零"的程序，售票作业程序见表4-2。

表4-2 售票作业程序

步骤	程序	内容
1	收	收取乘客购票的票款
2	唱	讲出票款金额，重复乘客要求的购票张数和车票类型，如未听清乘客的要求，应主动礼貌地询问
3	操作	正确、迅速地操作： 检验钞票真伪，如钞票为伪钞，则要求乘客重新更换钞票。 在半自动售票机上选择相应功能键，处理钞票
4	找零	清楚说出找赎金额和车票张数，将车票和找赎的零钱一起礼貌地交给乘客

（2）当乘客要求分析车票时，应快速正确用半自动售票机分析，并将分析情况耐心告诉乘客，再采取相应的处理车票的方法。为乘客充值前后要主动请乘客确认余值无误后，再做下一步操作。

（3）同时有两位乘客等候服务时，按照先付费区后非付费区的原则为乘客服务。

（4）遇下列情况的处理。

当乘客兑零、购票排队达5人时，应主动站立工作，以加快兑零、售票速度。

当客服中心前出现较大客流（10人以上或排队超过8人并维持3分钟以上）应电话通知客运值班员，加派人手或人工广播引导。

售票员主动领够车票、报表和硬币，在客流较小时把现金及硬币整理好，或开启另一袋硬币等准备工作。

交接班时，接班售票员须做好售票、兑零准备工作后，交班售票员才可以终止售票、兑零工作，不得因交接班而停止售票、兑零工作。

2. 岗位服务技巧

（1）排队超过 5 人，应站立服务，提高兑零、售票速度。

（2）排队超过 8 人，并维持 3 分钟以上，请示客运值班员加人实施双人售票和兑零。

（3）在出售及分析车票时尽可能使用功能键，使操作准确而快捷。

（4）在兑零空余时间尽可能把硬币盘摆满硬币。

（5）所兑硬币不散放在票务凹斗，而是垒成柱形，找零或兑币时取币方便、快捷，不得有丢、抛的动作。

（6）减少客服中心交接班时对乘客服务的影响，如：交接班时间安排在车站非高峰期；交班前做好相关准备；接班人先准备好一盘硬币。

（7）售票员应优先处理付费区内乘客，并要礼貌地让非付费区内乘客稍等。

（8）车站统一规定乘客较少或车控室能监控得到的一端办理车票问题的处理和开启边门的登记。

（9）售票员应预备充足的零钱和车票，掌握存量，及时通知客运值班员追加，保证售票和兑零工作顺畅。

（四）行车值班员

（1）应公平、公正、合理、及时处理有关乘客问题。

（2）在岗时，应站在公司的立场，遵循公司的方针、政策。

（3）按规范的时机、频次及音量，保证广播播放的有效性和及时性。

（4）车站出现大客流，乘客排长队现象时应积极采取措施，播放广播疏导客流，让乘客顺利购票和进出车站。

（五）客运值班员

（1）监控 AFC 设备状况和客服中心的情况，确保设备正常和客服中心零钱、车票、发票充足。

（2）应公平、公正、合理、及时处理有关乘客问题。

（3）在岗时，应站在公司的立场，遵循公司的方针、政策。

（4）大客流时及时积极采取措施，加开兑零窗口，安排员工疏导乘客。

（5）在大客流前做好准备工作，如提前配票，准备好充足钱、票，确保设备状态良好等。

（六）值班站长

（1）负责监控当班整体服务工作，巡视、指正员工服务工作不足，确保本班服务质量。

（2）根据车站客流特点，合理安排人手，利用 CCTV 及时了解客服中心排队情况，杜绝排长队现象。

（3）及时了解客服中心车票、报表、硬币等不足情况，并及时组织增补。

（4）TVM 前无法解决乘客排长队购票的问题时，值班站长负责决策客服中心直接出售单程票。

（5）在人手不够的情况下，值班站长应组织检修人员、保洁人员拿广播协助引导。

（6）部分 AFC 设备故障时缓解乘客排长队措施。

① 部分半自动售票机故障。

半自动售票机故障后引导乘客到其他客服中心，其他客服中心应增加人手；加强广播宣传与引导。

② 部分 TVM 故障。

视客流情况在半自动售票机上出售单程票，加强引导、广播。

六、服务设备设施管理标准

（一）台账管理

（1）客运部门应建立服务设备设施台账，内容包括时间、设施设备名称、数量、位置、状态等要素。

（2）每次检查应将检查情况清晰、准确、详尽地在台账中记录，维修整改后应将维修结果及时在台账中记录。

（二）服务设施设备巡查标准

（1）"地面500米导向牌"每两周由工务部门巡查一次并做好检查报告。

（2）"基础服务设施"（除地面500米导向牌外）、"无障碍设施""商业服务设备设施"各站检查报告制度。

（3）每日开站前车站派专人按检查要求，对站内服务设备设施进行检查，并将检查情况记录到服务设施设备台账及车站综合日志。

（4）每日出乘之前，乘务人员对列车内服务设备设施进行检查。

（5）检查标准参照"服务设备设施检查标准"。

（6）发现有缺失、损坏或其他故障的设备设施应立即进行补充采购、更换并报设修调度。

（7）其他员工发现有服务设备设施破损、故障时，报设备设施管理所属部门整改。

（三）服务设施设备维修响应标准

（1）运营时间，设修调度接报后，应立即将相关破损、故障情况通知相关专业部门（中心），各相关部门（中心）按要求派人至现场进行处理。

① 如因服务设备设施损坏、故障影响乘客安全或造成服务功能全部缺失的，相关专业部门（中心）维修人员在接报后应在20分钟内赶到现场处理。

② 如因服务设备设施损坏、故障未影响乘客安全但造成服务功能部分缺失的，相关专业部门（中心）人员应在接报后1小时内至现场处理。

③ 如服务设备设施的损坏、故障未对功能造成影响的，相关专业部门（中心）按设备维修要求进行处理。

（2）非运营时间，设修调度接报后，应立即将相关破损、故障情况通知相关专业部门（中心），各相关部门（中心）应在运营开始前组织人员到场处理。

七、车站卫生管理标准

1. 卫生清扫

（1）车站公共区由保洁员工负责清洁；车站设备用房卫生由各自部门的员工负责清扫；车站管理用房卫生由车站员工负责清扫。

（2）坚持卫生清扫、保持落实卫生工作标准，做到站容环境清洁舒适、协调美观。

（3）岗位卫生要做到定时保洁与随脏随扫相结合，班组卫生区要做到每周彻底整治。

2. 车站广播播放标准

（1）广播以及时准确引导乘客安全快捷乘坐轨道交通为原则。

（2）广播由车站值班站长、行车值班员操作，严禁其他人员操作。

（3）广播内容必须根据实际需要选择适当的播放时机。

（4）进行人工广播时使用普通话进行广播。

（5）进行人工广播时，其他人员不得干扰、影响广播人员，广播区域保持安静。

（7）人工广播时，语调平稳圆润、音量适中、读音准确、声音清亮。

（8）进行广播时，严禁中途突然中断。

八、注意事项

针对车站运作中仪表、行为、服务语言、环境卫生、岗位工作标准，值班站长要开展日常的检查督促，实现车站服务质量标准化，提升服务乘客的质量，努力提高乘客的满意度。

九、专家提示

值站站长要对照车站运作中服务标准，日常检查和定期检查相结合，提升车站服务质量。

 任务评价

根据以上学习内容，评价自己对本模块内容的掌握程度，在下表相应空格里"√"。

评价内容	差	合格	良好	优秀
服务语言标准的掌握程度				
岗位工作标准的掌握程度				
行为举止标准的掌握程度				
学习中存在的问题或感悟				

任务六　边门管理

 相关知识

边门是指轨道交通车站设置的供特殊人群使用、不通过闸机进出付费区以及特殊情况下疏散乘客的通道门。

专用卡是指宁波轨道交通专用卡分为五种类型：普通工作卡（A卡）、外服卡（B卡）、施工卡（C卡）、临时卡（D卡）、本站进出卡（E卡）。

 任务实施

一、日常边门管理

（1）车站边门在运营时间内应设为常闭状态，车站工作人员根据本办法规定开、闭车站边门，认真做好进出人员审核登记工作，边门有人员看守时可只挂不锁，离开时应将车站边门锁闭。

（2）车站边门由当班站务人员负责检查进、出边门人员的证件。检查合格后应在"车站边门登记簿"上对进出边门人员进行登记（持有效纸票除外），并在"经办人"处签名。晚班值班站长应在本日运营结束后对进、出边门的人员情况进行签字确认。

（3）关于公司员工、委外设备维保人员、设备调试及保障人员、参观访问人员、培训学习人员等符合办理专用卡条件的人员：

① 已办理工作卡、外服卡、施工卡、临时卡的持卡人员必须从车站闸机刷卡进、出车站付费区。

② 在专用卡补办、停用期间或未带专用卡时须自行购票进、出付费区。不允许以工作证等其他形式从车站边门进出。

③ 符合办理专用卡条件的人员不允许以证件形式通过边门。

（4）抢修抢险人员：

① 现场抢修人员由抢险负责人带队进出车站边门，应出示工作证，经车站人员核对无误，登记后方可带队进出车站边门（紧急情况下可事后补登记或由站务人员代登记）。

② 车站人员在核对现场抢险抢修负责人证件准确后应及时开启边门，经现场抢修抢险负责人确认的相关人员均可一同进出车站边门。

（5）车站保安、保洁、志愿者、IC卡充值员：

① 由站务中心申报办理本站进出工作卡，车站保安、保洁、IC卡充值员领用。

② 已办理借用本站进出工作卡的车站保安、保洁（含规定管理人员）刷卡通过闸机进出付费区。不允许以工作证等其他形式从车站边门进出。

③ 本站进出工作卡只适用于该卡所在车站，不得利用本站进出工作卡违规带人通过闸机。

④ 志愿者凭志愿者证，扫描其志愿者证上的二维码（或穿着志愿者制服），登记后，开边门放行。

（6）票务优惠政策允许的免费人群、持纸票或携带大件行李的付费乘客：

① 根据票价优惠政策以下乘客为免费乘车乘客：

a. 市内外离休干部、残疾军人、因公致残人民警察、重度残疾人免费乘车。

b. 市内外70周岁以上老年人，在除法定工作日早晚高峰时段（7:00—9:00，17:00—19:00）外的其他时间免费乘车。

c. 一名成年乘客可免费携带一名身高不足1.2米的儿童乘车；超过一名的，按超过人数购买全票。

② 票务优惠政策允许的免费乘车人群的相关优惠证件种类包括：

a. 离休干部凭本人"离休干部证"。

b. 残疾军人凭本人"中华人民共和国残疾军人证"。

c. 因公致残警察凭本人"中华人民共和国伤残人民警察证"。

d. 一至二级重度视力、听力、言语、肢体、智力和精神残疾以及多重残疾的重度残疾人，凭本人"中华人民共和国残疾人证"。

e. 获国家无偿献血奉献奖的献血者凭本人"浙江省无偿献血荣誉证"。

f. 老年人凭身份证或户口本等有效证件。

③ 根据票务优惠政策允许的免费乘车人群，统一使用优惠乘车卡刷卡进出付费区。对于市外部分乘客在未及时办理优惠乘车卡期间，凭有效优惠证件，登记后从边门放行。

④ 持纸票的乘客按照《车站票务管理手册》验票/收票后，通过边门进出付费区。

⑤ 携带大件行李乘客且行李符合《宁波市轨道交通乘客守则》规定，或车站实际运作中存在物品不在行李范围内但须开车站边门的情况（如：婴儿车、轮椅等）时，边门管理人员确认已经刷卡检票后可以开放边门通行。

二、特殊情况下的边门管理

（1）紧急情况下（如闸机故障、火灾、爆炸等突发事件）为疏散乘客可开放车站边门。

（2）车站突发大客流，采取边门辅助通行等客流控制措施时，车站按照相关管理规定放行。

（3）内部工作需要使用手推车或票箱运送车票、票款等大件物品，无法通过闸机时；运送大型生产工具、办公用品进出付费区时,可以通过边门进出付费区。

(4)上级主管部门临时规定的免费乘车乘客,可凭有效证件、票卡等有效凭证,登记后免费进出车站边门。

(5)经车站区域站长(副站长)同意的其他特殊情况,在区域站长(副站长)或值班站长的陪同下通过边门进出付费区。

三、注意事项

在车站边门管理时,要结合服务要求,适时做好边门免费通行的更新,值班站长提醒车站员工做好便民服务和绿色服务。

四、专家提示

车站对边门管理时,值班站长要适时关注公司对边门的管理要求,熟悉乘客免费通过边门的相关规定,做好员工的跟踪培训。

 任务评价

根据以上学习内容,评价自己对本模块内容的掌握程度,在下表相应空格里"√"。

评价内容	差	合格	良好	优秀
日常边门管理的掌握程度				
特殊情况边门管理的掌握程度				
学习中存在的问题或感悟				

任务七　客伤

 相关知识

客伤是指在城市轨道交通运营服务场所,由于在轨道交通运营过程中,发生列车撞轧人员、与其他车辆碰撞等情况或由于其他原因造成非职工人身伤害(即轻伤、重伤、死亡)的事故(事件),包括轨道交通行车事故(事件)造成非职工伤亡和客运伤亡事件。

非职工是指轨道交通职工以外的人员(委外人员除外)和非上岗作业的职工。

 任务实施

一、客伤的报告

(一)报告程序

(1)在线路区间内,由司机立即报告行调,由行调通知相关车站及轨道交通公安部门处理。

（2）在车站内，由值班站长或值班员报告行调及轨道交通公安治安分局驻站警务室。

（3）在车场、车辆段内，司机向车场调度报告，由车场调度报告行调及轨道交通公安部门。

（4）若职工发现客伤时，应快速就近报告列车司机、车站值班员、车场调度或控制中心。

（二）报告内容

（1）发生时间（月、日、时、分）。

（2）发生地点（车站名；上、下行线；区间公里标、百米标或车场等）。

（3）事故（事件）概况及原因，包括：列车车次、列车号；发生原因的初步判断；事故伤亡人数、姓名、性别、受伤情况、所采取的抢救措施、送往的医院、陪同人姓名、部门、职务（工种）等。

（4）报告人姓名、所在部门（工种）。

（5）其他需要重点说明的情况。

（6）若情况紧急可先报告上述部分内容，报告人应详细记录，迅速做好续报。

二、客伤的现场处理

（一）基本原则

（1）属地管辖、各负其责原则，由事发地的管辖部门负责指挥事故的现场处理工作，相关部门按照职责开展工作。

（2）优先抢救伤者原则，现场处理应当本着以人为本的原则，优先抢救伤者，及时将伤者送医院救治。

（3）避免二次伤害原则，现场处理应当确保伤者、工作人员等相关人员的人身安全，避免发生二次伤害。

（4）尽快恢复运营原则，现场处理应当尽快出清线路，尽快恢复行车、尽快恢复运营。

（5）尽力获取证据原则，管辖部门的相关人员负责尽量地收集和保存事故的证据，挽留证人、保存证词。

（二）相关要求

（1）客伤发生后，车站值班站长、列车司机等是现场处置第一责任人，负责现场第一时间的处置。

（2）线路区间内发生客伤，相关车站接到协助处理通知后，车站值班站长到达现场接替列车司机成为该客伤的现场处置责任人。

（3）车场、车辆段内发生客伤，车场调度接司机报告后，指派专人为现场处理责任人。

（4）员工应对伤者实施必要的初期医疗救助。对伤势轻微的伤者（如有较浅的刮、划伤、碰撞伤痕等）进行简单的医疗救助，若伤者需要可帮助拨打120急救电话。伤势严重（如有较大伤口流血不止、昏迷等）应立即拨打120急救电话送往就近医院，并视情况及时通知轨道交通公安部门介入调查。

（5）员工对受伤者采取救助措施时，尽量对现场进行取证，向当事人、目击证人了解事件经过，可采用录音、照片、录像等形式进行记录。

（三）证据收集的要求

（1）客伤发生后，员工应及时、准确地收集证据，现场取证的种类包括：当事人陈述、证人证言、视听资料、书证、物证等。如已有轨道交通公安部门介入事故调查的情况，员工要主动、及时的配合取证。

（2）尽量挽留目击证人1至2名，证人尽量不选择员工、当事人亲属或有利害关系的人，并且员工积极主动接待现场挽留的证人。如果现场只有当事人亲属，也可以留下相关证词。

（3）员工和目击证人在记录事情经过时要完整，注意细节。例如：事件发生时周围的环境、设备状况；当事人所带行李及随行人员；是否由自身健康原因（如生病等）、第三者或其他外部因素引起造成受伤；当事人是主观故意还是过失；初步判断当事人受伤的部位、伤势情况；发生事件后采取的处理方式等。

（4）当事人书面陈述时因身体状况及其他客观因素必须由他人代写的，需经当事人同意，书写完毕由双方签字或按手印确认。

（5）书面的证据尽量不出现涂改现象，若有涂改须在涂改处盖章或签名证明。记录事情经过时宜在最后注明"以上情况属实"，并由书写人签名确认。

（6）员工不得擅自将目击证人的身份信息等泄漏给无关人员，不得擅自将客伤内容等情况告知无关人员。

三、善后处理的基本原则

（1）依法依规处理原则，善后处理应当依照国家有关的法律法规、地方法规和规章等。
（2）公平合理处理原则，善后处理应当公平对待当事人，各方应当合理承担责任。
（3）协商解决争议原则，善后处理应本着解决问题、解决争议的目的，尽量与当事人协商。
（4）维护公共形象原则，善后处理应当尽可能地维护企业的社会公共形象。

四、注意事项

客伤处理时，要结合服务要求，值班站长需及时关注乘客的诉求，化解乘客的矛盾，取得乘客对轨道交通服务工作的理解和支持。

五、专家提示

客伤处理时，值班站长要适时关注同类案例的处理技巧，做好与乘客的沟通和协商，重点关注车站属地范围的服务质量，提升服务设施可靠度，做好员工的跟踪培训，保障乘客的安全出行，减少客伤的发生。

 任务评价

根据以上学习内容，评价自己对本模块内容的掌握程度，在下表相应空格里"√"。

评价内容	差	合格	良好	优秀
客伤现场处理的掌握程度				
客伤报告程序的掌握程度				
学习中存在的问题或感悟				

任务八　车站关站

 相关知识

末班载客列车是运营时间内，按列车时刻表中规定需要载客运行的最后一趟列车。

客运服务设备设施是为了给乘客提供优质良好的服务,地铁车站配置一定数量的客运设施和设备,包括出入口卷帘门、站内电梯、扶梯、PIS、TVM、安检仪等,为乘客提供服务。

一、关站程序(表 4-3)

表 4-3 车站关站程序

序号	时 间	责任人	内 容
1	本站线路末班车开出前 10 分钟	行车值班员	按照"本站末班车时间"提前 10 分钟播放"末班车提示广播"
2	本站线路末班车开出前 10 分钟	值班站长	检查行车值班员是否播放"末班车提示广播"
3	本站最后一班车开出前 5 分钟	行车值班员	关闭 TVM、进站闸机,通知有关岗位停止售票和进站检票工作,并开始播放"停止服务广播"
4	本站最后一班车开出前 5 分钟	值班站长	确认所有 TVM、进站闸机已关闭及播放"停止服务广播"
5	最后一班车开出前	站台岗	进行检查,确认站台乘客均已上车,无异常情况
6	最后一班车开出后	值班站长 站台岗	开始清站,关闭垂梯、电扶梯、出入口卷帘门
7	停止服务后	票亭岗	收拾票、钱,整理客服中心备品,注销 BOM,回票务室结算
8	停止服务后	客运值班员	与票亭岗结算
9	关站后	行车值班员	执行车站节电照明模式,关闭 PIS,按要求关闭部分环控设备

二、注意事项

车站关站前,要对站台、站厅及卫生间等进行巡查,做好清客工作,及时关闭电扶梯、垂梯、卷帘门等服务设施,确保运营结束后站区安全。

三、专家提示

车站关站时,值班站长要做好巡查,确认清客完毕,消除站区消防等安全隐患。

根据以上学习内容,评价自己对本模块内容的掌握程度,在下表相应空格里"√"。

评价内容	差	合格	良好	优秀
车站关站程序的掌握程度				
学习中存在的问题或感悟				

模块训练

 任务训练单

班级：　　　　　　　姓名：　　　　　　　训练时间：

任务训练单	突发事件应急处理
任务目标	掌握开站作业流程、乘客事务处理（含乘客投诉），能进行大客流组织作业，能进行拾遗物品的正确处理，乘客指引服务，并能够进行正确的边门管理、关站作业流程
任务训练	任务训练说明：请从下列任务中选择其中的两个进行训练。 车站开站；车站关站；乘客事务处理（含乘客投诉）；车站突发大客流；拾遗物品处理；客伤；车站边门管理
任务训练一： （说明：总结作业流程，并在培训室进行模拟训练）	
任务训练二： （说明：总结作业流程，并在培训室进行模拟训练）	
任务训练的其他说明或建议：	
指导老师评语：	

任务完成人签字：　　　　　　　　　　　　　　　　　　　　　　日期：　　年　　月　　日
指导老师签字：　　　　　　　　　　　　　　　　　　　　　　　日期：　　年　　月　　日

模块小结

本模块讲述了客运服务能力。车站客运服务是轨道交通运营的重要组成部分，车站客运组织工作的核心是安全、迅速、方便地组织集散客流。在客运服务过程中，车站工作人员向乘客提供咨询、导向指引等服务，服务质量直接反映车站的管理水平。

车站的开关站时间随首末班车的到达时间而有所不同。原则上，在首班车到达前10分钟，完成所有服务准备工作，开启车站所有出入口。在末班车开出前10分钟，车站启动关站工作。至末班车到站后，确认所有乘客离开车站后，关闭车站出入口，停止对外服务。

车站客流组织包括正常情况客流组织、非正常情况客流组织、大客流组织等。车站日常客流组织主要由进站组织、出站组织和换乘组织三大块组成。

客流三级控制措施及控制点：一般级控制为控制站台客流，控制点在站厅与站台的楼梯（或自动扶梯）口；较大级控制为控制付费区客流，控制点在进站闸机处；重大级控制为控制非付费区客流，控制点在车站出入口处。

模块自测

一、填空题

1. 首班载客列车到站前（　　　）分钟，按时正确开启车站（　　　）、（　　　），检查 PIS 状态，巡视全站。

2. 在轨道交通的客运组织工作中，由（　　　）负责全线的客运组织工作。

3. 当车站发生大客流时，客流组织地下站应坚持（　　　）和（　　　）原则，高架站应坚持（　　　）和（　　　）原则。

4. 一次性拾获现金总额或有价票据总额在（　　　）元以上时，车站应及时移交（　　　）。

5. 乘客事务处理中，员工处理乘客问题时的方法有（　　　）、（　　　）、（　　　），处理问题时的原则有（　　　）、（　　　）、（　　　）。

6. 正常情况下的客流组织有（　　　）、（　　　）、（　　　）。

7. 客流换乘组织方式可分为（　　　）、（　　　）、（　　　）。

8. 非正常情况下的客流组织有（　　　）、（　　　）、（　　　）。

9. 宁波轨道交通专用卡分为（　　　）、（　　　）、（　　　）、（　　　）、（　　　）五种类型。

二、简答题

1. 简述轨道交通车站开站、关站程序。

2. 客运服务设备设施有哪些?
3. 大客流组织的措施有哪些?
4. 简述拾遗物品的交接及处理。
5. 简述售票员售票作业程序。
6. 简述仪表着装标准、行为举止标准、服务语言标准所包括的内容。
7. 免费乘车人群的相关优惠证件种类包括哪些?

模块五 安全管理

案例导学

某日,某地铁运营分公司某车站设备区蓄电池室 FAS 系统报火警,车站行车值班员小应立即通知值班站长小李前往现场确认。小李和站务员小吴到达设备区蓄电池室后,闻到一股焦味,开门时发现钥匙不能插入钥匙孔,无法将门打开,马上返回车控室拿工具破门进行查看,发现充电机柜冒烟后,立即组织人员将火扑灭。最后经检查发现充电机的一股滤波电容烧毁。

那么,如果上述现场火灾情况发生在你当班时,你该如何处理?处理的过程中应该注意哪些问题?应该使用哪些必要的工具?如何合理安全管理好你的员工?如何对车站进行安全管理?以上的问题可以通过学习本模块得到解决。

学习目标

（1）掌握消防设施设备安全巡视检查内容,巡视周期,巡视台账的填写。
（2）掌握消防演练培训及实施的内容。
（3）了解车站行车设备设施安全管理。
（4）了解车站票务设备设施安全管理。
（5）了解车站服务设备设施安全管理。
（6）掌握车站人员日常安全管理。
（7）了解职业健康安全与劳动保护。
（8）掌握本行业安全教育培训内容。

技能目标

（1）能熟练按要求对灭火器、消火栓箱、火灾报警系统（简称 FAS）、防火卷帘、消防逃生通道、消防逃生标示等安全巡视检查及时更换相关设施设备。
（2）能熟练按要求进行"车站火灾""区间火灾""列车火灾"等演练培训。
（3）能熟练按要求进行消防台账填写检查。
（4）能按要求负责对 HMI、IBP、屏蔽门、道岔、信号灯、接触网、综合监控等行车设备设施安全管理。
（5）能熟练按要求负责对 TVM、BOM、AGM、SC 等票务设备设施安全管理。
（6）能熟练按要求负责对车站导向、电扶梯、垂梯等服务设备安全管理。
（7）能熟练负责对对人员日常安全管理。
（8）能熟练按要求进行职业健康安全与劳动保护。
（9）能按要求进行安全教育培训。

任务一 车站消防安全管理

消防安全工作必须贯彻"预防为主、防消结合"的方针，坚持属地管理的原则：本辖区、本单位、本部门的主要负责人是消防安全工作的第一责任人，实行"谁主管，谁负责"，"谁使用，谁负责"。

一、消防安全检查制度

（一）消防安全检查的内容

（1）易燃易爆危险物品及其他重要物资的生产、使用、储存、运输过程中的防火安全情况。
（2）用火用电情况及其他火源管理情况。
（3）建筑物的平面布局、耐火等级和水源道路情况。
（4）火灾隐患整改情况。
（5）消防组织和防火规章制度的建立和执行情况。
（6）消防设施、设备、器材配备和完好情况。
（7）员工的安全思想情况。
（8）消防通道安全疏散情况。

（二）消防安全检查的方法

基层单位的自查。在各单位消防责任人的领导下，由专/兼职安全员、志愿消防队员及有关员工参加，开展经常性防火检查。每月至少检查一次，消防重点部位至少每半月检查一次。

（三）消防安全检查的形式

（1）一般检查。按照岗位防火责任制的要求，以班组长、安全员为主，对所在的中心防火情况进行，通常以班前、班后和交接班时为检查重点。
（2）夜间检查。由防火责任人（或指定的专人）和保安队员检查电源、火源，注意有无异常情况，及时堵塞漏洞，消除隐患。
（3）定期检查。根据季节的不同特点和重大节假日的要求，由中心级以上领导参加，除了对所有部门进行检查外，应对重点防火部位进行重点检查，解决平时检查难以解决的重大问题。
（4）车站等公众聚集场所在运营时的防火巡查，应当至少每两小时一次，由车站安全员负责；运营结束后应对营业场所进行检查，消除遗留火种，由值班站长负责组织。
（5）防火检查应当填写检查记录，检查人员及主管人员应在检查记录上签字。
（6）各中心对查出的火灾隐患，必须及时整改，暂时不能整改的要采取防范措施，制订整改计划上报安保部。

二、消防安全巡查、检查要点

（1）消防安全组织机构健全。
（2）消防安全管理制度完善。

（3）日常消防安全管理落实。火灾危险部位有严格的管理措施；定期组织防火检查、巡查，能及时发现和消除火灾隐患。

（4）重点岗位人员经专门培训，持证上岗。员工会报警、会灭初期火灾、会组织人员疏散。

（5）对消防设施定期检查、检测、维护保养，并有详细完整的记录。

（6）灭火和应急疏散预案完备，并有定期演练的记录。

（7）火警处置及时准确。对设有火灾自动报警系统的场所，随机选择一个探测器点烟或手动报警，发出警报后，值班员或专（兼）职消防员携带手提式灭火器到现场确认，并及时向消防控制室报告。值班员或专（兼）职消防员会正确使用灭火器、消防软管卷盘、室内消火栓等扑救初期火灾。

（8）消防设施、器材位置是否被移动。

（9）消防设施、器材数量是否完整。

（10）有无违章用火用电现象。

（11）安全出口、疏散通道是否被阻塞。

（12）消防重点部位人员在岗情况。

（13）防火门是否处在常闭状态，防火卷帘门下有无被杂物阻塞。

三、火灾信息汇报原则

（一）信息通报原则

火灾事件信息通报应遵循迅速、准确、完整的原则，任何员工发现或接到突发事件信息，均应立即及时上报，不得延误、中断或缺漏。

（二）信息通报内容

（1）报告人姓名、职务、部门。

（2）火灾发生具体时间、地点。

（3）火灾概况、原因（若能初步判断）及影响运营的程度。

（4）人员伤亡、被困情况及设施设备损坏情况。

（5）已经采取的措施。

（6）需要的援助（包括救援、救护和支援等）。

（7）其他必须说明的内容及要求。

一、灭火器

（1）灭火器的巡视检查。

铅封应完整、压力表指针应在绿区，灭火器可见部位防腐层应完好、无锈蚀，灭火器可见零部件应完整、无松动、变形、锈蚀和损坏，喷嘴及喷射软管应完整，无堵塞。

（2）手提式干粉灭火器（图5-1）使用方法。

手提式干粉灭火器使用时，应手提灭火器的提把，迅速赶到火场，在距离起火点5m左右处，放下灭火器。在室外使用时注意占据上风方向。使用前先把灭火器上下颠倒几次，使筒内干粉松动。使用时应先拔下保险销，如有喷射软管的需一只手握住其喷嘴（没有软管的，可扶住灭火器的

图5-1 手提式干粉灭火器（简称ABC灭火器）

底圈），另一只手提起灭火器并用力按下压把，干粉便会从喷嘴喷射出来。干粉灭火器在喷射过程中应始终保持直立状态，不能横卧或颠倒使用，否则不能喷粉。

二、消火栓箱（图5-2）

图5-2 消火栓箱

（1）消火栓箱的巡视检查。

① 室内消火栓、水枪、水带、消防水喉是否齐全完好，有无生锈、漏水，接口垫圈是否完整无缺。

② 消防水泵在火警后能否正常供水。

③ 报警按钮、指示灯及报警控制线路功能是否正常，无故障。

④ 检查消火栓箱及箱内配装有消防部件的外观有无损坏，涂层是否脱落，箱门玻璃是否完好无缺。

⑤ 对室内的消火栓的维护，应做到各组成设备经常保持清洁、干燥、防锈蚀或无损坏。为防止生锈，消火栓手轮丝杆处等转动部位应经常加注润滑油。设备如有损坏，应及时修复或更换。

⑥ 日常检查时如发现室内消火栓四周放置影响消火栓使用的物品，应进行清除。

（2）消火栓箱使用方法：发生火灾时，应迅速打开消火栓箱门，紧急时可将玻璃门击碎。按下箱内控制按钮，启动消防水泵。取出水枪，拉出水带，同时把水带接口一端与消火栓接口连接，另一端与水枪连接，在地面上拉直水带，把室内栓手轮顺开启方向旋开，同时双手紧握水枪，喷水灭火。

（3）灭火完毕后，关闭室内栓及所有阀门，将水带冲洗干净，置于阴凉干燥处晾干后，按原水带安置方式置于栓箱内。将已破碎的控制按钮玻璃清理干净，换上同等规格的玻璃片。检查栓箱内所配置的消防器材是否齐全、完好，如有损坏应及时修复或配齐。

三、FAS主机设备

FAS是Fire alarm system的简称，即火灾自动报警系统。FAS报警系统设备包含感烟探测器、感温探测器、感温电缆、手动报警按钮、电话插孔、声光报警器、控制与反馈模块、报警主机、图形工作站等。全线 FAS 按中央、车站两级调度管理，中央、车站、就地三级监控的方式设置，综合监控系统在控制中心设置环调工作站，完成 FAS 中央级功能。监视全线火灾自动报警系统及重要消防设备的状态，接收全线各车站、车辆段、停车场、主变电站的火灾报警信号并显示报警部位。火灾时，工作站显示屏能自动弹出火灾报警区域的平面图并显示火灾报警信息框。如图 5-3 所示。

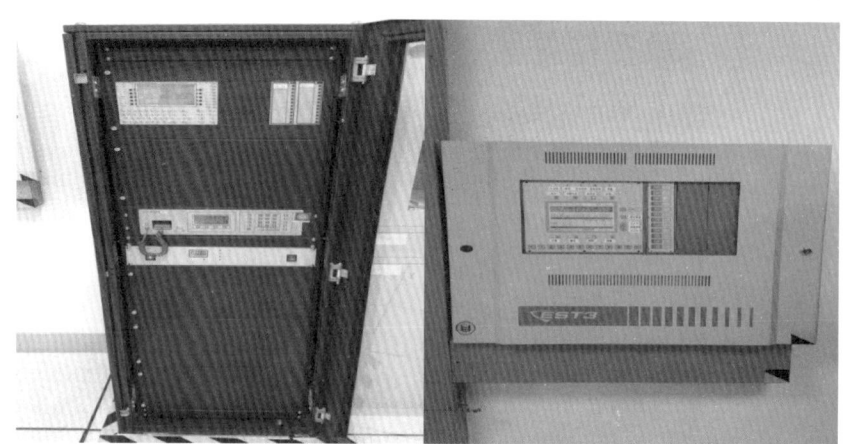

图 5-3　FAS 控制主机和气灭控制主机

（一）FAS 主机设备显示和操作

车站车控室配备一台 FAS 主机用以监视全站火灾自动报警系统及重要消防设备的状态，接收车站火灾报警信号并显示报警部位。

1. 显示模式

宁波轨道交通 1 号线 FAS 主机采用爱德华 EST3 系列主机，LCD 显示屏有两种显示模式：自动模式和手动查询模式，在自动模式下，显示屏上自动显示最早发生的优先级最高的火灾相关事件信息和滚动显示多条事件信息（除非有超过一条的报警事件）；而在手动查询模式下，操作员可控制显示，并能不受优先权的限制显示任一事件。在系统设计者预定的一个时间后显示并自动回复到自动模式。

2. 显示特性

EST3 系统将所有事件置于四个目录之下：

（1）火警事件——与生命安全相关的事件：例如烟感探头、喷淋系统的水流指示器、手动报警按钮等。

（2）联动事件——系统中发生火警或故障事件时，自动触发其他联动设备的事件。

（3）其他事件——EST3 系统的故障、监视事件以及系统中的非正常状态；如水喷淋系统的阀门关闭。

（4）屏蔽事件——屏蔽系统中某期间的事件。

因为上述事件能在任意事件以任意顺序发生，所以系统按优先权优先显示重要的信息。如图 5-4 所示，火警事件具有最高优先权，屏蔽事件具有最低优先权。

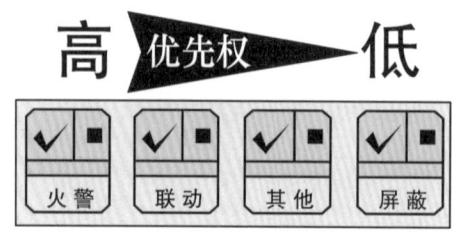

图 5-4　EST3 事件优先级关系

3. 正常屏幕显示

当没有事件信息时，LCD 显示正常状态。图 5-5 是正常屏幕的显示示意图。

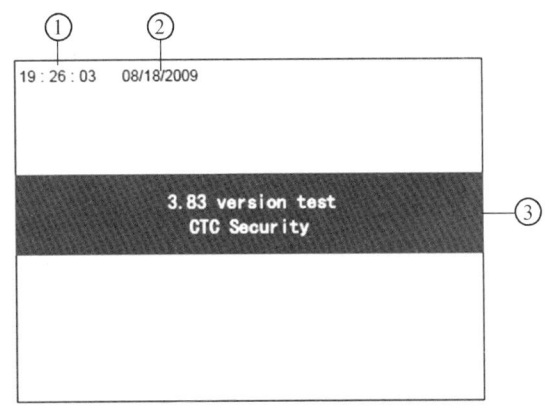

图 5-5　正常屏幕显示示意图

4. 事件屏幕显示

当有一条以上事件信息时，LCD 显示事件状态。图 5-6 是事件屏幕的显示示意图。

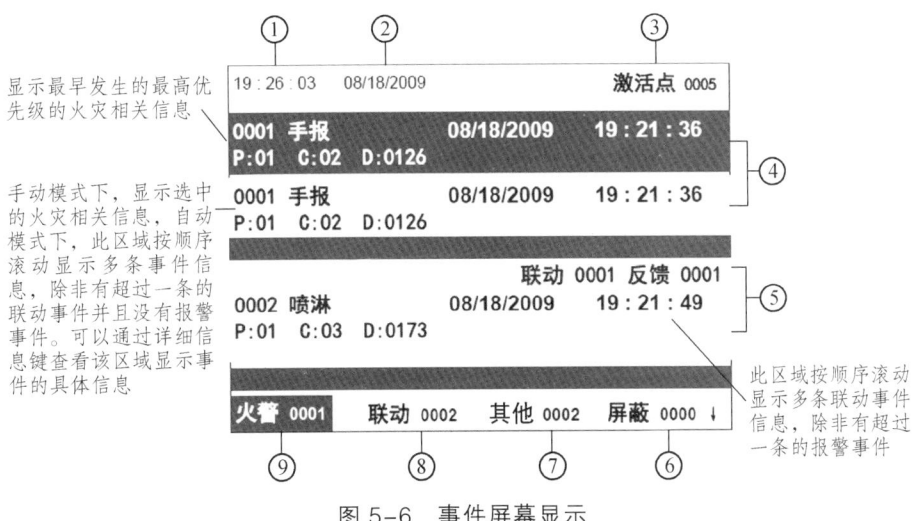

图 5-6　事件屏幕显示

1—时间显示区域；2—日期显示区域；3—点位激活区域；4—火灾/故障/监视/状态事件显示窗；5—联动事件显示窗口；6—屏蔽事件显示区域；7—故障/监视/状态事件显示区域；8—联动/反馈事件显示区域；9—火警事件显示区域

通过详细信息键查看事件的具体信息，参见图 5-7。

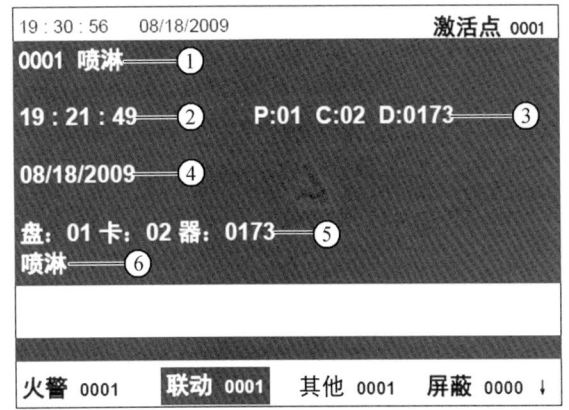

图 5-7　联动事件的具体信息

5. 事件处理

每一个事件都分别定义为火警、联动、其他（故障/监视/状态或屏蔽）事件之一，与每一个事件种类相关联的是信息队列。当一个事件发生时，有关的事件信息加入相应队列中。可用 LCD 显示屏面板上的事件队列键显示队列中存储的信息。每个队列可存储多达 500 个事件。

事件队列指示灯作为一个普通事件的指示灯，每当有新的事件加入队列时便闪烁。

当系统接收到一个事件时，相应的队列灯闪烁，指示相关的信息未被查看。

（1）通过按队列选择键悬着激活队列。

（2）用上一页/下一页键或队列选择/下一页键来翻阅所有的队列信息。

在任何时候当一个队列被选中时你可以用上一页/下一页键或队列选择/下一页键来翻阅队列中的信息。如图 5-8 所示。

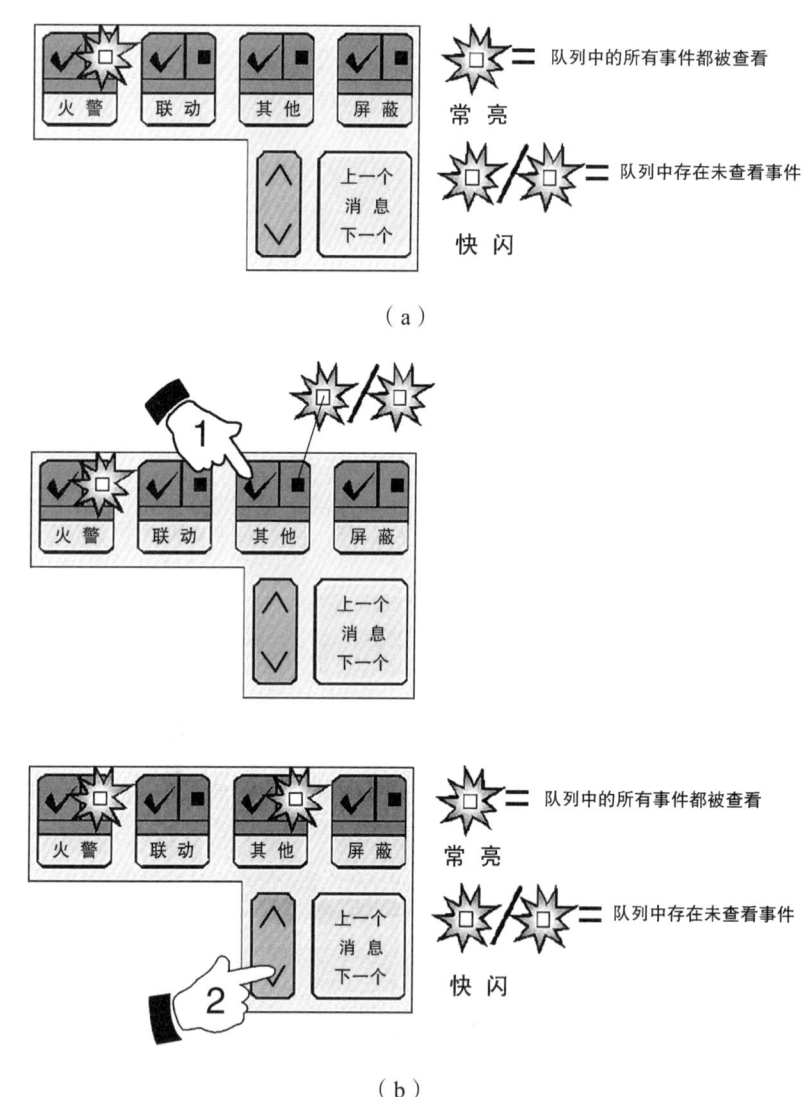

图 5-8 新事件处理

（二）图形工作站 FACMS 系统的操作

火灾报警图形显示系统的主窗口界面结构以及显示图元分别如图 5-9 和图 5-10 所示。当有 FAS 设备报警，该设备所对应的图元就会在车站显示界面上显示，车控室值班员能第一时间获知发生火灾相关事件的具体位置。

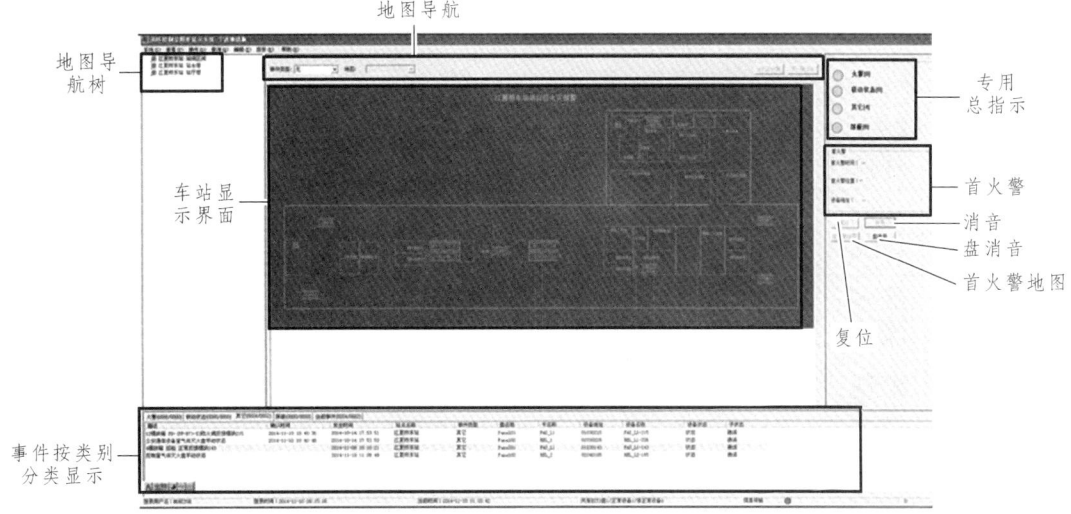

图 5-9 主窗口界面

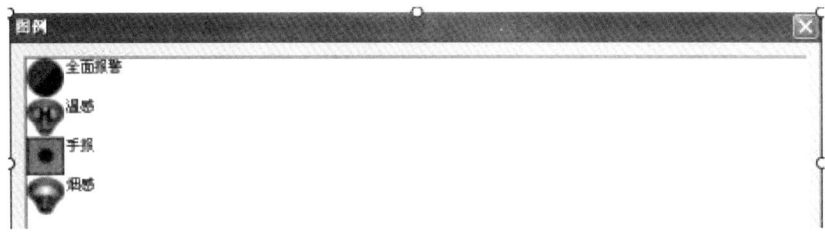

图 5-10 系统图元

(三) FAS 集成至综合监控的画面介绍

宁波轨道交通 1 号线 FAS 在综合监控的整体布置如图 5-11 所示。

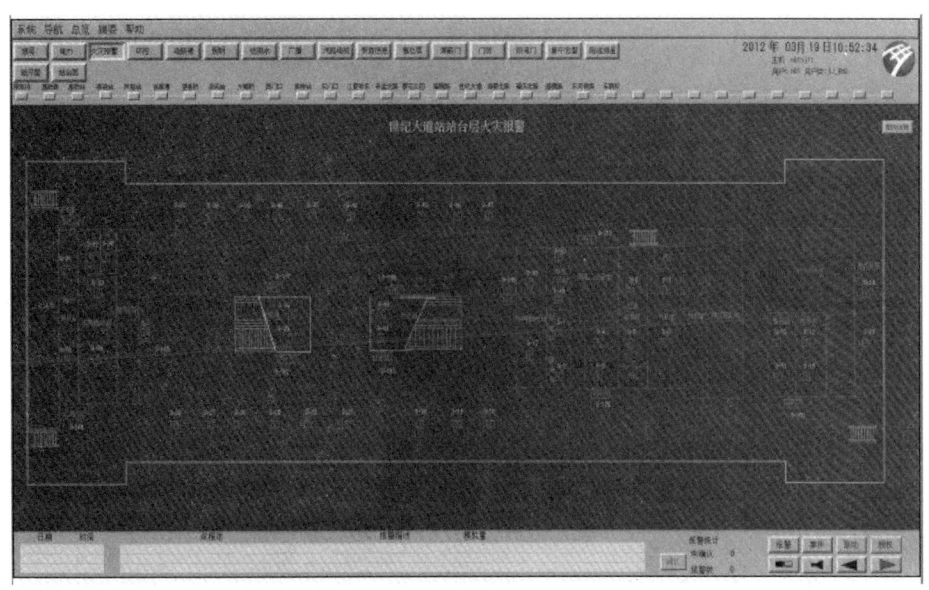

图 5-11 FAS 在综合监控上的显示界面

综合监控系统的导航流程基本原则是：中心操作员在 OCC 选择时，可以对全线进行操作；而车站操作员在车站选择时，只能对本站进行操作。

FAS 设备在综合监控系统上所显示的图元如表 5-1 所示。

表 5-1　FAS 设备在综合监控系统显示图元

图　标	名　称
	烟　感
	温　感
	电话插孔
	手动报警按钮
	消火栓

每一种图元都能显示四种不同的颜色，分别代表设备的不同状态：白色代表设备停止运行；中海绿代表设备正常运行；红色闪烁代表设备报警；淡蓝色代表设备通信中断。

（四）车站 FAS 主要设备

（1）智能探测器：光电感烟探测器设置在设备区走廊、设备用房、办公用房（洗手间、垃圾间除外）、材料库等处。正常工作时两绿灯闪亮；探测到烟雾时，向 FAS 主机发出火警信息，其红色指示灯常亮。感温探测器设置在设备用房和疏散通道上的防火卷帘门旁。温度超过 60 摄氏度时报警，指示灯常亮。如图 5-12 所示。

（2）手动报警按钮：每个防火分区至少设置一个手动火灾报警按钮。从一个防火分区内的任何位置到最邻近的一个手动火灾报警按钮的距离不大于 30 米。手动火灾报警按钮设置在公共活动场所的出入口处，而且是设置在明显的和便于操作的部位。当发现火灾时，按下就近手报按钮可向车控室（或消防控室）发出火警信息。如图 5-13 所示。

图 5-12　烟感

图 5-13　手报

（3）电话插孔：设置在手动报警按钮旁。其作用是便于值班人员巡查时与车控室人员进行通信。使用时必须携带配套的手提式电话，当手提式电话插入插孔，设在车控室内的主机上即有声光信号及地址显示，在主机上按下相应的选择按钮，即可通话。如图 5-14 所示。

（4）通道风阀：设置在设备区通道。当发生火灾时，按下按压按钮，该风阀所对应的风口就会打开排烟，使过道里的烟雾能尽快排完。如图 5-15 所示。

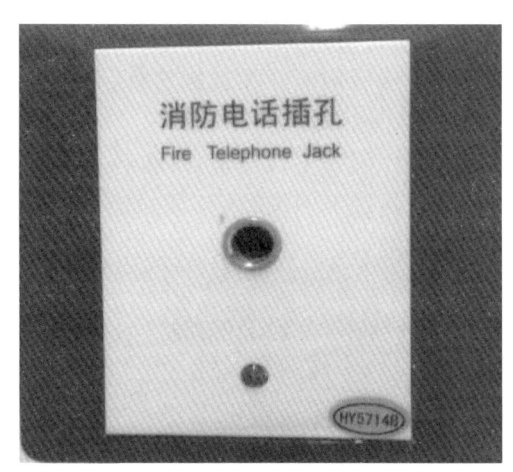

图 5-14 电话插孔

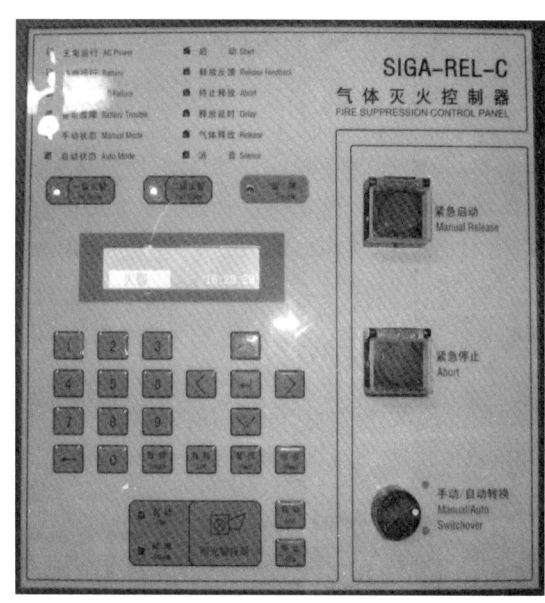

图 5-15 气体灭火控制器 REL

(五) 气体灭火系统操作

宁波轨道交通 1 号线在车控室设置气灭系统主机 (与 FAS 主机相同),并在每一个装有气灭的设备房门口配置独立的气体灭火控制器 (图 5-16),以控制该设备房的气灭。

1. 一级火警操作步骤

(1) 当保护区的警铃鸣响,保护区门口的气体灭火控制器"一级火警"指示灯闪亮、蜂鸣器鸣响时 (另外在车控室气灭控制盘会发出报警声音),表明保护区内可能发生火灾。车站工作人员需马上在车控室 FAS 系统图形计算机上查看报警地点 (或在气体灭火控制盘上查看报警地点),并迅速到达火警现场,若仍为一级报警,则做好个人防护后,将该房间的手/自动转换从"自动"位转换为"手动"位,双人站于门后,慢慢打开门,客值把门,值站进入观察。

(2) 如果查看后确认无火灾时,需对系统进行复位:在车控室的气体灭火控制盘上按下"报警声消音"键及"复位"键,接着到保护区门口的气体灭火控制器上按住"复位"和"消音"按钮。

(3) 若火势可人工扑灭,则使用适用的灭火器对火进行扑灭。

(4) 若火势不可控,确认保护区内无人后立即退出房间,关闭房门,在门口的气灭控制器按下红色的"紧急启动"按钮。

2. 二级火警操作步骤

(1) 当警铃启动,发出警报声的同时,声光报警器还会动作,蜂鸣器发出报警声并有红色闪灯现象,车控室气体灭火控制盘"火警"指示灯闪亮 (另外在车控室气灭控制盘会发出报警声音),表明保护区内可能发生火灾。此时气体灭火系统进入 30 秒延时后自动喷气工作方式。车站工作人员需马上在车控室 FAS 系统图形计算机上查看报警地点 (或在气体灭火控制盘上查看报警地点),并迅速到达火警现场确认火灾。如果车站工作人员赶到现场时,系统还在 30 秒延时状态 (未喷放气体) 下,可按下红色的"紧急止喷"按钮后,进入保护区查看是否发生火灾。

(2) 如现场确认未发生火灾,车站工作员应对系统进行复位:在车控室的气体灭火控制盘上按下"报警声消音"键及"复位"键后,接着到保护区门口的气体灭火控制器上按住"复位"和"消音"按钮。

(3) 如果确认是火灾,且需要启动气体灭火系统进行灭火时,应确认保护区内无人后关闭房门,并按下安装在门口的气灭控制器上红色"紧急启动"按钮,启动灭火装置进行灭火。

3. 机械应急操作步骤

（1）在自动控制与手动控制都失效的情况下，值班员需在气瓶间启动电磁阀，系统立即进行喷气灭火。步骤如下：

① 进入对应气瓶间后，首先找到气体保护房间的管道（管道上有房间名称或铭牌），然后确认对应的黑色氮气瓶编号，确认后找准对应编号氮气瓶，拔掉安全栓，然后拍压开关，氮气瓶启动成功则电磁阀上的螺丝会移动到另一端，且管道和气瓶瓶身上会有凝结的小水珠。

② 若气动启动失败，则首先将对方气体保护房间的管道上的选择阀开关转到全开，然后从小到大，按顺序从1号瓶开始拍压，根据房间大小拍压不同数量的氮气瓶（铭牌上明确写明"需拍压的气瓶数量"）。

（2）进出气体灭火防护区注意事项：

① 工作人员进防护区作业时，需把该防护区门外的手动/自动转换开关置于手动挡，以防止系统误动作。

② 在人员撤离防护区时，需把该手动/自动转换开关置于自动挡。

四、防火卷帘（图5-16）

图5-16 防火卷帘

防火卷帘的检查：

（1）门扇各接缝处、导轨、卷筒等缝隙，应有防火防烟密封措施，防止烟火窜入。

（2）设在疏散走道和消防电梯前室的防火卷帘，应具有在降落时有短时间停滞以及能从两侧手动控制的功能，以保障人员安全疏散；应具有自动、手动和机械控制的功能。

五、人员安全疏散系统检查

（1）疏散指示标志及应急照明灯的数量、类型、安装高度符合要求，疏散指示标志能在疏散路线上明显看到，并明确指向安全出口。

（2）应急照明灯主、备用电源切换功能正常，切断主电后，应急照明灯能正常发光。

（3）火灾应急广播能分区播放，正确引导人员疏散。

（4）封闭楼梯、防烟楼梯及其前室的防火门向疏散方向开启，具有自闭功能，并处于常闭状态；平时因频繁使用需要常开的防火门能自动、手动关闭；平时需要控制人员随意出入的疏散门，不用任何工具能从内部开启，并有明显标识和使用提示；常开防火门的启闭状态在消防控制室能正确显示。

（5）安全出口、疏散通道、楼梯间保持畅通，未锁闭，无任何物品堆放。

六、车站、列车火灾等应急预案

当大火发生、烟雾袭来时，人们逃生的时间是极其短暂的，只有保持冷静，才能安全逃生。火灾中人员的伤亡，80%以上是由于窒息或被有毒烟熏致死。因此，烟雾可以说是火灾的第一杀手。逃离烟雾区时，要尽量低头弯腰快速地前进，弯腰前进时，要使头部保持在距地面60 cm以下。由于地铁地下车站相对比较密封，一旦发生火灾，后果非常严重。火灾可能是乘客携带易燃危险品引起，也可能是恐怖分子所为。

根据火灾发生的地点不同，地铁火灾可以分为车站火灾和列车火灾，车站火灾还可分为站台火灾、站厅火灾、设备区火灾，列车火灾也可分为列车头部火灾、列车中部火灾、列车尾部火灾。

（一）火灾处理原则

（1）保障乘客和员工的人身安全。
（2）迅速通报。
（3）在保证员工自身安全情况下尝试灭火。

（二）火灾一般处理流程

（1）现场确认发生火灾后，立即致电119、110和行车调度员，视情况致电120。
（2）如火势较大，立即请求行车调度员执行车站疏散程序，按行车调度员指令执行车站疏散程序。
（3）启动车站排烟模式。
（4）乘客疏散完毕后，关闭出入口（紧急出入口除外）。
（5）如火势很大时组织员工撤离车站到紧急集合地点集中，并做好消防人员进入灭火现场的导向标志，引导消防人员到现场灭火。
（6）消防人员到场后，汇报有关情况，将灭火工作交给消防人员，加入应急处理救援工作。
（7）协助事故调查工作。
（8）在接到可以恢复运营的指令后，清理现场，恢复运营。

七、专家提示及注意事项

（1）新员工上岗前必须进行三级消防安全教育，普及基本的消防安全知识。
（2）车站员工必须知道车站的紧急逃生通道、火灾应急集合点、会使用灭火器、会进行初期火灾的扑救，同时会进行消防安全巡查。
（3）车站员工清楚了解本站的火灾预案，熟知消防制度，了解车站动火作业流程及相关预防措施。
（4）其他消防安全的注意事项。

任务评价

根据以上学习内容，评价自己对本模块内容的掌握程度，在下表相应空格里"√"。

评价内容	差	合格	良好	优秀
对安全管理中的消防管理、功能、工作原理等的掌握程度				
对安全管理中的消防巡查作业和应急预案流程的掌握程度				
学习中存在的问题或感悟				

任务二　车站设备安全管理

 相关知识

车站设备安全管理主要包括行车设备安全管理、票务设备安全管理、服务设备安全管理。

（1）行车设备安全管理主要涉及的车站设备有：屏蔽门的安全管理、道岔的安全管理、HMI的安全管理等相关设施设备。

（2）票务设备安全管理主要涉及的车站设备有：车站SC系统、TVM、AGM、BOM、车票回收箱、票务摄像头等的安全管理。

（3）服务设备安全管理主要涉及的车站设备有：车站导向系统、楼梯及自动扶梯、垂直电梯、广播系统、PIS系统、车站照明系统、环控系统、盲道、对讲机、厕所、临时票亭、银行等。

 任务实施

一、行车设备的安全管理

（一）PSL开关门操作

（1）将PSL钥匙插入"PSL操作允许"，并打到ON挡，此时PSL操作允许灯亮起。

（2）按住"门开启"按钮（按钮按到位停顿2~3秒），此时该侧滑动门打开；按住"门关闭"按钮（按钮按到位停顿2~3秒），此时该侧滑动门关闭。

（3）将"PSL操作允许"打回到OFF挡，此时PSL操作允许灯熄灭，拔出钥匙，完成操作。

（二）PSL互锁解除操作

（1）将PSL钥匙插入"PSL操作允许"，并打到ON挡，此时PSL操作允许灯亮起。

（2）将PSL钥匙在"PSL操作允许"ON挡拔出，插入"互锁解除"。

（3）将"互锁解除"打到ON挡，等"互锁解除"灯亮起后释放回OFF挡。

（4）将PSL钥匙在"互锁解除"OFF挡拔出，插入"PSL操作允许"ON挡（互锁解除灯会在2~3分钟后自行熄灭）。

（5）将"PSL操作允许"打回到OFF挡，此时PSL操作允许灯熄灭，拔出钥匙，完成操作。

（三）LCB操作

正常情况下，LCB上的4位钥匙开关位置应处于"自动"位，该道ASD接收系统级控制、站台级控制和车站紧急控制方式的信号，完成相应动作。此时，LCB上的绿色指示灯处于点亮状态；钥匙可以从"自动"位上取出。

需要对单道ASD进行手动开/关操作时，需先将4位钥匙开关旋转到"关门"位，然后到"开门位"。

当钥匙开关离开"自动"位后，绿色指示灯熄灭。此时，该道ASD将忽略其他任何命令信号而执行开门动作。

关门时，将钥匙开关旋转到"关门"位，该道ASD将立即执行关门动作。

在"关门"和"开门"位置,该道 ASD 的"门锁闭"信号(安全回路)是被旁路的;钥匙是不能被取出的。

(四)道　岔

手摇道岔操作步骤:

(1)一看:看道岔开通位置是否正确,是否需要改变位置。

(2)二开:打开盖孔板及钩锁器的锁,拆下钩锁器。

(3)三摇:摇道岔转向所需的位置,在听到"咔嚓"的落槽声后停止。

(4)四确认:手指尖轨,口呼"×号(道岔编号最后 2 位号码、下同)道岔开通定(或反)位,尖轨密贴",另一人共同确认。

(5)五加锁:使用钩锁器在尖轨锁闭杆所在位置加锁道岔。

(6)六汇报:汇报道岔开通位置和线路出清情况。

(五)HMI

1. 站遥控模式操作

站遥控模式转换的菜单操作如图 5-17 所示。

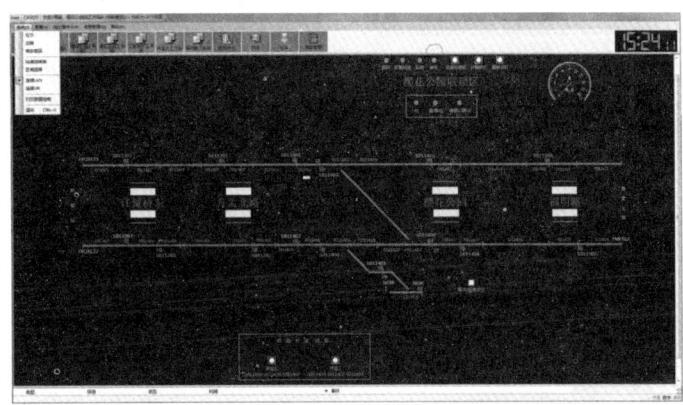

图 5-17　从遥控模式转换为站控模式

从图 5-18 可以看出,此时 HMI 控制模式为遥控,控制权在行调,车站如果要获取控制权,必须将控制模式转换为站控模式,其操作过程如下:

(1)鼠标点击菜单栏中的系统选项,在弹出的菜单中选择"站遥控转换"。

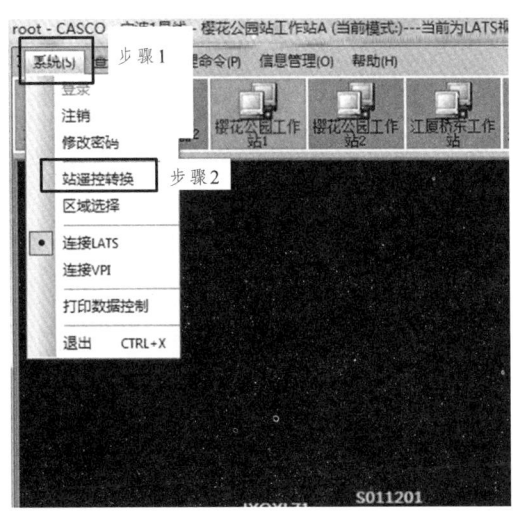

图 5-18　站遥控转换 1

（2）点击完站遥控转换菜单后会弹出站遥控转换界面（图5-19），先选中"樱花公园站"，接着选中"请求站控"（如果要紧急站控则选中紧急站控即可），然后点击"应用"，最后点击"关闭"。

（3）此时站遥控模式转换为站控模式（图5-20），由于一个联锁集中站控制着多个车站，此时还需要对控制区域进行选择以确定集中站对联锁区内的哪些车站进行控制。

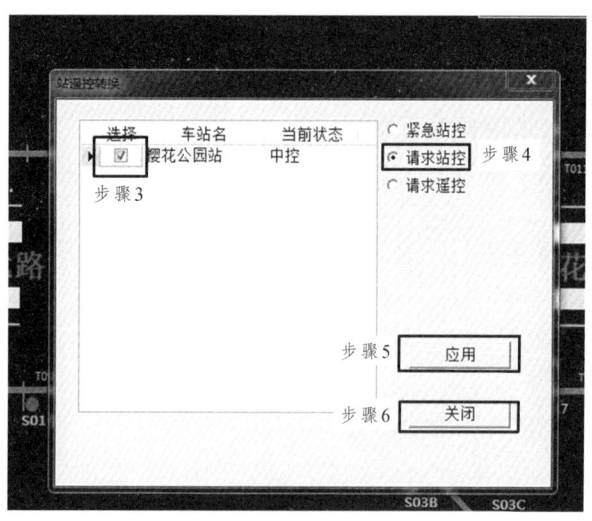

图5-19 站遥控转换2

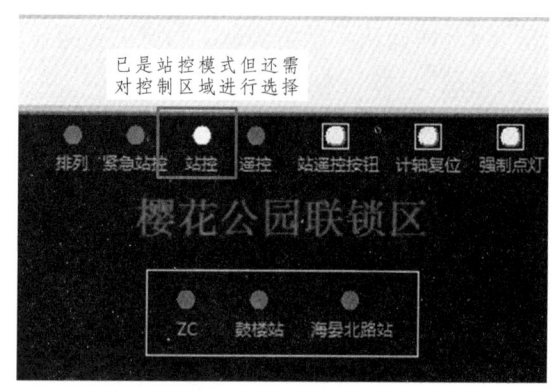

图5-20 站遥控转换3

（4）鼠标点击菜单栏中的系统选项，在弹出的菜单中选择"区域选择"选项，此时会弹出区域选择界面，如果对所有车站进行控制就鼠标点击"全部申请"（如果只对部分车站进行控制就申请这选中相应车站），接着点击"应用"，此时被控制车站的控制状态会显示自控，点击"关闭"完成操作。如图5-21～图5-23所示。

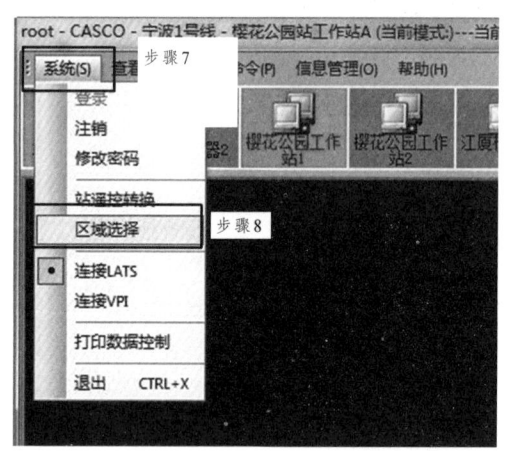

图5-21 站遥控转换4

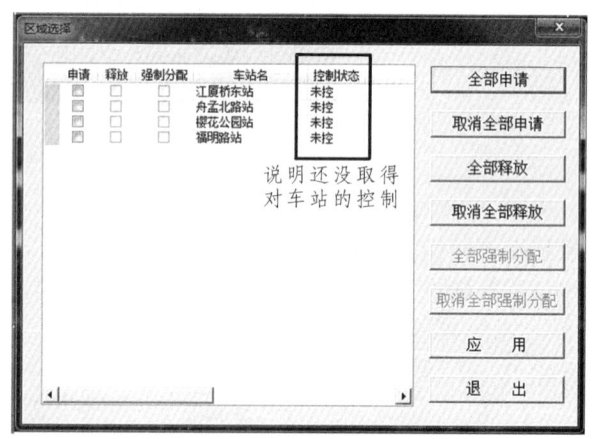

图5-22 站遥控转换5

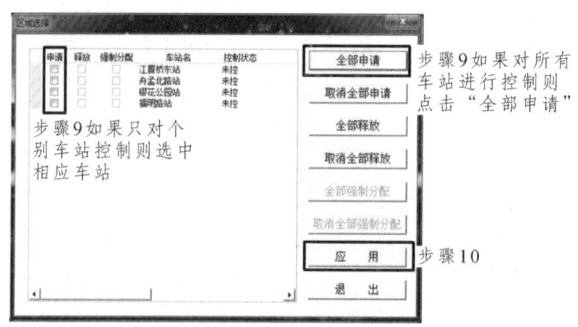

图5-23 站遥控转换6

要将站遥控模式转换为遥控或紧急站控的操作过程与前面的操作相似，就是在站遥控转换界面中选择请求遥控或紧急站控即可（图 5-24）。

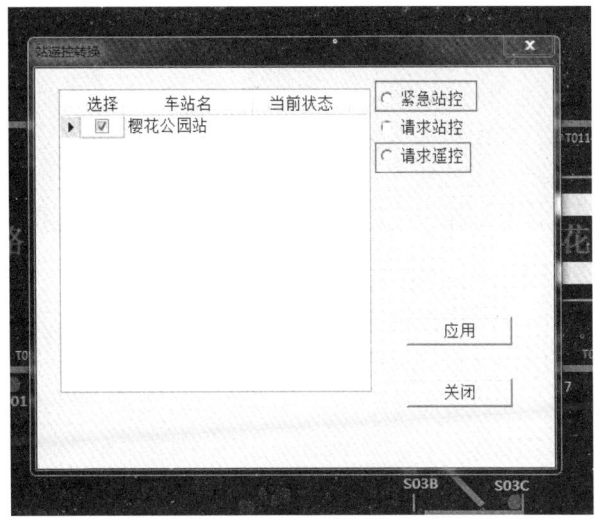

图 5-24　站遥控转换 7

2. 站遥控模式转换的按钮操作

（1）操作方法。

站遥控模式的转换除了所说的通过菜单操作外，还可以通过 HMI 界面上的站遥控切换按钮进行控制模式间的切换。

这里需要指出的是，对于 HMI 界面上的按钮、设备（如信号机、道岔、区段、站台）的操作都是通过鼠标右键点击实现的。右键点击站遥控切换按钮后，ATS 系统将根据当前的控制模式自动使能相对应的模式切换操作。

如图 5-25 所示当前中控下，紧急站控和请求站控菜单被使能。

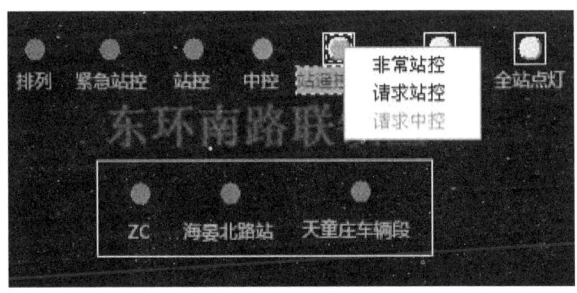

图 5-25　站遥控转换 8

在图 5-26 所示当前站控下，请求站控和紧急站控菜单被使能。

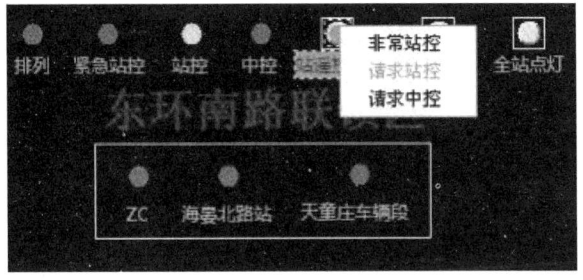

图 5-26　站遥控转换 9

在图 5-27 所示紧急站控下，请求站控菜单被使能。

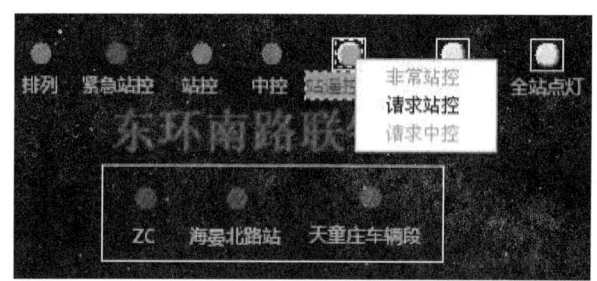

图 5-27　站遥控转换 10

点击相应的菜单项后，会出现站遥控转换界面，操作的对象集中站及切换类型被自动选中并不能编辑，点击"应用"完成该操作，点击"关闭"退出。

例如在紧急站控下，右键点击"站遥控"按钮，在弹出的菜单中选择"请求站控"菜单项，会弹出图 5-28 所示界面。

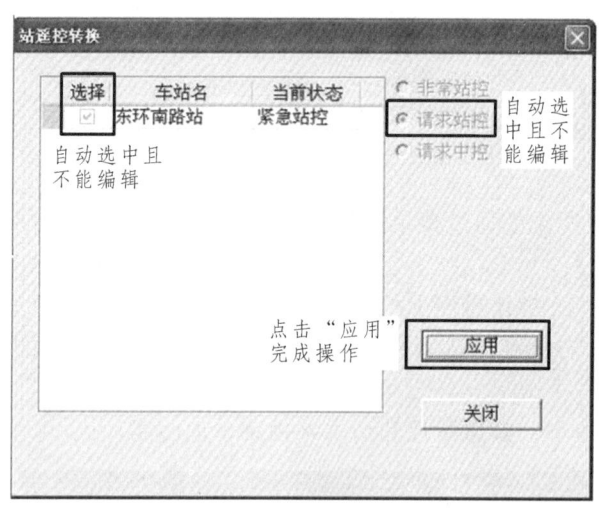

图 5-28　站遥控转换 11

（2）注意事项。

不管是通过菜单还是按钮操作来实现站控时，当完成站遥控转换界面的操作后还需要在区域选择界面里进行对控制车站的选择操作，如果已经是站控模式，但未在区域选择界面里对车站进行选择还是不能进行相应的操作。

二、票务设备安全管理

（一）车站 AFC 设备操作管理

1. 车站计算机（简称 SC，图 5-29）

（1）只允许当班站长、值班站长、客运值班员、行车值班员及 AFC 维修人员在车站 SC 上进行操作或查询。

（2）对 SC 操作完毕后，应立即注销退出。

（3）在正常情况下，车站计算机应 24 小时开启。

（4）在运营开始前，由值班站长负责注册进入车站计算机、检查系统参数版本、通过车站计算机监控台开启 AFC 设备、检测车

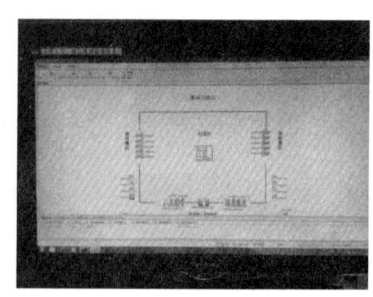

图 5-29　车站计算机（简称 SC）

计算机与各设备的连接状况等。

（5）在运营过程中，由值班员监督车站计算机监控器所显示各种设备状态。当车站设备处于非正常运作状态时，车站计算机监控器显示相应信息，车站根据报警情况进行相应处理。

（6）必要时，可通过车站计算机查询设备状态、闸机的车票历史记录、系统设置参数等，打印/显示有关报表，控制站厅的各种AFC设备。

（7）运营结束后，由值班站长（客运值班员）通过车站计算机关闭所有AFC设备（设置为暂停服务），注销退出计算机。

2. 自动售票机（简称TVM，图5-30）

图5-30　自动售票机（简称TVM）

（1）车站必须保证运营开始时有足够的TVM能够投入服务。

（2）在运营中对TVM进行补币、补票、更换钱箱时，应确认乘客的交易已完成并设置"暂停服务牌"后方可开始操作。

（3）钱箱钥匙不能由钱箱更换人员和钱箱保管人员来管理（由值班站长携带保管）。

（4）由客运值班员负责安排人员进行TVM单程票补充和回收工作。清理出的TVM废票必须另行加封留存，由票卡收益中心定期下站回收，不得再投入TVM使用。

（5）每日运营开始前或运营过程中TVM票箱将空时，车站必须对TVM进行补充单程票工作；运营结束后，车站必须清理TVM废票。

3. 半自动售票机（简称BOM，图5-31）

图5-31　半自动售票机（简称BOM）

（1）每日运营开始前，由客运值班员负责给 BOM 站务员配票。

（2）BOM 运营需要领用的钥匙及备品，站务员必须与客运值班员办理借还登记手续。

（3）站务员之间换岗时，必须在 BOM 上办理注销和登陆操作。

（4）当车站当天有使用 BOM 发卡模块发售单程票时，运营结束后，须清理 BOM 废票箱废票，并随当日报表上交。

4. 便携式验票机（简称 PCA）

（1）持机人应用自己的员工号和密码登录验票机，使用结束后及时注销退出。

（2）便携式验票机的使用和归还应进行签名登记。

5. 闸机（简称 AGM，图 5-32）

图 5-32 闸机（简称 AGM）

（1）客运值班员负责安排并和员工一起进行闸机票箱的更换工作。闸机票箱的更换操作时，须设置"暂停服务"牌并按规定操作。

（2）闸机票箱更换时间。

① 出闸机票箱将满时。

② 出闸机票箱已满时。

③ 每天运营结束后。

④ 车站根据各站实际情况进行更换。

6. 车票回收箱（图 5-33）

（1）车站每月进行盘点或车票回收箱将满时，客运值班员负责安排并和员工一起进行车票回收箱中物品回收工作。

（2）车票回收箱中的物品清点要求客运值班员与站务员双人在票务室监控下进行，回收箱内现金计入车站"特殊情况票款登记表"；单程票、预制票、纪念票、一卡通车票进行检查并用信封进行封装，并按类别存放待交；其他物品酌情根据实际情况处理。

（3）车票回收箱的钥匙由客运值班员进行保管。

（二）票务安全监控管理

1. 功能要求

（1）票务安全监控是指具有实时监控、录像和回放等功能，定点安装于票务安全区域内，用于保障票务安全的视频监控（以下简称票务监控）。现有安装的监控包括：车

图 5-33 车票回收箱

站票务室、客服中心、票卡收益中心编码室、票库等处。站务中心负责规范各车站票务监控的使用,实现票务监控的实时监控;运用车站票务监控做好对车站的各项票务事务的操作规范性等方面的检查。票卡收益中心负责规范编码室、票库等处的票务监控的实时监控;运用车站票务监控做好对车站的各项票务事务的操作规范性等方面的抽查。

(2)车站票务室、客服中心、票卡收益中心编码室、票库等票务安全区域需按要求安装票务监控。

(3)票务监控的设备功能须具备以下要求:

① 监控区域能见范围满足收益安全监控需要,在俯视状态下可进行24小时实时监控。

② 录像视频内容保存期限:15天。

③ 系统设定登录权限,并根据不同用户设定不同级别,以满足层级管理需要,包括录像回放、文件删除、操作记录查看等功能。

④ 主机带有PC机标准输出接口,便于管理日常需要导出录像。

⑤ 实现独立、全实时录像的同时,可实现单路回放检索、倒放,录像查询下载。

⑥ 支持多种回放模式:多倍速快放、慢放、暂停、逐帧播放、跳进、跳退,回放录像时可以显示事件发生的准确时间。

⑦ 录像视频记录速度,在实时模式每路10~25帧/秒(可调)。

⑧ 实时监控和回放录像能够清晰识别出工作人员的外貌特征、进行的包括点币、点钞过程及结果在内的各项业务。

⑨ 票务监控录取的视频内容,无须人工干预,系统实行自动擦写、循环录像。

(4)新线安装的票务监控功能如未达到前项条款的要求,客运一部、客运二部须提出相关使用需求。

2. 日常管理

(1)使用管理。

① 各处票务监控操作人员应对自己职责范围内的设备保持完整和清洁,尤其是各个区域的摄像头,应保证无污物、异物。

② 各票务监控操作人员保持监控系统内监控目标的可见性,不得有意遮挡或移动摄像头。各票务重点区域(票务室、客服中心、编码室等)的所有票务操作必须在票务监控的有效范围内进行。

③ 各操作人员应保持票务监控的计算机操作系统及各种应用软件所需文件的完整性,未经授权任何人不得移动或删除各种系统文件和原有的应用程序执行所需的文件。

④ 票务监控属于票务专属设备,严禁作做他用,禁止使用未经允许的外存储设备。

⑤ 为保持票务监控信息的延续性,票务监控所有监控范围无论有无作业均需保持照明,照明程度不低于监控系统运作的最低照明(即不影响监控的视频效果)。

⑥ 票务监控24小时运转,系统操作人发现异常,及时向维修工程部或其他票务监控管理责任人报告。如遇故障或系统断电造成的不能正常进行实时录影时,监控区域门禁必须处于开启状态,车站需由值班站长在场,控制中心有工长在场。故障修复后,监控区域正常启用。当班人员应积极跟进票务监控的修复情况,如未及时维修可以上报相关领导。

⑦ 未经批准,任何人严禁修改或删减监控录像记录;接触视频监控图像的员工严禁私自复制记录或将记录提供给他人;严禁将视频监控录像发布在互联网或公司内部网站上等行为,一经发现,对责任人将严肃处理。如因工作需要,必须得到相关领导批准后方能进行。

(2)权限管理。

① 取得授权的员工须保管好自己的用户名及密码,不得泄露。

② 系统给的初始密码,在初次登录系统时一定要进行修改,修改后用修改密码登录系统进行操作。定期修改密码,并且在密码的设置上要符合保密性要求,密码修改后必须保证与修改前不同。

③ 不得多人共用一个账号（用于培训时，在账号所有者监控下除外）。在非授权情况下，各用户只准使用分配给本人的用户名和密码，不得借用他人用户名/密码登录系统；不得企图获取他人的密码。

④ 登录权限的增设、删除、密码变更由站务中心、票卡收益中心提出并经客运一部、客运二部分管领导审批后，以书面形式向维修工程部申请办理。维修工程部收到相关登记表后，在3个工作日内完成相关工作。

（3）钥匙管理。

① 根据票务监控操作要求，部分监控系统附设监控系统主机钥匙。

② 票务监控钥匙由属地当班负责人（车站为站长/票库为票卡组工长）负责保管，保管人之间有交接要做好登记。

③ 所有借用钥匙的维修，必须作好相应的记录。钥匙使用后，应立即归还。特殊情况下，可适当推迟归还时间，但必须注明原因。

④ 设备钥匙如有折损、折断或遗失，按照《票务钥匙管理办法》执行。

三、服务设备安全管理

（一）客运设施和设备

为了给乘客提供优质良好的服务，地铁车站配置了一定数量的客运设施和设备。在这里主要介绍以下几种：

1. 导向标志系统

（1）定义：是为引导乘客方便、快速、安全地进站乘车、搭乘列车、下车出站、换乘、使用车站设施、观光等行为，而连续设置于地铁站外、站内、列车上的各类标志，以及完成紧急情况下进行客流疏散所设的紧急疏散标志。

（2）设计原则。

标志系统应简洁、完整、美观，信息提示应按乘客的需求从一般信息到详细信息逐级设置，遵循信息适量原则，以达到"以人为本"及"服务乘客"的方针。

城市轨道交通系统中的公共标志应包括确认标志、导向标志、综合信息标志、禁止标志、安全警告标志和消防安全标志，形成完整的视觉引导系统。

标志系统的设计原则可归结为以下几点：

① 便利性原则：导向标志系统所设置的位置应起到主动引导乘客移动的作用，而不是乘客寻找到导向标志后才能移动，更不应让乘客刻意去寻找导向标志。

② 连续性原则：导向标志系统在设置时，要能够保证引导人流连续向目的地移动。

③ 统一性原则：由于导向标志系统是统一完整的有机系统，而构成这一系统的每一个要素（各种导向标志），都有其各自的作用，只有在标志的设置过程中，将这些要素作为统一有机的系统，根据其作用按照连续性原则进行统一设置，才能使导向标志系统发挥出整体作用。

（3）标志分类。

导向标志系统中各类标志按其发挥的作用可分为：

① 确认标志（用以标明某设施或场所的标志）。

确认标志包括：轨道交通标志、站名标志、自动售票标志、客服中心标志、自动检票机状态标志、自动扶梯状态标志、电梯标志、卫生间标志、无障碍设施标志、出口标志。

② 导向标志（用以向乘客提供某设施或场所方向指示的标志，图5-34）。

图 5-34　导向标志

导向标志包括：轨道交通车站导向标志、自动售票导向标志、客服中心导向标志、无障碍设施导向标志、电梯导向标志、自动扶梯导向标志、卫生间导向标志、乘车导向标志、列车运行方向导向标志、出站导向标志、紧急出口导向标志、公交枢纽导向标志。

③ 综合信息标志（用以表达乘客需要了解的与轨道交通系统相关信息的标志，图 5-35）。

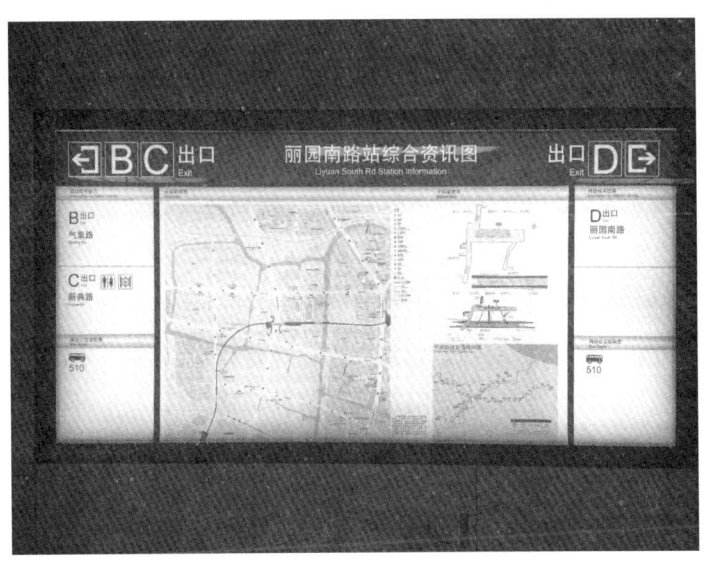

图 5-35　综合信息标志

综合信息标志包括：车站出入口标志、运营时间标志、公告、轨道交通线网示意图、票务信息示意图、轨道交通车站空间示意图、列车运行线路标志、车站周边信息图、车站出口信息标志、车厢信息标志。

④ 禁止标志（不准许乘客发生相应行为的标志类别）。

禁止标志包括：禁止携带危险品标志、其他禁止标志。

⑤ 安全警告标志（提示乘客注意，避免可能发生的危险的标志类别）。

⑥ 消防安全标志（与消防安全有关并符合消防规定的标志类别）。

2. 楼梯及自动扶梯、垂直电梯

由于地下车站一般都由地下两层组成，出入口与站厅层之间、站厅与站台层间应设人行楼梯、自动扶梯或垂直电梯。

（1）地铁车站内楼梯的主要设计原则。

乘客使用的人行楼梯宜采用 26°~34° 倾角，其宽度单向通行不小于 1.8 m，双向通行不小于 2.4 m。当宽度大于 3.6 m 时，应设置中间扶手。楼梯每个梯段不超过 18 步。

（2）地铁车站内自动扶梯（图 5-36）及垂直电梯（图 5-37）的主要设计原则。

① 扶梯的设计能力与本站远期超高峰小时客流量及车站各部位的通过能力相适应。

② 站厅层与站台层之间，一般宜设上、下行自动扶梯，对客流量不大的车站（且高差小于 5 m 时），可用楼梯代替下行自动扶梯。

③ 自动扶梯应采用 30° 倾角。

④ 对于重要车站，站厅至站台层均设置上、下行自动扶梯，所有出入口不受提升高度的限制，也均设置上、下行自动扶梯。

⑤ 每个车站所设自动扶梯、楼梯和通道的通过能力，保证在远期高峰小时发生火灾的情况下，6分钟内将一列车的乘客（满载人数）以及站内候车人员及工作人员疏散完毕。

⑥ 在发生火灾时，车站内自动扶梯停止运行，作为固定楼梯疏散乘客。

⑦ 每个车站设置残疾人专用垂直电梯，满足残疾乘客的需求。

图 5-36　自动扶梯

图 5-37　垂直电梯

⑧ 自动扶梯及垂直电梯的控制采用就地控制，以便在发生意外时，能及时停止运作；自动扶梯在车站控制室监视。

⑨ 两台相对布置的自动扶梯工作点间距不得小于 16 m；扶梯工作点至前面影响通行的障碍物间距不得小于 8 m；扶梯与楼梯相对布置时，自动扶梯工作点至楼梯第一级踏步的间距不得小于 12 m。

3. 广播子系统（图 5-38）

图 5-38　广播子系统

广播是车站值班员和控制指挥中心调度员对车站办公用房和站内乘客进行公众语音广播的主要设备，需要时可对车站乘客公共区播放音乐。当车站发生火灾等灾难时，广播系统可以兼做消防广播，对车站所有区域进行乘客疏导广播。车站值班员只对本站广播，控制中心调度员可对全线广播。

车站控制室设有车站广播控制台，可同时对站台、站厅、设备管理用房、出入口通道进行广播，也可进行分组广播。

4. 乘客资讯系统（Passenger Information System，简称 PIS，图 5-39）

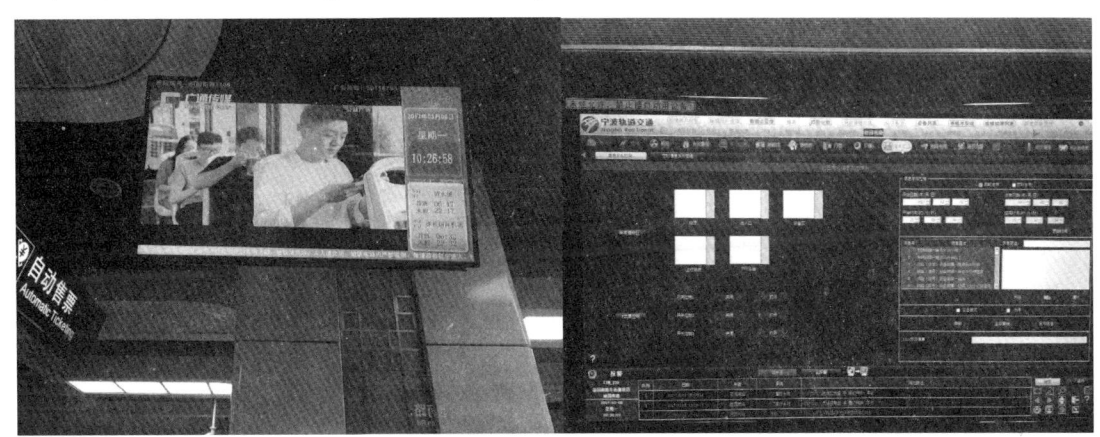

图 5-39　乘客资讯系统

乘客资讯系统通过设在各车站的各类显示终端，为乘客提供列车运行信息；在紧急情况下发布紧急信息，以帮助疏导乘客；通过查询机的触摸屏，乘客可以自行查询换乘信息、车站周边情况、广告、新闻政府公告等资讯，以提升地铁的服务质量。同时也可利用分布在各车站的各类显示终端，发布广告。

PIS 的信息可以分为两大类：文本和简单图片信息、媒体文件。

文本信息包括：预定义的紧急信息和常规信息、实时信息（如列车到站、离站信息、商业信息、系统默认的信息等）。

媒体文件包括：图像、影音等信息。

车站 PIS 的功能：乘客引导信息、乘车须知等其他信息的播出；实时显示列车到达和离开的时间；重要通知和突发事件的通知；各种广告信息和便民信息的显示；转播电视台节目；时钟信息显示。

5. 电视监控系统（图 5-40）

图 5-40　电视监控系统

电视监控系统是调度员和车站值班员实时监视列车运行、实时掌握客流大小和流向、保证行车及乘客安全的重要工具。中心操作员可通过调度指挥中心录像机对现场信息进行实况记录，方便事后分析。

6. 自动售检票系统（Automatic Fare Collection，简称AFC，图5-41）

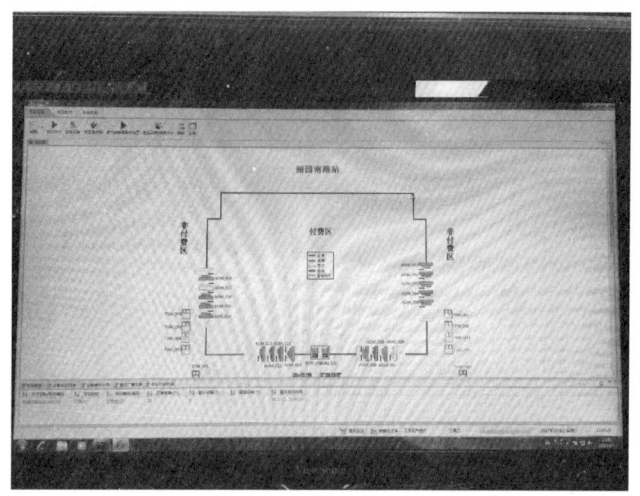

图5-41 自动售检票系统

AFC设备作为面向乘客的服务设备，主要设置在站厅层，按乘客进出站流向合理布置，包括：自动售票机、便携式验票机、进站闸机、出站闸机、双向闸机等。

车站按其客流量大小设置若干客服中心，设在付费区与非付费区之间，为乘客提供人工售票、咨询、兑零及其他各类事务服务。

7. 车站照明系统

车站照明按其不同用途分工作照明、节电照明、事故照明、标示照明、广告照明及应急照明等。

应急照明是为了车站工作照明发生故障时，为疏散乘客提供必要的照明，通常由蓄电池提供，当正常照明失电时应急照明会立即启动，一般可维持45分钟左右。

8. 火灾自动报警系统（Fire Alarm System，简称FAS）

火灾自动报警系统主要用来探测火警及监视消防装置的动作，发生火灾时，火灾自动报警系统发出视信/音响报警信息，并启动消防联动设备、向设备监控系统发出启动火灾模式指令，协同防排烟系统，以及其他消防灭火系统，共同实施消防灭火。

9. 车站站台屏蔽门（图5-42）

图5-42 屏蔽门

屏蔽门是设在站台边缘，将站台区域与列车运行区域相互隔开的设备。开关屏蔽门可以由人工或自动控制，一般情况下当隧道无车及列车进站时处于关闭状态。

屏蔽门的优点：首先，保证了候车乘客的人身安全，最大限度防止了可能出现的各类人员意外伤亡。其次，节约了车站空调能源，降低了列车噪声对乘客的干扰，环境更加适宜。再次，节省了人力资源，即在站台无需设置人员接发列车。

车站屏蔽门的控制方式分为系统级、站台级、车站级和就地级控制。

10. 车站环控系统

车站环控系统的作用就是为车站内乘客及工作人员提供舒适的空气环境，为地铁区间隧道通风换气以及火灾时排除烟气，有利于人员疏散。

车站环控系统根据系统功能分为：环控大系统（简称大系统）、环控小系统（简称小系统）、制冷空调循环水系统和隧道通风系统。

11. 其他客运设施

其他的客运设施注意包括：盲道、对讲机、厕所、临时票亭、银行等。

（二）服务设备设施状态巡视标准

1. 服务设备设施项目

（1）基础服务设施：基础服务设施主要有两类，即导向系统与配套服务设施。

① 导向系统：包括地面 500 m 导向牌、通道口户外标识柱、入口门匾灯箱、出入口标识牌、出入口/站厅/站台服务时间灯箱（牌）、街区图灯箱、站厅出口资讯灯箱（牌）、站厅出口导向灯箱（牌）、站厅门头定位灯箱、站厅/站台吊顶导向灯箱、站厅/站台线网图灯箱（牌）、站台乘车分流图牌、屏蔽门（线路图）盖板贴、站台搪瓷钢板站名等。

② 配套服务设施：包括现有的和未满足乘客需求的设施。现有的配套服务设施包括站外公告栏、乘客公告栏、小画框、临时售票亭、站厅取阅架、扶梯/客服中心护栏、意见箱、站厅站台电视、客服中心灯箱、TVM 灯箱、T 型牌、站台宣传栏、站台座椅、垃圾桶等。

（2）无障碍设施：如坡道、盲道、盲文符号（字幕）牌等。

（3）商业服务设备设施：包括广告灯箱、楼梯画框广告、自动售卖机、实物展示柜等。

2. 服务设备设施管理标准

（1）台账管理。

① 客运部门应建立服务设备设施台账，内容包括时间，设施设备名称、数量、位置、状态等要素。

② 每次检查应将检查情况清晰、准确、详尽地在台账中记录，维修整改后应将维修结果及时在台账中记录。

（2）服务设施设备巡查标准。

① "地面 500 m 导向牌"每两周由工务部门巡查一次并做好检查报告。

② "基础服务设施"（除地面 500 m 导向牌外）、"无障碍设施""商业服务设备设施"各站采用"一日一巡一报"的检查报告制度。

③ 每日开站前车站派专人按检查要求，对站内服务设备设施进行检查，并将检查情况记录到服务设施设备台账及车站综合日志。

④ 每日出乘之前，乘务人员对列车内服务设备设施进行检查。

⑤ 检查标准参照《服务设备设施检查标准》。

⑥ 发现有缺失、损坏或其他故障的设备设施应立即进行补充采购、更换并报设修调度。

⑦ 其他员工发现有服务设备设施破损、故障时，报设备设施管理所属部门整改。

（3）服务设施设备维修响应标准。

① 运营时间，设修调度接报后，应立即将相关破损、故障情况通知相关专业部门（中心），各相关部门（中心）按要求派人至现场进行处理。

如因服务设备设施损坏、故障影响乘客安全或造成服务功能全部缺失的，相关专业部门（中心）维修人员在接报后应在20分钟内赶到现场处理。

如因服务设备设施损坏、故障未影响乘客安全但造成服务功能部分缺失的，相关专业部门（中心）人员应在接报后1小时内至现场处理。

如服务设备设施的损坏、故障未对功能造成影响的，相关专业部门（中心）按设备维修要求进行处理。

② 非运营时间，设修调度接报后，应立即将相关破损、故障情况通知相关专业部门（中心），各相关部门（中心）应在运营开始前组织人员到场处理。

四、专家提示及注意事项

（1）注意设备在使用过程中存在安全隐患，防止人员因使用相关设备导致人身伤害。
（2）注意相关设备发生故障时，车站员工能知晓初期故障现象，并能及时报修。
（3）出现相关设备安全事件时，能及时进行处理，并做好相关防护措施。
（4）其他设备安全的注意事项。

 任务评价

根据以上学习内容，评价自己对本模块内容的掌握程度，在下表相应空格里"√"。

评价内容	差	合格	良好	优秀
对车站设备中行车设备、票务设备、服务设备的安全管理等掌握程度				
对车站设备安全管理的流程的掌握程度				
学习中存在的问题或感悟				

任务三　人员安全管理

 相关知识

为了实现运输安全，必须通过各种形式和方法，对广大员工进行经常性的安全教育。其内容主要有：

（一）安全思想教育

这是安全教育的重点所在，内容包括安全生产方针、政策、重要意义、劳动纪律、作业纪律、各项规章制度和典型事故案例教育等。通过正反两方面的教育使基层作业人员和各级管理人员牢固树立"安全第一"的思想，强化"预防为主"的意识，正确处理好安全与效率、效益的关系。

（二）安全知识教育

安全知识教育包括安全生产技术知识和安全管理知识教育，目的是解决应知的问题。前者包括运营生产特点、安全特性、设备性能、各部门作业方法及规范要求、事故成因及预防等，后者主要是针对安全管理人员而进行的安全教育，内容包括运营安全管理体制和各部门安全管理体系的构成与运作、事故预测和预防，安全系统评价的基本原理和方法。

（三）安全技能教育

这是通过对作业人员进行长期、反复训练及本人实践，把所学到的安全知识转化为动手能力的过程，主要是解决应会的问题。内容包括岗位熟练操作，防止误操作和处理异常情况的技术、知识和能力。

（四）事故应急处理教育

一般应包括事故应急处理知识教育、自我保护和自救互援教育、事故现场保护方法教育和事故应急处理演习等。通过上述教育能有效地防止事故损失扩大，为清理事故和迅速恢复正常运输秩序创造有利条件。

（五）三级安全教育

三级安全教育制度是企业安全教育的基本教育制度，是指新员工的厂级安全教育、车间级安全教育和岗位（工段、班组）安全教育。在我们运营分公司，三级安全教育是指公司级、部门级和班组级。

一、三级安全教育

（1）一级安全教育由教育培训部会同安保部组织实施，培训时间不得少于2学时；二级安全教育由各部门（中心）负责，三级安全教育由各车站（班组）负责，生产部门二、三级安全教育加起来不得少于22学时；职能部门二、三级安全教育加起来不得少于8学时，二、三级安全教育的方式各部可根据具体情况而定。一级安全教育成绩由安保部负责保存，二、三级安全教育成绩由各部门负责保存。一级安全教育的考试采用闭卷形式进行，满分为100分，合格分为90分；二、三级安全教育考试形式由各部门根据工作性质决定。对各级安全教育考试（核）不合格的人员，允许有一次补考，补考后仍不合格者，由教育培训部按相关规定及程序处理。一级安全教育期间的考勤由安保部负责，二级、三级安全教育期间的考勤由各部门安全员负责。

（2）所有员工必须经一、二、三级安全教育培训，并考试合格后，方可上岗位操作。

（3）分公司主要负责人和安全生产管理人员初次安全培训时间不得少于32学时。每年再培训时间不得少于12学时。

（4）从业人员在本单位内调整工作岗位或离岗一年以上重新上岗时，应当重新接受二、三级的安全培训。

（5）分公司实施新工艺、新技术或者使用新设备、新材料时，应当对有关从业人员重新进行有针对性的安全培训。

（6）特种作业人员，必须按照国家有关法律、法规的规定接受专门的安全培训，经考核合格，取得特种作业操作资格证书后，方可上岗作业。

（7）安全培训工作应纳入各单位年度工作计划，开展日常安全教育。

此外，对乘客和非地铁员工的保安、保洁、商铺等从业人员进行的地铁安全知识和安全法制宣传、教育也是安全教育管理的重要内容。

二、安全生产管理基本知识

（一）安全与危险

安全：泛指没有危险、不出事故的状态。俗话说："无危则安，无缺则全"。安全的对立面是危险，不是事故。

危险：指系统中存在导致发生不期望后果的可能性超过了人们的承受程度。

（二）安全生产

安全生产是为了使生产过程在符合物质条件和工作秩序下进行的，防止发生人身伤亡和财产损失等生产事故，消除或控制危险、有害因素，保障人身安全与健康、设备和设施免受损坏、环境免遭破坏的总称。

为预防生产过程中发生人身、设备事故，形成良好劳动环境和工作秩序而采取的一系列措施和活动。

（三）安全生产管理

针对人们在生产过程中的安全问题，运用有效的资源，进行有关决策、计划、组织和控制等活动，实现生产过程中人与机器设备、物料、环境的和谐，达到安全生产的目标。

安全生产管理的目标是减少和控制危害，减少和控制事故，尽量避免生产过程中由于事故所造成的人身伤害、财产损失、环境污染以及其他损失。

（四）事故隐患

生产经营单位违反安全生产法律、法规、规章、标准、规程和安全生产管理制度的规定，或者因其他因素在生产经营活动中存在可能导致事故发生的物的危险状态、人的不安全行为和管理上的缺陷。

（五）危险源

危险源指可能造成人员伤害、疾病、财产损失、作业环境破坏或其他损失的根源或状态。

危险源可以是一次事故、一种环境、一种状态的载体，也可以是可能产生不期望后果的人或物。

三、安全关键控制措施

根据分公司轨道交通运营生产的特点，劳动安全卫生管理的重点是防范"车辆伤害、高处坠落、触电伤害、机具伤害、物体打击、中毒窒息"事故的发生。对生产性质、作业特点和可能遭受伤害的程度确定劳动安全防范重点。

（一）劳动安全通用控制措施

（1）所有专业维修从业人员有规定要持证的，必须持证上岗。无规定持证的应具有最低安全、技能资质或条件。

（2）安全防护用品及维修器具，必须保持完好，按正确方法使用；发现不良的，应立即停用，及时维修或更换。检修人员每次工作前，必须检查1次；班组至少每月检查测试1次，部门按国家规定检测周期送检。

（3）凡进行危险性较大、影响行车和人身安全的作业，必须事先拟定安全技术措施，经归口管理部门和安保部审定批准后，由施工领导人组织施工，现场要安排专人做安全防护工作。

（4）作业前，了解生产任务、作业要求和安全注意事项；作业中，检查劳动防护用品穿戴、机械设备运转安全装置是否完好，保持场地整洁、通道畅通，配件、原材料、工器具要堆放整齐；作业结束后，要关闭风、水、电、气等开关，清点好用具和整理好工具箱，存放在指定地点；危险物品应存放在指定场所，填写使用记录，要清扫、整理现场环境，做到工完料尽、场地清，方可离开。

（5）杜绝"三违"（即违章指挥、违章操作、违反劳动纪律），确保在作业过程中做到"四不伤害"：一不伤害自己，二不伤害他人，三不被他人伤害，四保护他人不被伤害。两人以上共同作业时注意协作和相互联系，立体交叉作业时注意进行协调安排，以确保有条不紊和安全顺利地进行。

（6）作业时要集中精力，做到"五注意"：一注意警示标志，谨防意外；二注意扶梯运行，谨防夹伤；三注意地面积水积油，谨防滑倒；四注意高空坠物，谨防砸伤；五注意设备异常，及时发现排除故障，谨防酿成事故。

（7）要严格遵守劳动纪律，做到"五严禁"：一严禁在禁火区域吸烟、动火；二严禁在上岗前和工作时间饮酒；三严禁擅自移动或拆除安全装置和安全标志；四严禁擅自触摸与己无关的设备、设施；五严禁在工作时间串岗、离岗、睡岗或嬉戏打闹。

（8）设备检查和维护前，应先确认设备已断电，机械部分完全停止，才可进行设备检查和维护工作；若需带电作业，作业前应做好安全防护措施。

（二）防止车辆伤害的控制措施

（1）禁止擅自跳下站台和进入轨行区、隧道。

（2）横越线路道口时，必须做到"一站、二看、三通过"，并注意左右车辆的动态及脚下有无障碍物。

（3）未经调度命令，未经车站请点登记，不得擅自进入隧道或区间作业；在轨行区作业时，应穿反光背心和按规定使用劳动防护用品，作业区域按规定设置防护；作业前后，作业负责人应清点作业人数，以防人员遗漏在作业区内。

（4）作业人员在进入轨行区、车场线路作业时，必须身穿黄色反光防护服和按规定使用劳动防护用品，严禁不穿反光背心上道作业。

（5）禁止顺着线路行走、走道心、枕木头，不准脚踏轨面和道岔连接杆、尖轨等处。

（6）禁止在车辆行驶过程中上下车。

（7）禁止攀登到电客车、工程车辆和车载货物顶部，严禁钻车底。

（三）防止高处坠落的控制措施

（1）严禁患有禁忌证人员登高作业。

（2）禁止在六级以上大风及暴雨、大雪、大雾时进行露天登高作业。

（3）登高作业时，必须有专人监护，作业人员个人着装要符合安全要求，必须戴好安全帽，按规定使用安全带（绳），防止高处坠落。

（4）高处作业随带的工具、材料等物，应放在稳妥处；较大的工具应拴在牢固的物体上，零星工具、材料应放在工具袋中，不得上下抛掷。

（5）脚手架必须按规定搭设，作业前必须确认机具、设施和用品完好。

（6）禁止随意攀登石棉瓦搭建的屋（棚）顶。

（7）登高扫、抹、擦、吊、架设、堆物时，作业面下必须设置防护。

（8）安全带（绳）的使用有严格的规定，拴带位置应为高挂低用，带绳也不宜过长；安全带要拴挂在牢固的构件或物体上，要防止摆动或碰撞，绳子不能打结使用，钩子要挂在连接环上。使用的安全带（绳），凡使用期限超过 3 年的实行强制报废，并实行以旧换新的发放制度，保证失效的安全带（绳）及时回收。

（9）使用梯子时，单梯只许上 1 人操作，支设角度以 60°~70° 为宜，梯子下脚要采取防滑措施；支设人字梯时，需由专人扶持，不得倾斜使用，两梯夹角应保持 40°，挂好安全链（绳），使用前必须检查梯子是否完好，同时两梯要牢固，移动梯子时梯子上不准站人。如使用较高的梯子时，还应根据需要采取相应的安全措施。

（10）搭设脚手架上各处跳板，使用前应仔细检查是否牢固，确认良好，方可使用。

（11）除车辆检修地沟外，其他为生产、生活需要所设的坑、沟、池和阴井，应有围栏或盖板。

（12）不准跳（跨）越未设防护的各种坑、沟。

（13）高架检修平台，不得超载，应设有围栏，并应有防滑、防跌措施。

（四）防止触电伤害的控制措施

（1）轨道交通接触网及其各导线（如接触线、承力索、馈电线、吊弦等）及其相连部件（如腕臂、定位器、定位管、拉杆、避雷器等）都带有高压电，禁止直接或间接地（指通过任何物件，如棒条、导线、水流等）与上述设备接触。

（2）当接触网的绝缘不良时，在其支柱、支撑结构及其金属结构上，在回流电缆与钢轨的连接点上，都可能出现高电压，因此平常应避免与上述部件相接触；当接触网绝缘损坏时，禁止与之接触。

（3）施工场所必须配备以下安全警示用品："在工作中""高压危险、禁止攀爬""正在供电禁止接近""已断电"等标志牌。

（4）对带有 250 V 及其以下电压的设备进行更换灯泡、测量等简单作业时，应切断电源或双人作业；其他需停电作业，须派专人负责断电，并取下保险和悬挂停电作业牌。

（5）对带电设备进行作业时，要使用带绝缘的工具，穿绝缘胶鞋（室内应站在绝缘板上）；不得同时接触导电和接地部分；作业人员未脱离导电部分时，不得与站在地面的人员接触或相互传递工具、材料。

（6）切割地下埋设的电缆外皮或打开电缆套管之前，要将断开处两端连通接地，铺设干燥绝缘垫或操作人员穿高压绝缘鞋，保证人员安全。

（7）使用自备电源或与外电线路共用同一供电系统时，电气设备应根据当地要求作保护接零或作保护接地，不得一部分设备作保护接零，另一部门设备作保护接地。

（8）移动式发电机供电的用电设备，其金属外壳或底座，应与发电机电源的接地装置有可靠的电气连接。

（9）手持电动工具和单机回路的照明开关箱内必须装设漏电保护器，照明灯具的金属壳必须做零保护。

（10）各种型号的电动设备必须按使用说明书的规定接地或接零。传动部位按设计要求安装防护装置。

（11）维修、组装和拆卸电动设备时，应断电挂牌，防止其他人私按电动开关发生伤亡事故。

（12）必须实行"一机一箱一闸一漏一锁"制，严禁"一闸多用"。

（13）电缆线沿地面敷设时，不得采用老化脱皮的电缆线，中间接头应牢固可靠保持绝缘强度；过路处要穿管保护，电源端必须设漏电保护装置。

（14）在配电房内搬运物品时，要与带电设备保持足够的安全距离。

（15）在带电设备附近工作时，禁止使用金属卷尺测量；削电线线头时，线头要向外，不能过猛，防止削到手上。

（16）发生大量蒸汽、气体、粉尘的工作场所，要使用密闭式的电气设备；有爆炸气体或粉尘的工作场所，要使用防爆的电气设备。

（17）行灯电压不能超过 36 V；在金属容器及潮湿场所的安全电压应选用 12 V；电钻或电镐等手持电动工具，在使用前应采取保护性接地或接零的措施。

（18）供电专业安全防护执行相应安全作业规范，防雷击安全措施执行分公司《季节性安全管理办法》相关规定。

（五）防止机具伤害的控制措施

（1）各种机具必须有切合实际的安全操作规程，相关操作人员必须严格执行机具操作规程。

（2）严禁机具设备带病超负荷运转，安全防护装置必须齐全良好。

（3）使用中机具设备应做到定人、定机，持证操作。

（4）开启机械动力设备前应先检查设备状态。

（5）运行中的机械动力设备，严禁进行修理、加油等工作。

（6）砂轮机、切割机以及金属切削人员，必须佩带防护眼镜（罩），使用前应检查防护装置是否完好。

（7）严禁戴手套操作各种旋转切削式的机械动力设备。操作时，应扎紧衣袖，女职工严禁披发操作。

（8）使用手提式风钻、电钻前，必须确认技术状态和绝缘状态良好，钻机未停转时，严禁接触钻头、钻夹头和钻套，严禁用手消除钻头上的碎屑，中断作业时，应立即切断电源、风源。

（9）二人以上共同作业时，必须进行呼唤应答。

（10）在对旋转件和其他可运动件，如电机、风机等进行检修工作时，需始终确保其不受他人控制或由于其他原因而运动。

（六）防止物体打击的控制措施

（1）进入作业区必须按规定使用安全帽等劳动保护用品。

（2）高处和双层作业时，不得向下抛掷料具、配件，无隔离设施时，严禁双层同时作业。

（3）扛抬笨重物品时，每人负重一般不应超过 50 kg；两人扛抬物品时，应同肩同步，同起同落，相互配合，呼唤应答；搬运重、大、长物件多人同时作业，必须有专人指挥，协调行动。对使用工具要认真检查，防止滑动和折断，装载要牢固。

（4）用手动弯管器弯管时，要注意力集中，操作人员应错开所弯的管子，以免弯管器滑脱伤人；用手动弯管器时，操作位置应选择开阔的地方。

（5）手锤、凿子不得有卷边毛刺，敲打时思想要高度集中，瞄准目标防止敲偏，锤面不能作垫铁使用。使用台钳时必须夹紧工件，以防工件飞出。

（6）堆放车辆配件和设备，必须整齐、牢固，线路外侧 1.5 m 内不准有障碍物。

（7）装卸货物时，应按规定作业，严禁装载超长、超重、超高的货物。

（七）防止中毒窒息的控制措施

（1）易燃、易爆、有毒物品和材料的运输、装卸、储存，必须严格按照国家相关规定执行。

（2）使用有毒物品场所，作业前必须采取通风、吸尘、净化、隔离等措施，并正确使用防护用品。

（3）对有毒、有害作业场所要定期监测，作业人员要定期进行体检。

（4）进行油漆作业时，作业人员必须佩戴口罩或者防毒口罩。

（5）在检修设备时，某些润滑剂、胶和密封剂，都可能具有腐蚀性或引起皮肤或肺部刺激，必须注意确保检修工作环境通风良好，并保护好各部皮肤和眼睛。

（6）应避免进入长期封闭或不通风的场所，如深井等，以防止缺氧导致窒息。

（7）进入密闭场所作业时需严格遵守的安全规定。

① 进入密闭场所作业必须进行作业方案和安全措施的审批，由中心组织制定，报部门审批、安保部备案。

② 进入密闭场所前，应先通风换气15分钟以上，并使用有害气体检测仪表、可燃气体测试仪等设备检测危险气体和氧气含量，保证氧气浓度在18%～23%；密闭场所内长时间工作应强行通风；室内焊接电缆应注意防火。

③ 检测人员应佩戴隔离式呼吸器，严禁使用氧气呼吸器。

④ 作业期间应继续保持通风，通风时不得使用纯氧。通风过程中不得中断，如突然停电或通风机停止工作，必须立即退出。

⑤ 作业过程中，作业人员不能单独作业，空间外要有人监护。

⑥ 在密闭场所作业必须配备抢救器具。

⑦ 一旦出现异常情况，应立即组织救助。救助人员进行救助时应做好安全防护措施，其余施工人员亦应同时退出，待查明原因并采取适当的防护措施后方可再次进入。

（8）进入气灭系统设备房作业时需严格遵守的安全措施。

① 当人员在进设备房前将门口的灭火控制盘上的隔离/正常旋钮放在隔离位置，并保证通向外部的防火门处于打开状态。

② 对有人值班的设备房将门口的灭火控制盘上的隔离/正常旋钮放在隔离位置，并要求值班人员知道通向外部的防火门位置。

③ 设备房内禁止抽烟。

④ 气体灭火系统气体喷放后，一定要等到防护区内气体全部排完才能进入设备房，正常情况下，要求喷后至少30分钟才能进入。

四、专家提示及注意事项

（1）进行安全教育培训，需要使用设备实操演练时，一定要注意自身人身安全，同时了相关作业中的安全隐患，并了解本行业的职业健康及相关职业病的防治。

（2）三级安全教育一定要符合相关国家、公司的规定，做到所有员工必须经过三级安全教育之后才能上岗。

（3）特种作业人员，必须按照国家有关法律、法规的规定接受专门的安全培训，经考核合格，取得特种作业操作资格证书后，方可上岗作业。

（4）其他安全教育的注意事项。

根据以上学习内容，评价自己对本模块内容的掌握程度，在下表相应空格里"√"。

评价内容	差	合格	良好	优秀
对安全教育培训内容能够熟练地掌握				
能对车站新进员工进行相关的安全教育培训				
学习中存在的问题或感悟				

模块训练

 任务训练单

班级：　　　　　　　姓名：　　　　　　　训练时间：

任务训练单	突发事件应急处理
任务目标	掌握消防设施设备安全巡视检查内容，巡视周期，巡视台账的填写，消防演练培训及实施的内容，车站人员日常安全管理，本行业安全教育培训内容；了解车站设备设施安全管理，职业健康安全与劳动保护
任务训练	任务训练说明：请从下列任务中选择其中的两个进行训练。 消防设施设备安全巡视检查、巡查台账的填写、消防演练培训及实施、消防台账填写检查、行车设备的安全管理、票务设备的安全管理、服务设备的安全管理、人员日常安全管理、职业健康安全与劳保用品的使用保护、安全培训教育
任务训练一： （说明：总结作业流程，并在实训室进行实操训练或者上机在模拟软件上完成实操训练）	
任务训练二： （说明：总结作业流程，并在实训室进行实操训练或者上机在模拟软件上完成实操训练）	
任务训练的其他说明或建议：	
指导老师评语：	
任务完成人签字： 指导老师签字：	日期：　　　年　　　月　　　日 日期：　　　年　　　月　　　日

模块小结

本模块讲述了车站安全管理的相关作业操作要求及流程。要掌握这些作业,首先要掌握消防设施设备安全巡视检查、巡查台账的填写、消防演练培训及实施、消防台账填写检查、行车设备的安全管理、票务设备的安全管理、服务设备的安全管理、人员日常安全管理、职业健康安全与劳保用品的使用保护、安全培训教育等相关知识和业务。

模块自测

一、填空题

1. 消防安全工作必须贯彻"(　　　)、(　　　)"的方针。
2. 车站等公众聚集场所在运营时的防火巡查,应当至少每小时一次,由车站安全员负责;运营结束后应对营业场所进行检查,消除遗留火种,由(　　　)负责组织。
3. 在我们运营分公司,三级安全教育是指(　　　)、(　　　)和(　　　)。
4. 应急照明是为了车站工作照明发生故障时,为疏散乘客提供必要的照明,通常由蓄电池提供,当正常照明失电时应急照明会立即启动,一般可维持(　　　)分钟左右。
5. 从业人员在本单位内调整工作岗位或离岗(　　　)以上重新上岗时,应当重新接受二、三级的安全培训。
6. 杜绝"三违"、(　　　)和(　　　)。
7. AFC设备作为面向乘客的服务设备,主要设置在站厅层,按乘客进出站流向合理布置,包括:(　　　)、(　　　)、(　　　)、(　　　)等。
8. 导向系统设计原则:(　　　)、(　　　)、(　　　)。

二、简答题

1. 火灾信息汇报内容有哪些?
2. 简述手提式干粉灭火器使用方法。
3. 简述消火栓箱的使用方法。
4. 简述手摇道岔的操作步骤。
5. "四不伤害"是指哪些内容?
6. 要严格遵守劳动纪律,做到哪"五严禁"?
7. 请您根据本模块所学的知识,在跟岗工作中进行相关知识的实操练习。

模块六 故障应急处理

> **案例导学**
>
> 芦港站值班站长小李在车站内巡视时，发现有个消防栓周围有积水，打开该消防栓后发现消防管道破裂，这时值班站长立即采取措施关闭消防管道阀门，并立即报修。
>
> 那么，车站内设施设备具体有哪些故障呢？发生故障时具体要怎样操作呢？以上的问题可以通过学习本模块得到解决。

> **学习目标**
>
> （1）能监控车站内安全类、行车类、票务类、服务类设施设备运行情况。
> （2）能进行安全类、行车类、票务类、服务类设施设备故障信息汇报。
> （3）能及时处理安全类、行车类、票务类、服务类设施设备故障并做好防护。
> （4）能及时做好乘客解释工作。

> **技能目标**
>
> （1）能熟练操作安全类、行车类、票务类、服务类设备设施。
> （2）能初步判断安全类、行车类、票务类、服务类设备设施故障原因。
> （3）能及时对安全类、行车类、票务类、服务类设备、设施故障进行报修如能维修的及时维修。
> （4）能对故障安全类设备、设施进行安全防护。

任务一 安全类设备、设施故障应急处理

一、消防类设备、设施故障应急处理

（一）故障概况

（1）设备名称：消火栓、灭火器、手报、消防管道。
（2）故障现象：消火栓、灭火器、手报、消防管道故障。
（3）故障影响程度与等级：影响或未影响运营。

（二）故障处理经过简介

（1）信息获得。
车站工作人员或者乘客反映消防设备有故障现象。
（2）先期故障预判断及准备内容。
消防类故障有以下几种：
① 消火栓故障。

② 灭火器故障。
③ 手报故障。
④ 消防电话故障。
⑤ 消防管道爆裂。

（3）故障处理。

先期对故障情况及时抢修，并在现场做好防护，上报维修部门，有零部件缺损情况及时上报。

（三）原因分析

1. 故障产生直接原因

消火栓、灭火器、手报出现故障无法正常使用。

2. 故障直接原因产生因素分析

人为使用不当或者多次使用磨损。

（四）案例处理优化

本案例关键处理步骤有以下几点：消火栓故障发生时，要仔细检查，如阀门漏水要及时将阀门关闭；报警按钮被按下要查看消防设备是否启动。发现问题第一时间上报。

（五）专家提示

值班站长在日常巡站工作中应仔细巡视，发现消防类设施设备出现问题应立即排查问题，将问题上报给相关部门，并对现场做好防护，遇乘客问询做好解释。

（六）讨论思考题

如果消防栓内的阀门松动导致消防水大面积喷出应如何处理？

二、应急电源故障应急处理

（一）故障概况

（1）设备名称：应急电源。
（2）故障现象：应急电源故障。
（3）故障影响程度与等级：影响或未影响运营。

（二）故障处理经过简介

1. 信息获得

通过ISCS或现场设备发现应急电源故障。

2. 故障处理

当车站人员发现应急电源发生故障时，值站需及时赶到现场查看情况，及时报告客运二调，将现场情况告知对方，稳定现场乘客情绪，行值通过CCTV监控现场情况，需要移动应急照明时及时上报。

（三）原因分析

造成应急电源故障的原因主要有电线老化、断裂等。

（四）案例处理优化

本案例关键处理步骤有以下几点：应急电源为后备电源，如正常电源失去要启用应急电源时应急电源故障后果会很严重，在平时机电工班人员巡站时会检查。值站在发现应急电源故障后要及时上报，避免事情扩大化。

三、疏散通道门禁故障处理

（一）故障概况

（1）设备名称：疏散通道门禁。

（2）故障现象：疏散通道门禁故障。

（3）故障影响程度与等级：影响或未影响运营。

（二）故障处理经过简介

1. 信息获得

通过 ISCS 或现场发现疏散通道门禁故障。

2. 故障处理

值站在 ISCS 上看到所有疏散通道门禁失效，立即赶到现场查看，门处于释放状态，后在 ISCS 设备操作相应按钮，如门禁仍失效，将故障情况及时上报维修二调，派人在现场防护。

（三）原因分析

疏散通道门禁故障应为系统故障、通信失效造成。

（四）案例处理优化

本案例关键处理步骤有以下几点：在发生疏散通道故障时，值站需第一时间对问题进行处理，车站及时报告维修部门，对现场做好防护。

任务二　行车类设备、设施故障应急急处理

一、屏蔽门故障应急处理

（一）屏蔽门故障处理原则

（1）发生屏蔽门故障时，应按照"先通后复"的原则。车站人员要及时处理，确保安全后及时面向司机显示"好了"信号（显示地点原则上在事故发生点就近向司机显示）；司机在确保安全的情况下按时刻表的要求行车，确保客车准点运行。

（2）列车到站（停车标 ± 300 mm）停稳后，发生屏蔽门与车门联动功能故障时，必须按照"打开时先开屏蔽门后开车门，关闭时先关屏蔽门后关车门"的顺序，在 PSL 上手动操作屏蔽门打开或关闭，若 PSL 上手动操作不能打开或关闭时，在 IBP 盘进行操作。

（3）运营期间，如因故障需保持屏蔽门常开时，车站应做好防护，对不能关闭的单挡或多挡滑动门，必须安排专人看护。专人看护时，原则上每个人可监护六挡相邻屏蔽门。

（4）当运营中屏蔽门发生异常情况时，车站人员、司机要及时进行处理，做好行车组织的同时做好乘客广播、引导等客运组织工作。

（5）与信号系统联锁及与车门联动后，在 ATO、ATP 模式下屏蔽门均可实现与车门同步开关；在反方向运行（开关屏蔽门由车站负责）、RM 及 URM 模式（开关屏蔽门由司机负责）下，必须使用 PSL 开关屏蔽门。

（6）隔离不代表旁路，要使滑动门保持常开位置且不影响信号系统，可将模式开关置于"手动开"位置；如需使用三角钥匙开启滑动门保持常开又不影响信号系统，必须先旁路（模式开关"关闭"位）后再手动解锁开门。

（7）滑动门各种功能模式同时作用于最近相邻的应急门。

（8）故障屏蔽门修复后，维修人员视需要利用行车间隔或下一列车进行一次相应侧的屏蔽门开关试验，须经行调同意，车站和司机做好配合。

（9）当车站同时发生上、下行屏蔽门整侧故障时，行调可根据列车运行实际情况做出列车越站通过或不上下客作业（首末班车除外）等相应调整，司机做好客服广播。

（10）运营期间检修人员在对故障门进行检修过程中，必须严格保证检修门处于旁路状态，若不能保持屏蔽门处于旁路，则需要及时向车站人员说明，车站人员操作互锁解除接发列车。

（11）使用互锁解除接发列车时，须经行调同意。

（12）发生屏蔽门故障，车站进行确认后，由车控室值班人员将故障现象向行调、设调报告。

（二）屏蔽门故障表现

整侧门不能自动打开、整侧门不能自动关闭、单个或多个门无法打开、单个或多个门无法关闭、屏蔽门（安全门）故障导致列车无法进站或已出站的列车停车。

（三）屏蔽门故障处理

1. 故障概况

（1）设备名称：屏蔽门或安全门。

（2）故障现象：整侧门不能自动打开、整侧门不能自动关闭、单个或多个门不能打开、单个或多个门不能关闭、屏蔽门（安全门）故障导致列车无法进站或已出站的列车停车。

（3）故障影响程度与等级：影响运营。

2. 故障处理经过简介

1）信息获得

站务人员发现单扇或多扇屏蔽门（安全门）无法关闭/开启。

站务人员发现整侧屏蔽门（安全门）无法关闭/开启。

站务人员发现屏蔽门（安全门）故障导致列车无法进站或已出站的列车停车。

2）先期故障预判断及准备内容

站务人员发现单扇屏蔽门（安全门）无法关闭表现为：列车关门后，故障门不能随列车门一起关闭，门头状态指示灯长亮或闪烁。

站务人员发现单扇屏蔽门（安全门）无法开启表现为：列车到站开门后，故障门不能随列车门一起打开，门头状态指示灯可能闪烁。

站务人员发现整侧屏蔽门（安全门）无法关闭表现为：列车关门后，整侧门不能随列车门一起关闭，门头状态指示灯长亮或闪烁。

站务人员发现整侧屏蔽门（安全门）无法开启表现为：列车到站开门后，整侧门不能随车门一起打开，门头状态指示灯可能闪烁。

站务人员发现屏蔽门（安全门）故障导致列车无法进站或已出站的列车停车表现为：因特殊原因导致屏蔽门（安全门）被挤开或其他故障，导致门头状态指示灯长亮或闪烁。

为处理故障准备内容包括：PSL钥匙、端门钥匙、LCB钥匙、故障贴纸等。

3）实际处置过程与说明

（1）单扇屏蔽门（安全门）无法关闭，站台人员用LCB钥匙将故障门打到"手动关"，确认站台安全向司机显示"好了"信号，列车动车。动车后，在该扇屏蔽门（安全门）贴上故障贴纸并设置1 m线防护。

多扇屏蔽门（安全门）无法关闭，站台人员通知行值无法及时处理，在做好安全防护后向司机显示"好了"信号，司机打互锁解除动车。

单扇屏蔽门（安全门）无法开启，站台人员用 LCB 钥匙将故障门打到"手动关"，确认站台安全向司机显示"好了"信号，列车动车。动车后，在该扇屏蔽门（安全门）贴上故障贴纸并设置 1 m 线防护。

多扇屏蔽门（安全门）无法开启，站台人员赶到故障门处引导乘客绕行，接行值指令将故障门打开（手动开或手动解锁），保证每节车厢有一扇门常开，确认乘客上下完毕站台安全后，向司机显示"好了"信号。动车后，在故障屏蔽门（安全门）贴上故障贴纸并设置 1 m 线防护。

整侧屏蔽门（安全门）无法关闭，待列车车门关闭时，引导站台乘客远离屏蔽门，确认站台安全向司机显示"好了"信号，列车动车。故障修复前，接行值通知操作互锁解除接发后续列车。

整侧屏蔽门（安全门）无法打开，站台人员接行值指令，在站台侧手动开启屏蔽门（安全门），保证每节车厢至少一扇常开，确认乘客上下完毕站台安全后，向司机显示"好了"信号。动车后，在故障屏蔽门（安全门）贴上故障贴纸并设置 1 m 线防护。

屏蔽门（安全门）故障导致列车无法进站或已出站的列车停车，如果屏蔽门（安全门）已关闭，但 PSL 上"门关闭锁紧"指示灯不亮，则接行值通知，恢复站台 PSL 开关位置。如果工班赶到后无法修复，则按行值通知，使用"互锁解除"接发后续列车；如果列车出站过程中突然收不到屏蔽门"关闭且锁紧信号"，发生紧急制动，则尽快到故障站台确认站台安全及所有的屏蔽门是否处于关闭状态并汇报车控室。

（2）单个或多个门不能关闭。

值站发现后向行值报告"上（下）行××号滑动门不能关闭"，值站用 LCB 钥匙将故障门打到手动关后，确认站台安全向司机显示"好了"信号。当发现两挡及以上门无法关闭时，通知车控室无法及时处理，在做好安全防护后向司机显示"好了"信号。在故障门单元位置处进行看护，同时在站台黄线外设置 1 m 防护线，并向行值报告"故障门已进行 LCB 操作到手动关，1 m 线已设置"。

（3）屏蔽门（安全门）故障导致列车无法进站或已出站的列车停车。

值站接行调通知，车站人员确认乘客上下完毕、站台安全后，向司机显示"好了"信号。按行调通知，使用"互锁解除"接发后续列车。确认站台区域轨道空闲和站台安全后报行调；安排人员立即到故障站台进行故障应急处理，并引导乘客上下车。若故障不能及时排除影响发车或影响后续列车，据行调同意用"互锁解除"接发列车，并加强站台监控。车站值站尽快到故障站台确认所有的屏蔽门是否处于关闭状态。车站确认站台安全后报行调。

（四）故障原因分析

（1）"不能关闭故障"是指信号系统、PSL 或 IBP 发出关闭命令后，屏蔽门或安全门不执行关闭动作响应的故障。当某一门单元不执行关闭动作响应的故障视成为"××门单元不能关闭故障"。

（2）"关闭且锁紧信号"是指屏蔽门或安全门关闭后，由屏蔽门或安全门控制系统形成的确认所有滑动门及应急门处于关闭且锁紧的信号。

（3）"不能打开故障"是指信号系统、PSL 或 IBP 发出打开命令后，屏蔽门或安全门不执行打开动作响应的故障。当某一门单元不执行打开动作响应的故障视成为"××门单元不能打开故障"。

（五）案例处理优化

本案例关键处理步骤有以下几点：当站台发现屏蔽门故障发生，值站接到通知立即处理，单扇屏蔽门故障的及时将门打至手动关位置，如多扇屏蔽门故障则听从行调指示，操作互锁解除，做好乘客服务，如门头灯闪烁并不影响行车，则派站务员监控好该门头灯。

（六）专家提示

发生屏蔽门故障时，应按照"先通后复"的原则。车站人员要及时处理，确保安全后及时面向司机显示"好了"信号（显示地点原则上在事故发生点就近向司机显示）。

列车到站（停车标±300 mm）停稳后，发生屏蔽门与车门联动功能故障时，必须按照"打开时先开屏蔽门后开车门，关闭时先关屏蔽门后关车门"的顺序，在PSL上手动操作屏蔽门打开或关闭，若PSL上手动操作不能打开或关闭时，在IBP盘进行操作。

运营期间，如因故障需保持屏蔽门常开时，车站应做好防护，对不能关闭的单挡或多挡滑动门，必须安排专人看护。专人看护时，原则上每个人可监护六挡相邻屏蔽门。

使用互锁解除接发列车时，须经行调同意。

（七）预防措施

站台站务员多巡视屏蔽门/安全门。发现问题及时报告车控室。

（八）讨论思考题

如果故障屏蔽门已打至手动关，但PSL处的"门关闭且紧锁"灯仍未亮起是什么原因？

二、HMI故障-道岔挤岔报警的处理

（一）故障概况

（1）设备名称：车站HMI。

（2）故障现象：HMI上道岔挤岔报警。

（3）故障影响程度与等级：影响运营。

（二）故障处理经过简介

车站HMI出现道岔挤岔报警，行值发现后第一时间查看并汇报给值站，值站准备人工、准备进路、备品备件，经核实是否发生道岔挤岔，如是误报，则后续跟进观察，如真实发生，在信号工班人员帮助下共同处理。

（三）原因分析

道岔挤岔。

（四）案例优化处理

需要进行人工准备进路时，值站需提前将人工、进路备品备件准备好，并在信号工班人员的配合下一旦收到通知立即下轨行区。

三、信号系统故障应急处理-CBI故障的处理

（一）故障概况

（1）设备名称：车站HMI。

（2）故障现象：CBI故障。

（3）故障影响程度与等级：影响运营。

（二）故障处理经过简介

1. 信息获得

车站HMI出现道岔挤岔报警，行值发现后第一时间查看并汇报给值站，值站准备人工、进路备品备件，经核实是否发生道岔挤岔，如是误报，则后续跟进观察，如真实发生在信号工班人员帮助下共同处理。

2. 先期故障预判断及准备内容

为处理故障需准备内容包括：钩锁器、手摇把、蝶形钥匙、红闪灯、手电、信号灯或信号旗、安全帽、反光背心、手套等。

当发生在站列车无法正常动车、列车晚点等情况时，站台站务员加强乘客引导，安抚乘客情绪，客服中心站务员做好票务组织。

3. 实际处置过程与说明

（1）确认区间空闲。

准备接、发车进路，检查线路出清、道岔位置。故障区域内有岔站人工准备进路，经行调批准后，站务员与值站共同操作。

人工准备进路作业标准见表6-1。

表6-1 人工准备进路作业标准

作业项目	作业步骤及标准
1. 准备工作	（1）到车控室确认故障信息、列车位置、领取任务布置图、接受行值布置命令并复诵。 （2）准备作业工器具并检查其状态。 （3）行值及时开启隧道工作照明和紧急照明。 （4）进路准备人员穿上荧光衣后到达对应线路落轨梯处，向行调请点并报本站800 M号码，得到行调同意后进入轨行区
2. 人工准备进路	（1）设置安全防护，标准：在来车方向距故障道岔约15 m处道床中央设置红闪灯；当道岔距离列车不足15 m时，可在来车方向合适位置道床中央设置。 （2）检查道岔状态，标准：道岔尖轨及辙叉心无异物，尖轨与基本轨密贴。 （3）确认道岔开通位置，标准：站在两基本轨之间面对尖轨，若尖轨与基本轨分离在定侧（密贴在反侧），道岔开通定位；若尖轨与基本轨分离在反侧（密贴在定侧），道岔开通反位。 （4）道岔位置正确：加锁道岔，标准：使用钩锁器在尖轨锁闭杆所在位置加锁道岔。 （5）道岔位置不正确：切断转辙机电源，打开盖孔板（道岔已被钩锁器加锁时须先拆下钩锁器），将手摇把插入手摇把孔，摇道岔转向所需的位置，标准：听到"咔嚓"的落槽声后停止（如听不到落槽声时，则确认尖轨密贴即可）。值班站长岗位及以上的一人摇靠近尖轨的转辙机，另一人，摇远离尖轨方向的转辙机。 （6）确认道岔位置，标准：两人共同确认尖轨密贴。一人手指尖轨，口述"×号（道岔编号最后2位号码、下同）道岔开通定（或反）位，尖轨密贴"，另一人值班站长岗位及以上的共同确认。 （7）加锁道岔，标准：使用钩锁器在尖轨锁闭杆所在位置加锁道岔
3. 收尾工作	（1）作业完毕后，清点作业人数，确保全部人员出清轨行区，或者到达安全区域内。 （2）检查作业工器具（手摇把、蝶型钥匙、钩锁器、扳手、铜锁及钥匙、800 M、400 M、荧光衣、手套、红闪灯、信号灯、手电筒）数量，确保无工器具遗留轨行区。 （3）汇报，标准：道岔故障时向行调汇报进路准备情况，汇报用语："行调，×号道岔开通×位（依次说出所有故障道岔），全部加锁，×道（线）至×道（线）方向接（发）车进路准备完毕，线路出清"。采用电话闭塞法组织行车时，准备进路人员除向行调汇报外，还要向车控室汇报，汇报用语："车控室，×号道岔开通×位（依次说出所有故障道岔），全部加锁，×道（线）至×道（线）方向接（发）车进路准备完毕，线路出清"

（2）办理闭塞，接发列车。

接行值发布的路票信息手填路票，并复诵："电话记录号码××，车次××，××站至××站，值班员××，×年×月×日，××站行车专用章印有"。

待列车到站停稳后，与司机交接路票，先接后交。交路票时手指口呼："电话记录号码××，车次

××，××站至××站，值班员××，×年×月×日，××站印有"。司机关门后在站台向司机显示发车手信号。目送列车出清头端墙后向车站值班员报点："××次×时×分出清站台"。

（三）原因分析

信号、道岔问题。

（四）案例优化处理

（1）正确判断区间、停站列车情况并及时与车控室做好信息沟通，根据车控室指示，进行相应操作。

（2）做好乘客服务，避免造成乘客情绪波动，根据车控室指示进行相应操作。做好接发车工作。

四、ATS故障的处理

（一）故障概况

（1）设备名称：车站HMI。

（2）故障现象：ATS故障。

（3）故障影响程度与等级：影响运营。

（二）处理经过

（1）行调须向故障区域内的车站以及在该区域内运行的电客车司机通告故障情况。

（2）进路的办理。

① 故障区域的列车进路由故障集中站办理。

② 当集中站LATS故障，中央CATS正常时，非折返集中站的进路模式改为连续通过进路模式，当列车需临时折返时，人工排列折返进路；折返集中站的进路模式改为自动折返模式或人工排列折返进路。

③ 当中央CATS故障，集中站LATS正常时，非折返集中站的进路模式改为连续通过进路模式，当列车需临时调整时，人工排列进路；折返集中站的进路模式使用自动折返模式或人工排列折返进路，但须在HMI上监视进路的排列情况，遇排列不正确或未及时排列等异常情况须及时办理进路，并报告行调。

（3）车次（服务号、序列号、目的地号）的输入。

① 集中站LATS故障时，列车从故障区域运行到正常区域后，行调须及时输入车次，司机应注意车载信号显示屏上车次的变化，遇车次不正确或没有车次显示时，及时通知行调输入正确车次。

② 中央CATS故障时，各集中站负责在HMI上监视本集中站范围内列车车次，遇车次不正确等异常情况时，须及时报告行调。

（4）在故障区域，司机须改用ATPM模式驾驶，从ATS故障区域运行到正常区域时，确认车次正确后方可恢复ATO模式驾驶。遇DTI无倒计时显示时，按如下规定掌握：

停站时间：中间站30秒；站后折返时，上下行线各60秒；站前折返时180秒。车站须在HMI上监视列车运行，发现异常情况立即报告行调处理。

五、LC故障的处理

（一）故障概况

（1）设备名称：车站HMI。

（2）故障现象：LC故障。

（3）故障影响程度与等级：影响运营。

(二)处理经过

(1)行调确认 LC 故障后,改用 BM 模式组织行车。

(2)司机接到行调的调度命令后,停在车站的列车改用 BM 模式行车,在区间运行的列车以原驾驶模式运行到前方站后改用 BM 模式行车,如在区间运行的列车产生紧急制动时,司机报告行调并按其指令处理,进站后改用 BM 模式行车。

(3)行调确认 LC 故障消除,取消 LC 初始限速,并根据重启前纪录的临时限速进行重新设置后恢复 CBTC 运营模式。

六、ZC 故障的处理

(一)故障概况

(1)设备名称:车站 HMI。

(2)故障现象:ZC 故障。

(3)故障影响程度与等级:影响运营。

(二)处理经过

(1)行调确认 ZC 故障后,在相应的影响区域改用 BM 模式组织行车。各 ZC 故障后相应的影响区域如下:

① 鼓楼站 ZC1 故障影响的区域为高桥西站—江厦桥东站(不含)。

② 东环南路站 ZC2 故障影响的区域为东门口站(不含)—东环南路站。

③ 宝幢站 ZC4 故障影响的区域为宝幢站—东环南路站(不含)。

④ 霞浦站 ZC5 故障影响的区域为霞浦站—宝幢站(不含)。

(2)司机接到行调的调度命令后,停在车站的列车改用 BM 模式行车,在区间运行的列车产生紧急制动时,司机报告行调并按其指令处理,进站后改用 BM 模式行车。

七、DCS 故障的处理

(一)故障概况

(1)设备名称:车站 HMI。

(2)故障现象:DCS 故障。

(3)故障影响程度与等级:影响运营。

(二)处理经过

联锁区发生 DCS 故障时,在故障影响区域内,具备 BM 模式条件,则采用 BM 模式组织行车。若不具备 BM 模式条件,则采用电话闭塞法组织行车。

八、计轴受干扰及计轴故障

(一)故障概况

(1)设备名称:车站 HMI。

(2)故障现象:计轴受干扰及计轴故障。

(3)故障影响程度与等级:影响运营。

(二）处理经过

（1）单个计轴受干扰造成计轴区域出现棕色光带的处理。

当单个计轴区域受干扰造成计轴区域出现棕色光带且影响列车运行时，由行调会同相关车站共同确认该区段空闲后，车站进行预复位操作，行调再组织列车限速 25 km/h。

通过该区段，列车通过之后行调再进行"确认计轴有效"操作，如棕色光带变为粉红光带规定处理；如果不影响列车运行时，原则上待运营结束后再行处理。

如道岔区段出现棕色光带且需转换道岔组织行车时，行调指令车站提前做好人工准备进路的准备工作。

（2）单个计轴受干扰造成计轴区域出现粉红色光带的处理。

① 非道岔区段出现粉红色光带以及道岔区段出现粉红色光带但无需转换道岔组织行车时，由行调会同相关车站共同确认该区段空闲后，车站进行预复位操作，行调再组织列车通过该区段，确认列车出清后在 MMI 上操作"确认计轴有效"，如粉红色光带仍未消除，按单个计轴故障处理。

② 道岔区段出现粉红色光带且需转换道岔组织行车时，由行调会同相关车站共同确认该区段空闲后，指令车站人工办理进路并进行预复位操作，行调再组织列车通过该区段，确认列车出清且粉红色光带消失后，再进行转换道岔的相关操作，如粉红色光带仍未消除，按道岔故障处理。

③ 单个计轴受干扰造成计轴区域出现粉红色光带时，首列车通过该区域须限速 25 km/h，司机须加强线路瞭望，如发现异常及时采取措施并报行调处理，如未发现异常，不论粉红色光带是否消除，后续列车按驾驶模式要求速度运行并加强线路瞭望。

（3）单个计轴故障的处理。

① 原则上，停在计轴故障区域的列车不得重启列车或列车车载控制器（CC）。确实需要重启时，行调必须做好该丢失列车位置的相关安全防护措施后方可进行。

严禁司机在联系不到行调的情况下重启列车或列车车载控制器（CC）。

② 发生在道岔区段且需转换道岔组织行车时，按道岔故障处理。

③ 发生在非道岔区段或虽发生在道岔区段但无需转换道岔组织行车，行调确认故障计轴区段无列车占用、有关道岔锁闭在正确位置后方可组织行车。

（4）集中站全部计轴故障的处理。

联锁区发生全部计轴故障时，在故障影响区域内采用电话闭塞法组织行车。

（5）施工结束后造成计轴受干扰出现粉红色光带的处理。

① 行调指令相关人员进行预复位后，再组织出场的空载电客车通过粉红色光带区段。如在现场确认该区段线路正常，首列车通过该区段按驾驶模式要求速度运行，如未进行现场确认该区段线路是否正常，通过该区段时须限速 25 km/h，司机须加强线路瞭望，如发现异常，及时采取措施并报行调处理。

② 原则上，行调须组织压光带的出场列车至少提前 15 分钟出场。

（6）当计轴故障或受干扰出现粉红色光带，列车需通过该区段时，行调和车站人员应确认没有办理与该列车运行方向相反的进路到该区段后，再排列该列车的进路。施工结束后，行调需安排出场的空载电客车反方向运行压光带时，行调须及时向有关车站布置行车计划。

（7）当计轴受干扰或故障且未采用电话闭塞法组织行车，因操作不当或其他原因造成丢失列车位置的处理。

① 如能明确丢失位置列车的具体位置时：行调须立即命令后续列车及丢失位置的列车停车待令，待丢失位置列车的前方列车出清前方站站线后，命令丢失位置的列车动车，待其位置恢复后再组织放行后续列车。行调须保持与丢失位置列车的联系，严密监控其以及与其相邻的列车位置。

② 如不能明确丢失位置列车的具体位置时：行调须命令计轴受干扰或故障区域所有列车停车待令，确认全线列车位置，明确丢失位置列车的具体位置后，按"能明确丢失位置列车的具体位置"的规定组织行车。

严禁不明确列车位置时组织行车。

（三）原因分析

计轴受干扰及计轴故障原因。

（四）案例优化处理

值站在处理计轴受干扰及计轴故障时要把故障情况分析清楚，跟行调保持联系，遵从行调命令。

九、综合监控故障应急处理

（一）故障概况

（1）设备名称：综合监控。
（2）故障现象：车站无法对综合监控进行操作等。
（3）故障影响程度与等级：不影响运营。

（二）故障处理经过简介

1. 信息获得

行车值班员在监控综合监控视频时发现故障现象，无法进行操作。

2. 先期故障预判断及准备内容

车站及时上报维修部门，并实时监控。

3. 实际处置过程与说明

车站发现综合监控出现故障无法进行操作时应第一时间报修维修部门，如影响较大的则立即报告OCC。

（三）原因分析

综合监控无法操作。

（四）案例处理优化分析

1. 此类故障正确处理的关键步骤及方式方法

及时汇报维修部门，配合维修部门。

2. 案例处理的优化解决方案

做好综合监控的监督工作。

十、通信设备故障应急处理

（一）故障概况

（1）设备名称：固定台、防灾广播控制盒、便携台、无线调度台、车站电话。
（2）故障现象：车站无法对通信设备进行操作。
（3）故障影响程度与等级：不影响运营。

（二）故障处理经过简介

1. 信息获得

车站员工无法对通信设备进行相应的操作。

2. 先期故障预判断及准备内容

车站及时上报维修部门，并实时监控。

3. 实际处置过程与说明

车站发现通信设备出现故障无法进行操作时应第一时间报修维修部门，如影响较大的则立即报告OCC。

（三）原因分析

通信设备无法操作。

（四）案例处理优化分析

1. 此类故障正确处理的关键步骤及方式方法

及时汇报维修部门，配合维修部门。

2. 案例处理的优化解决方案

做好通信设备的监督工作。

任务三　票务类设备、设施故障应急处理

一、故障概况

（1）设备名称：TVM、AGM、BOM、SC、TCM。

（2）故障现象：TVM卡纸币，卡硬币，少找零，卡票及全部TVM故障无法使用；BOM全部故障；闸机卡票及全部进站闸机故障和全部出站闸机故障。

（3）故障影响程度与等级：影响运营。

二、故障处理经过简介

（一）信息获得

站务人员发现TVM卡纸币，卡硬币，少找零，卡票及全部TVM故障无法使用；BOM全部故障；闸机卡票及全部进站闸机故障和全部出站闸机故障。

（二）先期故障预判断及准备内容

车站报OCC，值站对故障情况进行处理，并进行各岗位安排。

为处理故障准备内容包括：纸票、预制票、备用金等。

（三）实际处置过程与说明

1. TVM卡纸币，卡硬币，少找零，卡票

（1）未生成交易记录，但在现场设备中发现所卡现金。

填"乘客事务处理单"（须乘客签名），退还相应款额给乘客。在 BOM 上打印小单（不需乘客签名），与"乘客事务处理单"装订在一起交票卡收益中心。

（2）交易记录已生成，且与乘客反映的情况一致。

填"乘客事务处理单"，退还相应款额给乘客或发售相应面值的车票。在 BOM 上打印小单，与"乘客事务处理单"装订在一起交票卡收益中心。若在设备中发现所卡现金，TVM 内所发现金额由客运值班员与站务员/维修人员共同在"特殊情况票款登记表"中"TVM 内部现金"栏记录。

（3）TVM 交易记录检查结果与乘客反映情况不一致。

填"乘客事务处理单"（须乘客签名），并打印 BOM 小单（不需乘客签名）上交票卡收益中心。当班客运值班员填写"退款申请单"，说明原因，并在"退款申请单"上备注当天办理的"乘客事务处理单"编号。若当天经维修取出了所卡钱款时，晚班客值需在"退款申请单"备注说明此钱款已取出，并在"特殊情况票款登记表"中"TVM 内部现金"栏记录。

2. TVM 多找零

将该台故障 TVM 设为"暂停服务"模式；乘客将现金交给站务员，由站务员通知客运值班员回收多找零数目，并在"客运值班员交接班簿"中注明设备号码、金额、币种，在"特殊情况票款登记表""TVM 内部现金"栏记录。将钱币封包保存，交给接班客运值班员解行，计入"收入日报"其他票款收入的"特殊票款"，并备注说明。

3. TVM 和 BOM 全部故障

（1）单程票。

① 非付费区，乘客无法正常进站时，引导无法正常进闸的持票乘客从边门进站。

② 付费区，回收车票并计入站存，引导乘客从边门出站。

（2）甬城通。

① 非付费区，引导乘客购买预制票或纸票进站。

② 付费区。

免费票、分时段票无法正常出站，引导乘客从边门出站，告知乘客下次乘车时到客服中心进行免费更新。BOM 恢复正常时，乘客持票前来免费更新，请乘客在 BOM 小单上签名。

普通票、优惠票无法正常出站，引导乘客从边门出站，告知乘客本次车费在下次乘车时到客服中心扣除（按所持车票优惠方式补收最低车程费）。BOM 恢复正常时，乘客持甬城通前来更新，车站通知值班员及以上级别人员确认车票与发生特殊情况的时间相符，为乘客进行更新，补收乘客所持车票优惠方式最低车程费（选择"一卡通支付"方式，输入"实收金额"为"折扣后最低车程费"）。

4. 闸机卡票

AGM 出现卡票时应及时携带 AGM 维修门钥匙，打开维修门，提拉门内拉绳，查看所卡车票位置。

5. 进站闸机全部故障

打开边门，引导乘客从边门进站，做好服务解释工作，配合设备维修。

6. 出站闸机全部故障

打开边门，引导乘客从边门出站，回收单程票，对持储值票的乘客做好解释，配合设备维修。

7. SC 故障

发现 SC 故障应及时上报相关维修部门，并报告站长。

8. 其他票务设备故障

如其他票务设备出现故障无法正常使用的及时上报维修部门，并做好相应防护。

三、原因分析

（一）故障产生直接原因

TVM无法正常购票，AGM刷卡/插卡无法开启，BOM无法对车票进行分析及操作。

（二）故障直接原因产生因素分析

AFC系统（软件）故障。

四、案例处理优化分析

1. 此类故障正确处理的关键步骤及方式方法

及时汇报车控室，及时开放边门，做好人工售票、回收车票的准备。

2. 案例处理的优化解决方案

做好乘客服务，避免造成客流拥堵。

五、专家提示

出站闸机全部故障的情况，持甬城通、市民卡的需要告知乘客本次车费在下次乘车时到客服中心扣除（按所持车票优惠方式补收最低车程费）或免费更新。

六、讨论思考题

如果站内多台TVM出现故障时应如何处理？

任务四 服务类设备、设施故障应急处理

一、故障概况

（1）设备名称：给排水设备、电梯或垂直电梯、PIS乘客显示屏、车站广播设备、出入口卷帘门、车站空调系统、照明系统、公共洗手间服务设施设备、通风系统、地面大理石破损、车站搪瓷钢板、车站导向设施、公共区吊顶。

（2）故障现象：车站内给排水设备出现故障、电梯或垂直电梯故障、PIS乘客显示屏故障、车站广播设备故障、出入口卷帘门故障、车站空调系统故障、照明系统故障、公共洗手间服务设施设备故障、通风系统故障、地面大理石破损、车站搪瓷钢板破损、车站导向设施故障、公共区吊顶漏水。

（3）故障影响程度与等级：影响或未影响运营。

二、故障处理经过简介

（一）信息获得

车站员工发现或工班、乘客发现故障情况。

（二）先期故障预判断及准备内容

车站人员发现故障情况发生，能及时判断故障位置，初步对故障情况作出判断。

（三）实际处置过程与说明

（1）给排水设备出现故障时，如故障表现为漏水，可找到水阀及时将水关闭，并设置告示，将故障情况报告维修部门。

（2）电梯、垂直电梯故障时，及时将故障电梯（垂梯）关停，关闭时需告知电梯上的乘客，关闭后设置暂停服务牌，将故障情况报告给维修部门。

（3）PIS乘客显示屏故障时，及时将故障情况报告给维修部门，并对乘客做好解释。

（4）车站广播设备故障时，及时将故障情况报告给维修部门，值站加强巡站。

（5）当所有开门方式均无法开启卷帘门时，及时将故障情况报告给维修部门、行调，给乘客做好解释。

（6）车站空调系统故障时，及时将故障情况报告给维修部门。

（7）照明系统故障时，查看故障情况，初步判断故障位置，报告给维修部门。

（8）公共洗手间服务设施损坏时，详细记录故障现象，及时将故障情况报告给维修部门，并在现场设置防护。

（9）通风系统故障时，仔细查明故障情况，及时报告给维修部门。

（10）地面大理石破损时，查明故障原因，在损坏处设置防护，及时报告给维修部门。

（11）车站搪瓷钢板破损时，查明故障原因，并设置防护，及时报告给维修部门。

（12）车站导向设施故障时，及时将故障报告给维修部门。

（13）公共区吊顶漏水时，及时处理漏水情况，放置小心地滑牌，将故障报告给维修部门。

三、原因分析

服务类设备的故障可能由长期使用老化损坏或者人为损坏造成。

四、案例优化处理

值站在处理服务类设施设备故障情况时要对症下药，无法立即修复的及时汇报维修部门。

五、专家提示

在处理服务类设施设备故障时，要将故障情况及时掌握，尽快处理现场情况，对乘客做好解释工作，避免出现次生问题。

六、预防措施

值班站长要经常巡视车站，车站员工在日常工作中要多关注车站，发现危险源或者故障前兆必须赶紧汇报，尽可能地降低故障率。

七、讨论思考题

如果导向被台风吹落应如何处理？

模块训练

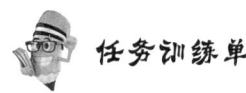 任务训练单

班级：　　　　　　　姓名：　　　　　　　训练时间：

任务训练单	突发事件应急处理
任务目标	掌握安全类故障处理流程；掌握行车类设备故障后的处理；掌握票务类设备故障处理流程；掌握服务类设施设备故障处理
任务训练	任务训练说明：请从下列任务中选择其中的两个进行训练。 单扇或多扇屏蔽门（安全门）无法关闭/开启；整侧屏蔽门（安全门）无法关闭/开启；AGM 全部故障；车站卷帘门故障；人工准备进路；TVM 全部故障；BOM 全部故障

任务训练一：
（说明：总结作业流程，并在车站、练兵线进行实操训练或在车站进行桌面演练）

任务训练二：
（说明：总结作业流程，并在车站、练兵线进行实操训练或在车站进行桌面演练）

任务训练的其他说明或建议：

指导老师评语：

任务完成人签字：　　　　　　　　　　　　　　　　　　日期：　　年　　月　　日
指导老师签字：　　　　　　　　　　　　　　　　　　　日期：　　年　　月　　日

 模块小结

本模块讲述了屏蔽门（安全门）故障、信号系统故障、AFC 设备故障的应急处置。

 模块自测

一、填空题

1. 站务人员发现整侧屏蔽门（安全门）无法关闭原因为：列车关门后，整侧门不能随列车门一起关闭，(　　　　　)。

2. 单扇屏蔽门（安全门）无法开启，站台人员用（　　　　　）将故障门打到"手动关"，确认站台安全向司机显示"好了"信号。

3. 人工准备进路时，需在来车方向距故障道岔约（　　　　　）处道床中央设置红闪灯。

4. BOM 全部故障时，付费区持单程票乘客无法出站的乘客应从（　　　　　）出站。

二、简答题

1. 屏蔽门故障有哪些？
2. 简述整侧屏蔽门无法关闭，如何操作？
3. 人工准备进路需要带哪些工具？
4. 简述 AFC 有哪些设备故障？
5. 请您根据本模块所学的知识，进行人工准备进路的实操练习。

模块七　突发事件（故）应急处理

案例导学

车站作为城市轨道交通的运营载体，是日常运输工作的主体。当车站发生公共卫生、行车事件、票务事件、社会安全和自然灾害类事件（故）时，势必会影响到乘客、工作人员的人身安全以及造成车站固定财产的损失。

那么，如果车站发生上述各类事故事件时，车站工作人员应该采取哪些应急措施？如何最大限度地减少人员伤亡和财产损失呢？以上问题可以通过学习本模块得到解决。

学习目标

（1）掌握事故事件的分类及内容。
（2）掌握事件特征分析。
（3）掌握应急机构及职责。
（4）掌握信息报告程序。
（5）掌握现场应急处置。
（6）掌握应急物资和装备保障。

技能目标

（1）能把保障人民群众生命安全放在首位，最大限度地避免和减少突发事件造成的人员伤亡和危害。
（2）能在公司的统一领导下，在处置中主动配合、密切协作、信息共享、形成合力，保证突发事件信息的及时准确传递、快速有效处置。
（3）一旦发生突发事件，能根据事件类型、级别等因素迅速启动相应预案，做到快速反应，正确应对，果断处置，尽快恢复运营，尽量减少损失。

任务一　公共卫生事件（故）类

公共卫生事件类：主要包括传染病疫情、生化、毒气和放射性污染等造成或可能造成社会公众健康损害而严重影响城市轨道交通运营的突发事件。

一、乘客突发疾病现场处置

乘客突发疾病现场处置是为了当车站发生旅客疾病时，各岗位能够分工明确，各履其职，快速有序地现场处置。

（1）突发疾病定义：在车站管辖范围内，乘客因病突然无法自控、晕倒或死亡。

（2）车站现场处置小组，组长为值班站长，组员为行车、客运值班员、站务员、站台保安，当车站发生旅客疾病时，车站现场处置小组自然成立。

（3）现场处置小组职责，值班站长担任前期现场处置负责人，负责现场处置的指挥协调，行车值班员负责车站信息的搜集、传达与汇报，客运值班员与站务员根据值班站长安排，做好人员疏导和现场协助处置。

（4）行车值班员汇报内容。

① 汇报车站、事件发生时间、地点。
② 事件概况（人数、性别、大概年龄、相关症状）。
③ 现场先期处置情况。
④ 跟进情况报告。

二、车站接待公共媒体现场处置

突发公共事件已成为影响社会稳定的突出问题。正确引导社会舆论，促使事件妥善处理，关系社会稳定和人心安定，关系宁波轨道交通发展的良好形象。为规范轨道交通事件新闻报道工作，应最大限度地减轻因突发事件给社会造成的损失和影响，确保应急工作高效有序进行。

公共媒体是指传播信息的媒介，能为信息的传播提供平台。

任务实施

一、乘客突发疾病现场处置实施

（1）汇报流程为当车站发生乘客突发疾病或死亡时，行车值班员马上向OCC、值班站长、站长、中心质量安全工程师、中心主任（副）、驻站民警汇报。乘客突发疾病信息报告流程如图7-1所示。

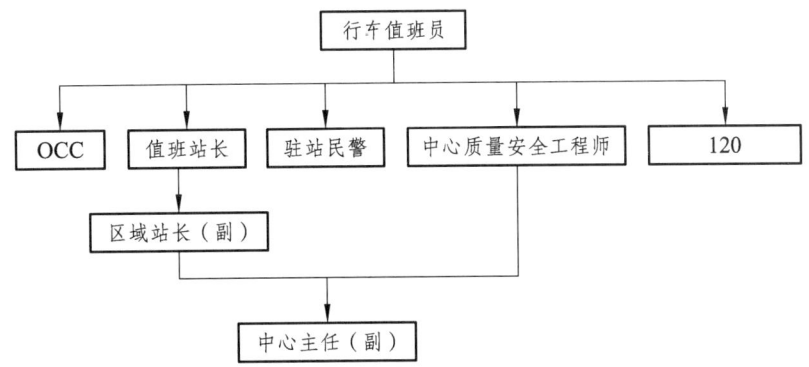

图7-1 乘客突发疾病信息报告流程图

（2）现场处置为车站发生乘客突发疾病后，值班站长按需要启动相应预案，方案启动后各岗位人员按照职责做好相关工作，如表7-1所示。

表 7-1 乘客突发疾病处置流程表

程序	行车值班员	值班站长	客运值班员
信息接报	1-1 根据情况立即报OCC、值班站长、站长、中心安全质量工程师、中心主任（副）、驻站民警	1-2 发生乘客突发疾病或死亡，立即至现场了解情况，安排行值做好信息汇报	
前期处置	2-2 使用CCTV调看现场情况，听从值站命令做好应急广播，并安排专人提前清出疏散通道，在指定出入口迎接120	2-1 启动本方案	2-3 赶至现场，协助值站现场处理，维持现场秩序，挽留2名以上目击证人
现场处置	3-2 根据值站命令拨打120，做好与OCC、车站各岗位、救援部门之间的信息传递	3-1 如乘客清醒，询问乘客病情，配合乘客自救。根据现场情况用屏风做好隔离，安排行值拨打120，疏散围观乘客，维持现场秩序	3-3 如乘客没有随同人员，可与民警一同通过乘客手机等资源，联系家属
		4-1 民警到达后，与民警做好交接，配合做好取证	4-2 将目击证人或目击证人相关资料移交民警，配合民警做好取证
应急终止	5-3 向OCC汇报应急解除	5-1 当事人离开车站后，通知各岗位终止本方案，撤除防护	5-2 协助值班站长撤除防护

① 对于昏迷或神志不清的乘客，应立即拨打120，同时做好现场急救。（在救护车到达前可以通过车站广播寻找乘客中的医务人员，帮助现场急救）

② 如发病乘客出现伤人或破坏行为时，车站工作人员应及时制止，并立即通知民警到场。

③ 协助取证过程中，请目击证人（两人以上）留下资料（旁证材料）并现场确认，妥善保管。

④ 车站应根据现场情况做好信息的续报工作。

⑤ 行车值班员正确记录应急处置过程中的时间节点及内容，值班站长及时完成事件经过。

二、车站接待公共媒体现场处置实施

（一）接待原则

图 7-2 为车站接待公共媒体流程图，具体接待原则如下：

（1）车站工作人员首先应清楚自身没有被采访权。

（2）接待人员应确定来者的真实身份，查看记者证或索要相关人员名片，认真了解来访记者的单位、部门、姓名、联系方式等基本情况。车站负责人（站长或值班站长）应婉言拒绝媒体的采访。

（3）第一时间逐级汇报，站长或值班站长上报站务中心主任，站务中心主任询问党群部是否愿意接受媒体的采访。如果接受，告知媒体采访对象，给予其联系方式及地址；如不接受，则劝阻其离开。

（4）最短时间内，在内部将事件处理完毕，尽量使媒体关注的事宜弱化。

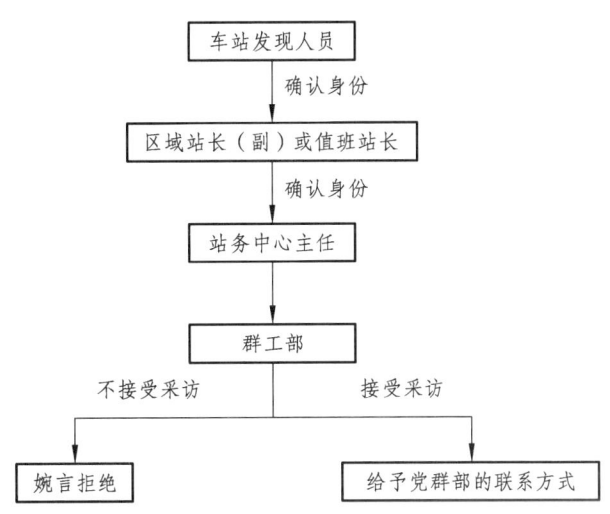

图 7-2 车站接待公共媒体流程图

（二）注意事项

（1）发生过激行为时，我方工作人员不能阻挡或以口舌还击，不能有肢体接触，不能与对方发生抓扯。

（2）遇到突发性采访时，任何情况下（尤其是面对镜头时）不得有阻挠或躲避采访的行为，应坦然面对镜头、保持笑容，态度应委婉温和。

（3）车站工作人员不得向媒体透露任何资料，一切报告均须保密。

（4）如遇到拍照、摄像等行为要以礼劝阻，劝阻过程中注意言行。

（5）如果得到公司授权，根据个人掌握的信息且得到公司领导同意发布后才接受正式的采访，内容首先是正面宣传集团公司已经采取的措施。

（三）媒体投诉处理

（1）车站负责人（站长或值班站长）定期对媒体进行关注，如出现媒体投诉，第一时间向站务中心主任汇报。

（2）网络投诉由党群部统一对外作出解释及回复，除特殊情况外，不得进行任何其他评论及跟帖。

（四）信息发布

乘客服务工作：车站发言人发布的信息须得到有关方面可靠确认，并积极做好车站乘客服务工作。具体要求如下：

（1）发布预计的影响程度（如晚点、运营组织变化等），影响程度涉及大间隔及其以上的需要保密，未经允许不得发布，并与行调确认。

（2）车站安抚工作：乘客事务处理和票务处理按有关规定执行，必要时可向乘客致歉。

任务二　行车事件（故）类

行车事件（故）类：主要包括道床伤亡、屏蔽门夹人夹物、站台掉人落物、列车火灾等造成或可

能造成社会公众健康损害而严重影响城市轨道交通运营的突发事件。

一、车门/屏蔽门夹人夹物现场处置

保证车门/屏蔽门夹人、夹物时，车站能快速、安全地进行处理，做好乘客广播、引导、安抚等客运组织工作，确保电客车准点运行。

（1）事故发生时车门/屏蔽门的状况可分为：车门/屏蔽门夹人夹物后常开、车门/屏蔽门夹人夹物后关闭两种。

（2）车站现场处置小组，组长为值班站长，组员为行车、客运值班员、站务员、站台保安，当车站发生车门/屏蔽门夹人夹物时，车站现场处置小组自然成立。

（3）车站职责为当车门/屏蔽门夹人、夹物时，负责启动本应急预案，组织现场救援、及时向上级有关部门和OCC汇报情况必要时报120进行救援。

（4）行车值班员汇报内容

① 向OCC呈报车站、时间、地点（上下行线、车门/屏蔽门位置）、车次。

② 事件概况（人员伤亡及设备损坏情况）。

③ 现场先期处置情况。

④ 跟进情况报告。

二、站台落物、掉人现场处置

最大限度地避免乘客人身伤亡和财产损失，最大可能地减少事件对整个轨道交通运营的干扰和影响，将损失降低到最低限度。

（1）站台落物、掉人是指站台上的乘客或乘客随身携带的物品掉入轨行区。

（2）车站现场处置小组，组长为值班站长，组员为行车、客运值班员、站务员、站台保安，当车站站台发生落物、掉人时，车站现场处置小组自然成立。

（3）车站职责为当车站发生站台落物、掉人时，负责启动本现场处置方案，组织现场疏散救援、及时向上级有关部门和OCC汇报情况并引导120进行救援。

（4）行车值班员汇报内容。

① 汇报车站、事件发生时间、地点（上、下行线，站台前、中、后部）。

② 事件概况（人、物的基本情况等）。

③ 现场先期处置情况。

④ 跟进情况报告。

三、人员擅入轨行区现场处置

以人为本，最大限度地避免和减少突发事件造成的人员伤亡、危害及最大可能地减少事件对整个轨道交通运营的干扰和影响，将损失降低到最低限度。

（1）擅入是指未经许可，擅自进入。

（2）车站现场处置小组，组长为值班站长，组员为行车、客运值班员、站务员、站台保安，当车站发生人员擅入轨行区时，车站现场处置小组自然成立。

（3）车站职责为当有人员擅入轨行区时，负责启动本现场处置方案，组织现场查寻搜索，及时向上级有关部门和OCC汇报情况。

（4）汇报内容。

① 汇报车站、事件发生时间、地点（上、下行线，站台前、中、后部）。

② 事件概况（人、物的基本情况等）。
③ 现场先期处置情况。
④ 跟进情况报告。

四、道床伤亡现场处置

迅速处置道床伤亡事故，减小对正常行车和客运组织的影响，尽快恢复正常运营。
（1）区间或车站发生道床伤亡事故时，车站开展道床伤亡事故处置工作。
（2）发生道床伤亡事故时会对车站的正常运营产生直接的影响，造成人员伤亡、列车晚点、车站客流积压等严重后果。
（3）车站成立救援队，队长为值班站长，队员为行车值班员、客运值班员、站务员、保安、保洁人员。
（4）汇报内容。
① 事件发生时间、地点、对运营的影响程度。
② 事件概况（人、物的基本情况等）。
③ 现场先期处置情况。
④ 跟进情况报告。

五、车站或者连通物业火灾现场处置

保证出现车站或连通物业火灾时，车站人员能正确处理突发状况，保证人员安全疏散。
（1）连通物业指与车站有接驳关系的物业单位。
（2）按照火灾发生地点可分为：站内火灾、连通物业火灾、车站与连通物业同时火灾。
发生车站连通物业火灾时，需要组织站内乘客疏散，必要时需要关站处理，在一定程度上影响正线运营。
（3）车站成立救援队，队长为值班站长，队员为行车值班员、客运值班员、站务员、保安、保洁人员。
（4）车站职责为当车站或连通物业火灾时，组织现场疏散救援、及时向上级有关部门和OCC汇报情况并引导110、119、120等进行排查救援，并做好关站工作。
（5）汇报内容。
① 事件发生时间、地点、对运营的影响程度。
② 事件概况（人、物的基本情况等）。
③ 现场先期处置情况。
④ 跟进情况报告。

六、区间设备火灾现场处置

保证区间设备设施出现火灾情况时，能尽快处置，以最短的时间控制火势，保证乘客人身安全，最大可能地减少火灾事故对整个轨道交通运营的影响，将事故损失降低到最低限度。
（1）区间设备火灾是指：区间内线路的各种电缆、配电柜因短路、绝缘不良着火冒烟；射流风机着火冒烟；轨道因绝缘不良等原因造成电气短路引起橡胶件着火冒烟；由于高温天气，导致线路各种设备过热而引发着火冒烟；外来物着火冒烟；区间设备房火灾；等等。
（2）按照事故发生的严重性可分为：特别重大、重大、较大和一般火灾。按照事故发生的地点可以分为：区间（高架）上下行线区间火灾，单线（上行线或下行线）区间火灾。

（3）车站疏散现场指挥由当班值班站长担任，全权负责现场疏散工作，监控疏散方案的实施，保证人身安全，引导110、119、120进行救援。值班站长赶到现场后，负责安抚乘客、现场处置的指挥协调，组织人员疏导。

（4）汇报内容。

① 事件发生时间、地点、对运营的影响程度。

② 事件概况（人、物、火势的基本情况等）。

③ 现场先期处置情况。

④ 跟进情况报告。

七、列车火灾现场处置

保证电客车发生火灾时，能尽快处置，在最短的时间实施灭火救援，疏散乘客，最大限度地减少事故对整个轨道交通运营的干扰和影响，将事故损失降低到最低限度。

（1）列车火灾是指列车上发生的失去控制的燃烧所造成的灾害；列车特指电客车。

（2）按照事故发生地点可分为：列车区间发生火灾，到站列车发生火灾；按照事故发生时对列车走行的影响可分为：影响列车走行的火灾，没有影响列车走行的火灾。

（3）现场指挥由当班值班站长担任，全权负责现场疏散工作，监控疏散方案的实施，全力救助疏散乘客，确保职工人身安全，随时向站务中心现场处置小组汇报救援进展情况。行车值班员负责做好信息的收集、传达、上报工作。客运值班员与站务员、保安、保洁人员听从值班站长安排，做好人员救助疏导工作。

（4）汇报内容。

① 事件发生时间、地点、对运营的影响程度。

② 事件概况（人、物的基本情况等）。

③ 现场先期处置情况。

④ 跟进情况报告。

八、正线车站大面积停电现场处置

轨道交通车站发生大面积停电故障时，尽快处置，确保车站乘客安全，尽快恢复正常运营。

（1）正线车站大面积停电：单个及以上正线车站一、二级负荷停电。

（2）车站一、二级负荷停电影响范围包括：通信系统、信号系统、防灾报警系统、机电设备监控系统、屏蔽门、防淹门、消防泵、废水泵、雨水泵、事故风机及其风阀、排烟风机及其风阀、站厅和站台照明、事故照明、非事故风机及其风阀、排污泵、扶梯、电梯、设备区照明和管理区照明、自动售检票、民用通信系统、冷冻机组。

车站二级负荷停电影响范围包括：非事故风机及其风阀、排污泵、扶梯、电梯、设备区照明和管理区照明、自动售检票、民用通信电源、冷冻机组。

（3）现场救援工作由站值班站长担任，全权负责现场救援工作，制定救援方案，监控救援方案的实施，保证设备、人身安全，随时向应急指挥小组汇报救援进展情况。现场疏散和关站的操作由车站救援队担任，按规定统一实施整个救援过程。

（4）汇报内容。

① 事件发生时间、地点、对运营的影响程度。

② 事件概况（人、物的基本情况等）。

③ 现场先期处置情况。

④ 跟进情况报告。

一、车门/屏蔽门夹人夹物现场处置实施

（1）车门/屏蔽门夹人、夹物后，马上向 OCC、站长、中心质量安全工程师、中心主任（副）汇报，报告流程如图7-3所示。

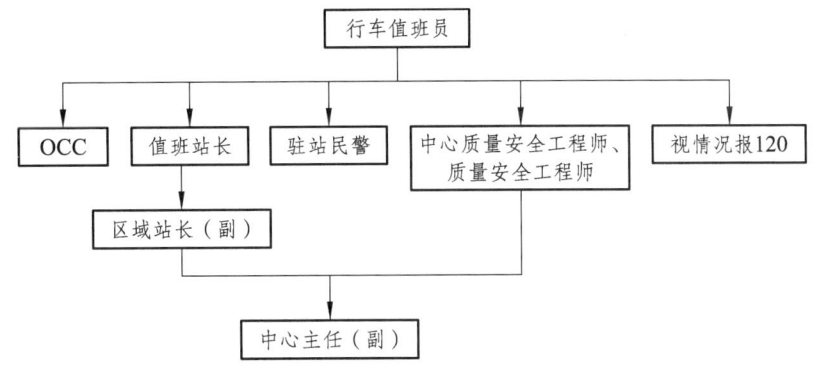

图7-3 屏蔽门夹人夹物信息报告流程图

（2）车门/屏蔽门夹人、夹物时，车站应立即组织人员进行处置，处置流程表见表7-2。

表7-2 车门/屏蔽门夹人、夹物现场处置流程表

类别	程序	行车值班员	值班站长	站务员、保安
车门/屏蔽门夹人夹物后常开	信息接报	1-1 发现车门/屏蔽门夹人夹物后常开，安排站务员查看现场情况，报值站 1-4 接站务员、保安报告，了解现场情况，报值站	1-5 接到车门/屏蔽门夹人夹物后常开后，立即至现场，启动本预案	1-2 接行值通知，尽快到达故障点 1-3 发现车门/屏蔽门夹人夹物后常开，报行值
	前期处置	2-3 使用CCTV加强现场监控，了解现场情况，视情况做好应急广播	2-2 同时做好站台安全防护，乘客疏导	2-1 检查现场有无人员和异物，配合司机再次开关门。做好站台安全防护，乘客疏导
	现场救援	3-1 安排站台人员对常开的屏蔽门进行处理。对人工操作的屏蔽门，做好引导和乘客广播。做好与OCC、司机、车站各岗位之间的信息传递。如有人员受伤，通知驻站民警，拨打120	3-3 指导监督站台岗对车门/屏蔽门的处理，加强站台安全巡视，做好乘客疏导、安抚工作。会同客值处理必要的客运事务	3-2 根据行值的要求，必要时对屏蔽门进行人工操作。车门/屏蔽门关闭，确认该处车门与屏蔽门之间无异物后，报行值
	应急终止	4-1 接到站务员车门/屏蔽门关闭，确认该处车门与屏蔽门之间无异物后，通知相关岗位	4-2 列车离站后，通知各岗位终止本预案	

续表

类别	程序	行车值班员	值班站长	站务员、保安
车门/屏蔽门夹人夹物后关闭（未动车）	信息接报	1-1 发现车门/屏蔽门夹人夹物后关闭，立即按压相应紧停按钮通知站台岗，报OCC、值站	1-5 接到车门/屏蔽门夹人夹物后关闭，立即至现场，启动本预案	1-2 接行值通知，尽快到达故障点
		1-4 接站务员、保安报告，了解现场情况，报OCC、值站		1-3 发现车门/屏蔽门夹人夹物后关闭，立即按压相应紧停按钮，报行值
	前期处置	2-3 使用CCTV加强现场监控，视情况做好应急广播	2-2 做好站台安全防护，乘客疏导	2-1 查看现场情况，检查有无人员受伤或设备损坏，报行车值班员。做好站台安全防护，乘客疏导
	现场救援	3-1 安排站台人员对关闭的屏蔽门进行处理。做好与OCC、司机、车站各岗位之间的信息传递。如有人员受伤进行前期伤口处置。通知驻站民警，视情按打120	3-3 指导监督站台岗对车门/屏蔽门的处理，加强站台安全巡视，做好乘客疏导、安抚工作。会同客值处理必要的客运事务	3-2 根据行值的要求，配合司机开关门作业，清除异物。确认该处车门与屏蔽门之间无异物后，报行值。必要时对屏蔽门进行隔离操作
	应急终止	4-1 确认该处车门与屏蔽门之间无异物，车门与屏蔽门关闭后，取消相应紧停，报OCC、值站	4-2 列车离站后，通知各岗位终止本预案	

（3）注意事项。

① 行车值班员应根据现场情况做好信息的续报工作。

② 行车值班员正确记录应急处置过程中的时间节点及内容，完成事件经过的拟写。

③ 如有人员伤亡，按《车站客伤现场处置方案》进行处理。

二、站台落物、掉人现场处置实施

（1）当车站发生站台落物、掉人事件后，马上向OCC、站长、中心质量安全工程师、中心主任（副）汇报，报告流程如图7-4所示。

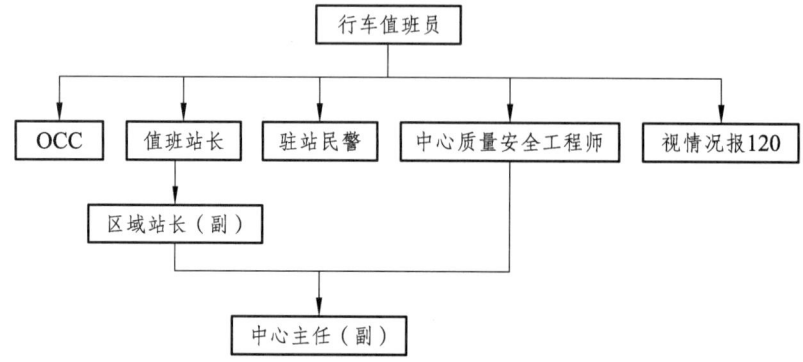

图7-4　站台落物、掉人信息报告流程图

（2）现场处理事件相关人员应及时与行调、车站联系，车站作业人员需进入轨行区时，应根据OCC命令按压相应紧停按钮并做好安全防护，在无安全隐患的情况下进入轨行区。处置流程见表7-3。

表7-3 站台落物、掉人处置流程

类别	程序		行车值班员	值班站长	站务员、保安
落物	信息接报		1-1 发现有物品落入轨行区，初步判断该物品是否影响行车，如影响行车则立即按压相应的紧停按钮；通知站务员了解现场情况，报OCC、值站		2-1 发现有物品落入轨行区，初步判断该物品是否影响行车，如影响行车则立即按压相应的紧停按钮；报行值
			2-2 接站台岗报告，了解现场情况，报OCC、值站		1-2 接行值通知，查看现场情况
	前期处置		3-3 通知站台岗做好准备拾物的工作	3-1 接到行车值班员报告后，启动本方案，立即至现场	3-2 第一时间安抚乘客
	现场处置	影响行车	4-2 做好与OCC、车站各岗位之间的信息传递，使用CCTV加强现场监控，安排站台岗准备应急备品	4-1 加强站台安全巡视。视情况安排站台岗拾物	4-3 做好拾物准备后，报行值
			4-4 报OCC，得到允许下轨行区命令后通知站台岗捡拾物品		4-5 根据行值命令，从两侧端门进入捡拾物品，确认人员、工具出清轨行区后报行值
		不影响行车	原则上不安排人员进入轨行区捡拾物品，特殊情况下按照OCC命令执行		
	应急终止		5-1 确认人员、工具出清轨行区后，取消相应紧停，报OCC、值站	5-2 通知各岗位终止本方案	

（3）注意事项。
① 如果乘客不慎落入轨行区造成伤亡则按照《道床伤亡应急预案》进行处理。
② 对于昏迷或神志不清的乘客，应立即拨打120，同时做好现场急救。
③ 行车值班员应根据现场情况做好信息的续报工作。
④ 行车值班员正确记录应急处置过程中的时间节点及内容，及时完成事件经过。
⑤ 司机发现站台落物（影响行车）、掉人，立即按压紧急停车按钮，报OCC。

三、人员擅入轨行区现场处置实施

（1）当人员擅入轨行区时，车站行车值班员应马上向OCC、值班站长、站长、中心质量安全工程师、中心主任（副）汇报，报告流程如图7-5所示。

（2）现场处理事件相关人员应及时与行调、车站联系，车站作业人员需进入轨行区时，应根据OCC命令按压相应紧停按钮，在无安全隐患的情况下进入轨行区，处置流程见表7-4。

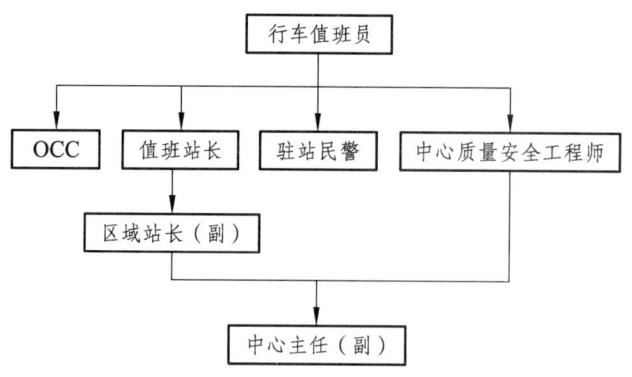

图 7-5 人员擅入轨行区信息报告流程图

表 7-4 人员擅入轨行区现场处置流程

程序	行车值班员	值班站长	客运值班员	站务员	保安
信息接报	1-2 接OCC、站务员、保安外部人员进入轨行区通知，报值站、驻站民警，根据OCC命令按压相应紧停按钮				1-1 发现外部人员进入轨行区，立即按压相应紧停按钮，报值站
	2-1 发现外部人员进入轨行区，立即按压相应紧停按钮，报OCC、值站、驻站民警				
前期处置	3-2 根据OCC命令，开启区间照明，执行相应应急模式	3-1 启动本方案，准备相应应急备品（如对讲机、应急灯、扩音器、荧光衣、800M电台、担架等）做好区间寻人准备	3-3 协助值站准备应急备品	3-4 执行行车值班员/值班站长的安排，维持好乘客秩序	3-5 协助值站做好区间寻人准备
现场救援	4-1 做好与OCC、车站之间的信息传递	4-2 根据OCC命令，载有当事人的列车进站后，寻找当事人，请其下车，移交民警处理	4-3 维护车站人员秩序	4-4 区间另一端车站在相应端门处做好监视，防止人员进入其他区间	4-5 协助值站处理
		4-6 根据OCC命令，协同民警进入相应区间寻找当事人，将其带离区间	4-8 维护车站人员秩序		4-7 协助值站处理
	4-10 接值站命令，向OCC报区间出清	4-9 区间出清后通知行值			
应急终止		5-1 现场处理完毕后，通知各岗位终止本方案			

模块七 突发事件（故）应急处理

（3）注意事项。
① 各岗位人员需要进入区间时，做好防护。
② 事发区间的另一端车站参考本程序进行相应的处理。
③ 行车值班员应根据现场情况做好信息的续报工作。
④ 行车值班员正确记录应急处置过程中的时间节点及内容，及时完成事件经过。

四、道床伤亡现场处置实施

（1）当发生道床伤亡时，行车值班员马上向 OCC、值班站长、站长、中心质量安全工程师、中心主任（副）汇报，报告流程如图 7-6 所示。

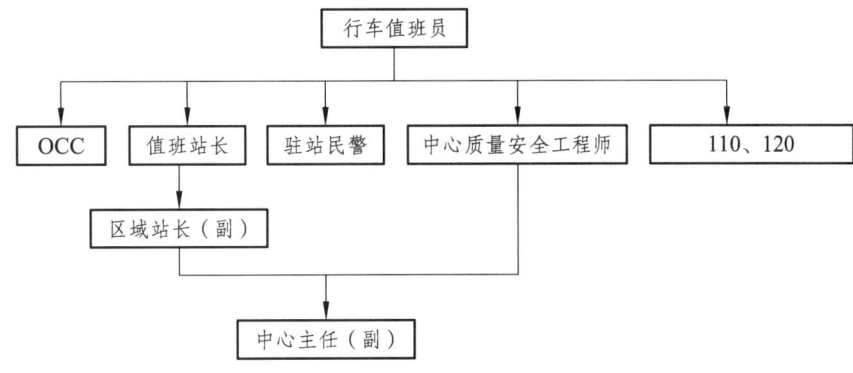

图 7-6 道床伤亡信息报告流程图

（2）车站值班站长接到发生道床伤亡事故后，应当迅速组织人员赶赴现场处理，落实好安全防护措施后下轨行区开展救援工作，落实好站台安全防护工作，防止旅客围观，协助公安开展相关取证工作，处置流程见表 7-5。

表 7-5 道床伤亡现场处置流程

程序	行车值班员	值班站长	客运值班员	站务员	保 安
信息接报	1-2 接到报后，立即报 OCC、值站、驻站民警、站长、安全工程师。进入轨行区处置时，需经行车调度员同意	1-3 接到通知后，立即赶赴现场			1-1 发现时，立即按下紧急停车按钮并报行车值班员
前期处置	2-2 通过用 CCTV 加强现场监控，保持与 OCC 和现场人员的信息畅通。播放有关广播，安抚站内乘客	2-1 通知车站人员启动本方案	2-3 寻找 2 名或以上目击证人，做好笔录（证人基本情况、联系方式、事件经过等内容并签字）	2-5 维持乘客秩序	2-4 维持站台秩序，协助民警设置警戒线，劝离无关乘客
现场救援	3-2 做好与 OCC、车站各岗位之间的信息传递，实时监视现场情况，播放相应的应急广播	3-1 经 OCC 同意后，携带相应的应急备品，带领人员进入轨行区，确认具体情况后，再报 OCC	3-3 及时做好票务、乘客事务处理	3-4 加强钱、票保管，按客运值班员指示，做好旅客服务工作	3-5 维持现场秩序，做好站台监护，劝离无关乘客，防止乘客围观

续表

程序	行车值班员	值班站长	客运值班员	站务员	保安
现场救援	3-7 根据值站命令拨打120，及时将民警处理情况向OCC汇报	3-6 如有人员伤亡，安排行值拨打120，并对受伤乘客进行现场急救	3-8 配合民警，设置防护，维持现场秩序，救助伤员	3-9 到车站出入口迎接120救护车，配合120救护人员将伤者送医院抢救	3-10 配合民警，设置防护，维持现场秩序，救助伤员
应急终止	4-2 向OCC、站务中心汇报应急解除	4-1 处理完毕，确认线路出清后应急解除，通知行车值班员报OCC	4-3 协助值站，撤除防护		4-4 协助值站，撤除防护

（3）车站须定期组织员工进行《道床伤亡现场处置方案》的桌面演练。

（4）注意事项。

① 若发生多人伤亡事故时，按照先易后难的顺序进行抢救。

② 用粉笔做好现场标志并照相。

③ 行车值班员应根据现场情况做好信息的续报工作。

④ 行车值班员正确记录应急处置过程中的时间节点及内容，及时完成事件经过。

⑤ 所有工作人员应根据实际情况，作好自身防护。

五、车站或者连通物业火灾现场处置实施

（1）当发生车站或连通物业火灾时，现场发现人员立即报告车控室，车控室行车值班员立即报告值班站长、OCC、站长、中心质量安全工程师、110、119，视情况报120并与连通物业的消防中控室取得联系。站长接报后立即报告站务中心主任（副）。报告流程如图7-7所示。

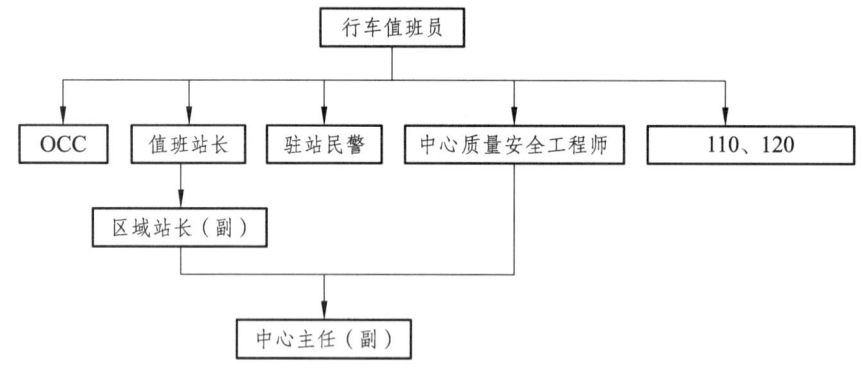

图7-7 车站火灾信息报告流程图

（2）根据火灾发生位置确定相应的应急处理方案，共分为车站内火灾、连通物业火灾、车站与连通物业同时火灾三大类。处置流程见表7-6。

（3）具体方案分类。

① 火灾发生在车站内。

车站在执行《车站站厅火灾应急处理程序》的同时，根据以下情况进行处理：

a. 火灾未发生在疏散通道，车站可利用该通道进行疏散，车站同时通报连通物业协助疏散。

表 7-6 车站或连通物业火灾现场处置流程

	程序	行车值班员	值班站长	客运值班员	站务员	保安、保洁
连通物业火灾	信息接报	1-1 接到人员报告、物业单位通知、FAS报警或通过CCTV观察到火灾信息时，立即报值站、OCC，并与物业单位消防中控室人员取得联系，确认事发原因、范围，并向其提供一个备用电话	1-2 接到行值通知后，立即到现场确认情况（火势大小、是否扩散至车站等），及时将确认结果通知行值，启动本预案	1-3 接到启动预案通知	1-4 接到启动预案通知	1-5 接到启动预案通知
	前期处置	2-2 及时将现场确认结果、车站采取的行动、对方事态发展等情况续报OCC，视情况报驻站民警、119、120、站务中心质量安全工程师、中心主任（副）	2-1 组织人员立即在通往物业区域的通道和站外出入口拦截乘客，疏散围观人员，引导乘客出站。同时组织人员进行救火	2-3 接到疏散指令后，锁好票务室，到站台指引乘客疏散	2-4 接到疏散指令后，立即锁好票箱和客服中心门打开员工通道门，引导乘客往站外疏散	2-5 接到疏散指令后，保安疏散围观人员，引导乘客。保洁立即在通往物业区域的通道和站外出入口拦截乘客
	现场救援	3-3 行值利用CCTV密切监视与物业相连的各通道，发现有人员从物业往车站疏散时，联系保安手动升起防火卷帘门	3-1 组织人员使用消火栓把守相关通道，必要时，用其降低防火卷帘门表面温度或扑救窜入车站的火苗	3-2 确认闸机全部开启，组织车站乘客疏散	3-4 人员分组一部分协助客值疏散乘客，一部分协助值站灭火	3-5 保安协助值站灭火，当发现或接到车控室通知有人员从通道另一方往车站疏散时，立即手动开启防火卷帘门，待人员疏散完毕后再降下
		3-7 根据值站命令，启动站厅火灾排烟模式（按下IBP盘相应防烟分区按钮），并查看设备联动情况，及时反馈值站	3-6 烟气窜入车站时，命令行值启动站厅火灾排烟模式	3-8 视情况向乘客发放湿毛巾	3-9 协助客值向乘客发放湿毛巾	
		3-11 启动ISCS上的车站火灾模式。按车站公共区火灾处理	3-10 火灾扩散至站厅时，按车站公共区火灾处理。向OCC请求关站	3-14 确认乘客疏散完毕后报告车控室和值站	3-12 确认乘客疏散完毕后报客值	3-13 保安协助客值搜寻、解救受困人员，对受伤乘客进行安抚并疏散到站外；保洁到出入口张贴停止服务告示

续表

程序		行车值班员	值班站长	客运值班员	站务员	保安、保洁
连通物业火灾	应急终止	4-2 协助做好开站准备工作	4-1 火灾扑灭后，组织各岗位对站内各项设备的功能进行测试	4-3 协助做好开站准备工作		
		4-5 向OCC请求开站	4-4 开站准备工作完成后，通知行值			
			4-6 根据OCC开站命令，开放出入口，恢复运营	4-7 开启车站各出入口		

b. 火灾发生在或蔓延至疏散通道内时，在相应的防火模式未启动的情况下，车站应阻止乘客通过此出入口或通道，车站通报连通物业后，如确认附近无滞留人员，手动操作降下该防火卷帘门。

c. 火灾发生在或蔓延至疏散通道内时，在相应的防火模式启动的情况下，车站应阻止乘客通过此出入口或通道，如附近有滞留人员，应尽快引导从其他出入口疏散。

② 火灾发生在连通物业内。

a. 火灾未发生在连通物业出入口附近，车站确认连通物业发生火灾后，车站应立即阻止乘客进入该连通物业，同时车站应安排人员在此连通出入口协助疏散，尽快引导疏散至车站人员利用其他出入口出站。在确认该出入口附近无人员疏散后，车站通报连通物业后，手动操作降下该防火卷帘门。

b. 火灾发生在连通物业出入口附近，在相应的防火模式未启动的情况下，车站应引导乘客通过其他出入口出站，通报连通物业后，现场工作人员应手动操作半降该防火卷帘门，待附近人员疏散完毕后，立即手动操作全降该防火卷帘门。

c. 火灾发生在连通物业出入口附近，在相应的防火模式启动的情况下，车站应引导乘客通过其他出入口出站，如附近有滞留人员，应尽快引导从其他出入口疏散。同时，车站保持与连通物业联系，并尽量满足连通物业的协助要求。

③ 车站与连通物业同时发生火灾。

按照车站公共区火灾执行。

（4）注意事项。

① 疏散人员时要做好安抚工作，防止踩踏事故发生。

② 必要时车站工作人员按上级指示撤离工作场所。

③ 行车值班员应根据现场情况做好信息的续报工作。

④ 行车值班员正确记录应急处置过程中的时间节点及内容，及时完成事件经过。

⑤ 所有工作人员应根据实际情况，作好自身防护。

⑥ 车站乘客疏散完毕，除紧急出入口外，其余出入口均应关闭，紧急出入口派人把守。

⑦ 连通物业有烟气窜入时，启动站厅火灾排烟模式。

六、区间设备火灾现场处置实施

（1）车站人员发现区间内发生火灾或接行车调度员通知后，立即通知值班站长，值班站长在确认火灾情况后立即启动应急响应程序，区间设备发生火灾信息报告流程如图 7-8 所示。

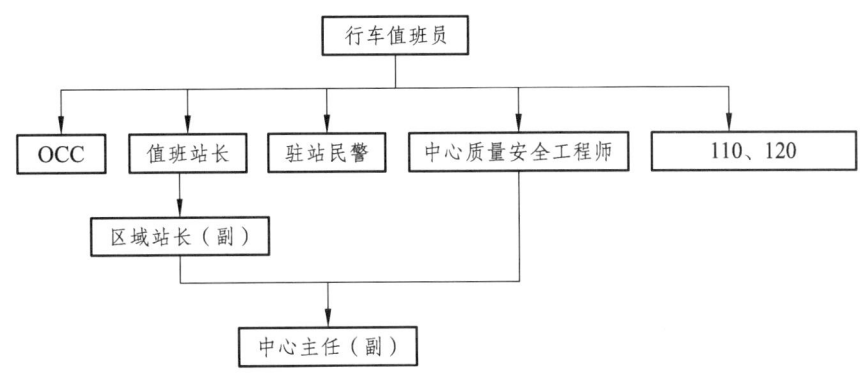

图 7-8　区间设备发生火灾信息报告流程图

（2）处置流程（表 7-7）。

确认区间设备设施发生火灾且烟雾较浓时，根据 OCC 命令事发区间立即停运。此时，由值班站长担任前期现场处置负责人，做好后续首列列车的清客工作，安排站务人员携带干粉灭火器添乘（地下站需待区间风机启动之后，烟雾较轻时，再前往处理）。同时根据 OCC 后续命令做好车站相应的客运组织工作。

确认区间设备设施的火势较小且烟雾较淡时，根据 OCC 命令，由值班站长担任前期现场处置负责人，做好后续首列列车的清客工作，安排站务人员携带干粉灭火器添乘。车站做好车站客运组织工作。

当区间供电中断，列车在区间无法动车时，按照《区间乘客紧急疏散现场处置方案》执行。

当火势不可控时，由值班站长担任前期现场处置负责人，安排车站人员引导 119 进入事发现场，配合 119 进行灭火工作。同时，值班站长负责现场处置的指挥协调，组织人员疏导和伤员救助。

表 7-7　区间火灾现场处置流程

程序	值班站长	行车值班员	客运值班员	站务员	保安	保洁
信息接报	1-3 接到区间火灾报告后，赶赴合适地点观察火势，通知行车值班员启动《区间设备火灾现场处置方案》，并告知相关情况	1-2 接到车站工作人员报告或 OCC 通知，区间内发生火灾事件后，立即通知值班站长做好救援准备工作	1-1 发现区间内发生火灾事件报行车值班员			
		2-1 上报 OCC、站务中心，汇报事件发生的地点、火势等情况。通知各岗位启动应急预案	2-2 各岗位接到启动应急预案命令			

续表

程序	值班站长	行车值班员	客运值班员	站务员	保 安	保 洁
前期处置	3-1 做好个人防护，组织人员准备进行前期灭火，视情况做好疏散站内乘客，报110、119、120的准备	3-2 根据值站安排做好按压AFC紧急释放按钮，报110、119、120的准备。此时向OCC、相关上级部门、领导汇报，通知邻站扣车、在站列车通知司机马上关门动车或进行清客，同时反复进行全站广播安抚乘客	3-3 及时赶往备品间，领取相关应急备品，并听从值站安排，必要时准备安民告示给保洁员工到出入口张贴	3-4 坚守岗位，时刻关注事态发展。同时，安抚站内乘客	3-5 及时赶往备品间，领取相关应急备品，并听从值站安排	3-6 安抚乘客，必要时出入口张贴安民告示
现场救援	4-1 视情况，做好个人防护，组织人员携带好救火器具，进行区间进行前期灭火	4-2 加强车站各岗位和OCC的联系，并按OCC要求正确使用隧道风机。同时利用CCTV监控车站情况	4-4 造成长时间晚点的，组织站务员配发致歉信和退票业务，通知办理退票业务等工作；紧急时对站内乘客进行疏散引导	4-5 做好配发致歉信和退票业务工作；紧急时对站内乘客进行疏散引导	4-3 做好个人防护，携带好救火器具跟随值站，进行区间进行前期灭火	4-6 安抚乘客，紧急时对站内乘客进行疏散引导
现场救援	4-7 在现场发现火势不可控时，立即命令行值报110、119、120，OCC准备关闭出入口，指派专人到出入口把控	4-8 安排保洁人员到紧急出入口迎接120、119、110。按下AFC紧急按钮，利用全站广播引导乘客出站并通过CCTV监控现场乘客疏散情况	4-9 对乘客进行疏散引导，并对受伤乘客进行救助	4-10 协助客值对乘客进行疏散引导，并对受伤乘客进行救助	4-11 协助值站救火，火势不可控时，随时做好撤退准备	4-12 出入口张贴公告，阻止乘客进站，引导110、119、120进站
现场救援	4-13 119到达后进行交接撤退，或火势不可控时组织灭火人员先行撤离，到车站紧急出入口集合	4-14 向OCC汇报火灾情况，紧急时申请关站。等乘客疏散后，与OCC留下联系方向，到车站紧急出入口集合	4-15 当火势已无法控制，乘客疏散完毕后安全撤离，在车站紧急出入口集合	4-16 当火势已无法控制，乘客疏散完毕后安全撤离，在车站紧急出入口集合，等待救援	4-17 跟随值站到车站紧急出入口集合	4-18 到紧急出入口集合
应急终止	5-1 接到OCC恢复正常运营的通知后，马上终止本方案，组织恢复运营	5-2 接到值班站长通知车站恢复正常后，检查车控室设备设施情况。向OCC报告车站运营前准备工作，并向OCC了解行车运行恢复情况并报告值班站长。通知各岗位员工，车站恢复正常运营	5-3 接到值班站长通知车站恢复正常后，检查AFC设备、各种服务设备设施是否正常并报车控室，并撤除停止服务的告示，打开出入口，引导乘客进站	5-4 检查AFC设备、各种服务设备设施是否正常并向车控室报告，撤除停止服务的告示，打开出入口，引导乘客进站，准备运营服务	5-5 到站台检查屏蔽门、扶梯等设备设施情况和线路情况，并向车控室报告	5-6 做好现场清理恢复工作

(3)注意事项。

① 现场指挥在现场具有最高指挥权,负责组织现场所有车站员工、专业抢险队开展救援工作,现场指挥需及时了解救援进度,并通过手持台或行车值班员向OCC报告。

② 火灾应急处理时,现场人员根据需要携带空气呼吸器、穿绝缘鞋、荧光背心、佩戴安全帽、自救式过滤呼吸器等应急物资,确保自身安全。

③ 非运营时间发生险情,车站无需进行客流疏导,视情况进行抢险救援工作,火势不可控时,引导119消防人员进行灭火工作。

七、列车火灾现场处置实施

(1)当列车发生火灾时,行车值班员马上向OCC、值班站长、站长、中心质量安全工程师、中心主任(副)汇报。列车发生火灾信息报告流程如图7-9所示。

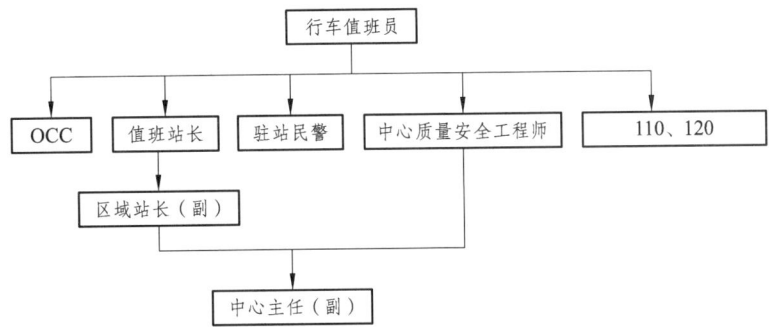

图7-9 列车发生火灾信息报告流程图

(2)应急响应。

① 接到火灾通知后,车站工作人员立即启动该方案,准备相应的应急备品。

② 接到区间疏散通知时,配合区间疏散的车站工作人员立即做好准备前往区间。同时,车站工作人员做好引导准备。

(3)现场处置。

列车发生在区间的火灾由站务人员协助电客车司机,安抚好列车上乘客,做好信息上报,必要时组织人员疏导。到站列车发生的火灾由值班站长担任前期现场处置负责人,负责现场处置的指挥协调,组织人员疏导和伤员救助。列车在区间发生火灾现场处置流程见表7-8,到站列车发生火灾现场处置流程见表7-9。

表7-8 列车在区间发生火灾现场处置流程

程序	行车值班员	值班站长	客运值班员	站务员	保安、保洁
信息接报	1-1 接OCC通知区间列车发生火灾,立即报值站、驻站民警,并根据OCC命令报119、120	1-2 接到值站报告,启动本方案	1-3 接到启动本方案命令		
前期处置	2-2 做好应急广播,根据OCC命令,开启区间照明,启动相应的应急模式	2-1 准备相应应急备品(如对讲机、应急灯、扩音器、荧光衣、800M电台等)做好区间疏散准备	2-3 锁好票务室,协助值站准备应急备品	2-4 关闭客服中心,打开边门	2-5 保安至相应端门处,打开端门后待令。保洁到出入口张贴停止服务告示,阻止乘客进入车站

续表

程序	行车值班员	值班站长	客运值班员	站务员	保安、保洁
现场救援	3-2 接值站通知后,向OCC汇报;接到OCC同意进入轨行区命令后报值站	3-1 区间疏散准备工作完成,到达相应端门处后,通知行值	3-3 做好乘客疏散	3-4 协助客值做好乘客疏散	3-5 区间另一端车站在相应端门处做好监视,防止乘客进入其他区间
	3-8 做好与OCC、车站各岗位、救援部门之间的信息传递	3-6 至现场组织乘客向OCC决定的方向疏散	3-9 在相应端门处做好乘客引导		3-7 至现场协助值站做好乘客疏散,确认列车上无遗留乘客
	3-12 申请关站	3-10 驻站民警、119、120到达后,做好交接及配合救援。必要时申请关站	3-11 配合民警、119、120做好救援		
	3-14 播放关站广播	3-13 接OCC关站命令,组织员工关站		3-15 执行关站程序	
应急终止	4-3 接值站通知,向OCC报区间出清	4-2 根据OCC命令,组织员工对相应区间进行巡视,清理乘客遗留物品,确保无遗留人员,区间出清后通知行值	4-1 对相应区间进行巡视,清理乘客遗留物品,确保无遗留人员,区间出清后通知行值		
	4-6 向OCC汇报恢复运营	4-4 接OCC应急解除通知后,通知各岗位终止本方案,准备运营	4-5 清理现场,恢复设备,撤除防护		

表7-9 到站列车发生火灾现场处置流程

程序	行车值班员	值班站长	客运值班员	站务员	保安、保洁
信息接报	1-1 立即报OCC、值站、驻站民警、119、120	1-2 接行值通知后启动本方案	1-3 接到通知响应应急	1-4 接到通知响应应急	1-5 接到通知响应应急
前期处置	2-2 做好应急广播,报OCC、119、驻站民警、120,通过CCTV加强对报警地点的监视,按压AFC紧急按钮。按值站要求申请关站	2-1 通知各岗位员工执行车站疏散程序并至现场组织灭火,做好乘客疏散。视情况申请关站	2-3 锁好票务室,准备相应的应急备品,至现场协助值站灭火,疏散乘客	2-4 关闭客服中心,打开边门,关停站厅层扶梯,确认站厅层电梯无人后将其关闭	2-5 保安关停站台层扶梯,协助值站灭火。保洁至出入口张贴关站告示,阻止乘客进入车站

续表

程序	行车值班员	值班站长	客运值班员	站务员	保安、保洁
现场救援	3-2 确认相应的火灾模式已启动，如未正常启动，及时报OCC并根据OCC命令手动开启。并做好与OCC、车站、救援部门之间的信息传递	3-1 根据着火地点，合理组织乘客疏散方向。安排专人在紧急出入口迎接119、120并引导至现场	3-3 确认所有闸机已打开，相应的通风排烟模式开启，所有扶梯已关停。协助值班站长做好乘客疏散	3-4 协助客值做好乘客疏散	3-5 保安确认站台层电梯无人后将其关闭，做好站台乘客疏散。保洁紧急出入口迎接119、120并引导至现场
	3-8 播放关站广播，根据值站命令撤离	3-6 确认事发列车及车站乘客疏散完毕执行关站	3-7 协助值站确认乘客疏散完毕		
	3-9 通知各岗位关站，视情况撤离，与OCC留下联系方式	3-10 关闭其他出入口后，至紧急出入口集合，维持现场秩序			
		3-11 驻站民警、119、120到达后，做好交接及配合救援	3-12 配合民警、119、120做好救援		
应急终止	4-1 接OCC汇报应急解除，报值站	4-2 接OCC应急解除通知后，通知各岗位终止本方案，撤除防护，清理现场，做好开站准备	4-3 清理现场，恢复设备，撤除防护		
	4-4 向OCC申请开站	4-5 根据OCC开站命令，开放出入口，恢复运营	4-6 开启车站各出入口		

（4）注意事项。

① 在应急处置过程中，注意做好个人防护。

② 火灾列车需退出服务，相关人员做好准备。

③ 行车值班员应根据现场情况做好信息的续报工作。

八、正线车站大面积停电现场处置实施

（1）车站发生正线大面积停电时，行车值班员马上向OCC、值班站长、站长、中心质量安全工程师、中心主任（副）汇报。正线车站大面积停电信息报告流程如图7-10所示。

（2）现场处理事件相关人员应按照上级决策及时安排人员阻止乘客进站、疏散站内乘客和其他人员，协助行调组织行车工作并引导120进行排查救援。

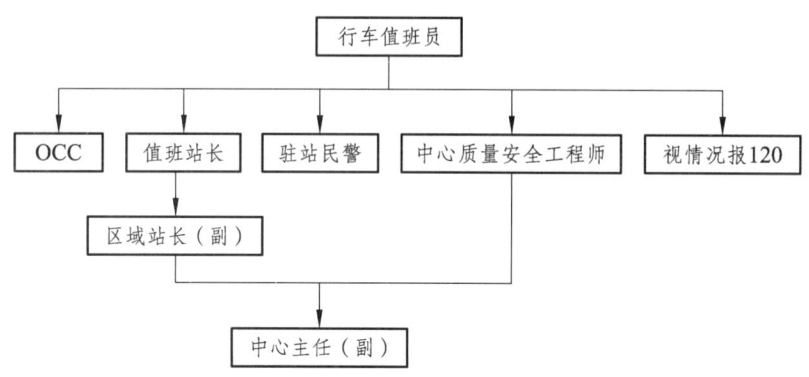

图 7-10　正线车站大面积停电信息报告流程图

表 7-10　正线大面积停电现场处置流程

程序	行车值班员	值班站长	客运值班员	站务员	保　安
信息接报	1-1　报OCC、站长、值站、驻站民警	1-2　接行值通知，启动本预案	1-3　接到通知，响应预案		
前期处置	2-2　确认车控室相关设备（如HMI、CCTV、广播等），车站应急照明的运行情况，使用CCTV监视现场情况，播放应急广播	2-1　做好车站巡视，确认紧急照明和导向是否正常使用，在楼梯、扶梯口等照明不佳处做好防护，安排人员在站台站厅维持秩序	2-3　准备相应的应急备品（如喊话器、应急灯等），协助值站做好防护，关闭电梯，并确认有无困人	2-4　收好票、款，关闭票亭	2-5　加强站台安全巡视
现场救援	3-2　根据值站命令向OCC申请关站；接OCC同意关站命令后报值站。将现场情况及时向OCC汇报	3-1　15分钟内未恢复正常照明，通知行值向OCC申请关站，组织乘客疏散，做好关站准备	3-3　到站台协助乘客上、下车，做好乘客疏散和关站准备，确保安全	3-4　打开边门，做好站厅乘客疏散	3-5　做好站台乘客疏散
现场救援	3-7　播放关站广播，通过PIS发布疏散信息	3-6　根据OCC命令通知车站各岗位执行关站程序	3-8　执行关站程序		
现场救援	3-10　根据值站命令拨打120	3-9　如有人员伤亡，安排行值拨打120	3-11　配合值站做好乘客救援并安排人员到出入口迎接120	3-12　至指定出入口迎接120并引导至现场	
应急终止	4-3　将车站设备恢复情况报OCC	4-1　车站供电恢复正常后，接到OCC终止预案指令，通知各岗位终止本方案，做好开站准备	4-2　恢复设备，撤除防护		
应急终止	4-5　向OCC申请开站	4-4　开站准备工作完成后，通知行值			
应急终止		4-6　根据OCC开站命令，开放出入口，恢复运营	4-7　开启车站各出入口		

（3）注意事项。

① 如需 120 急救时，车站安排专人在指定出入口引导 120 急救人员至现场。

② 执行关站程序后，其他车站应做好乘客广播。

③ 行车值班员应根据现场情况做好信息的续报工作。

④ 人工准备进路时，按相关规定执行。

任务三　票务事件（故）类

票务事件（故）类：主要包括 AFC 系统设备故障、AFC 系统设备能力不足等严重影响城市轨道交通运营的突发事件。

一、AFC 故障或能力不足现场处置

（1）车站员工在 AFC 设备故障或能力不足情况下进行应急处置，明确车站各岗位职责及处置程序，尽可能地降低对轨道交通运营的影响，减少损失。

（2）车站值班站长担任前期现场处置负责人，负责现场处置的指挥协调工作；行车值班员负责车站信息的收集、传达和汇报；客运值班员和站务员根据值班站长安排做好客流引导和售检票工作。

（3）故障分类（部分故障）。

① 部分自动售票机故障。

a. 3 台以下（不含 3 台）自动售票机故障，车站报票务部生产调度，并在故障设备前设置"暂停服务"牌，由票务部生产调度通知 AFC 巡检工班至现场进行维修。

b. 3 台及以上（不含全部）自动售票机故障。

② 部分半自动售票机故障。

a. 1 台半自动售票机故障，车站报票务部生产调度，并在故障设备前设置"暂停服务"牌，由票务部生产调度通知 AFC 巡检工班至现场进行维修。

b. 2 台及以上（不含全部）半自动售票机故障。

③ 部分进站闸机故障。

a. 3 台以下（不含 3 台）进站闸机故障，车站报票务部生产调度，并在故障设备前设置"暂停服务"牌，由票务部生产调度通知 AFC 巡检工班至现场进行维修。

b. 3 台及以上（不含全部）进站闸机故障。

④ 部分出站闸机故障。

a. 3 台以下（不含 3 台）出站闸机故障，车站报票务部生产调度，并在故障设备前设置"暂停服务"牌，由票务部生产调度通知 AFC 巡检工班至现场进行维修。

b. 3 台及以上（不含全部）出闸机故障。

（4）故障分类（全部故障）：自动售票机全部故障、半自动售票机全部故障、进站闸机全部故障、出站闸机全部故障。

（5）AFC 系统设备能力不足。

车站出现大客流，员工对乘客进行引导并采取措施后，车站的 AFC 系统设备能力仍然不足而导致

大客流情况无法缓解。

① 自动售票机能力不足：进行应急处置，无需报票务部生产调度。

② 进站闸机能力不足：进行应急处置，无需报票务部生产调度。

③ 出站闸机能力不足：进行应急处置，无需报票务部生产调度。

二、车站清客现场处置

（1）保证因轨道交通设备故障、自然灾害等造成线路中断，但不危及乘客安全，需停止服务时，车站能以最快的速度将乘客转移出车站。

（2）车站清客是指发生突发情况但不危及乘客安全时，车站引导所有乘客离开车站。

（3）按照事故发生地点可分为：到站列车清客、站内清客；按照事故发生性质可分为：设备故障清客、自然灾害清客。

（4）现场指挥。

① 值班站长担任前期现场处置负责人，负责现场处置的指挥协调，组织人员疏散和伤员救助。

② 行车值班员负责信息的收集、传达与汇报。

③ 客运值班员根据值班站长安排，做好人员引导疏散和做好乘客事务处理，并给站务员配备足够的备用金。

④ 站务员办理退票和票卡更新及引导乘客出站，需公交接驳的，保安、保洁将乘客引导至公交接驳点。

（5）汇报内容。

① 事件发生时间、地点、对运营的影响程度。

② 事件概况（人、物的基本情况等）。

③ 现场先期处置情况。

④ 跟进情况报告。

 任务实施

一、AFC 故障或能力不足现场处置实施

（1）AFC 故障信息报告流程如图 7-11 所示。

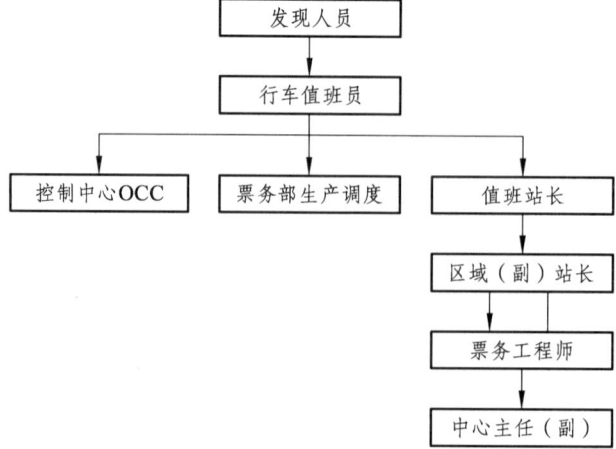

图 7-11 AFC 故障信息报告流程图

（2）车站 AFC 设备故障或能力不足时，车站值班站长、行车值班员、客运值班员、站务员，按照信息接报、前期处置、现场处置、应急终止的步骤，有序进行，现场处置流程见表 7-11 ~ 表 7-14。

表 7-11 自动售票机全部故障现场处置流程

程序	行车值班员	值班站长	客运值班员	站务员
信息接报	1-1 接报后报值站、OCC、区域（副）站长，确认故障报票务部生产调度	1-2 立即至现场了解情况，安排行值、客值做好相关工作		
前期处置	2-2 播放引导广播，并通过 CCTV 监控客流	2-1 启动本方案。安排员工组织引导乘客进出站，做好安全防护，通知客值、站务员做好票务工作准备	2-3 到票务室配预制票、纸票、票款	
现场处置	3-2 报 OCC 预制票、纸票售卖的时间及客流情况	3-1 经区域站长同意后，组织售卖预制票、纸票。做好站厅客流引导	3-3 做好乘客服务工作，配合值站做好乘客引导及防护设置，配合维修	3-4 售卖预制票、纸票。打开边门检票、引导乘客进站
应急终止	4-3 向 OCC 汇报预制票、纸票停止售卖时间	4-2 接报后通知停止售卖预制票、纸票	4-1 检查设备，确认设备恢复报值站	4-4 停止售卖预制票、纸票
	4-7 向 OCC 汇报设备恢复，根据 OCC 命令恢复正常服务	4-5 通知各岗位终止本方案，监控各岗位到岗情况及设备运作情况	4-6 撤除防护	4-8 处理票务工作及乘客服务工作

表 7-12 半自动售票机全部故障现场处置流程

程序	行车值班员	值班站长	客运值班员	站务员
信息接报	1-1 接报后报值站、OCC、区域（副）站长，确认故障报票务部生产调度	1-2 立即至现场了解情况，安排行值做好信息汇报		
前期处置	2-2 播放引导广播，并通过 CCTV 监控客流	2-1 启动本方案。安排员工组织引导乘客进出站，做好安全防护		
现场处置	3-2 做好与 OCC、车站各岗位之间的信息传递	3-1 安排各岗位工作，做好客流引导及乘客解释工作	3-3 1. 在边门处引导非付费区无法正常进站的持票（含单程票、计次票、甬城通、市民卡）乘客从边门进站，提醒乘客，至目的车站需到客服中心更新票卡后，方可正常出站。 2. 回收付费区无法正常出站的持单程票乘客的单程票，引导其从边门出站。 3. 对无法正常出站的持计次卡乘客做好解释，	3-4 1. 协助客运值班员引导乘客进出边门； 2. 为无票乘客办理补款，填写《乘客事务处理单》，记为正差额； 3. 配合设备维修

程序	行车值班员	值班站长	客运值班员	站务员
现场处置			告知乘客本次乘次在下次乘车时到客服中心扣除，引导其从边门出站。 4. 对持甬城通、市民卡的乘客做好解释，告知乘客本次车费在下次乘车时到客服中心扣除（非免费乘车的甬城通、市民卡，按所持车票优惠方式补收最低车程费），引导其从边门出站。 5. 引导无票的乘客到客服中心按规定补款，填写乘客事务处理单。 6. 对其他按规定需在半自动售票机上发售免费出站票出站的乘客，直接引导其从边门出站	
应急终止	4-2 向OCC、值站汇报设备恢复	4-3 通知各岗位终止本方案，监控各岗位到岗情况、设备运作情况、乘客服务工作	4-4 撤除防护	4-1 报行值BOM恢复正常

表7-13 进站闸机全部故障现场处置流程

程序	行车值班员	值班站长	客运值班员	站务员
信息接报	1-1 接报后报值站、OCC、区域（副）站长，确认故障报票务部生产调度	1-2 立即至现场了解情况，安排行值做好信息汇报		
前期处置	2-2 播放引导广播，并通过CCTV监控客流	2-1 启动本方案。安排员工组织引导乘客进站，做好安全防护		
现场处置	3-2 做好与OCC、车站各岗位之间的信息传递	3-1 安排各岗位工作，做好客流引导	3-3 在边门处引导持票（含单程票、计次票、甬城通、市民卡）乘客从边门进站，做好防护设置。提醒乘客，至目的车站需到客服中心更新票卡后，方可正常出站	3-4 1. 客服中心无乘客事务时，协助客运值班员引导乘客从边门进站。 2. 配合设备维修
应急终止	4-2 向OCC、值站汇报设备恢复	4-3 通知各岗位终止本方案，监控各岗位到岗情况及设备运作情况，做好乘客服务	4-4 撤除防护	4-1 报行值设备恢复正常

表 7-14 出站闸机全部故障现场处置流程

程序	行车值班员	值班站长	客运值班员	站务员
信息接报	1-1 接报后报值站、OCC、区域（副）站长，确认故障报票务部生产调度	1-2 立即至现场了解情况，安排行值做好信息汇报		
前期处置	2-2 播放引导广播，并通过CCTV监控客流	2-1 启动本方案。安排员工组织引导乘客出站，做好安全防护		
现场处置	3-2 做好与OCC、车站各岗位之间的信息传递	3-1 安排各岗位工作，做好客流引导	3-3 1. 在边门处做好防护设置。 2. 回收持单程票乘客的单程票，引导其从边门出站。 3. 对无法正常出站的持计次卡乘客做好解释，告知乘客本次乘次在下次乘车时到客服中心扣除，引导其从边门出站。 4. 对持甬城通、市民卡的乘客做好解释，告知乘客本次车费在下次乘车时到客服中心扣除（非免费乘车的甬城通、市民卡，按所持车票优惠方式补收最低车程费），引导其从边门出站。 5. 引导无票的乘客到客服中心按规定补票	3-4 1. 客服中心无乘客事务时，协助客运值班员引导乘客从边门出站。 2. 配合设备维修
应急终止	4-2 向OCC、值站汇报设备恢复	4-3 通知各岗位终止本方案，监控各岗位到岗情况及设备运作情况，做好乘客服务	4-4 撤除防护	4-1 报行值设备恢复正常

（3）注意事项。

① 发生自动售票机故障后，值站应立即确认进站客流，视情况向邻站请求支援。

② 值班站长统一安排支援人员及驻站人员工作。

③ 客运值班员及站务员确保票务安全。

④ 大面积AFC故障需售卖预制票或纸票时，优先售卖预制票，预制票不足时，售卖纸票。

⑤ 特殊情况下，视情况优先售卖纸票，如甲站AFC故障需售卖预制票或纸票，此时已接行调通知乙站出站闸机全部故障，可优先售卖纸票。

⑥ 售卖纸票时，控制中心通知各站，相关车站做好乘客检票准备工作，若持纸票乘客超程，则按单程票计费方式补收超程费，原纸票回收，BOM处发售付费出站票。

二、车站清客现场处置实施

（1）当车站需要清客时，行车值班员马上向OCC、值班站长、站长、中心质量安全工程师、中心主任（副）汇报，或者接到OCC命令马上进行请客时，向值班站长、站长、中心质量安全工程师、中心主任（副）汇报。车站清客信息报告流程图如图7-12所示。

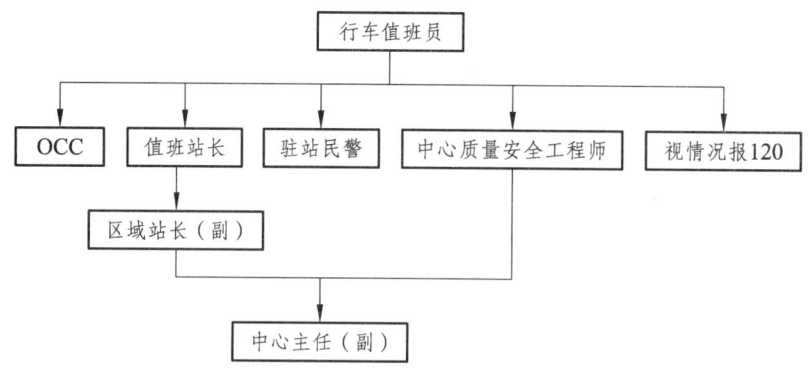

图7-12 车站清客信息报告流程图

（2）现场处理事件相关人员应按照上级决策及时安排人员阻止乘客进站、疏散站内、列车上乘客和其他人员，安抚乘客，协助行调组织好行车工作。车站清客现场处置流程见表7-15。

表7-15 车站清客现场处置流程

程序	值班站长	行车值班员	客运值班员	站务员	保安、保洁
信息接报	1-2 启动本方案，准备相应应急备品	1-1 接OCC清客命令，报值班站长、站长、中心质量安全工程师、中心主任（副）			
前期处置	2-2 组织车站员工对车站乘客进行清客，并做好退票工作。通知保安到现场维持秩序	2-1 播放车站停止服务，执行清客程序的广播。根据值站命令，执行相应应急模式	2-3 协助值站准备应急备品。根据需要为售票员配备零钞	2-4 安抚乘客	2-5 安抚乘客
现场处置	3-5 待乘客全部出站后，检查站厅、站台、电梯等区域是否有滞留乘客，确定清客完毕后关闭出入口	3-1 做好与OCC、车站各岗位、救援部门之间的信息传递。通过PIS发布车站停止服务信息	3-2 引导乘客办理退票或直接出站。需启动公交接驳时，组织乘客乘坐接驳车	3-3 打开边门，引导乘客从边门出站。办理好退票工作	3-4 维持清客秩序，提醒乘客依次离开车站，不要拥挤
	3-7 如果发生乘客伤亡，安排车站人员到紧急出入口引导救护人员	3-8 视情况按值站要求报120		3-6 启动公交接驳时，至车站的公交接驳点组织乘客乘坐接驳车	
应急终止	4-2 将情况向站长汇报，并做好详细记录	4-1 向OCC报车站清客完毕。关站后，执行节电照明模式	4-3 统计退票数量，并将回收单程票封好上交票务室		

（3）注意事项。

① 车站清客，要耐心做好乘客解释工作，避免产生冲突。

② 清客时，应及时告知乘客有关退票注意事项，并做好乘客退票的准备工作。

③ 车站工作人员应仔细确认车站没有乘客滞留后才能关闭车站。

④ 行车值班员应根据现场情况做好信息的续报工作。

任务四　社会安全事件（故）类

相关知识

社会安全事件类：主要包括重大刑事案件、恐怖袭击以及在城市轨道交通车站内发生聚众闹事、爆炸、劫持人质等严重影响城市轨道交通运营安全的突发事件。

一、职工人身伤亡现场处置

车站及时处理职工伤亡事故，积极采取措施，减缓伤亡事故的事态发展，尽可能地降低对轨道交通运营的影响，减少损失。

（一）定　义

（1）职工伤亡事故：是指企业职工在生产劳动过程中发生的人身伤害、急性中毒。即职工在本岗位劳动，或虽不在本岗位劳动，但由于分公司的设备和设施不安全、劳动条件和作业环境不良、管理不善，以及受分公司指派到分公司外从事本公司活动，所发生的人身伤害（即轻伤、重伤、死亡）和急性中毒事故。

（2）损失工作日：指被伤害者失能的工作时间。

（3）轻伤：轻伤是指损失工作日低于105日的失能伤害。

（4）重伤：重伤是指相当于表定损失工作日等于和超过105日的失能伤害。

（5）急性中毒事故：是指职工一次或短期内摄入大量生产性毒物，使人体在短时间内发生病变，导致职工立即中断工作，并须进行急救或死亡的事故。

（6）职业病：是指企业的劳动者在职业活动中，因接触粉尘、放射性物质和其他有毒、有害物质等因素而引起的疾病。一般来说，凡是符合国家法律规定的疾病才能称为职业病。

（二）事件特征分析

（1）轻伤事故：指只有轻伤的事故。

（2）重伤事故：指有重伤无死亡的事故。

（3）死亡事故。

① 重大伤亡事故：指一次事故死亡1~2人的事故。

② 特大伤亡事故：指一次事故死亡3人以上的事故（含3人）。

（三）现场救援指挥

现场救援指挥由当班值班站长担任，全权负责现场救援工作，制定救援方案，监控救援方案的实施，随时向站务中心汇报救援进展情况。

（四）汇报内容

（1）事件发生时间、地点、对运营的影响程度。

（2）事件概况（人、物的基本情况等）。

（3）现场先期处置情况。

（4）跟进情况报告。

二、车站接到炸弹恐吓现场处置

以最快速度疏散乘客和车站工作人员，保护乘客和车站工作人员的人身安全。同时，能有效控制和消除威胁，最大限度地减少事件对整个轨道交通运营的干扰和影响，将损失降低到最低限度。

（1）恐吓：以要挟的话或手段威胁人。

（2）现场指挥由值班站长担任，全权负责现场疏散工作，随时向站务中心现场处置小组和OCC汇报疏散救援进展情况。行车值班员负责做好信息的收集、传达、上报工作。客运值班员与站务员、保安、保洁人员听从值班站长安排，做好排查和人员疏导工作。

（3）汇报内容。

① 事件发生时间、地点、对运营的影响程度。

② 事件概况（人、物的基本情况等）。

③ 现场先期处置情况。

④ 跟进情况报告。

三、车站突发治安事件现场处置

车站在发生突发治安事件时进行应急处置，明确各岗位职责及处置程序，尽可能地降低对轨道交通运营的影响，减少损失。

（1）车站治安事件：群体或个人为了满足特殊需要或者达到特殊目的，在车站范围内，通过实施违法犯罪或采取不正当手段，导致或促使事态加剧、扩大，从而扰乱、破坏治安秩序的行为，包括打架斗殴、聚众闹事、非法集会、劫持人质等对车站运营产生一定影响的治安事件。

（2）治安事件的特征主要有：群体的聚集性、公开的对抗性、危害多样性和多重性。治安事件发生后，不仅仅会造成车站设备设施损失、破坏车站生产、扰乱员工工作秩序等可造成非物质性的、间接的乃至潜在的、长远的危害。

（3）现场处置指挥：由当班值班站长担任，全权负责现场处置工作，保证人身安全，随时向站务中心、OCC汇报事件进展情况。

（4）汇报内容。

① 事件发生时间、地点、对运营的影响程度。

② 事件概况（人、物的基本情况等）。

③ 现场先期处置情况。

④ 跟进情况报告。

四、车站发现可疑物品现场处置

车站发现可疑物品时，各岗位能够明确分工，各履其职，把对乘客的影响和伤害降到最小。

（1）可疑物品定义：无人看管而且无人认领，从外观看具备一定潜在危险的物品。

（2）现场指挥由值班站长担任，及时隔离可疑物品，全权负责现场疏散工作，随时向站务中心现场处置小组和OCC汇报疏散救援进展情况。行车值班员负责做好信息的收集、传达、上报工作。客运值班员与站务员、保安、保洁人员听从值班站长安排,做好排查、隔离可疑物品和人员疏导工作。

（3）汇报内容。

① 事件发生时间、地点、对运营的影响程度。

② 事件概况（人、物的基本情况等）。

③ 现场先期处置情况。

④ 跟进情况报告。

五、车站发现可疑人员现场处置

车站在发现可疑人员时设备、人员及列车的运营安全,尽量避免或减少人员伤亡和财产损失,尽快恢复正常运营。

（1）可疑人物范围：

① 符合警方通报特征的人物。

② 在车站逗留时间较长或多次到同一地点观察,且有异常表现的乘客。

③ 乘客反映的可疑人物。

④ 行为诡异,见工作人员即躲避和离开的乘客。

⑤ 携带可疑或违禁物品的人员等。

（2）值班站长担任前期现场处置负责人,负责现场处置的指挥协调,派人暗地跟踪并密切留意可疑人员。发现可疑人员有违法行为时,视情况采取疏散周边乘客或车站疏散。行车值班员负责车站信息的收集、传达与汇报。客运值班员与站务员根据值班站长安排,接到疏散指令后,组织乘客疏散出站。

（3）汇报内容。

① 汇报发现时间、地点、人数、可疑人员外貌特征、有无携带物品等情况。

② 所乘车次。

③ 现场先期处置情况。

④ 跟进情况报告。

六、公交接驳现场处置

应对宁波轨道交通发生应急情况时启动公交接驳,能够高效有序地组织好公交接驳,减少应急情况对运营服务的影响,最大限度地为乘客提供服务。

（1）公交接驳：即使用城市范围内定线运营的公共汽车实现无缝连接,让乘客在轨道交通车站换乘公共汽车。

（2）按照轨道交通故障区段和中断的时间可以将公交接驳分为以下几种情况：

① 在轨道交通同一区段双向行车可能中断 30 min 及其以上时。

② 在轨道交通某一区段单向行车可能中断 40 min,而且部分区间采用单线双向行车,单向行车间隔 20 min 以上时。

③ 在轨道交通发生大面积故障导致某一区段双向行车可能晚点 40 min 以上时。

（3）由值班站长担任现场指挥,全权负责现场客流组织工作,制订客流组织方案,监控公交接驳方案的实施,保证乘客人身安全,随时向站务中心现场处置小组汇报公交接驳进展情况。行车值班员负责做好信息的搜集、传达、上报工作。客运值班员与站务员、保安、保洁人员听从值班站长安排,做好人员疏导工作。

（4）汇报内容。

① 事件发生时间、地点、对运营的影响程度。

② 事件概况（人、物的基本情况等）。
③ 现场先期处置情况。
④ 跟进情况报告。

七、车站乘客疏散现场处置

对车站紧急疏散乘客时进行现场处置，最大限度地减少事故对整个轨道交通运营的干扰和影响，将事故损失降低到最低限度。

（1）疏散：将车站内乘客从非安全区域安全引导至安全区域。

（2）按照事故发生地点可分为：站台疏散、站厅疏散、局部疏散等；按照事故发生性质可分为：消防安全疏散、列车故障疏散、治安事件疏散等。

（3）现场指挥由当班值班站长担任，全权负责现场疏散工作，监控疏散方案的实施，全力救助和疏散乘客，确保职工人身安全，随时向站务中心现场处置小组汇报救援进展情况。行车值班员负责做好信息的搜集、传达、上报工作。客运值班员与站务员、保安、保洁人员听从值班站长安排，做好人员疏导工作。

（4）汇报内容。
① 事件发生时间、地点，对运营的影响程度。
② 事件概况（人、物的基本情况等）。
③ 现场先期处置情况。
④ 跟进情况报告。

八、区间乘客紧急疏散现场处置

对区间紧急疏散乘客进行现场处置，最大限度地减少事故对整个轨道交通运营的干扰和影响，将事故损失降低到最低限度。

（1）疏散：将乘客从非安全区域安全引导至安全地带。

（2）按照事故发生地点可分为：列车疏散、区间疏散等；按照事故发生性质可分为：消防安全疏散、列车故障疏散等。

（3）现场指挥由当班值班站长担任，全权负责现场疏散工作，监控疏散方案的实施，保证设备、人身安全，紧急情况立即向站务中心请求支援。值班站长赶到现场后，担任现场处置负责人，负责安抚乘客、现场处置的指挥协调，组织人员疏导。行车值班员负责做好信息的收集、传达、上报工作。客运值班员与客服中心站务员、站台保安听从值班站长安排，做好人员疏导工作。

（4）汇报内容。
① 汇报车站、事件发生时间、区间地点、列车。
② 事件概况（人、物的基本情况等）。
③ 现场先期处置情况。
④ 跟进情况报告。

九、车站、区间水淹时现场处置

应对车站、区间水淹事件，保障轨道交通运营安全，最大限度地减少水淹事件对行车、设备所造成的影响及其损失。

（1）车站、区间水淹：由于排水设施故障、区间消防管道及车站给水管道破裂等原因造成车站、区间大量积水。

（2）按照事故发生地点可分为：车站水淹、区间水淹；其中区间水淹事件分为重大级、较大级、一般级。

① 重大级：当积水漫过轨面时，该区段不得通过列车，行车中断。

② 较大级：当积水浸到轨腰时，原则上该区段不得通过列车，必须通过时，应限速 15 km/h 运行。

③ 一般级：当积水浸到道床时，该区段列车限速 25 km/h 运行。

（3）汇报内容。

① 事件发生时间、地点、对运营的影响程度。

② 事件概况（人、物的基本情况等）。

③ 现场先期处置情况。

④ 跟进情况报告。

 任务实施

一、职工人身伤亡现场处置实施

（一）站务中心人员发生人身伤亡时

行车值班员了解到车站发生职工人身伤亡时，及时通知值班站长，由值班站长进行现场指挥并根据具体情形拨打 120，并做好前期的应急救援，保护好事发现场。根据事态发展及时上报站长，由站长向站务中心进行事态发展汇报。职工人身伤亡信息报告流程如图 7-13 所示，现场处理流程见表 7-16。

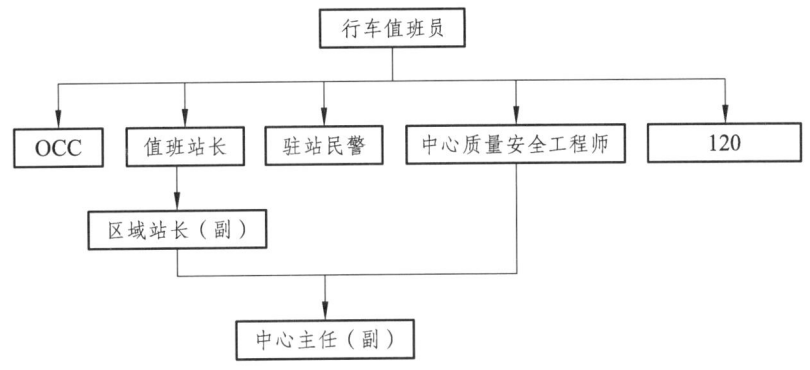

图 7-13 职工人身伤亡信息报告流程图

表 7-16 职工人身伤亡现场处置流程

程序	行车值班员	值班站长	客运值班员	站务员	保安
信息接报	1-1 车站发现后立即报 OCC、值站、驻站民警、站长	1-2 立即至现场了解情况，视情况启动本方案	1-3 接到启动现场处置方案的命令	1-4 接到启动现场处置方案的命令	1-5 接到启动现场处置方案的命令
前期处置	2-2 使用 CCTV 加强现场监控，随时通报情况	2-1 立即通知人员携带担架、急救药品、相机等赶赴现场。同时，派人到出口处引导急救人员进场施救	2-3 接到命令立即携带相应的应急备品（如客值伤亡，由值站另行指定）至现场。同时协助值站拍摄足以反映事件情况的现场照片	2-5 加强钱、票保管	2-4 按值站命令到出入口引导救援人员进站

续表

程序	行车值班员	值班站长	客运值班员	站务员	保安
现场救援	3-2 做好与OCC、车站各岗位之间的信息传递，实时监视现场情况，播放相应的应急广播，根据值站命令拨打120	3-1 维持现场秩序，劝阻围观乘客，民警到达后，与民警做好交接，配合做好车站安全防护做好隔离。如有人员伤亡，安排行值拨打120，并对受伤乘客进行现场急救	3-3 设置隔离带，保护好现场，疏散围观乘客，协助寻找两名目击证人，记录证人有关资料，以便协助调查	3-5 在客流允许的情况下维护站厅秩序	3-4 引导救援人员进站协助值站维持现场秩序。保护现场
	3-7 及时将民警、120处理情况向OCC汇报	3-6 协助急救人员或自行组织（非本部门组织抢救时，为配合）将受伤人员送往医院	3-8 配合民警，设置防护，维持现场秩序，救助伤员	3-9 在客流允许的情况下维护站厅秩序	3-10 维护乘客秩序
应急终止	4-5 向OCC汇报应急解除	4-1 确认现场处置完毕，通知各岗位终止本方案	4-2 协助值站，撤除防护	4-3 协助值站，撤除防护	4-4 协助值站，撤除防护

（二）非站务中心人员发生人身伤亡时

行车值班员了解到车站发生职工人身伤亡时，及时通知值班站长，由值班站长进行现场指挥并根据具体情形拨打120，并做好前期的应急救援，保护好事发现场，同时安排行车值班员及时将该员工情况报OCC。

（三）现场处置

（1）值班站长接到通知后立即调派合适的站务员到事故现场组织抢救伤员，采取可靠措施防止次生灾害事件发生，初步判断伤亡情况，做好现场保护及取证工作。

（2）如事故发生在公共区域，安排人员做好现场乘客引导，避免拥挤，做好简单保护措施后先将伤亡职工转移到办公区域。如事故发生在办公区域，做好现场保护，等候120人员的到来。

（3）如伤亡职工为非站务中心人员，待该部门相关人员到场后方可离开，后续工作交由该部门人员进行处理。

（四）注意事项

（1）如果伤员受伤程度不严重，神志清醒，可自己行走或能在他人搀扶下行走的，应在他人陪同下，立即前往就近医院治疗。

（2）在医护人员到场前，如果现场有懂得相关急救知识的人员，可进行急救处理。头部损伤、大腿、小腿、骨盆骨折或背部受伤的伤员绝对不能坐着运送。

（3）如果伤员胸部受挤压伤、脊椎骨折时，严禁在医护人员到场固定前搬运伤员。

（4）对于中毒、烧伤等事件，应根据事件特点进行处理。对于中毒事件，应立即将中毒患者转移到新鲜空气处，同时应尽快控制毒物扩散。对于烧伤事件，应立即使伤员脱离烧伤现场，解除呼吸梗阻，保护创面不再受污染或损伤，并尽快消除热源。

（5）抢救伤员或恢复生产必须移动物件时，应做好标志，采取摄像、摄影、绘图等方法记录事件现场原貌，妥善保存重要痕迹、物证等。

（6）隔离现场，无关人员禁止进入。

二、车站接到炸弹恐吓现场处置实施

（1）当车站接到炸弹恐吓时，行车值班员马上向OCC、值班站长、驻站民警、站长、中心质量安全工程师、中心主任（副）汇报，向上线报告的流程如图7-14所示。

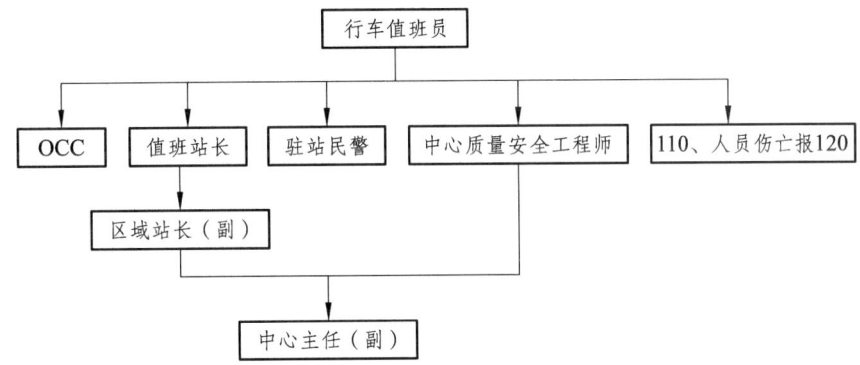

图7-14 车站接到炸弹恐吓信息报告流程图

（2）现场处理事件相关人员应按照上级决策及时安排人员阻止乘客进站、疏散站内乘客和其他人员，协助行调组织行车工作并引导公安、消防部门等进行排查处理，现场处置流程见表7-17。

表7-17 车站接到炸弹恐吓现场处置流程

程序	行车值班员	值班站长	客运值班员	站务员	保安、保洁
信息接报	1-1 接到炸弹恐吓电话，做好详细记录，立即报告值班站长、OCC、驻站民警	1-2 接到报告后立即赶赴车控室，了解情况后，启动本预案。报中心质量安全工程师、站长、中心主任（副）	1-3 接到命令，执行本预案	1-4 接到命令，执行本预案	1-5 接到命令，执行本预案
前期处置	2-5 加强与值站、OCC的联系，及时汇报现场进展情况。视情况报110、120、119	2-1 组织车站员工在保障人身安全的前提下，进行不公开的搜索，安排人员把守所有面向公共区的通道门，搜索过程中避免引起乘客恐慌	2-2 在保障人身安全的前提下，进行不公开的搜索	2-3 立即锁好票箱和票亭门，协助值站进行不公开的搜索	2-4 保安维护好车站内秩序。保洁到车控室拿告示，到出入口张贴，拦阻乘客进站
现场救援	3-5 加强与值站、OCC的联系，及时汇报现场进展情况	3-1 根据恐吓具体情况，组织人员对全部进站人员携带的包裹进行开包检查；负责与警方联系，并尽量配合其行动	3-2 按值站指令，对进站人员携带的包裹进行开包检查	3-3 按值站指令，对进站人员携带的包裹进行开包检查	3-4 按值站指令，对进站人员携带的包裹进行开包检查

续表

程序	行车值班员	值班站长	客运值班员	站务员	保安、保洁
现场救援	3-7 发现可疑物品或接到值站命令后，立即向行调报告。同时按车站疏散程序执行。对已停站列车，通知司机关门动车	3-6 发现可疑物品，立即命令行值向行调报告；立即停止车站服务，隔离相关区域，组织乘客疏散。对已有列车停站时，立即安排人员通知司机关门动车。命令工作人员在隔离区域内，关闭无线对讲机、手机等无线通信设备，禁止使用电气设备，并关注附近是否有可疑人物	3-8 隔离相关区域并在隔离区域内，关闭无线对讲机、手机等无线通信设备，禁止使用电气设备，关注附近是否有可疑人物，疏散围观乘客	3-9 确认闸机全部开启。	3-10 隔离相关区域并在隔离区域内，关闭无线对讲机、手机等无线通信设备，禁止使用电气设备，关注附近是否有可疑人物，疏散围观乘客
	3-15 接到撤离通知时，须与OCC留下2个以上联系方式	3-11 乘客疏散完毕后组织车站人员（站务人员、驻站维修人员、保安人员、保洁人员、商铺人员等）撤离车站	3-12 接到疏散指令后，组织乘客疏散出站，并关闭出入口并张贴告示，到紧急出入口集合	3-13 疏散完毕后，关闭出入口并张贴告示，到紧急出入口集合	3-14 疏散完毕后，关闭出入口并张贴告示，到紧急出入口集合
应急终止	4-1 接OCC应急解除命令后，通知值站	4-2 接行值通知后，命令车站各岗位应急解除，检查设备设施准备恢复运营	4-3 接值站通知后，检查设备设施，准备恢复运营	4-4 接值站通知后，检查设备设施，准备恢复运营	4-5 打开出入口，撤除停止服务的告示，恢复运营

（3）注意事项。

① 疏散人员时要做好安抚工作，防止踩踏事故发生。
② 必要时车站工作人员按上级指示撤离工作场所。
③ 行车值班员应根据现场情况做好信息的续报工作。
④ 行车值班员正确记录应急处置过程中的时间节点及内容，及时完成事情经过。

三、车站突发治安事件现场处置实施

（1）行车值班员接到车站范围内突发治安事件时，立即通知值班站长、OCC、驻站民警、站长、中心质量安全工程师、中心主任（副），并根据值班站长指令报120。

（2）现场处置。

值班站长赶赴现场后，了解情况，稳定当事人情绪，民警到达前，隔离事发区域，疏散围观乘客，维持现场秩序。

若事态严重，车站需停止服务的报OCC。值班站长接到关站和紧急疏散指令后，组织车站人员做好关站准备，将乘客紧急疏散。

车站突发治安事件信息报告流程如图7-15所示，现场处置流程见表7-18。

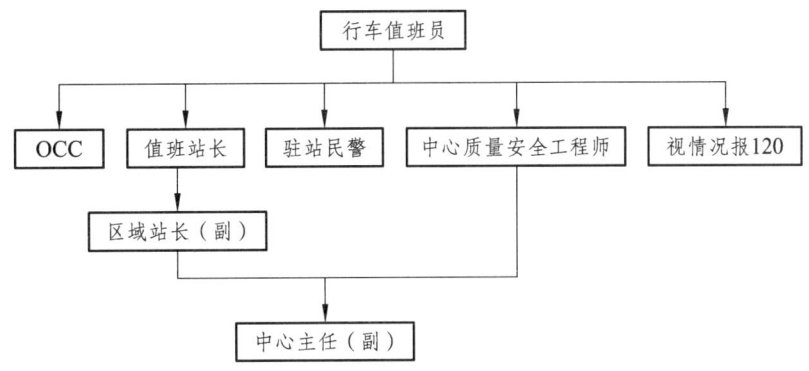

图7-15　车站突发治安事件信息报告流程图

表7-18　车站突发治安事件现场处置流程

程序	行车值班员	值班站长	客运值班员	站务员	保安	保洁
信息接报	1-4 接报后立即报OCC、驻站民警、值站、站长、安全质量工程师、中心主任（副）	1-5 接到通知后，立即赶赴现场了解情况	1-1 发现突发治安事件后立即报行值	1-2 发现突发治安事件后立即报行值	1-3 发现突发治安事件后立即报行值	
前期处置	2-6 使用CCTV调看现场情况。听从值站命令，向OCC请求关站	2-1 启动本方案，稳定当事人情绪，组织人员疏散周边围观乘客，隔离事发区域，引导乘客从未受影响出入口、电扶梯、闸机进出车站；若事态严重，通知行值向OCC请求关站	2-2 协助值站，疏散围观乘客，隔离事发区域	2-3 加强钱、票款的保管。若事态严重，收好票款，锁好票盒，关闭客服中心，打开边门，做好站厅乘客疏导	2-4 协助值站，疏散围观乘客	2-5 协助疏导乘客，维持秩序
	2-9 及时将民警处理情况向OCC汇报，根据值站命令报120	2-7 民警到达后，与民警做好交接，配合做好车站安全防护和解救工作。如有人员伤亡，安排行值拨打120，并对受伤乘客进行现场急救		2-8 配合民警做好车站安全防护		

续表

程序	行车值班员	值班站长	客运值班员	站务员	保安	保洁
现场救援	3-6 做好与OCC、车站各岗位、救援部门之间的信息传递，实时监视现场情况	3-1 若OCC通知关站，根据OCC命令组织人员关站和紧急疏散	3-2 接到关站和紧急疏散指令后，组织人员疏散	3-3 协助疏散围观乘客，维持现场秩序，隔离事发区域，组织站厅乘客紧急疏散	3-4 疏散站台乘客。其余人员听从客值安排，完成后至紧急疏散口，协助客值处理，迎接120等部门	3-5 听从客值安排，携带关站告示，至出入口张贴关站告示；阻止乘客进入车站
应急终止	4-2 向OCC汇报应急解除	4-1 接OCC应急解除通知后，通知各岗位终止本方案，做好开站准备	4-3 协助值站撤除防护	4-4 协助值站撤除防护	4-5 协助值站撤除防护	4-6 协助值站撤除防护
	4-8 向OCC申请开站	4-7 开站准备工作完成后，通知行值				
		4-9 根据OCC开站命令，开放出入口，恢复运营	4-10 开启车站各出入口，撤除告示			

（3）注意事项。

① 在处理突发治安事件的过程中，首先应保证人身安全。如发生人员伤亡情况应及时拨打120，同时做好现场急救。

② 当OCC通知车站关站需要组织乘客疏散时，车站应组织乘客从远离事发现场的通道口进行疏散；疏散时，注意不要慌乱，有序进行。

③ 行车值班员正确记录应急处置过程中的时间节点及内容，值班站长及时完成事情经过汇报工作。

④ 车站应根据现场情况做好信息的续报工作。

四、车站发现可疑物品现场处置实施

（1）当车站发现可疑物品时，行车值班员马上向OCC、值班站长、驻站民警、站长、中心质量安全工程师、中心主任（副）汇报，报告流程如图7-16所示。

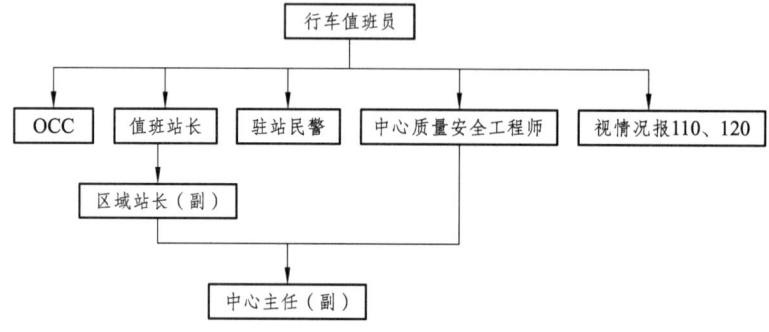

图7-16 车站发现可疑物品信息报告流程图

（2）现场处理事件相关人员应按照上级决策及时安排人员阻止乘客进站、疏散站内乘客和其他人员，协助行调组织行车工作并引导公安、消防部门等进行排查处理，现场处置流程见表7-19。

表7-19 车站发现可疑物品现场处置流程

程序	行车值班员	值班站长	客运值班员	站务员	保安、保洁
信息接报	1-1 接到发现可疑物品报告或发现可疑物品时，立即报OCC、驻站民警、值班站长	1-2 接到报告后，立即至现场了解情况，安排行值做好信息汇报。启动本预案。报中心质量安全工程师、站长、中心主任（副）	1-3 接到命令，执行本预案	1-4 接到命令，执行本预案	1-5 接到命令，执行本预案
前期处置	2-2 通过CCTV监视可疑物品，加强与值班站长沟通	2-1 安排员工隔离可疑物品，做好安全防护，疏散围观乘客。视情况，封闭局部车站，做好客流引导	2-3 使用警戒绳设置隔离区，疏散围观乘客	2-4 协助客值设置隔离区，疏散围观乘客	2-5 疏散站台乘客
现场救援	3-2 做好与OCC、车站各岗位、民警之间的信息传递，及时将民警处理情况向OCC汇报	3-1 民警到达后，与民警做好交接，配合民警做好车站安全防护	3-3 配合民警做好车站安全防护	3-4 配合民警做好车站安全防护	3-5 配合民警做好车站安全防护
	3-7 向OCC申请关站。播放关站广播，按值站命令报110、119、120	3-6 视情况申请关站，通知各岗位做好关站准备。视情况报110、119、120	3-8 手持广播做好客流引导	3-9 收好票款，关闭票亭，打开边门，疏散站厅乘客	3-10 保洁到车控室拿关站告示，到出入口张贴。保安做好客流引导
	3-15 接到撤离通知时，须与OCC留下2个以上联系方式	3-11 乘客疏散完毕后组织车站人员（站务人员、驻站维修人员、保安人员、保洁人员、商铺人员等）撤离车站	3-12 按值站命令关闭出入口，到紧急出入口集合	3-13 按值站命令关闭出入口，到紧急出入口集合	3-14 按值站命令关闭出入口，到紧急出入口集合
应急终止	4-1 接OCC应急解除命令后，通知值站	4-2 接行值通知后，命令车站各岗位应急解除，检查设备设施准备恢复运营	4-3 接值站通知后，检查设备设施，准备恢复运营	4-4 协助客值恢复设备、撤除防护	4-5 协助客值恢复设备、撤除防护
	4-7 向OCC汇报开站准备工作完成，可以运营	4-6 开站准备工作完成后，通知行值			
		4-8 根据OCC开站命令，开放出入口，恢复运营	4-9 开启车站各出入口，撤除告示	4-10 开启车站各出入口，撤除告示	4-11 开启车站各出入口，撤除告示

（3）注意事项。

① 车站员工发现无人看管物品后，通过询问周围乘客，播放失物广播，确认是否为乘客遗失物；当判断为可疑物品时，立即向车控室报告，车控室通知值班站长。

② 如可疑物品位于滑动门处，应立即将该扇滑动门关闭隔离，张贴故障贴纸并设置隔离区，安排专人防护，引导乘客从其他位置上下车。

③ 如可疑物品位于扶梯处，应立即关闭扶梯，并在扶梯口处设置隔离区，安排专人防护，做好乘客引导。

④ 如在电梯处发现可疑物品，应立即关闭电梯并在各层电梯门处设置隔离区，安排专人防护，做好乘客引导。

⑤ 如可疑物品位于站台并影响一侧或整个站台服务，应立即报OCC，根据OCC命令做好列车跳停，并做好乘客的解释工作。

⑥ 如司机接到列车上有可疑物品报告，应立即报OCC并根据OCC命令行车。

⑦ 设置隔离区时，应确保乘客无法直接接触到可疑物品。

⑧ 车站应根据现场情况做好信息的续报工作。

⑨ 行车值班员正确记录应急处置过程中的时间节点及内容，值班站长及时完成事情经过。

五、车站发现可疑人员现场处置实施

（1）当车站发现可疑人员时，行车值班员立刻向值班站长、站长、驻站民警汇报，必要时需向OCC、中心质量安全工程师、中心主任（副）汇报，报告流程如图7-17所示。

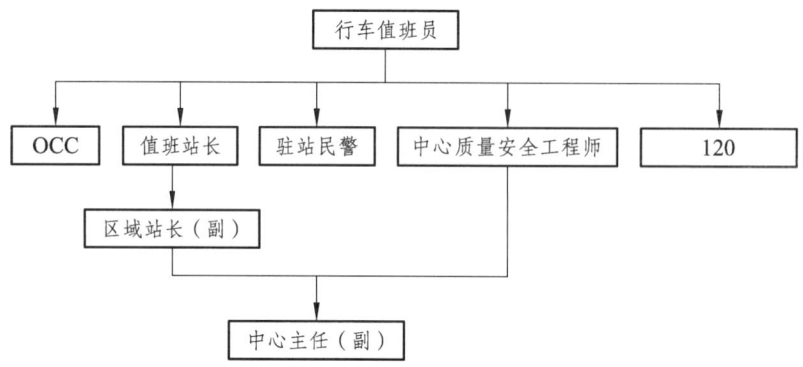

图7-17 车站发现可疑人员信息报告流程图

（2）车站发现可疑人员后，值班站长按需要启动本方案，方案启动后各岗位人员按照职责做好相关工作，现场处置流程见表7-20。

表7-20 车站发现可疑人员现场处置流程

程序	行车值班员	值班站长	客运值班员	站务员	保安
信息接报	1-3 接到发现可疑人员信息，立即报值班站长、站长、驻站民警、视情况报OCC	1-4 车站发现可疑人员时，接到报告后启动本方案，在保证安全前提条件下，派人暗地跟踪并密切留意可疑人员		1-1 发现可疑人员信息，立即报行值	1-2 发现可疑人员信息，立即报行值

续表

程序	行车值班员	值班站长	客运值班员	站务员	保 安
前期处置	2-4 通过CCTV监视可疑人员情况，加强与值班站长沟通	2-1 跟踪人员可根据可疑人员行为决定是否不再继续跟踪，原则上直至跟踪可疑人员离开车站范围10 m以外	2-2 接到值站的指令暗地跟踪并密切留意可疑人员是否还有同伴或其他可疑人员		2-3 接到值站的指令暗地跟踪并密切留意可疑人员是否还有同伴或其他可疑人员
现场救援	3-2 及时向行调报告事件处理进展情况	3-1 可疑人员上车，来不及安排人员跟车时，须立即向OCC、前方站报告，并将可疑人员去向及时报告OCC。要求各岗位员工密切留意是否还有其他可疑人员	3-3 及时反馈信息	3-4 及时反馈信息	3-5 及时反馈信息
现场救援	3-10 视情况撤离，与OCC留下联系方式	3-6 发现可疑人员有违法行为时，视情况采取疏散周边乘客或车站疏散	3-7 接到疏散指令后，组织乘客疏散出站。疏散完毕到紧急出入口集合	3-8 接到疏散指令后，立即锁好票箱和票亭门，组织站厅乘客疏散到紧急出入口集合。疏散完毕后，关闭出入口并张贴告示	3-9 疏散完毕到紧急出入口集合
应急终止	4-4 向OCC汇报应急解除	4-1 接OCC或民警应急解除后，通知各岗位终止本方案，做好开站准备	4-2 恢复设备，撤除防护，检查设备	4-3 协助客值恢复设备、撤除防护	
应急终止		4-5 开站准备工作完成后，通知行值			
应急终止		4-6 根据OCC开站命令，开放出入口，恢复运营	4-7 开启车站各出入口，撤除告示		

六、公交接驳车站现场处置实施

（1）公交接驳车站示意图如图7-18所示。

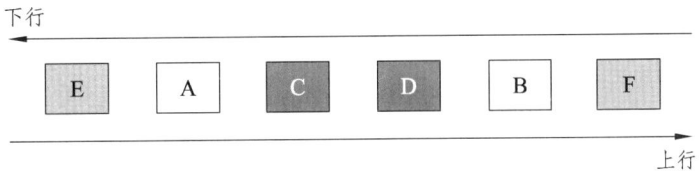

图7-18 公交接驳车站示意图

说明：C站和D站为停运区段车站；A站和B站为公交接驳两端站；E站和F站为正常运营车。

（2）停运区段各车站以及停运区段两端站公交接驳信息报告流程如图7-19所示。

（3）正常运营车站（除停运区段两端车站外）公交接驳信息报告流程如图7-20所示。

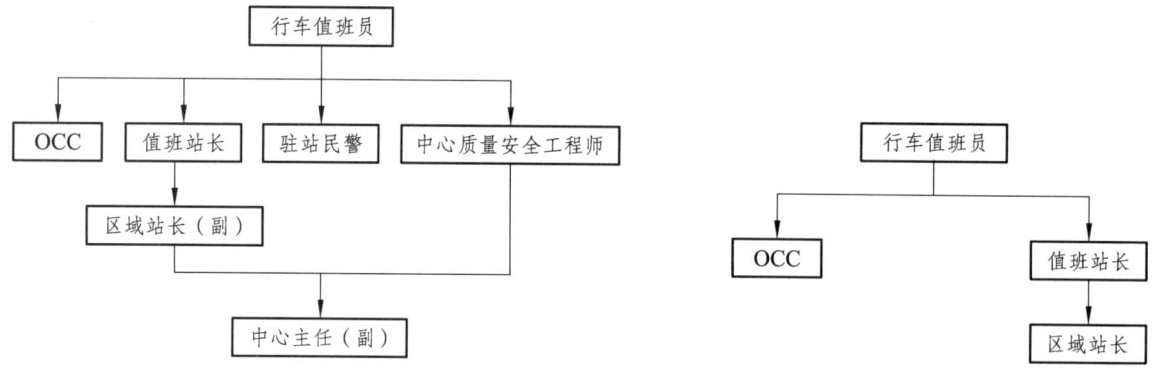

图7-19　停运区段公交接驳信息报告流程图　　图7-20　正常运营车站公交接驳信息报告流程图

（4）停运区段各站和停运区段的两端站由值班站长担任现场处置负责人，一组织车站工作人员做好站厅、站台、停运列车、清客疏导工作；二组织好前往非停运区段的乘客乘车工作和乘客票务工作，同时通过车站广播做好乘客解释和安抚。停运区段车站公交接驳现场处置流程见表7-21。

表7-21　停运区段车站公交接驳现场处置流程

程序	值班站长	行车值班员	客运值班员	站务员	保安	保洁
信息接报	1-1 视车站情况命令行值报OCC，按OCC命令启动本预案向站务中心主任（副）汇报，通知车站各岗位	1-2 接到值站命令后立刻向OCC、汇报，启动本预案后报驻站民警、中心服务工程师，并通知车站各岗位做好客流组织准备工作	1-3 接到启动预案命令，做好客流组织准备工作	1-4 接到启动预案命令，做好客流组织准备工作	1-5 接到启动预案命令，做好客流组织准备工作	1-6 接到启动预案命令，做好客流组织准备工作
前期处置	2-1 赶往备品库领取相关备品，组织车站工作人员安抚、疏导乘客，判断客流是否可控，是否需要支援。必要时命令行值报120和做好关站准备。安排车站工作人员到指定地点设置临时公交接驳点	2-2 通过广播安抚乘客，加强与OCC、值站、各岗位间联系，及时进行信息沟通。必要时按值站要求报120，准备好关站告示。配合行调做好行车工作	2-3 及时赶往车控室，在SC上停止TVM和AGM服务，为售票员配备足够的备用金。领取相关备品，准备组织客流	2-4 做好退票工作，安抚乘客，或疏导乘客前往公交接驳点上车	2-5 维护好车站秩序，防止乘客踩踏事件发生。疏导乘客去公交接驳点上车	2-6 及时赶往车控室领取备品和关站告示，听从车站安排

续表

程序	值班站长	行车值班员	客运值班员	站务员	保安	保洁
现场处置	3-1 组织现场客流,如发现乘客受伤立即救助。引导乘客去公交接驳点等候公交接驳车。派人关闭相应的非接驳点出入口	3-2 发布应急广播,指引乘客到相应出入口搭乘免费应急公交接驳车;通过CCTV监视站台、站厅、出入口情况,有问题及时汇报和处理	3-3 应急公交接驳的始/终点站与公交车司机填写接驳车数量确认表。对于首次到达的公交车,需配合司机在车头放置轨道交通应急公交接驳车标志牌,给司机"轨道交通应急公交接驳路线图"	3-4 边门处设置告示牌,做好乘客引导和解释。指引乘客去出入口外的轨道交通应急公交接驳点乘车	3-5 维护好车站秩序,对列车、车站内的乘客进行疏导,指引乘客去出入口外的轨道交通应急公交接驳点乘车	3-6 关闭相应的非接驳点出入口,向乘客做好宣传解释工作。(公交接驳两端站不执行关站程序)
	3-7 等所有乘客疏散完毕后安排专人关闭接驳点出入口	3-10 需应急公交接驳的乘客全部疏散完毕后立即报OCC	3-8 整理与公交车司机办完有关手续,统计好应急公交接驳车数;需应急公交接驳的乘客全部疏散完毕后,报车控室		3-9 所有乘客疏散完毕后安排专人关闭接驳点出入口	
应急终止	4-1 接OCC通知应急终止后,安排撤除临时公交接驳点及相应告示,开放出入口,提醒车控室开启AFC设备,播放恢复运营服务的广播	4-2 开启AFC设备,播放恢复运营服务的广播,重新投入运营服务	4-3 撤除有关告示,开放出入口		4-4 应急完毕,听现场指挥安排协助做好现场恢复工作	

正常运营车站(除停运区段两端车站外)播放停运区段各站停止列车服务,请乘客改乘其他交通工具的广播。同时,在TVM上张贴停止购买停运区段各站车票的告示,做好乘客退票、更新车票等工作。

(5)注意事项。

① 要做好安抚工作,防止踩踏事故发生。
② 行车值班员应根据现场情况做好信息的续报工作。
③ 与公交车司机的有关手续要齐全,统计应急公交接驳车数要精确。
④ 公交接驳两端站不执行关站程序。

七、车站乘客疏散现场处置实施

(1)当车站需要紧急疏散乘客时,行车值班员马上向OCC、值班站长、驻站民警、站长、中心质量安全工程师、中心主任(副)汇报,报告流程如图7-21所示。

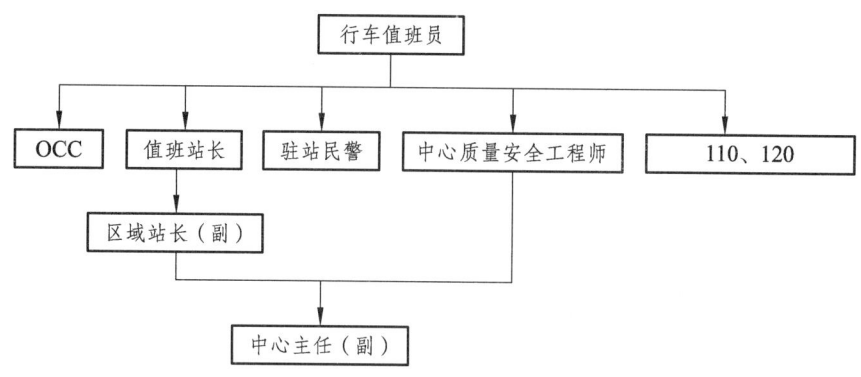

图 7-21　车站乘客紧急疏散信息报告流程图

（2）现场处理事件相关人员应按照上级决策及时安排人员阻止乘客进站、疏散站内乘客和其他人员，协助行调组织行车工作并引导 110、119、120、环保等进行排查救援。

表 7-22　车站乘客紧急疏散现场处置流程

程序	行车值班员	值班站长	客运值班员	站务员	保安、保洁
信息接报	1-2 接到紧急情况报告后，马上通知值班站长到现场，并及时做好站台广播安抚乘客，加强CCTV监控。接到值班站长宣布执行乘客疏散应急处理程序后，马上利用全站广播通知各部门、各岗位疏散	1-3 接到报告后迅速赶到现场并做出判断。宣布执行本方案，担任事故处理主任	1-4 接到执行乘客疏散应急处理程序后，赶到车控室	1-5 接到执行乘客疏散应急处理程序后，收好票款和车票，锁好票亭	1-1 发现紧急情况，马上报告车控室
前期处置	2-2 根据值班站长命令按压AFC紧急释放按钮，同时反复进行全站广播指引乘客出站，根据情况报110、119、120、OCC并向相关上级部门、领导汇报，通知邻站扣车、在站列车通知司机马上关门动车并请求人员支援	2-1 视情况做好个人防护后到现场指挥处理，组织车站紧急疏散，加强与车控室、OCC的联系	2-3 确认SC上已设为紧急模式；准备安民告示并安排保洁员在出入口张贴	2-4 打开闸机扇门和边门，将下行方向扶梯全部关停，指引和疏散乘客出站	2-5 接到执行乘客疏散应急处理程序后，做好防护，疏散周围的乘客
现场救援	3-5 安排保洁人员到紧急出入口迎接 120、119、110	3-1 迅速组织人员疏散乘客，如有乘客受伤，立即安排人员转移到安全地带进行救治	3-2 做好防护后，拿对讲机、手提广播到站厅组织乘客疏散，并对受伤乘客进行救助	3-3 好防护后，到站台协助站台清客工作，组织乘客由站台两端楼、扶梯上站厅出站	3-4 协助乘客疏散，并对受伤乘客进行救助。保洁到出入口张贴告示，关闭出入口，停止服务

续表

程序	行车值班员	值班站长	客运值班员	站务员	保安、保洁
现场救援	3-10 实时监控，及时与值班站长、OCC进行联系	3-6 加强与车控室、各岗位联系，及时进行信息沟通。并将现场移交给公安	3-9 接收到站台乘客疏散完的信息后，确认已关闭各出入口（除紧急出入口），保洁张贴停止服务的告示。最后确认站厅乘客全部疏散出站并报告车控室	3-7 待站台清客完毕后，到站厅协助清客。站厅清客完毕后，协助关闭各出入口（除紧急出入口），并报告客运值班员	3-8 协助站台、站厅清客，清客完毕后，关闭各出入口（除紧急出入口），并报告客运值班员
	3-15 接到值班站长清客完毕后通知后，报告OCC。危及个人安全情况下，行值携带800M手持台、对讲机疏散到出入口	3-14 最后确认全站清客完毕，到紧急出入口清点员工人数，到齐后向车控室报告	3-13 到紧急出入口集中	3-12 到紧急出入口集中	3-11 站内乘客疏散完毕后到紧急出入口集中
应急终止	4-2 接到值班站长通知车站恢复正常后，检查车控室设备设施情况。向OCC报告车站运营前准备工作，并向OCC了解行车运行恢复情况并报告值班站长。通知各岗位员工，车站恢复正常运营	4-1 接到OCC恢复正常运营的通知后，马上终止本方案，组织恢复运营	4-3 接到值班站长通知车站恢复正常后，检查AFC设备、各种服务设施是否正常并报车控室，并撤除停止服务的告示，打开出入口，引导乘客进站	4-4 接到值班站长通知车站恢复正常后，检查AFC设备、各种服务设施是否正常并报车控室报告，撤除停止服务的告示，打开出入口，引导乘客进站	4-5 接到值班站长通知车站恢复正常后，到站台检查屏蔽门、扶梯等设备设施情况和线路情况，并向车控室报告，准备运营服务

（3）注意事项。

① 疏散人员时要做好安抚工作，防止踩踏事故发生。
② 必要时车站工作人员按上级指示撤离工作场所。
③ 行车值班员应根据现场情况做好信息的续报工作。
④ 行车值班员正确记录应急处置过程中的时间节点及内容，及时完成事件经过。
⑤ 所有工作人员应根据实际情况，作好自身防护。
⑥ 车站乘客疏散完毕，除紧急出入口外，其余出入口均应关闭，紧急出入口派人把守。

八、区间乘客紧急疏散现场处置实施

（1）当区间需要紧急疏散乘客时，行车值班员马上向OCC、值班站长、站长、中心质量安全工程师、中心主任（副）汇报，报告流程如图7-22所示。

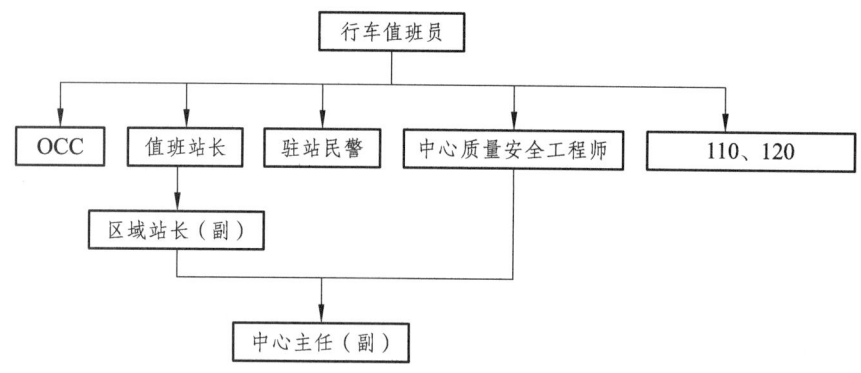

图 7-22 区间乘客紧急疏散信息报告流程图

（2）服从值班站长指挥，疏散区间乘客，全力救助受伤乘客。

表 7-23 区间乘客紧急疏散现场处置流程

程序	行车值班员	值班站长	客运值班员	站务员	保 安
信息接报	1-1 接OCC区间疏散命令，报值站、驻站民警，视情况报119、120	1-2 接到行值通知，启动本方案	1-3 接到启动本方案的命令	1-4 接到启动本方案的命令	1-5 接到启动本方案的命令
前期处置	2-2 做好应急广播，根据OCC命令，开启区间照明，执行相应应急模式。向OCC申请进入轨行区疏散，接OCC同意进入轨行区命令后报值站	2-1 准备相应应急备品（如800兆电台、对讲机、应急灯、扩音器、荧光衣、防毒面具、呼吸器等）做好区间疏散准备	2-3 协助值站准备应急备品	2-4 根据值站命令做好乘客退票或者开放边门疏散乘客	2-5 做好站台乘客疏散
现场救援	3-2 使用CCTV加强站台、站厅监视	3-1 接行值通知进入区间组织乘客疏散	3-3 做好站台乘客疏散	3-4 在边门处疏导乘客，做好乘客解释	3-5 区间另一端车站在相应端门处做好监视，防止乘客进入其他区间；如列车中部火灾时，做好乘客疏散引导
	3-7 做好与OCC、车站各岗位、救援部门之间的信息传递	3-6 带头进入现场组织乘客向OCC决定的方向疏散，出清现场时应在最后一位做好安全把关	3-8 在相应端门处做好乘客引导	3-9 至指定出入口迎接120、119并引导至现场	3-10 至现场协助值站做好乘客疏散
	3-13 做好与OCC、车站各岗位、救援部门之间的信息传递	3-11 驻站民警到达后，与民警做好交接，配合做好安全防护	3-12 配合民警做好安全防护		

续表

程序	行车值班员	值班站长	客运值班员	站务员	保 安
应急终止	3-16 做好与OCC、车站各岗位、救援部门之间的信息传递	3-14 120、119到达后，与120、119与做好交接，配合救援	3-15 配合120、119做好救援		
	4-3 向OCC报区间乘客疏散完毕，区间出清	4-1 核对车站救援人员出清后，报行值	4-2 协助核对人员出清后，报值站		
	4-4 接OCC应急终止命令，报值班站长	4-5 接OCC应急终止命令，通知各岗位终止本方案	4-6 接值站命令终止本方案		

（3）注意事项。

① 确定疏散方向后，邻站安排人员在另一端把守。

② 列车停车位置有疏散平台时，司机打开有疏散平台一扇车门供乘客有秩序下车，站务员在车头引导，值班站长在车尾确认乘客全部疏散。

③ 列车停车位置无疏散平台时，值站安排人员携带便携梯辅助乘客下车。

④ 区间疏散时，车站应组织人员在站台端进行防护，防止无关人员进入。

⑤ 车站人员进入轨行区进行乘客疏散，如在轨行区内遇到疏散出来的乘客，车站应安排人员带领乘客出清轨行区。

九、车站、区间水淹时现场处置实施

（1）当车站、区间水淹时，行车值班员马上向OCC、值班站长、站长、中心质量安全工程师、中心主任（副）汇报，必要时按照上级指示清客关站，信息报告流程如图7-23所示。

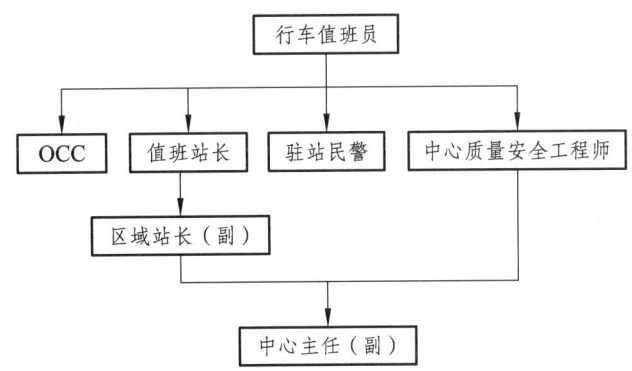

图7-23 区间水淹信息报告流程图

（2）车站值班员在收到轨行区淹水的信息后，应迅速初步判断轨行区淹水的原因，同时将淹水区段、初步原因向OCC报告。

在抢修人员没有到达前，车站值班人员应先积极做好自救工作，进行一些简单的操作。若淹水是区间消防管道或车站给水设备发生大量漏水所造成，应及时关闭相应的管道阀门，并保持与OCC的联系。水淹现场处置流程见表7-24。

表 7-24　车站、区间水淹现场处置流程

程序	行车值班员	值班站长	客运值班员	站务员	保安	保洁
信息接报	1-1 发现管道漏水时，立即报值班站长，查明管道漏水性质	1-2 收到轨行区淹水的信息后，应迅速初步判断轨行区淹水的原因，同时将淹水区段、初步原因向OCC报告	1-3 协助值班站长查找积水原因			
前期处置	2-2 根据值班站长安排或现场情况，及时通知机电人员或设备管理责任部门生产调度，关闭相应设备	2-1 地面积水威胁车站安全时，组织员工使用沙袋等进行站外堵截、疏通排水通道并报OCC。请求邻站支援，通知驻站机电人员	2-3 使用沙袋等防护备品堵截、隔离相应区域，重点防范电气设备房间进水	2-6 继续做好服务、票务工作	2-4 使用沙袋堵截、隔离相应区域	2-5 加强出入口巡视，铺垫防滑垫、放置小心地滑告示牌、及时清扫地面积水
	2-9 确认相关排水泵工作状态	2-7 隔离相应区域，安排保洁人员清理地面积水	2-8 维持乘客秩序，协助有需要帮助的乘客	2-12 协助客值维持乘客秩序，协助有需要帮助的乘客	2-10 维持乘客秩序，协助有需要帮助的乘客，做好乘客服务工作	2-11 及时清扫站内公共区积水
现场救援	2-17 传递好各岗位信息	2-13 发现消防水管漏水，经环调同意立即安排人员关闭市政进水手动阀门和区间消防水管手动阀门	2-16 维持乘客秩序，协助有需要帮助的乘客	2-14 关闭市政进水手动阀门和区间消防水管手动阀门	2-15 协助关闭市政进水手动阀门和区间消防水管手动阀门	2-18 设备房发生积水时，按值班站长指示进行清扫
	2-21 通过CCTV查看站厅、站台情况，播放相应广播	2-19 站外积水大量涌入站厅时，经OCC同意发布停止车站运营服务指令	2-22 关闭客服中心，疏散乘客做好关站工作	2-23 协助客值疏散乘客	2-24 维持乘客秩序，协助有需要帮助的乘客	2-20 到出入口张贴关站告示
应急终止	3-2 接到值班站长通知车站恢复正常后，检查车控室设备设施情况。向OCC报告车站运营前准备工作，并向OCC了解行车运行恢复情况并报告值班站长。通知各岗位员工，车站恢复正常运营	3-1 接到OCC恢复正常运营的通知后，马上组织恢复运营	3-3 接到值班站长通知车站恢复正常后，检查AFC设备、各种服务设备设施是否正常并报车控室，并撤除停止服务的告示，打开出入口，引导乘客进站	3-4 接到值班站长通知车站恢复正常后，检查AFC设备、各种服务设备设施是否正常并向车控室报告	3-5 接到值班站长通知车站恢复正常后，回原岗位工作	3-6 接到值班站长通知车站恢复正常后，回原岗位工作

（3）造成车站水淹的主要原因有：
① 地面积水从出入口、站外电梯井道、风亭、施工遗留孔洞灌入车站。
② 站内消防水管、空调水管、排污管泄漏，土建结构漏水、渗水、冒浆等。
（4）造成区间水淹的主要原因有：
① 排水设施故障。
② 区间消防管道及车站给水设备发生大量漏水。
③ 隧道发生大面积渗水。
④ 大面积停电。
⑤ 外界因素，如外单位施工影响等。
⑥ 突发自然灾害，如地震、洪水等。

任务五　自然灾害类

相关知识

自然灾害类：主要包括台风、地震、水灾等导致城市轨道交通运营中断的突发事件。

车站对恶劣天气的现场处置，减少恶劣天气对轨道交通运营造成的影响，最大限度地减轻恶劣天气造成的损失，尽快恢复车站正常运营。

（1）恶劣天气：指不利于人类生产和活动，或具有破坏性的局地天气状况。本预案指暴雨、台风、暴雪。

（2）按暴雨灾害降水强度大小可分为三个等级：一般 24 h 降水量为 50~99 mm 为暴雨；100~250 mm 以下为大暴雨；250 mm 以上称特大暴雨。暴雨灾害时因排水不畅，造成水浸车站出入口、水淹道床及轨道，对列车运行、乘客等造成安全隐患，影响车站运作。

（3）台风灾害是台风气象条件对车站、区间设备设施的影响而导致设备设施松动、脱落、侵限等情况，车站范围广告灯箱、幕墙、顶盖板、钢化玻璃等设备设施被强风破坏，对列车运行、乘客等造成安全隐患，影响车站运作。

（4）暴雪灾害是在降雪季节时因降雪堆积对车站出入口通道等设备设施的影响而造成乘客进出车站的安全隐患，对地面、高架车站的道岔等行车设备的影响而阻碍列车按运行图正常运行，影响车站运作。

（5）值班站长担任现场处置负责人，负责现场处置的指挥协调，组织人员疏导和伤员救助，及时做好信息传递、汇报等工作。

行车值班员负责车站信息的收集、传达与汇报，做好向行车调度员的信息汇报，及时做好车站广播工作。

客运值班员、站务员、保安、保洁须服从值班站长安排，做好人员疏导、伤员救助、退票等处置工作。

（1）当车站受恶劣天气影响时，行车值班员立即通知OCC、值班站长、站长，视情况通知驻站民警、120、站务中心质量安全工程师、站务中心主任（副）。恶劣天气信息报告流程如图7-24所示。

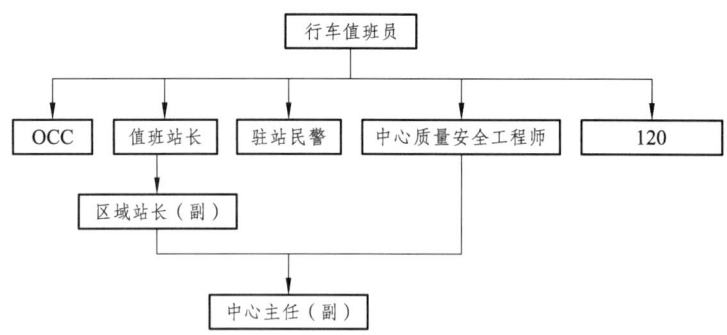

图7-24 恶劣天气信息报告流程图

（2）根据恶劣天气不同情况，依据方案中的相对应程序实施救援。了解确认车站内乘客规模情况，如果出现人员伤亡情况应立即组织现场急救并拨打120，然后对现场设备设施进行救援。现场处置流程见表7-25、表7-26。

表7-25 暴雨、台风灾害现场处置流程

程序	行车值班员	值班站长	客运值班员	站务员	保安、保洁
信息接报	1-1 发生暴雨、台风影响车站时，立即报OCC、值班站长	1-2 视情况启动本方案，组织人员疏导乘客，并报站长、站务中心质量安全工程师，站务中心主任（副）			
前期处置	2-5 做好应急广播，加强CCTV监控	2-1 安排员工做好车站地面防滑、巡视出入口、站外电梯房、风亭、受风设施等重点部位，视情况决定是否关闭自动扶梯、垂直电梯、出入口等设备，必要时通知受风设施的相关单位来加固受风设施	2-2 听从值班站长安排，巡视出入口、站外电梯房、风亭，检查车站内户外广告灯箱等受风设施的状况，并准备应急救援备品	2-3 听从值班站长安排，巡视出入口、站外电梯房、风亭，检查车站内户外广告灯箱等受风设施的状况	2-4 保洁做好车站地面防滑工作；保安在站台设置防滑警示牌
现场处置	3-5 按值站要求联系120，做好应急广播，加强CCTV监控	3-1 加强乘客引导，根据情况关闭管辖的地面、站台的广告灯箱电源。组织地面、高架车站乘客做好防风避雨工作，如有乘客受伤联系120救助伤员。若发现车站出入口顶棚被强风和暴雨破坏等险情，及时封锁现场，根据情况关闭受影响的出入口	3-2 在出入口、电梯口、站台乘客候车处等湿滑的地点放置防滑警示牌、防滑垫等，提醒乘客注意防滑，同时提醒候车的乘客不要靠近站台屏蔽门（安全门），不要在站台悬挂物（如PIDS、CCTV及时钟设备）附近候车。引导乘客从影响较小的出入口进出车站	3-3 协助客运值班员设置防滑警示牌、防滑垫等，引导站台乘客安全乘车。提醒乘客注意防滑、注意不要靠近站台屏蔽门（安全门），不要在站台悬挂物（如PIDS、CCTV及时钟设备）附近候车，引导乘客从影响较小的出入口进出车站	3-4 设置防滑警示牌、防滑垫等，引导站台乘客安全乘车

续表

程序	行车值班员	值班站长	客运值班员	站务员	保安、保洁
现场处置	3-7 做好与OCC、车站各岗位之间的信息传递。必要时上报OCC申请关站	3-6 若车站发生漏水、渗水、雨水倒灌等情况，组织员工做好应急救援，封锁出入口防止乘客意外受伤。若站外积水大量进入站厅时，须立即上报车站关站申请	3-8 遇车站发生漏水、渗水、雨水倒灌等情况，按照值班站长的安排进行救援，必要时切断可能遭受水淹的自动扶梯、垂直电梯等设备电源；立即使用沙包、吸水袋、防水布围堵出入口等，疏通排水管道，打开站内截水沟盖板，封堵设备区通道	3-9 协助客运值班员参与救援，切断可能遭受水淹的自动扶梯、垂直电梯等设备电源；立即使用沙包沙包、吸水袋、防水布围堵出入口，疏通排水管道，打开站内截水沟盖板，封堵设备区通道	3-10 协助客运值班员参与救援，切断可能遭受水淹的自动扶梯、垂直电梯等设备电源；立即使用沙包沙包、吸水袋、防水布围堵出入口，疏通排水管道，打开站内截水沟盖板，封堵设备区通道
应急终止	4-2 按值站命令解除应急程序，上报OCC，检查行车设备	4-1 车站紧急情况解除后，通知各岗位终止本方案，撤除防护；安排保洁做好车站卫生清理，检查相关设备设施，上报OCC准备开站	4-3 撤除防滑警示牌、防洪沙包等防护备品，检查相关设备设施	4-4 协助客运值班员撤除防滑警示牌、防洪沙包等防护备品，检查相关设备设施	4-5 撤除防滑警示牌、防洪沙包等防护备品，做好车站卫生清理

表7-26 暴雪灾害现场处置流程

程序	行车值班员	值班站长	客运值班员	站务员	保安、保洁
信息接报	1-1 发生暴雪时，立即报OCC、值班站长	1-2 接通知后，视情况启动本预案，立即报告站长、中心质量安全工程师、站务中心主任（副）			
前期处置	2-2 做好应急广播，加强CCTV监控	2-1 启动本方案，加强车站巡视，安排员工做好站内巡视、疏导乘客工作	2-3 带齐应急备品，立即准备清扫出入口、电梯口的积雪、积冰	2-4 准备应急抢险并提醒乘客地面湿滑	2-5 保洁做好车站地面防滑准备工作；保安准备在站厅、站台设置防滑警示牌
现场处置	3-2 按值站要求联系120	3-1 安排人员在出入口、电梯口等湿滑的地点做好防护措施，加强乘客引导，做好现场处置的指挥协调。如有乘客受伤联系120救助伤员	3-3 在出入口、电梯口、露天站台乘客候车处等湿滑地点放置草垫、防滑警示牌等	3-4 协助客运值班员设置草垫、防滑警示牌，引导站台乘客安全乘车	3-5 协助客运值班员设置草垫、防滑警示牌，引导站台乘客安全乘车

表 7-26 暴雪灾害现场处置流程

程序	行车值班员	值班站长	客运值班员	站务员	保安、保洁
现场处置	3-9 做好与OCC、车站各岗位信息传递	3-6 组织人员对出入口、电梯口、露天站台等地点除雪、除冰；根据OCC命令组织人员对车站范围的线路、道岔进行除雪、除冰	3-7 协助值班站长做好除雪、除冰	3-8 协助值班长做好除雪、除冰	3-10 协助值班站长做好除雪、除冰
应急终止	4-2 通知OCC、车站各岗位应急结束，方案终止，检查相关设备设施	4-1 车站完成除雪、除冰后，通知各岗位终止本方案，撤除防护、清理现场，检查相关设备设施	4-3 撤除草垫、防滑警示牌等防护，检查相关设备设施	4-4 协助客运值班员撤除防护	4-5 协助客运值班员撤除防护，做好车站卫生

（3）注意事项。

① 在应急处置过程中，注意做好个人防护，车站应根据现场情况做好信息的续报工作。

② 发生暴雨、台风灾害时，救援物品保障：车站日常应配备水泵、防洪沙包、吸水袋、防水布、防滑垫等工器具，由当班值班站长定期检查并做好记录。

③ 发生暴雨、台风灾害时，值班站长在巡视过程中，如发现车站出入口顶棚、站台 PIS 被强风破坏等险情，立即做好安全防护，根据情况关闭受影响的出入口，并及时向 OCC 汇报，做好现场乘客疏导，协助抢险人员现场处理。

④ 发生暴雪灾害时，救援物品保障：车站日常应配备大号竹扫把、小号扫把（清扫岔区积雪）、草包、铁锹、防滑垫、除雪剂、工业盐、扁铲等工器具，由当班值班站长定期检查并做好记录。

⑤ 当轨行区道岔、线路、进出站通道等设备设施受积雪影响时，宜使用除雪剂、工业盐等清除积雪；当需要人员到轨行区除雪、除冰时，须得到行车调度员的同意，并派专人现场防护。

⑥ 当暴雨、台风、暴雪灾害严重时，值班站长可视情协调召集机电、保洁等驻站人员共同做好防灾工作。

⑦ 接行车调度员的应急处置终止命令后，车站安排人员做好巡视，发现异常情况立即汇报。

任务评价

根据以上学习内容，评价自己对本模块内容的掌握程度，在下表相应空格里"√"。

评价内容	差	合格	良好	优秀
对事故事件的分类及内容的掌握程度				
对事件特征分析的掌握程度				
对信息报告程序的掌握程度				
对现场处置的掌握程度				
学习中存在的问题或感悟				

模块训练

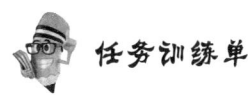

班级：　　　　　　姓名：　　　　　　训练时间：

任务训练单	突发事件应急处理
任务目标	掌握事故事件的分类及内容、事件特征分析、信息报告程序及现场处置
任务训练	任务训练说明：请从下列任务中选择其中的两个进行训练。 乘客突发疾病现场处置、车门屏蔽门夹人夹物现场处置、列车火灾现场处置、AFC故障或能力不足现场处置、车站接到炸弹恐吓现场处置、恶劣天气车站现场处置
任务训练一：	
任务训练二：	
任务训练的其他说明或建议：	
指导老师评语：	

任务完成人签字：　　　　　　　　　　　　　　　　　　　日期：　　年　　月　　日
指导老师签字：　　　　　　　　　　　　　　　　　　　　日期：　　年　　月　　日

模块小结

本模块讲述了车站发生的公共卫生、行车事件、票务事件、社会安全和自然灾害类事件（故），包括这些事件事故包含的具体突发事件内容。在车站发生这些突发事件时，作为车站工作人员应该如何对事件特征进行分析、进行信息报告、现场处置以及在现场处置时的一些注意事项。

模块自测

一、填空题

1. 公共卫生事件事故可分为（　　　　　）和（　　　　　）。
2. 票务事件事故可分为（　　　　　）和（　　　　　）。
3. 车站及连通物业火灾现场处置中，按火灾地点可分为（　　　　　）、（　　　　　）和（　　　　　）。
4. 正线车站大面积停电现场处置中，正线车站大面积停电指的是（　　　　　　　　　）。
5. AFC系统设备能力不足可分为（　　　　　）、（　　　　　）和（　　　　　）。
6. 道床伤亡现场处置中的汇报内容为（　　　　　）、（　　　　　）、（　　　　　）和（　　　　　）。

二、简答题

1. AFC故障或能力不足现场处置中，设备故障可分为哪几类？
2. 按照轨道交通故障区段和中断的时间可以将公交接驳分为哪几种？
3. 简述车站乘客疏散现场处置中的汇报流程。
4. 简述职工伤亡事故的定义。
5. 简述区间水淹事件的分类及其内容。

值班站长初级育人标准

业务模块	工作事项	业务活动	技能要求	知识和规章要求	培训方法及课时	经验要求与培训效果验证
一、行车组织	运营前检查流程	1.确认施工结束，线路出清情况，轨行区无施工器具遗留，例如红闪灯，施工调令系统已销点，低压供电及供电环境系统运作情况良好； 2.确认行车备品、备件齐全完好，数量齐全，状态充足等，例如红闪灯、800 M、400 M、应急照明手电、信号旗等是否齐全完好； 3.根据HMI上道岔功能转换，排列进路，段消信号机、道岔、屏蔽门三次开关测试，确认功能正常，通过屏蔽门IBP进行相关功能测试，门头灯开关状态，确认功能及异物侵入限界； 4.确认人员到岗情况，是否是全部在岗； 5.检查"运营前检查流程"并签名	1.1 能独立按要求判断检查出清情况，线路已出清，低压系统运作情况良好； 2.1 能独立按要求确认行车备品、备件红闪灯、钩锁器、800 M、400 M、应急照明手电、信号旗等是否齐全完好； 3.1 能独立按要求判断信号IBP盘操作允许处在OFF位，站台机、道岔、屏蔽门功能正常，无异物入侵； 4.1 能独立按要求确认人员到岗情况； 5.1 能独立按要求对"运营前检查流程"进行检查，无误后签名	1.相关规章：《行车组织规则》运营前检查的要求；《站务运作规则》开站的要求； 2.相关知识：7.4.1运营前检查流程《车站运营作业表》第10条；5.3.2 运营前检查的要求	1.教学重点：确认运营线路及相关设备满足运营需求； 2.教学方法：课堂讲授、视频教学、实操锻炼法； 3.培训资料：视章、视频、PPT课件； 4.课时：理论2；实操2	1.培训练习要求：在实际工作中不定期现场模拟练习10次以上，能基本掌握运营前检查各项内容和理解填写每项流程的意义，台账填写正确、工整、切实，无遗漏； 2.工作经验要求：能按要求独立完成各项作业切实到位，每项作业要求实际工作经验，半年以上相关工作经验； 3.效果验证方式：理论考试和实操考核
	车站开站程序	1.开启车站内跟行车有关的设备，在首班车到站前30分钟，环控系统并检查及运行情况，发现异常，及时汇报环调。普班车到站时前15分钟，检查打开照明，并确认开站前10分钟，首班车出入口卷帘门，依次开启出入口卷帘门，站	1.1 能独立按要求开启站内行车相关设备如照明设备、环控设备等； 2.1 能独立按要求巡视全站有无影响行车的情况，如接触网上异物，无异物侵限等	1.相关规章：《站务运作规则》车站设备开启的要求； 2.相关知识：5.2.6巡视及检查制度；5.2.6.1车站巡视5.2.6.2 运营时间内的巡视；5.2.6.3 非运营时间的巡视；5.7.3.1	1.教学重点：开启影响行车设备及判断相关设备的情况； 2.教学方法：现场示范、实操锻炼法：设备说明书、PPT课件； 4.课时：理论2；实操2	1.培训练习要求：在实际工作中不定期现场模拟练习10次以上，能基本掌握车站相关行车设备的操作和具备判断是否影响行车情况的能力； 2.工作经验要求：能正确操作各关行车相关设备，半年以上的实际工作

续表

业务模块	工作事项	业务活动	技能要求	知识和规章要求	培训方法及课时	经验要求与培训效果验证
一、行车组织	车站开站程序	内电梯、扶梯、检查 PIS 状态，巡视全站； 2. 巡视全站有无影响行车的情况		车站在运营期间的防火巡查应当每 2 小时巡视一次		经验，无相关内容的考核； 3. 效果验证方式：理论考试和实操考核
	工作交接	1. 检查站内钥匙、行车备品、行车和交接班会议、组织召开交接班会议，做好重点工作和值班任务的交接，监督班员和客运值班员交接情况； 2. 检查所有行车类合账并做好交接	1.1 能独立按要求检查站内备品，行车备品如钥匙、钩锁器、800 M、400 M、应急照明手电、信号旗等； 2.1 能独立按要求检查所有行车类合账如"行车日志""行车值班员交接班本"等并做好交接	1.相关规章： 《站务运作规则》车站员工交接班工作的要求； 2.相关知识： 5.1 交接班控制相关规定	1. 教学重点：清点钥匙及设备备品、查看需跟进的行车事务； 2. 教学方法：视频、现场示范； 3. 培训资料：视频、现场、纸质教材、PPT课件； 4. 课时：理论 1	1. 培训练习要求：在实际工作中不定期现场模拟练习 10 次以上，能基本掌握交接流程和内容、合账填写正确、切实、工整、无遗漏； 2. 工作经验要求：能按照规定完成各项工作经验，半年以上的实相关工作经验，无相关内容的考核； 3. 效果验证方式：理论考试和现场检查
	站内行车设备与监控设备与监控操作	1. 信号系统，主要包括 HMI、IBP 盘上的紧急停止和扣车按钮、模块，以及站台紧急停车按钮； 2. 通信系统，主要包括广播系统，咨询系统，监控系统； 3. 综合监控系统，照明，PIS，CCTV，综合监控部分，给排水系统，通风环控系统等； 4. 供电系统； 5. 消防设备，主要包括 FAS 主机，气灭主机，消防电话使用、通风环控操	1.1 能独立按要求确认 HMI 状态； 1.2 能独立按要求进行基本操作； 1.3 能独立按要求对 HMI 改障显示进行基本判断； 1.4 能独立按要求对 IBP 盘（信号相关）状态进行确认； 1.5 能独立按要求对 IBP 盘（信号相关）进行基本操作； 1.6 能独立按要求对停急停车按钮进行基本操作； 2.1 能独立按要求对广播系统进行监控和基本操作；	1. 相关规章： 《A510281_NBL1_CA SCO_G199_ATS 用户操作手册》；《车站CCTV 操作手册》广播系统操作的要求；《车站 PIS 操作手册》PIS系统操作的要求；《综合监控图元》综合监控室操作权限及图元》综合监控站操作方案扫描版》 相关内容：消控室值班；FAS 主机使用；气灭主机；气灭控制	1. 教学重点：会监控、会判断故障、会相应设备操作； 2. 教学方法：现场教学、视频示范、实操练练法； 3. 培训资料：设备说明书、视频、PPT课件； 4. 课时：理论 16，实操 32	1. 培训练习要求：在实际工作中不定期现场模拟练习 30 次以上，监控设备能基本掌握车站监控，操作和相关工作的作用； 2. 工作经验要求：能按规定和执行调度指令完成车，监控设备的操作经验，半年以上的实际相关工作经验，无相关内容的考核； 3. 效果验证方式：理论考试和实操考核

续表

业务模块	工作事项	业务活动	技能要求	知识和规章要求	培训方法及课时	经验要求与培训效果验证
一、行车组织	站内行车与监控设备的监控与操作	作、气瓶间就地操作、REL释放箱操作、灭火器及消火栓的使用等；6.屏蔽门系统，PSL盘操作、LCB的构造，IBP上屏蔽门操作、屏蔽门故障应急处理及操作；7.防淹门系统；8.通风系统，风机的操作，排烟模式的原理、日常通风模式控制；9.电扶梯开关注意事项，应急处理、电扶梯上面乘客摔伤处理、电扶梯方向变更操作；垂直电梯开关要求，垂直电梯困人的操作	2.2 能独立按要求对CCTV进行监控和基本操作；2.3 能独立按要求对PIS进行监控和基本操作；3.1 能独立按要求在综合监控上屏蔽各项模块的基本操作；4.1 能独立按要求查看高压供电状态良好；4.2 能独立使用照明配电室空气开关正常；5.1 能独立按要求对FAS主机、气灭主机进行监控和基本操作；6.1 能独立按要求对屏蔽门进行监控与操作；7.1 能独立按要求紧急情况下排烟模式的启动；8.1 能独立按要求对防淹门的使用和操作；9.1 电扶梯开关注意事项、电扶梯上面乘客摔伤处理、电扶梯方向变更操作；垂直电梯开关要求，垂直电梯困人的操作	盘使用，消火栓使用，灭火器使用，火灾类型判定、自我保护、自我保护的要求，对消防主机控制室的要求《屏蔽门手动开关的操作要求及状态显示》《屏蔽门简易操作说明》《屏蔽门简易IBP操作指南》；《综合监控简易操作说明》；2.相关知识：HMI登录的要求、IBP盘操作的要求、HMI区域选择，站遥转换操作的要求，HMI简单操作和操作《IBP简易操作指南》；车站PIS信息发布、车站PIS紧急广播发布、火灾联动下的广播使用；应急广播操作的使用；综合监控照明配电室分布、车站空气开关使用；屏蔽门等级的要求；屏蔽门控制单故障处理；屏蔽门IBP盘使用；综合监控操作		

续表

业务模块	工作事项	业务活动	技能要求	知识和规章要求	培训方法及课时	经验要求与培训效果验证
一、行车组织	巡视及检查	1.巡视范围； 2.巡视时随身携带物品及安全防护； 3.巡视时间； 4.巡视所要填写台账	1.1 能独立按要求掌握巡视范围（设备区、管理用房、站台、出入口）正常无异常情况； 2.1 能独立按要求携带好巡视必要物品如400M并做好安全防护； 3.1 能按要求把控好巡视时间（2小时一次）； 4.1 能独立按要求填写巡视相关台账、台账位置在站台	1.相关规章： 《站务运作规则》； 2.相关知识： 5.2.6 巡视及检查制度；5.2.6.1 车站巡视；5.2.6.2 运营时间内的巡视；5.2.6.3 非运营时间的巡视； 5.7.3.1 车站在运营期间的防火巡查应当每2小时巡查一次，并填写"车站巡视检查记录表"	1.教学重点：巡视防护及安全防护设置； 2.教学方法：课堂讲授、情景模拟、现场示范、团队合作练法； 3.培训资料：规章、PPT课件； 4.课时：理论 2	1.培训练习要求：在实际工作中不定期现场模拟练习10次以上，能掌握巡视范围和巡视时的相关要求，完成相关记录、台账； 2.工作经验要求：能独立完成车站的巡视工作，半年以上的实际工作经验，无相关内容的考核； 3.效果验证方式：理论考试和现场检查
	非正常情况下行车组织	1.点式ATP行车组织，启用时机和条件，采用进路闭塞法组织行车 2.联锁后备模式法组织行车组织 3.电话闭塞法行车组织	1.1 能独立正确实行点式ATP行车组织，采用进路闭塞法组织行车； 2.1 能独立正确实行联锁后备模式组织行车，采用固定闭塞法组织行车； 3.1 能独立正确实行电话闭塞法组织行车，采用固定闭塞法组织行车	1.相关规章： 《行车组织规则》； 2.相关知识： 5.5.9 降级下的行车组织模式	1.教学重点：三类行车组织的区分及实施； 2.教学方法：课堂讲授、情景模拟、实操演练法、团队合作法； 3.培训资料：规章、PPT课件； 4.课时：理论 5；实操 6	1.培训练习要求：在实际工作中不定期现场模拟练习30次以上，能掌握非正常情况下行车组织的各项流程和规定； 2.工作经验要求：能独立完成非完全掌握各项组织的意义，半年以上的实际工作经验的考核； 3.效果验证方式：理论考试和实操考核
	车站关站程序	1.车站清客作业； 2.关站广播	1.1 能独立按要求完成清客作业，要求在1分钟内完成整列车站广播相应的广播； 2.1 能独立按要求完成关站	1.相关规章： 《客流运作规则》； 2.相关知识： 《客流运作规则》	1.教学重点：清客流程、广播使用方法及时间控制； 2.教学方法：现场示范、实操锻炼法	1.培训练习要求：在实际工作中不定期现场模拟练习10次以上，能掌握车站关站流程，完成清客、播放关站广播等作业；

续表

业务模块	工作事项	业务活动	技能要求	知识和规章要求	培训方法及课时	经验要求与培训效果验证
一、行车组织	车站关站程序		广播的播放，在ISCS上进行操作	5.3.3 清客的相关规定；4.5 关站的程序	3.培训资料：规章、视频、设备说明书；4.课时：理论4；实操1	2.工作经验要求：独立完成车站关站作业的各项内容，半年以上的实际工作经验，无相关的考核；3.效果验证方式：理论考试和现场检查
	列车接发作业*	1.列车接发作业原则；2.正常情况下手信号显示方式、显示的地点、显示的时机；3.非正常情况下接发列车规定；4.车站报点规定，包括电话闭塞法组织行车和日常行车组织首末班车报点	1.1 能独立按要求进行接发车作业；2.1 能独立按要求显示"好了"信号、发车信号、停车信号、紧急停车信号、引导信号、减速信号的显示方式、显示时机、显示地点；2.2 能独立按要求对正常情况下的手信号进行判断；3.1 能独立按要求进行非正常情况下的接发列车；4.1 能独立报点，特别是电话闭塞法组织接发列车，以及首班车和末班车的报点	1.相关规章：《站务运作规则》；《行车组织规则》；2.相关知识：《站务运作规则》5.3.3 接车管理规定；《行车组织规则》11.3 非正常情况下行车组织，7.3.3.8 和 7.6.5 车站（站场）报点规定；5.3.5 报点	1.教学重点：非正常情况发车、报点规定；2.教学方法：课堂讲授、情景模拟、实操锻炼法；3.培训资料：规章、视频、PPT课件；4.课时：理论3；实操3	1.培训练习要求：在实际工作中不定期现场练习20次以上，能流畅地进行列车接发、停车扣车、紧急停车等相关操作和掌握其作用，半年以上的实际工作经验；2.工作经验要求：能独立完成其接发、信号显示、扣车、紧急停车等的操作，并掌握及其作用，要求及其规定，半年以上的实际工作内容的相关考核；3.效果验证方式：理论考试、实操考核、现场检查
	信号显示*	1.正线地面信号机降级显示；2.手信号的显示；3.徒手信号使用	1.1 能独立正确判断正线地面信号机显示内容正确；2.1 能独立正确显示发车信号、停车信号、紧急停车信号、减速信号、通过信号、引导信号、升导信号；2.2 能独立正确对手信号进行判断	1.相关规章：《行车组织规则》；2.相关知识：11.1 正线地面信号机显示确认认真；5.7.1 正线地面信号机显示手信号显示应严肃认真，灯正、旗正、圈正；11.3.1 手信号显示	1.教学重点：信号判断、手信号显示方法；2.教学方法：视频、实操示范、现场锻炼法；3.培训资料：规章、视频、PPT课件；4.课时：理论1；实操1	1.工作经验要求：信号显示、紧急停车等相关工作经验；2.工作经验要求：能独立完成其操作，并掌握其作用及相关规定，要求及其规定，半年以上的实际工作内容的相关考核；3.效果验证方式：理论考核、实操考核、现场检查

续表

业务模块	工作事项	业务活动	技能要求	知识和规章要求	培训方法及课时	经验要求与培训效果验证
一、行车组织	信号显示*		3.1 能独立正确显示徒手信号； 3.2 能独立正确对徒手信号进行判断	徒手信号显示方式；11.5.2 表格内 1 与 7		
	其他*	1.扣车的操作，扣车在HMI操作的条件，扣车对列车的影响，包括CBTC模式和非CBTC模式下取消扣车的操作及对信号机的影响； 2.紧急停车操作，在IBP盘上的操作，在CBTC模式下对列车的影响，在非CBTC模式下对列车的影响，取消紧急停车在CBTC模式下紧急停车按钮的操作要求； 3.工程车开行，工程车管理中，工程车配合作业结束后回厂的要求，对工程车运行的要求，对信号机按钮的要求； 4.线路积水，线路积水报点的要求，水漫轨腰、水漫机面的要求	1.1 能独立按要求在HMI上进行扣车操作； 2.1 能独立按要求进行IBP紧急停车操作和取消紧急停车按钮的操作；能独立取消紧急停车按钮进行判断； 3.1 能独立正确对工程车开行进行判断； 4.1 能独立正确对线路积水进行处理	1.相关规章： 《行车组织规则》； 2.相关知识： HMI登录操作，HMI遥转换操作，HMI扣车操作；7.6.3、5.5.7 紧急停车操作的相关要求；工程车开行的要求；线路积水的知识	1.教学重点：扣车、停车操作及工程车开行判断； 2.教学方法：课堂讲授、实操锻炼法； 3.培训资料：规章，PPT课件； 4.课时：理论 2；实操 3	1.培训练习要求：在实际工作中不定期现场模拟练习 20 次以上，能流畅地进行列车扣车、停车等操作和掌握相关内容的要求和规定； 2.工作经验要求：能独立完成列车扣车、紧急停车等作业，并掌握其作用、要求及规定实际工作经验； 3.效果验证方式：理论考试、实操考核
二、施工管理	A类施工	1.A类施工分类； 2.A1（在正线、辅助线需要开行工程列车，电客车回厂的施工）； 3.A2（在正线、辅助线	1 能独立办理A类施工，能单独操作施工调令系统，填写"车站施工作业登记本"，核对施工人员人数，工器具等情况	1.相关规章： 《施工管理规定》； 2.相关知识： 7.2.4、10.4 施工的分类；值班员做好施工	1.教学重点：A类施工流程区分、施工请销点及防护； 2.教学方法：课堂讲授、情景模拟	1.培训练习要求：在实际工作中不定期现场模拟练习 30 次以上，掌握 A 类施工的特点，流程和相关规定，能对车站A类实施

续表

业务模块	工作事项	业务活动	技能要求	知识和规章要求	培训方法及课时	经验要求与培训效果验证
二、施工管理	A类施工	不需要开行工程列车、电客车的施工；3.A3（在车站、变电所控制中心范围内，影响正线、辅助线行车设备运行的施工）			3.培训资料：规章、PPT课件；4.课时：理论4；实操2	工进行正确地办理和把控，台账填写正确、工整，路账无遗漏；2.工作经验要求：能按照要求对车站A类施工进行施工管理，独立完成A类施工作业流程，掌握A类施工的相关规定，半年以上的实际工作经验，无相关内容的考核；3.效果验证方式：理论考试、实操验证和现场检查
	A类施工请点程序	1.核对施工人员相关证件；2.请点施工人员总人数及所带物料、施工物料清单；3.登记施工调令系统或填写"车站施工登记本"；4.行调发布命令后车站设置防护；5.行调通知辅站则通知相关站，填写"施工作业令"	1.1 能独立核对施工人员相关证件，如"施工作业令"、外单位"施工作业许可单"、施工负责人许可证、工作证；2.1 能独立核对"施工作业令"内与实际到现场施工人员数量及所带物料，并独立登记"施工物料清单"；3.1 能独立正确填写"车站施工登记本"或施工调令系统；4.1 能在行调设置安全防护后，独立通知相关辅站请点事宜，独立通知相关辅站请点事宜，借用物品及时登记"物品借出登记本"	1.相关规章：《施工管理规定》；2.相关知识：8.2、8.3.6 施工凭证、《施工工具物料清单》和《施工人员名单》填写要求；《车站施工登记本》填写要求；《车站施工管理规范》填写要求；挂地线要求和车站设施防护规定		
	A类施工销点程序	1.确认线路出清设备恢复正常；2.撤除红闪灯防护填写"车站施工登记本"或行调销点，向行调销点；3.行调批准销点，填写"施工作业令"	1.1 能独立确认线路出清、相关设备按复正常；2.1 能独立撤除红闪灯防护或填写"车站施工登记本"，向行调销点；3.1 能独立填写"施工作业令"，借	1.相关规章：《施工管理规定》；2.相关知识：《施工管理规定》施工调销点销点要求		

续表

业务模块	工作事项	业务活动	技能要求	知识和规章要求	培训方法及课时	经验要求与培训效果验证
	A类施工销点程序	4. 开通线路，登记"调度命令登记簿"	4.1 能在开通线路后独立登记"调度命令登记簿"			
	A类施工防护工作	1. 施工作业人员自我防护； 2. 接触网停送电及接地线防护； 3. 开行电客车、工程车的防护区域； 4. 施工红闪灯防护	1.1 能独立确认线路出清、相关设备恢复正常； 2.1 能独立撤除红闪灯防护后填写"车站施工登记本"或"施工调令调令系统，向行调销点； 3.1 能在行调准批销点后，独立填写"施工物品借出登记本"及相关物品确认归还； 4.1 能在开通线路后独立登记"调度命令登记簿"	1. 相关规章：《施工管理规定》； 2. 相关知识：《施工管理规定》施工销点要求		
二、施工管理	C类施工分类	1. C1（大面积影响客运或影响消防设备正常使用或需要动火的作业）； 2. C2（除C1外其他不影响行车的施工）	1.1 能单独操作施工调令系统，填写"车站施工登记本"，核对施工人员人数、工器具等情况； 2.1 能独立办理除C1外不影响车站作业人员人员，填写"施工登记本"，核对施工人员人数、工器具等情况	1. 相关规章：《施工管理规定》； 2. 相关知识：施工作业地点和性质分类有关要求	1. 教学重点：C类施工分类，请销点及防护； 2. 教学方法：课堂讲授、情景模拟； 3. 培训资料：规章、PPT课件； 4. 课时：理论3；实操2	1. 培训练习要求：在实际工作中不定期现场模拟练习15次以上，掌握C类施工的特点、流程、实施办法，能独立进行车站地办理和把控，台账填写正确、工整、无遗漏； 2. 工作经验要求：能按照要求对车站C类施工进行管理、独立完成C类施工作业流程；半年以上相关工作经验，实际车站C类施工的实际工作考核； 3. 效果验证考核方式：理论考试、实操考核和现场检查
	C类施工请销点流程	1. 核对施工人员相关证件； 2. C1类填写"车站施工登记本"或录入施工调令系统，填写"车站施工作业令"； 3. C2类填写"车站施工登记本"	1.1 能证核对施工人员相关证件，如"施工作业令""施工单位施工许可证"、工作证； 2.1 能独立填写"车站施工登记本"或录入施工调令系统，填写"车站施工作业令"或"施工作业令"，借用物品及时填写"施工物品登记借出登记本"	1. 相关规章：《施工管理规定》； 2. 相关知识：C类施工销点检查；C类施工销点检查；设备恢复检查填写		

续表

业务模块	工作事项	业务活动	技能要求	知识和规章要求	培训方法及课时	经验要求与培训效果验证
二、施工管理	C类施工请点流程	1.确认施工设备恢复正常； 2.C1类填写"车站施工登记本"或操作施工调令系统； 3.C2类填写"车站C2类施工登记本"	3.1能独立填写"车站C2类施工登记本"，借用物品及时登记"物品借出登记本"			
	C类施工销点程序		1.1能独立确认施工完成后相关设备恢复正常； 2.1能独立填写"车站施工登记本"或操作施工调令系统，借用相关物品确认C2还； 3.1能独立完成C2类施工登记本，借用物品确认归还	1.相关规章：《施工管理规定》； 2.相关知识：C类施工销点检查；C类施工设备恢复检查；C类施工登记填写		
	C类施工防护工作	1.C类施工防护工作	1.1能独立完成C类施工防护工作	1.相关规章：《施工管理规定》； 2.相关知识：施工人员防护的自我防护；接触网停电与防护；开行工程车、电客车的防护工作区间		
三、票务管理	监督客运值班员交接	1.客值清点线、票，对点钞机操作，纸币清分机的操作； 2.监督客值填写票务台账； 3.监督客值清点票务备品备件； 4.检查票务备品备件； 5.监督交值班员登入现金出，车站值班员交接存车系统	1.1能独立按要求对客值进行检查、监督，票线点票，确认无误； 2.1能独立按要求对客值填写班务《客运备用金收支总台账》、《票据使用登记台账》、《TVM补币、补票登记台账》等各项内容填记确认无误； 3.1能独立按要求对客值点票务钥匙包括AFC专用钥匙	1.相关规章：《车站票务管理手册》； 2.相关知识：纸币、硬币及车票的清点，若参加封则接加封清点，零散清点；数量清点；正确填写账目；错误处用划线更正相符；加封数量清点清楚，加封处填清楚；钥匙相关凭证加封的单独钥匙的单独	1.教学重点：交接流程，核对线对票，备品票现场相符； 2.教学方法：课堂讲授、现场示范、角色扮演； 3.培训资料：规章、PPT课件； 4.课时：理论2	1.培训练习要求：在实际工作不定期模拟现场实习3次以上，了解接班的风险点； 2.工作经验要求：能按照要求督促客运值班员交接，确保实际工作经验清楚，半年以上的实际工作经验； 3.效果验证方式：理论考试

续表

业务模块	工作事项	业务活动	技能要求	知识和规章要求	培训方法及课时	经验要求与培训效果验证
三、票务管理	监督客运值班员交接		4.1 能独立按要求检查票务备品、备件如线箱、票箱、备款、预制票盒、单程票盒等齐全完好； 5.1 能独立按要求对交班值班员退出，接班值班员登入，确认交班客存系统进行监督，完成本班填记内容	匙及票务备品备件钥匙是否有损坏；票务备品是否齐全，完好，监督，确认无误；账号、备品的单人单用，不账号混用；交班时应退出账号		
	传达票务管理相关通知、规定	1. 每日票务相关通知、规定的传递；交接班填写"客运值班员交接班本"	1.1 能独立按要求对每日票务相关通知、规定进行传递，及时交接与相关通知、相关通知与文件交接	1.相关规章：《车站票务管理手册》； 2.相关知识：票务相关通知的及时传习与相关通知与文件	1.教学重点：相关规定的精化传达； 2.教学方法：课堂讲授； 3.培训资料：纸质教材； 4.课时：理论 1	1.培训练习要求：在实际工作不定期现场模拟练习 3 次以上，了解客运值班点； 2.工作经验监督要求：要求监督客运值班员交接，确保交接清楚，半年以上的实际验收经验； 3.效果验证方式：理论考试
	车站AFC设备操作管理	1.在运营开始前，登入SC查看票务设备；通过SC上TVM颜色判断TVM的状态；通过SC上BOM颜色，判断工作状态；通过SC上闸机颜色，判断工作状态； 2.正确操作AFC设备，完成TVM补币补票作业，完成TVM盘点换纸作业； 3.按时巡视，密切关注打印机的换纸作业；BOM	1.1 能独立在运营开始前按要求查看SC设备如TVM、AGM、BOM等正常； 2.1 能独立按要求操作AFC设备如登录，日常处理，退出； 3.1 能独立对巡视、密切关注AFC设备的运行状态，出现故障及时处理，无法处理的报修； 4.1 能按要求在运营结束后，由值班站长（客运值班员）通过车站计算机关闭所有AFC	1.相关规章：《车站SC操作手册》； 2.相关知识：登入SC查看AFC设备是否正常，报红则说明设备故障，AFC设备的运行流程；AFC巡视状态；TVM是否在运行状态、硬币、闸机是否卡票等；通过SC进行相关操作；车站现金库存	1.教学重点：设备状态判别及操作； 2.教学方法：视频、现场示范、实操锻炼法； 3.培训资料：设备说明书，视频，PPT课件； 4.课时：理论 3；实操 4	1.培训练习要求：在实际工作不定期现场模拟练习 3 次以上，了解客运值班点； 2.工作经验监督要求：能按照要求监督客运值班员交接，确保交接清楚，半年以上的实际验收经验； 3.效果验证方式：理论考试

续表

业务模块	工作事项	业务活动	技能要求	知识和规章要求	培训方法及课时	经验要求与培训效果验证
	车站AFC设备操作管理	AFC设备的运行状态;4.运营结束后,由值班站长(客运值班员)通过AFC设备(客运暂停服务),注销退出计算机;5.审核车站现金库存系统的数据	设备(设置为暂停服务),注销退出计算机;5.1能独立按要求审核车站现金库存系统的数据,发现问题及时改正或要求驳回	系统的数据是否填写正确、完整;完成后进行正确检查并提交		
三、票务管理	票务处理正常情况(特殊情况下票务处理)	1.监督(协助)客值更换TVM钱箱,包括纸币钱箱、硬币钱箱;监督(协助)客值更换TVM找零箱;监督(协助)客值更换AGM/TVM票箱;2.TVM卡币、卡票、少出票、TVM多找零、发售无效票、退票、出闸机扣费不对、闸机卡票等处理;3.车站被劫时的票务处理、降级模式、紧急模式时的票务处理	1.1能独立监督(协助)客值更换TVM钱箱,包括纸币钱箱、硬币钱箱;1.2能独立监督(协助)客值更换TVM找零箱;1.3能独立监督(协助)客值更换AGM/TVM票箱;2.1能够独立完成TVM卡币、卡票、少出票、TVM多找零、发售无效票的处理;2.2能够独立完成TVM多找零的处理;2.3能够独立完成客退票的处理;2.4能够独立完成出闸机扣费不对的处理;2.5能够独立完成闸机卡票的处理;2.6能够独立按要求处理票务被劫时的相关处理;3.1能独立正确按要求处理票务工作,降级模式时的票务处理;3.2能独立按要求处理降级模式时的票务处理	1.相关规章:《车站票务管理手册》;2.相关知识:监督客值钱箱进行更换相关操作,监督客值找零箱进行更换相关操作,监督客值票箱进行更换相关操作;TVM、BOM、AGM车票回收工作;填写乘客退票单、退还乘客相应的购票金额、少找的零金额,将故障的TVM进行暂停服务,报票务二调、客服中心的相关流程;客服要求及处理;免费出站票的发放;5.7.1车站被劫时的票务处理;车站降级模式时的票务处理	1.教学重点:设备操作及特殊情况票务事务处理、特殊情况票务处理;2.教学方法:课堂讲授、情景模拟、实操锻炼法;3.培训资料:设备说明书、视频、PPT课件;4.课时:理论3;实操3	1.培训练习要求:在实际工作中不定期现场模拟练习5次以上,了解TVM更换钱箱、卡币、票箱的风险点,少找零等特殊情况票务处理规程及掌握TVM零箱更换规定程序;2.工作经验要求:值班客运经验,半年以上的实际工作经验,能按照TVM换箱操作要求进行特殊票务要求进行处理;3.效果验证方式:理论考试

续表

业务模块	工作事项	业务活动	技能要求	知识和规章要求	培训方法及课时	经验要求与培训效果验证
三、票务管理	票务处理正常情况（特殊情况下票务处理）			5.7.2 降级模式时的票务处理；5.7.3 紧急模式时的票务处理		
	运营结算作业	1. 监督（协助）客值回收AFC设备内的车票及票款；2. 监督（协助）客值清点票款及完成清算工作；3. 监督（协助）客值填写相关票务报表录入现金库存系统	1. 能独立按要求监督（协助）客值回收AFC设备内的车票及票款；2.1 能独立按要求监督（协助）客值完成清算工作；3.1 能独立按要求监督（协助）客值填写"TVM清点记录表""车票收日报""报表上交明细表""特殊车票登记表"等报表及录入现金库存系统	1. 相关规章：《车站票务管理手册》；2. 相关知识：监督客值进行TVM、BOM、AGM车票回收工作；监督客值完成补票相关工作；对本班次补票审核审核的数据是否填写正确；在规定时间内上交	1. 教学重点：结算清点及系统操作；2. 教学方法：课堂讲授、实操锻炼练法；3. 培训资料：规章、实操说明书、PPT课件；4. 课时：理论3；实操4	1. 培训练习要求：在实际工作不定期现场模拟练习3次以上，了解客值进行运营结差错的风险点；2. 工作经验监督要求：能按照运营结算客值完成半年以上的实际工作经验；3. 效果验证方式：理论考试
	补币补票作业	1. 监督（协助）客值清点需补入TVM的现金及车票，并确认备用金；2. 监督（协助）客值补币后将剩余现金、车票、硬币放入钱箱、票箱；3. 监督（协助）客值登记台账并录入现金库存系统；4. 监督（协助）客值完成补票装机作业	1.1 能独立按要求监督（协助）客值清点需补入TVM的现金及车票，并确认备用金；2.1 能独立按要求监督（协助）客值分类补币、票、硬币找零、票箱；3.1 能独立按要求监督（协助）客值填写"TVM补币、补票登记表"并录入现金库存系统；4. 能独立按要求完成补票装机作业	1. 相关规章：《车站票务管理手册》；2. 相关知识：补币、补票的相关操作；双人客值清点进行补币的执行；双人清点补票的执行；对本班次现站车站数据是否填写正确，认真审核每次补币、补票操作的数定时间内上交；补币、补票的相关操作的执行；双人清点执行	1. 教学重点：补币流程及实操操作；2. 教学方法：课堂讲授、实操锻炼练法；3. 培训资料：规章、实操、PPT课件；4. 课时：理论1；实操2	1. 培训练习要求：在实际工作不定期现场模拟练习5次以上，掌握补币的操作流程及操作过程中存在的风险点；2. 工作经验监督要求：能按照补票工作（协助）进行半年以上的实际经验；3. 效果验证方式：理论考试和实操考核

值班站长初级育人标准

续表

业务模块	工作事项	业务活动	技能要求	知识和规章要求	培训方法及课时	经验要求与培训效果验证
三、票务管理	封包解行	1.解行缴款，填写"现金缴款单"； 2.尾箱交接，办理交接手续，操作押运人员的识别仪器	1.1 能独立按要求将当日需解行的票款按要求打包； 2.1 能独立按要求进行尾箱交接，确认交接人员在交接班内签名	1.相关规章：《车站票务管理手册》； 2.相关知识：客运日报"收入日报"上的封包解行的操作要求；表册封存尾箱表册的要求；纸币硬币交存封装的操作要求；"上门服务封箱现金缴款单"以及"现金缴款单"封装要求	1.教学重点：解行流程及要求； 2.教学方法：情景模拟、实操、现场示范； 3.培训资料：纸质教材、PPT课件； 4.课时：理论1；实操1	1.培训练习要求：在实际工作中不定期现场模拟练习5次以上，掌握封包解行的操作规定及程序； 2.工作经验要求：能按照要求进行封包解行，半年以上的实际工作经验； 3.效果验证方式：理论考试和实操考核
	兑零作业	1.兑零准备，填写相应台账，将需兑零的备用金放入银行上锁； 2.核实银行解交于他人身份，将解交相关信息与记录他（她）相关台账； 3.将银行解交好的零钱兑换成银行已兑换好的零钱进行确认	1.1 能独立按要求做好兑零准备、填写相应台账，将需兑零的备用金放入银行上锁； 2.1 能独立按要求核实解交人员身份，将解交信息与核查相关人员对账的填写； 3.1 能独立按要求将银行兑换的已兑换好的人员带末尾进行确认	1.相关规章：《车站票务管理手册》； 2.相关知识：账上兑零现金金额需在相关人员身份的核查；按照"先收后付"的原则办理相关台账；"尾箱等"的填写相关登记簿"的填写	1.教学重点：兑零流程； 2.教学方法：课堂讲授、情景模拟； 3.培训资料：规章、PPT课件； 4.课时：理论1	1.培训练习要求：在实际工作中不定期现场模拟练习5次以上，掌握兑零流程； 2.工作经验要求：能按照要求进行兑零作业，半年以上的实际工作经验； 3.效果验证方式：理论考试和实操考核
	监督递交报表	1.每日需上交的报表加封十字加封，信封要求加封上交的时间； 2.递交给清分人员	1.1 能独立正确检查填写报表正确无误后加封； 2.1 能独立确认递交给清分人员	1.相关规章：《车站票务管理手册》； 2.相关知识：每日需要确认相关人员关的身份；"尾箱等实物交接登记簿"的填写	1.教学重点：明确报表上交明细； 2.教学方法：课堂讲授、情景模拟； 3.培训资料：规章、PPT课件； 4.课时：理论1	1.培训练习要求：在实际工作中不定期现场模拟练习5次以上，掌握各类票务报表每日的填写审核的规定； 2.工作经验要求：能按照要求上交的实际工作经验，半年以上； 3.效果验证方式：理论考试和实操考核

续表

业务模块	工作事项	业务活动	技能要求	知识和规章要求	培训方法及课时	经验要求与培训效果验证
四、客运服务	车站开站	1. 开启客运服务设施，按时正确及时开启扶梯TVM；正确及时开启垂直电梯； 2. 查看客运服务设施运行情况，掌握扶梯运行状态和垂直电梯的运行状态，监控轨道SC上监控AFC设备运行状态	1.1 能独立按要求开启电扶梯、垂梯等客运服务设备； 2.1 能独立按要求查看客运服务设施运行情况	1. 相关规章：《站务运作规则》； 2. 相关知识：首班载客列车到达前10分钟开启全部出入口；检查客运服务设备设施的运作情况	1. 教学重点：相关设备状态判断及操作； 2. 教学方法：课堂讲授、现场示范、实操锻炼法； 3. 培训资料：规章、设备说明书，PPT课件； 4. 课时：理论2；实操1	1. 培训练习要求：在实际工作中定期现场模拟练习3次以上，能流畅开启客运服务设备设施，了解客运服务设备设施故障现象； 2. 工作经验要求：独立开启客运服务设备设施半年以上的实际工作经验； 3. 效果验证方式：理论考试和实操考核
	乘客事务处理（非投诉处理）	1. 咨询或建议性乘客事务处理； 2. 表扬性乘客事务处理； 3. 乘客寻人求助处理； 4. 乘客寻物求助处理； 5. 乘客物品掉落轨道处理； 6. 乘客纠纷处理； 7. 酒醉乘客处理； 8. 乘客晕倒处理	1.1 能独立正确地对乘客提出的问题或不了解之处进行回答，对乘客提出的问题或建议向管理部门反映； 2.1 能独立正确地对乘客助提供帮助的工作人员表达感谢并进行处理； 3.1 能独立正确地对乘客提出有困难或问题给予帮助； 4.1 能独立正确地帮助乘客寻找遗失物品； 5.1 能独立处理，包括物品掉落轨道，和物品不影响行车安全； 6.1 能独立正确地进行乘客纠纷处理，包括乘客纠纷，员工与乘客纠纷； 7.1 能独立正确地处理乘客纠纷，区分醉酒程度； 8.1 能独立正确地进行乘客晕倒处理，进行初期处理及救治	1. 相关规章：《乘客事务处理程序》； 2. 相关知识：处理原则：首问责任制，现场处理原则，乘客满意原则；处理的流程：求助受理及后期处理，传递工作及后期处理工作；适用范围与乘客受理的流程；乘客物品掉落轨道处理程序；9.1 乘客纠纷处理程序；乘客晕倒处理程序	1. 教学重点：乘客事务处理的流程； 2. 教学方法：课堂讲授、现场示范、实操锻炼法； 3. 培训资料：规章、PPT课件； 4. 课时：理论8；实操12	

续表

业务模块	工作事项	业务活动	技能要求	知识和规章要求	培训方法及课时	经验要求与培训效果验证
四、客运服务	乘客事务处理（投诉处理）	1. 乘客投诉分类；有责投诉和无责投诉划分及定义； 2. 乘客投诉界定标准； 3. 乘客投诉要素； 4. 乘客投诉处理原则； 5. 乘客投诉处理	1.1 能独立正确地对乘客投诉进行初步分类、投诉内容、投诉方式、投诉信息来源、责任承担方式； 2.1 能独立正确地对乘客投诉性乘客事务处理办，初步标准，涉诉界定，造成的影响等界定； 3.1 能正确掌握乘客投诉要素，包括金额、服务人员和非服务类； 4.1 能正确掌握乘客投诉处理原则； 5.1 能独立正确对乘客投诉进行处理	1. 相关规章：《乘客投诉处理办法》； 2. 相关知识：投诉性乘客事务处理与非投诉性乘客事务处理，坚持"以礼为先、客观、公平、公正"的原则；处理问题时应注意处理方法；处理的原则；处理的程序；乘客投诉处理的相关要素；首问责任制、现场处理原则；乘客满意原则；处理问题时的注意事项；易地、易性	1. 教学重点：投诉处理的方式方法； 2. 教学方法：课堂讲授、现场示范、实操锻炼方法、设置情景、结合案例； 3. 培训资料：规章、PPT课件； 4. 课时：理论 4；实操 2	
	客流组织	1. 正常情况下的客流组织，包括进站客流组织、出站客流组织及换乘客流组织； 2. 非正常情况下的客流组织，突发性大客流组织和可预见性大客流组织； 3. 处理大客流的三级客流组织方式	1.1 能独立正确组织正常情况下的客流； 2.1 能独立正确处理非正常情况下的客流； 3.1 能独立正确组织处理大客流	1. 相关规章：《客流组织规则》； 2. 相关知识：换乘客流通过换乘站外换乘，非正常情况下，可以采取同站换乘，清客等特殊客流组织的总体方式；大客流组织要求；信息汇报流程；三级客流组织的控制方法与决策；大客流组织的基本方式、实施的措施	1. 教学重点：客流的三级组织； 2. 教学方法：课堂讲授、结合案例、实操锻炼法； 3. 培训资料：规章、PPT课件； 4. 课时：理论 3；实操 2	
	拾遗物品管理	1. 车站范围内的拾遗物，对拾遗物品的登记造册；	1.1 能独立按要求接收车站范围内的拾遗物； 2.1 能独立按要求负责拾遗	1. 相关规章：《拾遗物品管理规定》；	1. 教学重点：拾遗物品的登记及归还要求； 2. 教学方法：课堂讲	

续表

业务模块	工作事项	业务活动	技能要求	知识和规章要求	培训方法及课时	经验要求与培训效果验证
	拾遗物品管理	2.拾遗物品在车站的存放与保管； 3.拾遗物品登记清点标准； 4.拾遗物品通知当月认领取及按规定办理及拾遗物品的认领； 5.无人认领拾遗物品处理规定	3.1 能独立按要求做好物品在车站的存放与保管工作； 4.1 能独立按要求负责通知当月认领人领取及按规定办理拾遗物品的认领工作； 5.1 能独立按要求完成无人认领拾遗物品处理	2.相关知识： 拾遗物品的交接与处理；车站的专人负责；安保部接受车站一个月后无人认领的拾遗物品；相关台账的填写、移交情况，认领登记及告知遗失情况热线以及查询处理遗物品在安保部超过三个月的，每个季度清理一次，无人认领进行分类清写与处理	授、现场示范、实操锻炼法； 3.培训资料：规章、PPT课件； 4.课时：理论2；实操1	
四、客运服务	乘客服务工作标准	1.仪表着装标准； 2.行为举止标准； 3.服务语言标准； 4.环境卫生标准； 5.服务意识标准； 6.岗位工作标准； 7.服务设备设施状态标准； 8.其他	1.1 能独立按要求遵守仪表着装标准，包括制服、领带、丝巾、工号牌； 2.1 能独立按要求遵守行为举止标准； 3.1 能独立按要求遵守服务语言标准，十字文明用语等； 4.1 能独立按要求遵守服务环境卫生标准，时时检查站台、厅、公共区、办公区卫生状况； 5.1 能独立按要求遵守服务意识标准； 6.1 能独立按要求遵守岗位工作标准； 7.1 能独立按要求遵守服务设备设施状态标准； 8.1 能按要求遵守其他相关标准	1.相关规章： 《乘客服务工作标准》； 2.相关知识： 统一服制服，佩戴领带、肩章等；在岗时的行为举止标准；十字文明用语的使用；窗明地净、清洁整洁，协调美观，保持良好的服务文明礼貌，主动服务技巧；十字文明服务用语；岗位管理与服务设备的项目管理标准；车站卫生管理标准；车站广播播放标准	1.教学重点：各类服务标准规定； 2.教学方法：课堂讲授、视频、实操展示； 3.培训资料：规章、视频、PPT课件； 4.课时：理论2	1.培训练习要求：在实际工作不定期现场模拟练习5次以上，掌握乘客服务工作标准； 2.工作经验要求：能按照乘客服务工作标准执行，对班中员工仪容检查并纠正、半年止等以上的实际工作经验； 3.效果验证方式：理论考试

续表

业务模块	工作事项	业务活动	技能要求	知识和规章要求	培训方法及课时	经验要求与培训效果验证
四、客运服务	边门管理	1. 车站边门的日常管理	1.1 能独立按要求负责车站边门的日常管理；做好车站边门紧急情况下的管理	1.相关规章：《车站边门管理办法》；2.相关知识：边门在运营时间内应该设为常闭状态；符合条件的需要开边门，进入的需要登记；站务人员需要检查相关证件；特殊情况下的边门管理	1.教学重点：边门管理规定；2.教学方法：课堂讲授；3.培训资料：规章、PPT课件；4.课时：理论1	1.培训练习要求：在实际工作不定期现场模拟练习5次以上，掌握边门处理相关规定；2.工作经验要求：能按照实际判断是否允许开边门，半年以上的实际工作经验；3.效果验证方式：理论考试
	客伤	1.学习客伤相关预案等相关文件；2.客伤处理，做好录音录像留存，寻找客伤目击证人，尽快对受伤乘客进行救治；3.信息汇报和证据留存，在发生2分钟内及时上报安全工程师，分管安全站长，视情况上报保险公司备案；4.做好后续工作：协助安保部收集乘客资料，协助安保部相关乘客谈判	1.1能预先学习客伤相关预案文件，并做到相关融会贯通；2.1遇事沉着不慌张，按文本要求进行处理；3.1能独立按要求及时上级，做好信息传递，及时汇报；4.1能按要求做好后续工作保留证据	1.相关规章：《非职工伤亡事故（事件）调查处理规则》；相关知识：《非职工伤亡事故（事件）处理办法》；5.1预防为主、防救结合；属地管理，救助优先；层级处置，保障运营；有责赔偿，无责免赔；5.3；5.4.2；5.7	1.教学重点：客伤处理流程及信息汇报；2.教学方法：课堂讲授、视频、情景模拟、案例剖析；3.培训资料：视频、PPT课件；4.课时：理论2；实操4	1.培训练习要求：在实际工作不定期现场模拟练习5次以上，掌握客伤处理相关规定；2.工作经验要求：能按照实际处理客伤事件，半年以上的实际工作经验；3.效果验证方式：理论考试和实操考核
	车站关站	1.清客，播放请客广播，关闭卷帘门，张贴车站暂停营业的相关告示；2.监督服务值班行相应关闭客运服务设备设施；3.其他车站做好列车过站通过的广播	1.1能独立按要求清客，关闭卷帘门符合要求；2.1能独立按要求关闭相应客运服务设备设施	1.相关规章：《非职工伤亡事故（事件）调查处理规则》；2.相关知识：车站关站程序4.5	1.教学重点：关站流程；2.教学方法：课堂讲授、实操锻练；3.培训资料：规章、PPT课件；4.课时：理论1；实操2	1.培训练习要求：在实际工作不定期现场模拟练习3次以上，掌握关站符合程序及卷规范；2.工作经验要求：能完成关站的实操；3.效果验证方式：理论考试

续表

业务模块	工作事项	业务活动	技能要求	知识和规章要求	培训方法及课时	经验要求与培训效果验证
四、客运服务	车站关站					业、半年以上的实际工作经验；3.效果验证方式：理论考试和实操考核
	车站消防安全管理	1.消防设施设备安全巡视检查及时更换、巡视周期内配件是否正常和齐全；2.消防演练培训及实施；3.消防台账填写检查《消防台账登记本》《消防火控室值班记录本》《消防火控点检查表》	1.1 能独立按要求对消防设备设施及时巡视检查及更换；2.1 能独立按要求进行消防演练培训及实施；3.1 能独立按要求填写检查台账填写	1.相关规章：《消防管理制度文本》；2.相关知识：车站消防设施设备巡视要求、车站消防设施更换要求、车站消防设施更换要求、车站消防演练要求、消防演练的要求、消防演练的实施及填写要求、车站巡视、火灾汇报	1.教学重点：消防巡视要求及演练培训；2.教学方法：课堂讲授、情景模拟、案例剖析；3.培训资料：规章、PPT课件；4.课时：理论2	1.培训练习要求：在实际工作中不定期开展模拟练习20次以上，能正确开展车站消防设备的检查、更换和车站消防设施的演练、正确填写消防台账、无遗漏；2.工作经验要求：能按规定独立开展车站消防设备设施地地制定检查、更换、消防演练及消防台账实施计划及相关内容的检查考核；3.效果验证方式：理论考试、实操考核和现场检查
五、安全管理	车站设备安全管理	1.行车设备设施安全管理；2.票务设备设施安全管理；3.服务设备安全管理	1.1 能独立按要求负责对行车设备设施安全管理；2.1 能独立按要求负责对票务设备设施安全管理；3.1 能独立按要求负责对服务设备安全管理	1.相关规章：《设施设备管理界面》《乘客服务工作标准》；2.相关知识：《设施设备管理界面》车站行车设备设施的管理要求、车站票务设施的管理要求、服务设施的管理要求	1.教学重点：各类设备设施管理规定；2.教学方法：课堂讲授；3.培训资料：规章、PPT课件；4.课时：理论2	
	人员安全管理	1.人员日常安全管理；2.职业健康安全与劳动保护；3.安全教育培训	1.1 能独立按要求安全管理；2.1 能独立按要求健康安全与劳动保护；3.1 能按要求对那人员日常进行职业安全教育培训	1.相关规章：《安全生产管理制度》《劳动安全卫生管理制度》《劳动防护用品管理办法》；2.相关知识：	1.教学重点：职工的安全防护；2.教学方法：课堂讲授；3.培训资料：规章、PPT课件；4.课时：理论2	

续表

业务模块	工作事项	业务活动	技能要求	知识和规章要求	培训方法及课时	经验要求与培训效果验证
五、安全管理	人员安全管理			对员工进行安全教育，开展安全检查，遵制造章；组织特殊工种培训；复审、考核；做好安全生产合账的登记工作；参与生产事故的调查；组织安评、事故的调查；组织安评、生产事故的考评；负责职工劳动安全卫生的教育培训管理；与劳动者签订劳动合同时，负责将相应工作岗位可能产生的职业危害因素及其后果、劳动保护措施和待遇如实告知劳动者，并在劳动合同中写明		
六、故障应急处理	安全类设备、设施故障	1.消防类设施设备故障应急处理；消防管道爆裂的应急处理，消防误报警的处理； 2.应急电源故障应急处理； 3.疏散通道门禁故障应急处理	1.1 能独立按要求进行消防类设施设备简单故障应急处理； 2.1 能独立按要求进行应急电源简单故障应急处理； 3.1 能独立按要求进行疏散通道门禁简单故障应急处理	1.相关规章：《给排水专业的站务人员应急操作大面积停电现场处置方案》《正线车站现场处置方案》； 2.相关知识：故障查看、报修，反时现场查室操作；简单信息汇报流程，汇报内容、时间地点，对运营的影响程度和人、物的基本情况；现场处置决策及时反馈上级决策并安排人员阻止乘客进	1.教学重点：应急处理流程及设备操作； 2.教学方法：课堂讲授、预案演练、案例剖析、实操锻炼法； 3.培训资料：规章、PPT课件、备说明书； 4.课时：理论6；实操9	1.培训练习要求：在实际工作中不定期现场模拟练习30次以上，能简易处理车站作业、安全、票务和服务类设备设施故障，并及时、正确报相关业、正确填写相关专业，工整、无遗漏； 2.工作经验要求：能独立按工作要求对车站行车、安全、票务类设备设施故障进行简单处理，较故障类故障时报归口部门，并掌握各类故障应急处理经验，半年以上的实际工作经验，无相关内

续表

业务模块	工作事项	业务活动	技能要求	知识和规章要求	培训方法及课时	经验要求与培训效果验证
六、故障应急处理	安全类设备、设施故障	1.屏蔽门故障应急处理，包括单扇屏蔽门故障应急处理；多扇屏蔽门玻璃破碎的应急处理；整侧屏蔽门无法打开故障应急处理；整侧屏蔽门无法关闭故障应急处理；2.HMI故障应急处理，包括：计轴棕色光带处理；计轴白色光带处理；计轴红粉色光带处理；ATS工作站重启的处理；造谷拆分报警的处理；3.综合监控故障应急处理；4.通信设备故障应急处理，包括通信手机、固定电话、网络中断的施工办理；5.信号系统ZC故障应急处理；LC故障应急处理；全部计轴故障应急处理等	1.1 能独立按要求进行屏蔽门简单故障应急处理；2.1 能独立按要求进行HMI简单故障应急处理；3.1 能独立按要求进行综合监控简单故障应急处理；4.1 能独立按要求进行通信设备简单故障应急处理；5.1 能独立按要求进行信号系统简单故障应急处理	1.相关规章：《屏蔽门故障应急处理程序》《行车组织规则》；2.相关知识：单扇和整侧屏蔽门单扇处理，滑动门末闭、固定门爆裂的处理，及时汇报；PSL跟LCB的简单操作；HMI登录的要求；HMI信息判断的要求；故障汇报的要求；HMI区域的选择；站态遥控态转换；HMI显示状态判断；简单的接权处理，简单操作处理，通信设备故障处理，应急电话使用；计轴器预复位，线路遥控操作跟反操，人工准备进路	1.教学重点：应急处理流程及设备操作；2.教学方法：课堂讲授、视频教学、案例剖析、实操演练、实操锻炼法；3.培训资料：规章、说明书、PPT课件；4.课时：理论14，实操20	容的考核；3.效果验证方式：理论考试、现场检查
	票务类设备、设施故障	1.BOM故障应急处理，全部BOM故障应急处理；2.TVM故障应急处理，TVM卡纸币、卡硬币，少找零，卡票及全部TVM改	1.1 能独立按要求进行BOM简单故障应急处理；2.1 能独立按要求进行TVM简单故障应急处理；3.1 能独立按要求进行AGM	1.相关规章：《票务应急处理办法》；2.相关知识："半自动售票机故障"的应急处理程序；乘客是	1.教学重点：应急处理流程及设备操作；2.教学方法：课堂讲授、预案演练、案例剖析、实操锻炼法；	

续表

业务模块	工作事项	业务活动	技能要求	知识和规章要求	培训方法及课时	经验要求与培训效果验证
六、故障应急处理	票务类设备、设施故障	障无法使用的应急处理； 3.AGM故障应急处理； 包括：闸机卡票及全部进站闸机故障和全部出站闸机故障应急处理； 4.SC故障应急处理； 5.其他票务类故障应急处理	简单故障应急处理； 4.1能独立按要求进行SC简单故障应急处理； 5.1能独立按要求进行其他票务类简单故障应急处理	否在付费区、单程票、南城通、市民卡和无票乘客的处理要求；TVM结构及组成；TVM简单故障处理；自动售票机故障或能力不足的应急处理程序，TVM卡币卡票处理要求；出站闸机卡票应急处理要求，闸机闸门打不开处理要求；闸机头灯故障处理要求；闸机闸门故障及组成；ACC架构，车站SC登录及操作；票务设备故障的相应处理程序	3.培训资料：规章、设备说明书，PPT课件； 4.课时：理论2；实操3	
	服务类设备、设施故障	1.给排水故障应急处理； 2.电扶梯、垂直电梯故障应急处理，包括电扶梯异响、自动停止、扶梯逆行应急处理；垂直电梯困人应急处理； 3.PIS故障应急处理； 4.车站广播故障应急处理； 5.出入口卷帘门故障应急处理； 6.车站空调系统故障应急处理； 7.照明系统故障应急处理； 8.公共洗手间服务设施破损应急处理； 9.通风系统故障应急处理； 10.地面大理石破损应急处理	1.1能独立按要求进行给排水简单故障应急处理； 2.1能独立按要求进行电扶梯简单故障应急处理； 3.1能独立按要求进行PIS简单故障应急处理； 4.1能独立按要求进行车站广播简单故障应急处理； 5.1能独立按要求进行出入口卷帘门简单故障应急处理； 6.1能独立按要求进行车站空调系统简单故障应急处理； 7.1能独立按要求进行照明系统简单故障应急处理； 8.1能独立按要求进行公共洗手间服务设施破损应急处理；	1.相关规章： 《给排水专业的站务人员应急操作指导书》； 2.相关知识： 简单故障应急处理的要求、关闭、报修、防护；关、报修、防护；报修、小蜜峰、扩音器；报修、围蔽、覆盖、贴报告示	1.教学重点：应急处理流程及设备操作； 2.教学方法：课堂讲授、预案演练、案例剖析、实操锻炼法； 3.培训资料：规章、设备说明书，PPT课件； 4.课时：理论13；实操15	

续表

业务模块	工作事项	业务活动	技能要求	知识和规章要求	培训方法及课时	经验要求与培训效果验证
六、故障应急处理	服务类设备、设施故障	11.车站搪瓷钢板破损应急处理； 12.车站导向设施故障应急处理； 13.公共区吊顶漏水应急处理	9.1 能独立按要求进行通风系统简单故障应急处理； 10.1 能独立按要求进行地面大理石破损应急处理； 11.1 能独立按要求进行车站搪瓷钢板简单破损应急处理； 12.1 能独立按要求进行车站导向设施简单故障应急处理； 13.1 能独立按要求进行公共区吊顶漏水应急处理			
七、突发事件（故）处理	公共卫生事件（故）类	1.乘客突发疾病现场处置； 2.车站接待公共媒体现场处置； 3.车门屏蔽门夹人、夹物应急处理； 4.站台落物、掉人现场处理； 5.人员擅入轨行区现场处置； 6.道床伤亡现场处置； 7.车站或区间设备火灾现场处置； 8.区间物业连通火灾现场处置； 9.列车火灾现场处置； 10.正线车站大面积停电现场处置	1.能独立正确现场处置发病现场处置； 2.能独立正确对车站接待公共媒体现场处置方案进行处置； 3.1 能独立地对车门屏蔽门夹人、夹物现场简单处理； 3.2 能独立地对来客做好解释； 4.1 能独立地处理站台落物、掉人影响行车情况； 4.2 能独立地处理站台落物的情况； 4.3 能独立地对来客做好解释； 5.1 能独立地对人员擅入轨行区现场处置； 5.2 能独立地对乘客做好解释； 6.1 能独立正确对道床伤亡现场处置； 6.2 能独立完成通后复工工作； 7.1 能独立正确地对车站或连通物业简单火灾现场处置或区间设备火灾现场处置； 8.1 能独立正确现场简单处置	1.相关规章： 《乘客突发疾病现场处置方案》；《车站媒体接待现场处置方案》；《车门屏蔽门夹人、夹物现场处置方案》；《站台落物、掉人现场处置方案》；《轨行区擅入人员处置方案》；《道床伤亡现场处置方案》；《车站或连通物业火灾现场处置方案》；《区间设备火灾现场处置方案》；《列车火灾现场处置方案》；《正线车站大面积停电现场处置方案》； 2.相关知识： 5.2.6 信息报告流程 7 现场处理 5 媒体投诉接待处理、6 媒体投诉处理	1.教学重点：应急处置流程、应急应对技巧； 2.教学方法：课堂讲授、实操锻炼法、预案演练； 3.培训资料：应急预案、规章、PPT课件； 4.课时：理论13；实操26	1.培训练习要求：在实际工作中不定期现场模拟练习10次以上，能对车站公共卫生事件（故）进行处置； 2.工作经验要求：能独立按要求对公共卫生事件（故）进行半年以上的实际现场工作经验，无相关内容的考核； 3.效果验证方式：理论考试和现场检查

续表

业务模块	工作事项	业务活动	技能要求	知识和规章要求	培训方法及课时	经验要求与培训效果验证
七、突发事件（故）处理	公共卫生事件（故）类		9.能独立正确地对现场处置；10.1能独立正确地对线车站大面积停电现场处置			
	票务事件（故）类、行车事件（故）类	1.AFC系统设备故障；2.AFC系统设备能力不足；3."列车晚点"时的应急处理；4."运营故障需清客"的应急处理；5."列车救援"的应急处理；6.车站出现火灾等紧急情况的应急处理	1.1 能独立正确地对AFC系统设备故障进行简单的现场处置；2.1 能独立正确地对AFC系统设备能力不足进行简单的现场处置；3.1 能独立正确地对"列车晚点"时的应急进行简单处理；4.1 能独立正确地对"运营故障需清客"的应急进行简单处理；5.1 能独立正确地对"列车救援"的应急进行简单处理；6.1 能独立正确地对"车站出现火灾等紧急情况"的应急进行简单处理	1.相关规章：《AFC故障处置方案》；《车站清客现场处置方案》；《车站或连通道火灾现场处置方案》；2.相关知识：7.3 现场处置；播放相应广播退票；7 信息汇报办理流程和 8 现场处置；播放相应广播	1.教学重点：现场处置流程；2.教学方法：课堂讲授、预案演练、视频教学、实操锻炼；3.培训资料：规章、视频、PPT课件；4.课时：理论 3；实操 4	1.培训练习要求：在实际工作中不定期现场模拟练习20次以上，掌握车站票务处置票件和要件（故），能对车站实际处置；2.工作经验要求：按要求对车站票务事件（故）进行正确、及时的实际工作经验，半年以上的实际工作内容的考核；3.效果验证方式：理论考试和现场检查，无相关内容的考核
	社会安全事件（故）类	1.职工人身伤亡现场处置；2.车站接到炸弹恐吓现场处置；3.车站突发政治事件现场处置；4.车站发现可疑物品现场处置；5.车站发现可疑人员现场处置；6.公交接驳现场处置；7.公交接驳现场处置；8.车站乘客疏散现场处置；9.区间乘客紧急疏散现场处置	1.1 能独立正确处理简单的职工人身伤亡现场处置；2.1 能独立正确处理简单的车站接到炸弹恐吓报警，并报告车站驻站民警；3.1 能独立正确处理简单的车站突发政治事件，并报告车站驻站民警；4.1 能独立正确处理简单的车站发现可疑物品报告车站驻站民警；5.1 能独立正确处理简单的车站发现可疑人员报告车站驻站民警；6.1 能独立正确处理简单的车站乘客疏散等的应急处置	1.相关规章：《职工人身伤亡现场处置方案》；《车站接到炸弹恐吓现场处置方案》；《车站突发政治事件现场处置方案》；《车站发现可疑物品现场处置方案》；《车站发现可疑人员现场处置方案》；《车站清客现场处置方案》；《公交接驳现场处置方案》；《区间乘客紧急疏散现场处置方案》	1.教学重点：现场处置流程；2.教学方法：课堂讲授、预案演练、视频教学、案例剖析、实操练法；3.培训资料：规章、视频、PPT课件；4.课时：理论 10；实操 20	1.培训练习要求：在实际工作中不定期现场模拟练习20次以上，掌握车站社会安全事件和要件（故），能对车站实际处置；2.工作经验要求：按要求对社会安全事件（故）进行正确、及时防止人身伤亡的实际工作经验，半年以上的实际工作内容的考核；3.效果验证方式：理论考试和现场检查，无相关内容的考核

值班站长初级育人标准 357

续表

业务模块	工作事项	业务活动	技能要求	知识和规章要求	培训方法及课时	经验要求与培训效果验证
			车站清客现场处置工作； 7.1 能独立正确处置现场，做好乘客解释工作； 8.1 能独立正确处置现场，做好乘客解释工作； 9.1 能独立正确疏散现场乘客，做好乘客解释工作； 10.1 能独立正确处理现场车站、区间水淹问题及时上报			
社会安全事件（故）类	10. 车站、区间水淹时现场处理			1.区间水淹时现场处置方案； 2.相关知识： 7 信息汇报流程和 9 现场处置		
七、突发事件（故）处理	自然灾害类	1.恶劣天气应急处置； 2.地震应急处置	1.1 能独立正确处置现场恶劣天气车站现场如暴雨灾害、台风灾害、暴雪灾害； 2.1 能独立正确处置地震应急处置，及时救援并上报	1.相关规章：《恶劣天气车站现场处置方案》；《车站乘客疏散现场处置方案》； 2.相关知识： 7 信息报告流程和 8 现场处置	1.教学重点：应急处置流程； 2.教学方法：课堂讲授、预案实操演练法； 3.培训资料：规章、PPT 课件； 4.课时：理论 2；实操 4	1.培训练习要求：在实际工作中不定期模拟练习 10 次以上，掌握自然灾害现场处置流程和要点，能对恶劣天气、地震灾害进行现场处置； 2.工作经验要求：对恶劣天气、地震等自然灾害发生，能独立要求按现场处置，防止人员伤亡的考核，半年以上的实际工作经验，无相关内容的考核； 3.效果验证方式：理论考试和现场检查

注：带*号为选学内容。

值班站长中级育人标准

业务模块	工作事项	业务活动	技能要求	知识和规章要求	培训方法及课时	经验要求与培训效果验证
一、行车组织	运营前检查流程	1.确认施工结束，线路出清情况，轨行区无施工器具遗留，例如红闪灯，同时所有的人员出清且环控系统已提供电及低压供电良好，运作情况； 2.确认行车备品、备件齐全，数量齐全，状态完好；例如红闪灯干电量充足状态； 3.根据HMI上道岔功能转换、排列进路、取消信号等相关测试，功能进行屏蔽门三灯开关状态、通过门头开关状态，确认正常，站合无异物侵界； 4.确认上岗人员到岗位全部在岗情况； 5.检查"运营前检查流程"并签名	1.1能熟练在10分钟内按要求判断检查站内施工出清情况、轨行区无施工器具遗留，例如红闪灯，结束，线路已出清，低压供电及环控系统运作情况良好； 2.1详见初级标准； 2.2能熟练在10分钟内按要求确认行车备品、备件完好；例如红闪灯、钩锁器、800 M、400 M、应急照明手电、信号旗等齐全完好，标准； 3.1详见初级标准； 3.2能熟练要求在10分钟内能判断信号正常、屏蔽门功能处在OFF位，操作允许在OFF位，站合无异物入侵； 4.1能熟练按要求确认人员到岗情况，签到人员签名； 5.1能熟练按要求"运营前检查流程"检查无误后签名	1.相关规章： 《行车组织规则》运营前检查的要求；《站务运营规则》开站检查流程的要求； 2.相关知识： 7.4.1运营前检查的要求； 《车站运营表》第10条； 5.3.2运营前检查的要求	1.教学重点：确认运营线路及相关设备满足运营需求； 2.教学方法：课堂讲授、实操教学、实操锻炼法； 3.培训资料：视频、视频、PPT课件； 4.课时：理论2；实操2	1.培训练习要求：在实际工作中不定期现场模拟练习20次以上，能完全掌握理解每项检查流程和账填写正确的意义，合账填写正确、工整、切实，无遗漏； 2.工作经验要求：能按照要求独立完成各项作业流程，每项作业要求切实到位，一年以上的实际工作经验，无相关作业考核； 3.效果验证方式：理论考试和实操考试
	车站开站程序	1.开站内跟行车有关的设备，在首班车到站前30分钟，环控系统并检查运行情况，反映异常，及时报环调，首班车到站前15分钟，检查打开所有站内AFC设备照明，并首班车到站前10分钟，依	1.1能熟练要求在10分钟内按要求开启行车相关的设备如照明设备，环控设备等； 2.1能熟练要求在20分钟内按要求巡视全站有无影响行车的情况，如接触网上无异物，无异物侵限等	1.相关规章： 《站务运作规则》车站开启设备的要求； 2.相关知识： 5.2.6巡视及检查制度； 5.2.6.1车站巡视；5.2.6.2运营时间内的巡视； 5.2.6.3非运营时间的巡视	1.教学重点：开启相关设备及判断影响行车的情况； 2.教学方法：现场示范、实操锻炼法； 3.培训资料：设备说明书、PPT课件； 4.课时：理论2；实操2	1.培训练习要求：在实际工作中不定期现场模拟练习20次以上，能完全掌握各站相关行车设备的操作和具备判断是否影响行车情况的能力； 2.工作经验要求：能正确操作各类行车相关设

续表

业务模块	工作事项	业务活动	技能要求	知识和规章要求	培训方法及课时	经验要求与培训效果验证
一、行车组织	车站开站程序	次开启出入口卷帘门、站内电梯、扶梯，检查 PIS 状态，巡视全站；2.巡视全站有无影响行车的情况		视；5.7.3.1 车站在运营期间的防火巡查应当每2小时巡视一次		备，一年以上的实际工作经验，无相关内容的考核；3.效果验证方式：理论考试和实操考核
	工作交接	1.检查车站内钥匙、行车备品备件，组织召开交接班会议，做好重点工作和任务的交接，监督行车值班员、客运值班员交接情况；2.检查所有行车类台账并做好交接	1.1 能熟练按要求检查站内钥匙、行车备品、备件、锁钩器、800 M、400 M、应急照明手电、信号旗等；2.1 能熟练按要求检查所有行车类台账如"行车日志"、"行车值班员交接班本"、"会议记录本"等并做好交接	1.相关规章：《站务运作规则》交接班工作的要求；2.相关知识：5.1 交接班制度相关规定	1.教学重点：清点钥匙及备品，查看跟需跟进的行车事务；2.教学方法：视频、现场示范；3.培训资料：纸质教材，PPT 课件；4.课时：理论1	1.培训练习要求：在实际工作中不定期现场模拟练习 20 次以上，能完全掌握交接流程，操作和内容的切实正确，切实，工整，填写无遗漏；2.工作经验要求：能按照规定完成各项工作交接和台账填写，一年以上的相关工作经验，无相关内容的考核；3.效果验证方式：理论考试和实操考核
	站内行车设备的监控与操作	1.信号系统，主要包括HMI、IBP 盘上的紧急停止和车模块，以及站合紧急停车按钮；2.通信系统，主要包括广播系统、咨询系统；3.综合监控系统，包括环控部分、低压照明、PIS、CCTV、给排水系统、广播系统等；4.供电系统；5.消防设备，主要包括FAS 主机、灭火主机、消	1.1 能熟练按要求确认HMI 状态；1.2 能熟练进行操作；1.3 能熟练按要求对HMI 故障显示进行判断；1.4 能熟练按要求对盘（信号相关）IBP 状态进行确认；1.5 能熟练按要求对盘（信号相关）IBP 进行操作；1.6 能熟练按停车按钮进行操作；2.1 能熟练按要求对广	1.相关规章：《A510281_NBL1_CASCO_G199_ATS 用户操作手册》;《屏蔽门 IBP 简易操作指南》;《车站CCTV 操作手册》;《联动方案扫描版》;《屏蔽门操作及状态显示》;《屏蔽手动开关的简易操作说明》;《屏蔽门 IBP 简易操作指南》;《车站 PIS 操作说明》;2.相关知识：HMI 登录要求，IBP	1.教学重点：会监控、会判断故障、会相应设备操作；2.教学方法：视频教学、现场示范、实操锻炼法；3.培训资料：视频、PPT 课件；4.课时：理论 16；实操 32	1.培训练习要求：在实际工作中不定期现场模拟练习 50 次以上，能完全掌握车站行车、监控设备操作的作用；2.工作和行车调指令完成行车、监控等相关实际操作的经验，一年以上的实际工作经验，无相关内容的考核；3.效果验证方式：理论考试和实操考核

续表

业务模块	工作事项	业务活动	技能要求	知识和规章要求	培训方法及课时	经验要求与培训效果验证
一、行车组织	站内行车与监控设备的监控与操作	防电话使用、通风环控操作、REL作、气瓶间就地操作、灭火器及消释放箱操作，灭火器及消火栓的使用等； 6.屏蔽门系统，PSL盘操作，LCB的构造，IBP盘上屏蔽门操作及屏蔽门故障应急处理； 7.防淹门系统； 8.通风系统，风机方向的操作，排烟模式控制； 9.电扶梯开关注意事项，电扶梯上面乘客摔伤应急操作，电扶梯方向的要求操作；垂直电梯开关的操作及垂直电梯困人的操作	播系统进行监控和操作； 2.2 能熟练地按要求对CCTV进行监控和操作； 2.3 能熟练按要求对PIS进行监控和操作； 3.1 能熟练按要求在综合监控上进行各项模块的操作； 4.1 能熟练按要求查看高压供电状态是否良好； 4.2 能熟练使用照明配电室气灭开关； 5.1 能熟练按要求对FAS主机，气灭主机进行监控和操作； 6.1 能熟练监控按要求对屏蔽门进行处理单扇屏蔽门故障，熟练处理单扇屏蔽门改障，多扇屏蔽门打不开，屏蔽门关不上，屏蔽门侧门玻璃破碎故障； 7.1 能熟练处理及时处理淹门	盘操作的要求；HMI区域选择，站遥转换操作的要求、HMI简单操作的要求；车站广播发布；车站PIS信息发布；火灾联动下的广播，PIS使用；应急广播的使用；综合监控操作的要求；车站照明配电室分布；车站值班；FAS主机使用；气灭主机使用；消火栓使用；灭火器使用、控制盘使用；消火栓使用；灭火类型判定；自我保护，对消控室的要求，屏蔽门结构；屏蔽门控制等级；IBP盘使用；单故障处理；综合监控操作		
	巡视及检查	1.巡视范围； 2.巡视时随身携带物品及安全防护； 3.巡视时间； 4.巡视时所填写台账	1.1 能熟练按要求掌握巡视范围（设备区、管理用房、站厅、站台、出入口）正常无异常情况； 2.1 能熟练按要求携带好400M并做好安全防护； 3.1 能熟练按要求把控	1.相关知识： 《站务运作规则》； 2.相关知识： 5.2.6 巡视及检查制度；5.2.6.1 车站巡视；5.2.6.2 5.2.6.3 非运营时间内的巡视；5.7.3.1 车站在运营期	1.教学重点：巡视内容及安全防护设置； 2.教学方法：课堂讲授，情景模拟，现场示范； 3.培训资料：规章、PPT课件； 4.课时：理论2	1.培训练习要求：在实际工作中不定期现场模拟练习20次以上，能掌握车站巡视范围和巡视时的相关要求，完成相关填写记录； 2.工作经验要求：能按规定完成车站巡视的工

续表

业务模块	工作事项	业务活动	技能要求	知识和规章要求	培训方法及课时	经验要求与培训效果验证
一、行车组织	巡视及检查		好巡视时间（2小时一次）；4.1 能熟练按要求填写巡视相关台账，合账位置在站厅、站台	同的防火巡查应当每2小时巡视一次；《车站巡视检查记录表》		作，一年以上的实际工作经验，无相关验证的考核；3.效果验证方式：理论考试和现场检查
	非正常情况下行车组织	1.点式ATP行车组织；2.联锁后备模式行车组织；3.电话闭塞法行车组织	1.1 能熟练正确实行ATP行车组织；2.1 能熟练正确实行模式备后模式行车组织；3.1 能熟练正确实行电话闭塞法行车组织	1.相关规章：《行车组织规则》；2.相关知识：5.5.9 降级模式；7.3.3 降级下的行车组织模式	1.教学重点：三类行车组织的区分及实施情景模拟，实操锻练法，团队合作法；3.培训资料：规章，PPT课件；4.课时：理论5；实操6	1.培训练习要求：在实际工作中不定期现场模拟练习50次以上，能掌握非正常情况下行车各项流程和规定；2.工作经验要求：能独立完成非正常情况下行车组织，完全掌握各项业工作内容，一年以上的工作经验，无相关内容的考核；3.效果验证方式：理论考试和实操考核
	车站关站程序	1.车站清客作业；2.关站广播	1.1 能熟练按要求完成车站清客作业，并做好乘客解释及服务工作；2.1 能熟练在综合监控设备上按要求完成关站广播的播放	1.相关规章：《客流组织规则》；2.相关知识：《客流组织规则》5.3.3 清客的程序；4.5 关站的程序	1.教学重点：清客流程，广播使用方法及时间控制；2.教学方法：现场示范，实操锻练法；3.培训说明书；4.课时：理论2；实操3	1.培训练习要求：在实际工作中不定期现场模拟练习20次以上，能完成关站程序，播放关站广播；2.工作经验要求：能独立完成关站的各项实际工作内容；3.效果验证方式：理论考试和现场检查
	列车接发作业*	1.列车接发作业原则；2.正常情况下手信号显示方式、显示地点、显示方向等	1.1 能熟练按要求进行接发车作业，包括三转体报到发点	1.相关规章：《站务运作规则》；《站务组织规则》	1.教学重点：非正常情况下接发车、报点规定；2.教学方法：课堂讲授、	1.培训练习要求：在实际工作中不定期现场模拟练习20次以上，能熟练地

续表

业务模块	工作事项	业务活动	技能要求	知识和规章要求	培训方法及课时	经验要求与培训效果验证
一、行车组织	列车接发作业*	3.非正常情况接发列车报点，包括电话闭塞法组织行车和日常行车组织首末班车报点示的时机；	2.1 能熟练按要求进行正常情况下的手信号显示； 2.2 能熟练按要求对正常情况下的手信号进行判断； 3.1 能熟练按要求接发进行非正常情况下的接发列车； 4.1 能熟练车站之间的报点	2.相关知识： 《站务运作规则》5.3.3 接车管理规定； 《行车组织规则》11.3 非正常情况下行车组织和7.6.5车场（车站）报点和7.3.3.8《站务运作规则》5.3.5报点规定	情景模拟、视频、实操锻炼法； 3.培训资料：规章、视频、PPT课件； 4.课时：理论3；实操2	1.工作经验要求：能独立完成列车接发、信号等停车作业的重要作，并掌握相关操作的实际工作经验，一年以上； 2.效果验证方式：理论考试、实操考核、现场检查
	信号显示*	1.正线地面信号机显示，信号显示只在降级模式下使用； 2.手信号如好了信号、停车信号、减速信号、通过信号、降弓信号、引导信号、升弓信号； 3.徒手信号	1.1 能熟练正确判断地面信号机显示； 2.1 能熟练正确对手信号、停车信号、紧急停车信号、减速信号、通过信号、引导信号、升弓信号、降弓信号； 2.2 能进行判断； 3.1 能熟练正确对手信号进行判断； 3.2 能熟练正确对徒手信号判断	1.相关规章：《行车组织规则》； 2.相关知识：11.1正线地面信号应严直、坚直； 5.7.1正线地面信号显示认真，做到横平、灯正，圆圆； 11.3.1手信号显示手信号显示方式；11.5.2表格内1与7	1.教学重点：手信号显示方法判断、 2.教学方法：视频、现场演示、实操锻炼法； 3.培训资料：规章、视频、PPT课件； 4.课时：理论1；实操2	
	其他*	1.扣车的操作，扣车在HMI操作的条件，包括CBTC列车和非CBTC模式，取消扣车及对信号机的影响； 2.紧急停车操作，在IBP的影响	1.1 能熟练按要求在HMI上进行扣车操作； 2.1 能熟练按要求进行紧急停车操作； 3.1 能熟练正确对工程车开行进行判断； 4.1 能熟练正确对线路信号判断	1.相关规章：《行车组织规则》； 2.相关知识：HMI登录操作，HMI扣车操作，HMI遥控转换操作，HMI扣车规定；7.6.3、5.5.7紧急停车操作的的	1.教学重点及工程车开行判断； 2.教学方法：课堂讲授、实操锻炼法； 3.培训资料：规章、PPT课件；	1.培训练习要求：在实际工作中不定期现场模拟练习20次以上，能熟练地进行列车接发、信号等停车作业的重要作，并掌握和相关内容的重要操作规定要求；

续表

业务模块	工作事项	业务活动	技能要求	知识和规章要求	培训方法及课时	经验要求与培训效果验证
一、行车组织	其他*	1. CBTC模式的操作，在CBTC模式下对列车的影响，在非CTBC模式下对列车的影响； 2. 取消紧急停车的影响，CBTC模式下，对列车紧急停车非CBTC模式下的影响； CBTC模式下站台紧急停车信号按钮的操作； 3. 工程车开行；施工管理中，工程车配合作业结束后回厂的要求；工程车报点的要求； 4. 线路积水；线路积水，水漫轨道床，水漫轨腰，水漫轨面的要求	积水进行处理	相关要求： 工程车开行的要求； 线路积水的知识；		4.课时：理论3；实操4	2.工作经验要求：能独立完成列车接发、信号显示、扣车、紧急停车等操作，并掌握其作用，一年以上的实际工作经验，无相关规定的内容的考核； 3.效果验证方式：理论考试、实操考核、现场检查
二、施工管理	A类施工分类	1. A1（在正线、辅助线，需要开行工程列车，不需要开行工程车的施工）； 2. A2（在正线、辅助线的施工）； 3. A3（在车站、变电所，控制中心范围内，影响正线、辅助线行车设备运行的施工）	1.1 能熟练办理A1类施工调令工，能熟练操作"车站施工作业系统"，填写登记本，工器具、作业人数、人员等情况； 2.1 能熟练办理A2类施工调令工，能熟练操作"车站施工作业系统"，填写登记本，工器具、作业人数、人员等情况； 3.1 能熟练办理A3类施工调令工，能熟练操作"车站施工作业系统"，填写登记本，工器具、作业人数、人员等情况	1.相关规章： 《施工管理规定》； 2.相关知识： 7.2.4、10.4 施工的分类、值班员做好施工登记，清点人员、物料、询问开行计划 值班站长做好现场监督车站对A2类施工，A3类施工防护点的要求： 值班员做好施工登记，清点人员、物料、询问开行计划 值班站长做好现场监督	1.教学重点：A类施工区分、施工请销点流程及防护； 2.教学方法：课堂讲授、情景模拟； 3.培训资料：规章、PPT课件； 4.课时：理论4；实操2	1.培训练习要求：在实际工作中不定期现场模拟练习50次以上，掌握A类施工的特点、流程和相关规定，能对A类施工进行正确办理和把控，台账填写正确、整洁，无遗漏。 2.工作经验要求：能按照对A类施工进行A类施工作业流程，独立完成A类施工，掌握A类施工的相关规定，一年以上的实际工作经验，无相关内容的考核；

续表

业务模块	工作事项	业务活动	技能要求	知识和规章要求	培训方法及课时	经验要求与培训效果验证
二、施工管理	A类施工分类			车站对A2类施工请销点的要求，A3类施工防护要求		3.效果验证方式：理论考试、实操考核和现场检查
	A类施工请点程序	1.核对施工人员相关证件；2.请点施工人员总人数及所带物料清单，"施工作业令"内与实际到场施工人员数量及所带物料，并独立填写"施工物料清单"；3.登记填写"车站施工调令系统或车站施工登记本"；4.行调发布命令后设置防护；5.行调批准请点相关通知，如有，填写"施工作业令"	1.1能熟练核对施工人员相关证件，如"施工作业令""外单位施工作业许可单"，施工负责人许可证、工作证；2.1能熟练核对"施工作业令"内与实际到场施工人员数量及所带物料，并独立填写"施工物料清单"；3.1能熟练正确或填写"车站施工调令系统或施工登记本"；4.1能在行调发布命令后，辅站地下机行区设置安全防护；5.1能在行调批准请点后，辅站相关通知并相关后，独立填写"施工作业令"或登记"物品借出登记本"	1.相关规章：《施工管理规定》；2.相关知识：8.2、8.3.6"施工工具物料清单"和"施工人员清单"填写要求；《车站施工管理规范》填写要求；《施工管理规定》接挂地线要求和车站设施防护要求；施工请销点规定；施工负责人核对；主站、辅站请销点		
	A类施工销点程序	1.确认线路出清设备恢复正常；2.撤除红灯闪防护填写"车站施工调令系统"或录入施工调令系统，向行调请销点，填写；3.行调批准销点，填写	1.1能熟练确认线路出清，相关设备恢复正常；2.1能熟练撤除红灯闪防护填写"车站施工登记本"或录入施工调令系统，向行调请销点；3.1能在行调批准销点	1.相关规章：《施工管理规定》；2.相关知识：《施工销点》施工请点要求；人员、物料核对；设备回复情况		

续表

业务模块	工作事项	业务活动	技能要求	知识和规章要求	培训方法及课时	经验要求与培训效果验证
二、施工管理	A类施工销点程序	"施工作业令";开通线路,登记"调度命令登记簿"	熟练填写"施工作业令",借用的相关物品确认归还;4.1 能在开通线路后熟练登记"调度命令登记簿"			
	A类施工防护工作	1.施工作业人员相关自我防护;2.接触网停送电及接地线防护;3.开行客车、工程车的防护;4.施工红闪灯防护	1.1 能练习监督施工作业人员做好安全防护如反光衣、绝缘鞋、安全帽等;2.1 能熟练查看及施工人员停送电接触网作业完成接地线防护;3.1 能熟练完成施工区分开行客车、工程车时的防护;4.1 能熟练放置施工红闪灯防护作业	1.相关规章:《施工管理规定》;2.相关知识:施工人员自我防护要求;施工安全防护		
	C类施工分类	1.C1(大面积影响客运或影响消防设备正常使用或需要动火的作业);2.除C1外其他不影响行车的施工)	1.1 能熟练办理C1类施工调令工作,能单独操作施工调令系统,填写"车站施工登记本",工器具、人数、模拟情况;2.1 能熟练办理除C1外不影响"车站施工",填写"车站施工登记本",核对施工人员人数、工器具等情况	1.相关规章:《施工管理规定》;2.相关知识:施工工作地点和性质分类有要求	1.教学重点:C类施工区分、施工流程及防护;2.教学方法:课堂讲授、情景模拟;3.培训资料:规章、PPT课件;4.课时:理论3;实操2	1.培训练习要求:在实际工作中不定期模拟练习30次以上,掌握C类施工的样点、流程和相关规定,能对车站施工进行正确办理和把控、台账填写正确、工整、无遗漏;2.工作经验要求:能按照对车站施工管理C类施工工作的相关规定,独立完成C类施工作业,一年以上的实际施工经验,无相关内容的考核;3.效果验证方式:理论
	C类施工请点流程	1.核对施工人员证件,C1类施工或填写"车站施工登记本",填写"施工作业令";C2类施工填写"车站施工登记本";	1.1 能核对施工作业人员相关证件,如"施工作业许可令""外单位施工负责人许可证",施工作业令工作证;2.1 能熟练填写"车站施工	1.相关规章:《施工管理规定》;2.相关流程:C类施工请点核查要求;C类施工请点核查证件		

续表

业务模块	工作事项	业务活动	技能要求	知识和规章要求	培训方法及课时	经验要求与培训考核和现场检验证效果验证
二、施工管理	C类施工销点流程		工登记本"或录入施工调令系统，填写"施工作业令""物品及时登记本""物品借出登记本"；3.1 C2类施工及时填写"车站物品借出登记本"			考试、实操考核和现场检查
	C类施工销点程序	1.确认施工设备恢复正常；2.C1类填写"车站施工登记本"或操作施工调令系统；3.C2类填写"车站施工登记本"	1.1 能熟练确认施工完成后相关设备恢复正常；2.1 能熟练填写"车站施工登记本"或操作施工调令系统，借用的相关物品归还确认；3.1 能熟练填写"车站物品借出登记本"，借用C2类施工物品确认归还	1.相关规章：《施工管理规定》；2.相关知识：C类施工销点要求；设备恢复检查；C类施工登记填写		
	C类施工防护工作	C类施工防护工作	能熟练完成C类施工的防护工作	1.相关规章：《施工管理规定》；2.相关知识：施工人员防护的自我防护；施工与接触网线路防护；接触电与送电工程车、电客车的防护区间		
三、票务管理	监督客运值班员交接	1.客值清点线、票；对点钞机操作，纸币清分机的操作；2.监督客值填写票务合账；3.监督客值票务钥匙；	1.1 能清点线、票，确认无误，监督对点、票进行无误；2.1 能熟练按要求填写"车站票务合账""班员票务合账"支出运营现金收支汇总登记账	1.相关规章：《车站票务管理手册》；2.相关知识：纸币、硬币及零票的清点，若加封则按加封数量清点，零散按单独清点，正确填写台账，备品账实相符	1.教学重点：交接流程，核对线票备品账实相符，现场示范；2.教学方法：课堂讲授、角色扮演；3.培训资料：规章、PPT课件；4.课时：理论2	1.培训练习要求：在实际工作不定期现场模拟练习10次以上，了解客值交接的风险点；2.工作经验要求：确保按照要求监督值班员值班运营交接清楚；一年

续表

业务模块	工作事项	业务活动	技能要求	知识和规章要求	培训方法及课时	经验要求与培训效果验证
三、票务管理	监督客运值班员交接		4.检查票务备品备件，检查票箱、收款箱、预制票箱、单程票盒等齐全完好；5.监督交班值班员退出、接班值班员登入现金库存系统	"票据处用划线更正法；"TVM补币、补票登记合账"等各项内容填写是否有误，其余的钥匙凭加封数量清点，其相关数量及是否有损坏；票务备品是否齐全完好；账号：账号的单人单用，账号混用；交班值班时应退出账号		以上的实际工作经验；3.效果验证方式：理论考试
	传达票务管理相关通知、规定	1.每日票务相关通知、规定的传递、交接	1.1 能熟练按要求对每日票务相关通知、交接、传递，落实到当班每位员工	1.相关规章：《车站票务管理手册》；2.相关知识：票务与传递通知、接与学习相关文件	1.教学重点：相关规章的精化传达；2.教学方法：课堂讲授；3.培训资料：纸质教材；4.课时：理论1	1.培训练习要求：在实际工作不定期现场模拟练习10次以上，了解票务通知传达的注意事项及方式；2.工作经验要求：能按照要求对每日票务相关通知、规定进行传递、交接，一年以上的实际工作经验；3.效果验证方式：理论考试
	车站AFC设备操作管理	1.每日票务相关通知、规定，交接，能填写"客运营业SC设备交接班员交接"	1.1 能熟练地在运营开始前按要求查看SC设备运行状态，如TVM、AGM、BOM、	1.相关规章：《车站SC操作手册》；2.相关知识：	1.教学重点：设备状态判别及操作；2.教学方法：视频、现	1.培训练习要求：在实际工作不定期现场模拟练习10次以上，掌握AFC

续表

业务模块	工作事项	业务活动	技能要求	知识和规章要求	培训方法及课时	经验要求与培训效果验证
三、票务管理	车站AFC设备操作管理	1. ……本"； 2. 在运营开始前，登入SC查看票务设备；登入SC上TVM颜色判断TVM的状态；通过SC上BOM的颜色，判断工作状态；通过SC上闸机颜色，判断工作状态； 3. 正确操作AFC设备，完成TVM补票作业；完成TVM盘点作业；BOM打印换纸操作作业； 4. 按时巡视，密切关注AFC设备的运行状态； 5. 运营结束后，由值班站长（客运值班员）通过所有AFC设备打印机关闭所有AFC设备（设置为暂停服务），注销退出计算机	TCM等正常； 2.1 能熟练按要求操作AFC设备如登录、日常处理、退出； 3.1 能熟练巡视，密切关注AFC设备出现故障及时处理的报修； 4.1 能熟练按要求在运营结束后，由值班站长（客运值班员）通过车站计算机关闭所有AFC设备（设置为暂停服务），注销退出计算机 5.1 能熟练审核车站现金库存系统的数据是否填写正确，完整；完成后进行确认检查并提交	登入SC查看AFC设备是否正常，报红则说明设备故障； AFC设备的操作流程； 按时巡视AFC设备的运行状态；TVM是否只收硬币，闸机是否卡票等； 通过SC进行的相关操作，完成车站现金库存系统的数据是否填写正确，完整	1. 教学重点：设备操作场景示范，实操锻练法； 2. 教学方法：设备说明书、视频、PPT课件； 3. 培训资料：设备说明书、视频、PPT课件； 4. 课时：理论3；实操3	1. 培训练习要求：在实际操作现场模范规程设备； 2. 工作经验要求：对车站AFC设备操作进行管理，一年以上的实际工作经验； 3. 效果验证方式：理论考核和实操考核
	运营期间票务处理（正常情况）	1. 监督（协助）客值更换TVM线箱，包括纸币线箱、硬币线箱； 2. 监督（协助）客值更换TVM找零钱箱； 3. 监督（协助）客值更换AGM/TVM票箱	1.1 能熟练正确监督（协助）客值更换TVM线箱，保证补入的线箱正确，ID生成； 2.1 能熟练正确监督（协助）客值更换TVM找零钱箱，保证补入金额正确，补币箱正确，ID生成； 3.1 能熟练正确监督（协助）客值更换AGM/TVM票箱，保证补入的票箱正确，ID生成	1.相关规章：《车站票务管理手册》； 2.相关知识：监督客值进行更换TVM线箱的相关操作，监督客值进行更换TVM、BOM、AGM零钱箱的相关操作，监督值进行TVM、BOM、AGM车票回收工作	1. 教学重点：设备操作及特殊情况、实务事务处理； 2. 教学方法：课堂讲授、实操锻练法、情景模拟； 3. 培训资料：设备说明书、视频、PPT课件； 4. 课时：理论5；实操8	1. 培训练习要求：在实际工作不定期地场模拟练习10次以上，了解客值更换TVM线箱、票箱及找零钱箱的风险点； 2. 工作经验要求：能按照要求监督客值进行TVM换票箱的实际工作经验，一年以上； 3. 效果验证方式：理论和实操考试

续表

业务模块	工作事项	业务活动	技能要求	知识和规章要求	培训方法及课时	经验要求与培训效果验证
二、票务管理	运营期间票务处理（特殊情况）	1.TVM卡币、卡票、少找零、少出票、发售无效票； 2.TVM多零票； 3.乘客退票； 4.出闸机扣费不对； 5.闸机被误用； 6.闸机卡票	1.1 能熟练正确处理TVM卡币、卡票、少找零、少出票、发售无效票； 2.1 能熟练正确处理TVM多零票； 3.1 能熟练正确处理乘客退票； 4.1 能熟练按要求处理出闸机扣费不对情况； 5.1 能熟练按要求处理闸机被误用情况； 6.1 能熟练按要求处理闸机卡票	1.相关规章： 《车站票务管理手册》； 2.相关知识： 填写乘客事务处理单，退还乘客相应的购票金额（少找零金额）；将故障TVM进行暂停服务，报票务二调；退票流程：客服中心的票务加封相关处理流程及相应票的发售；免费出站票的处理；客值站对卡票的处理		
	特殊情况下票务处理	1.车站被劫时的票务处理； 2.降级模式时的票务处理，降级模式有列车故障、出站免检、日期免检、车费免检； 3.紧急模式时的票务处理	1.1 能熟练被劫持时的票务工作； 2.1 能熟练降级模式时的票务工作，进行出站免检、时间免检、日期免检、车费免检； 3.1 能熟练紧急模式时的票务工作	1.相关规章： 《车站票务管理手册》； 2.相关知识： 5.7.1 车站被劫时的票务处理； 5.7.2 降级模式时的票务处理； 5.7.3 紧急模式时的票务处理	1.教学重点：特殊情况票务处理； 2.教学方法：课堂讲授、情景模拟； 3.培训资料：规章、PPT课件； 4.课时：理论1；实操3	1.培训练习要求：在实际工作不定期现场模拟练习10次以上，了解处理的风险点； 2.工作经验要求：能按照要求完成降级模式的执行，一年以上的实际工作经验； 3.效果验证方式：理论考试
	运营结算作业	1.监督（协助）客值回收AFC设备内的车票及票款； 2.监督（协助）客值完成清点工作； 3.监督（协助）客值填写票务报表及报表录入现金相关库存系统	1.1 能熟练按要求监督（协助）客值回收AFC设备内的车票及票款； 2.1 能熟练按要求监督（协助）客值完成清点工作； 3.1 能熟练按要求监督（协助）客值填"营收日报""车票清点记录表"	1.相关规章： 《车站票务管理手册》； 2.相关知识： 监督客值进行TVM、BOM、AGM车票回收工作；监督客值完成的相关票补操作；车票清点工作；对本班次的票务报表进行审核，认真审核车站现金	1.教学重点：结算清点； 2.教学方法：课堂讲授、实操锻炼法； 3.培训资料：说明书、PPT课件； 4.课时：理论2；实操4	1.培训练习要求：在实际工作不定期现场模拟练习10次以上，了解运营结算作业可能出现差错的风险点； 2.工作经验要求：能按照结算监督客值完成运营结算作业，一年以上的实际工作经验；

续表

业务模块	工作事项	业务活动	技能要求	知识和规章要求	培训方法及课时	经验要求与培训效果验证
三、票务管理	运营结算作业		库存日报"报表上交明细表""特殊票登记表"等	库存系统的数据是否填写正确;在规定时间内上交		3.效果验证方式:理论考试
	补币补票作业	1.监督(协助)客值确认需补票,清点TVM的现金及备用金; 2.监督(协助)客值完毕后的现金、票箱清入及票箱; 3.监督(协助)客值填写相应台账并录入现金库存系统; 4.监督(协助)客值完成补币补票装机作业	1.1 能熟练按要求监督(协助)客值确认需补票、补币的现金及备用金录入TVM的备用金; 2.1 能熟练按要求监督(协助)客值将纸币、硬币、票票分别补入零票箱、硬币箱、票箱; 3.1 能熟练按要求填写"TVM""客票补票补币台账"并录入补币补票系统; 4.1 能熟练按要求监督(协助)客值完成补币补票装机作业	1.相关规章:《车站票务管理手册》; 2.相关知识:补币、补票的相关操作;监督(协助)客值的执行;对本班次审核补票报表是否填写正确;补币、补票双人清点的执行;双人审核车站报表现金库存系统的相关操作;在规定时间内的相关操作执行	1.教学重点:补币流程及系统操作; 2.教学方法:课堂讲授、实操锻炼法; 3.培训资料:规章、PPT课件; 4.课时:理论2;实操2	1.培训练习要求:在实际工作不定期现场模拟练习10次以上,掌握补币补票操作流程及操作过程中存在的风险点; 2.工作经验要求:补币补票作业进行补币补票工作经验以上的实际; 3.效果验证方式:理论考试和实操考核
	封包解行	1.解行的票款、填写"现金缴款单"; 2.尾箱交接,办理交手续,操作押运人员的识别仪器	1.1 能熟练按要求将当日需解行的票款打包; 2.1 能熟练按要求接,办理交接进行尾箱交接,确认银行人员的手续签名	1.相关规章:《车站票务管理手册》; 2.相关知识:客值根据"收入日报"上的营收总额封包需要的纸币封装的票款的操作,硬币封装的要求;装箱封装移交的要求;"上门服务存箱封交清单"以及"现金缴款单"封装要求	1.教学重点:封包解行的操作; 2.教学方法:课堂讲授、实操锻炼法; 3.培训资料:规章、PPT课件; 4.课时:理论1;实操1	1.培训练习要求:在实际工作不定期现场模拟练习10次以上,掌握封包程序; 2.工作经验要求:封包解行,一年以上的实际工作经验; 3.效果验证方式:理论考试和实操考核

续表

业务模块	工作事项	业务活动	技能要求	知识和规章要求	培训方法及课时	经验要求与培训效果验证
三、票务管理	兑零作业	1.兑零准备，填写相应合账，将需兑零的备用金存放； 2.实交银行了解银行人员身份，将相应兑零箱交于他并填写相应合账； 3.将银行人员带来的已兑换好的零钱进行确认	1.1 能熟练按要求做好兑零准备，填写相应合账，将需兑零的备用金放入解款箱并上锁； 2.1 能熟练按要求核实银行人员身份，将需兑零的相关合账上的体现与记录，对人员信息的核查；相关账的填写；按照"先收后付"的原则办理；相关合账的填写； 3.1 能熟练按要求将兑换好的零钱进行确认	1.相关规章： 《车站票务管理手册》； 2.相关知识： 兑换现金额需在相关合账上的体现与记录，对人员信息的核查；相关账的填写；按照"先收后付"的原则办理；相关合账的填写	1.教学重点：兑零流程及实际操作； 2.教学方法：课堂讲授、实操锻炼法； 3.培训资料：规章、PPT课件； 4.课时：理论1；实操1	1.培训练习要求：在实际工作不定期现场模拟练习10次以上，掌握规定兑零操作业的实际操作流程； 2.工作经验要求：能按照要求进行兑零作业，一年以上的实际工作经验； 3.效果验证方式：理论考试和实操考核
	监督递交报表	1.每日需上交的报表； 2.递交给当分人员	1.1 能熟练正确检查填写报表正确无误后加封； 2.1 能熟练按要求递交给分人员	1.相关规章： 《车站票务管理手册》； 2.相关知识： 每日需确认相关要上交人员的身份； 表、"尾箱等实物交接登记簿"的填写	1.教学重点：监督递交报表的内容； 2.教学方法：课堂讲授、实操锻炼法； 3.培训资料：规章、PPT课件； 4.课时：理论1	1.培训练习要求：在实际工作不定期现场模拟练习10次以上，熟练掌握各类票务报表的审核与每日票务报表； 2.工作经验要求：能按照要求每日需上交的实际工作经验； 3.效果验证方式：理论考试和实操考核
四、客运服务	车站开站	1.开启客运服务设施，按时正确及时开启扶梯TVM、争取及时开启垂直电梯； 2.查看客运服务设施运行情况、掌握扶梯垂直电梯的运行状态，监控垂直电梯的运行状态；在SC上监控AFC设备运行状态、IBP盘和ISCS监控	1.1 能熟练按要求开启电扶梯、垂梯等客运服务设备； 2.1 能熟练按要求查看客运服务设施运行情况	1.相关规章： 《站务运作规则》； 2.相关知识： 首班载客列车全部到达前10分钟开启全部客运服务设备设施的运作情况	1.教学重点：相关设备状态判断及操作； 2.教学方法：课堂讲授、现场示范、实操练法； 3.培训资料：规章、PPT课件、设备说明书； 4.课时：理论2；实操1	1.培训练习要求：在实际工作不定期现场模拟练习10次以上，能熟练开启客运服务设施，了解客运服务设备故障现象； 2.工作经验要求：能按照要求独立开启客运服务设备设施，一年以上的实际工作经验； 3.效果验证方式：理论考试和实操考核

续表

业务模块	工作事项	业务活动	技能要求	知识和规章要求	培训方法及课时	经验要求与培训效果验证
四、客运服务	乘客事务处理（非投诉处理）	1. 咨询或建议性乘客事务处理； 2. 表扬性乘客事务处理； 3. 乘客寻人求助处理； 4. 乘客寻物求助处理； 5. 乘客物品掉落轨道处理； 6. 乘客纠纷处理； 7. 酒醉乘客处理； 8. 乘客晕倒乘客处理	1.1 能熟练正确地对乘客提出的问题或不解之处进行回答，对乘客提出的问题或建议向管理部门反映； 2.1 能熟练正确地对乘客获得帮助的工作人员希望向其表达感谢进行处理； 3.1 能熟练正确地对乘客提出有困难问题给予帮助； 4.1 能熟练地寻找遗失物品； 5.1 能熟练正确地处理乘客物品掉落轨道，包括与乘客物品侵限和物品不影响行车安全； 6.1 能熟练处理乘客纠纷，包括乘客与乘客纠纷，员工与乘客纠纷； 7.1 能熟练正确地处理，区分醉酒程度，如重醉、醉酒闹事的处理； 8.1 能熟练处理乘客晕倒救治及跟进处理	1. 相关规章：《乘客事务处理程序》； 2. 相关知识：处理原则：首问责任制、现场处理原则，乘客满意原则；处理后的流程；处理的信息传递工作；适用与受理的范围，适用及后期处理；乘客轨道掉落处理程序；乘客纠纷处理程序；酒醉乘客处理；乘客晕倒乘客处理程序；	1. 教学重点：各类事务处理技巧； 2. 教学方法：课堂讲授、情景模拟； 3. 培训资料：规章、PPT课件； 4. 课时：理论8；实操12	1. 培训练习要求：在实际工作不定期现场模拟练习10次以上，掌握中级服务技巧，熟练使用乘客事务处理的有关规定。 2. 工作经验要求：能按照独立处理乘客事务，一年以上的实际工作经验； 3. 效果验证方式：理论考试和实操考核
	乘客事务处理（投诉处理）	1. 乘客投诉分类，有责投诉和无责投诉的划分及定义；	1.1 能熟练正确地分类，按投诉方式、投诉信息内容进行初步	1. 相关规章：《乘客投诉处理办法》； 2. 相关知识：	1. 教学重点：投诉处理技巧； 2. 教学方法：课堂讲授、	

续表

业务模块	工作事项	业务活动	技能要求	知识和规章要求	培训方法及课时	经验要求与培训效果验证
四、客运服务	乘客事务处理（投诉处理）	2. 乘客投诉界定标准；3. 乘客投诉界定要素；4. 乘客投诉处理原则；5. 乘客投诉处理	2.1 能熟练正确地对乘客投诉界定标准，熟练地以行为、涉及金额等的影响界定；3.1 能正确掌握乘客投诉要素，包括人员服务类和非人员；4.1 能正确掌握乘客投诉处理原则；5.1 能熟练正确处理乘客投诉	息来源；非投诉性乘客事务处理与投诉性乘客事务处理；坚持"以礼为先、客观、公平、公正"的原则；处理问题时应注意的影响方法；处理问题的方法；处理相关程序；首诉责任制、现场处理原则、处理问题注意的注意性、易性	1. 教学重点：各类客流组织流程及技巧；2. 教学方法：课堂讲授、情景模拟；3. 培训资料：规章、视频、PPT课件；4. 课时：理论4	
	客流组织	1. 正常情况下的客流组织；2. 非正常情况下的客流组织；3. 处理大客流	1.1 能熟练正确组织正常情况下的客流；2.1 能熟练正确组织非正常情况下的客流组织；3.1 能熟练正确处理大客流	1. 相关规章：《客流组织规则》；2. 相关知识：换乘客流组织包括站内换乘、通道换乘与站外换乘；非正常情况下，可以采取客流组织、疏散、大客流组织的特殊组织；信息汇报流程；大客流组织的基本方式、三级客流组织与决策；大客流组织的措施	1. 教学重点：拾遗物品保管流程；2. 教学方法：课堂讲授；3. 培训资料：规章、视频、PPT课件；4. 课时：理论3；实操2	1. 培训练习要求：在实际工作不定期现场模拟练习10次以上，掌握车站组织及客流控制的时机；2. 工作经验要求：能按照要求独立判断及应对需要实施的客流控制所采取的措施，一年以上的实际工作经验；3. 效果验证方式：理论考试和实际考核
	拾遗物品管理	1. 车站范围内的拾遗物；2. 拾遗物品在车站的存放与保管；3. 拾遗物品登记清点与人领取拾遗物品的认领；4. 负责通知当月拾遗物品办理的专人负责按规定处理	1.1 能熟练按要求接收车站范围内的拾遗物；2.1 能熟练按要求负责拾遗物品在车站的保管与存放；3.1 能熟练按要求负责拾遗物品登记清点等工作；4.1 能熟练按要求负责拾遗物品的交接与安排	1. 相关规章：《拾遗物品保管规定》；2. 相关知识：拾遗物品的交接处理；车站接受的拾遗物品人员认领的拾遗物品；物品情况，做好台账的填写、相关	1. 教学重点：拾遗物品保管流程；2. 教学方法：课堂讲授；3. 培训资料：规章、PPT课件；4. 课时：理论2	1. 培训练习要求：在实际工作不定期现场模拟练习10次以上，掌握拾遗物品的有关规定、台账填写正确、工整，无遗漏；2. 工作经验要求：能按照实际处理拾遗物品，一年以上；3. 效果验证方式：按要求处理拾遗物品，并做好台账记录

续表

业务模块	工作事项	业务活动	技能要求	知识和规章要求	培训方法及课时	经验要求与培训效果验证
	拾遗物品管理	5.无人认领拾遗物品	5.1 能熟练按要求无人认领拾遗物品处理	通知人领取及按规定办理当月拾遗物品的认领工作；认领及移交情况进行登记；告知服务热线以便查询；拾遗物品在安保部超过三个月的，每个季度清理一次，无人认领的银行卡、社保卡等，进行分类填写与处理		的实际工作经验；3.效果验证方式：理论考试
四、客运服务	乘客服务工作标准	1.仪表着装标准；2.行为举止标准；3.服务语言标准；4.环境卫生标准；5.服务意识标准；6.岗位工作标准；7.服务设备设施状态标准；8.其他	1.1 能熟练按要求遵守仪表着装标准；2.1 能熟练按要求遵守行为举止标准；3.1 能熟练按要求遵守服务语言、十字文明服务用语；4.1 能熟练按要求遵守环境卫生标准，时时检查站台、站厅、公共区、公区卫生状况；5.1 能熟练按要求遵守服务意识标准；6.1 能熟练按要求遵守岗位工作标准；7.1 能熟练按要求遵守服务设备设施状态标准；8.1 能熟练按要求遵守其他相关标准	1.相关规章：《乘客服务工作标准》；2.相关知识：统一服装、佩戴领带、肩章等；制服上岗时的行为举止标准；在岗时文明用语与十字文明用语；生整体仪表，协调美观，保持良好的服务礼貌，言行举止要文明规范，主动与乘客服务与设备设施服务技巧；岗位服务设备设施管理标准；车站广播播放效果标准	1.教学重点：各类服务规定；2.教学方法：课堂讲授、视频；3.培训资料：规章、视频、PPT课件；4.课时：理论2	1.培训练习要求：在实际工作不定期现场模拟练习10次以上，掌握乘客服务工作标准；2.工作经验要求：能按照乘客服务工作标准执行，对班中员工举仪容仪表进行检查并判正，一年以上工作经验；3.效果验证方式：理论考试
	边门管理	1.车站边门的日常管理	1.1 能熟练按要求负责车站边门的日常管理，做好车站边门紧急情况下的管理	1.相关规章：《车站边门管理办法》；2.相关知识：边门在运营时间内应该设为常闭状态；符合条件的需要登记后进入边门	1.教学重点：边门管理规定；2.教学方法：课堂讲授；3.培训资料：规章、PPT课件；4.课时：理论1	1.培训练习要求：在实际工作不定期现场模拟练习10次以上，掌握边门管理规定；2.工作经验要求：能按照工作判断是否允许开边门

续表

业务模块	工作事项	业务活动	技能要求	知识和规章要求	培训方法及课时	经验要求与培训效果验证
四、客运服务	边门管理			站务人员需要检查相关证件；特殊情况下的边门管理		门一年以上的实际工作经验；3.效果验证方式：理论考试
	客伤	1.学习客伤相关预案等相关文件；2.客伤处理，做好录像留存，寻找目击证人，避免乘客二次受伤，尽快对受伤的乘客进行救治；3.信息汇报和证据留存，在发生2分钟内及时汇报上级，做好信息传递，及时保留证据；4.积极处理后续事宜，能熟练按要求做好后续工作	1.1 能预先学习客伤相关预案等相关文件，并做到预案等融会贯通；2.1 遇事沉着不慌张，积极处理，及时到达处理现场，按预案文本要求进行处理；3.1 能熟练按要求及时汇报上级，做好信息传递及时保留证据；4.1 能熟练按要求积极处理后续安全保险、分管工程师、分管部安全保部收集乘客资料，协助安保部进行客伤谈判	1.相关规章：《非职工伤亡事故（事件）调查处理规则》；2.相关知识：《非职工伤亡事故（事件）处理办法》；5.1 预防为主，防救结合，属地管理，救助优先，层级处置，无责免赔，有责赔偿；5.3；5.4.2；5.7	1.教学重点：客伤处理流程及信息汇报；2.教学方法：课堂讲授、视频、情景模拟、案例剖析；3.培训资料：规章、视频、PPT课件；4.课时：理论6；实操6	1.培训练习要求：在实际工作不定期现场模拟练习10次以上，掌握客伤处理相关规定；2.工作经验要求：能按照要求完成客伤处理事件，一年以上的实际工作经验；3.效果验证方式：理论考试和实操考核
五、安全管理	车站关站	1.清客，播放请客的广播，关闭卷闸门，张贴车站暂停服务的相关告示；2.监督关闭值行车相应的客服设备设施；3.其他车站做好列车越站通过的广播	1.1 能熟练按要求清客，关闭卷闸门；2.1 能熟练按要求监督运行相应客服设备设施	1.相关规章：《非职工伤亡事故（事件）调查处理规则》；2.相关知识：车站关站程序4.5	1.教学重点：关站流程；2.教学方法：课堂讲授、实操锻练法；3.培训资料：规章、PPT课件；4.课时：理论2；实操3	1.培训练习要求：在实际工作不定期现场模拟练习10次以上，掌握关站符合程序及卷帘门操作规范；2.工作经验要求：能按照要求完成关站相关工作，一年以上的实际工作经验；3.效果验证方式：理论考试和实操考核
	车站消防安全管理	1.消防设备设施安全巡视检查及时更换，巡视周期；2.巡视的内容，消火栓	1.1 能熟练按要求对消防设备设施巡视检查及时更换	1.相关规章：《消防管理制度文本》；2.相关知识：	1.教学重点：消防巡视要求及实操演练；2.教学方法：课堂讲授	1.培训练习要求：在实际工作中不定期模拟练习40次以上，能正确开

续表

业务模块	工作事项	业务活动	技能要求	知识和规章要求	培训方法及课时	经验要求与培训效果验证
五、安全管理	车站消防安全管理	内配件是否正常和齐全巡视；2.消防台账的填写；3.消防演练培训及实施；《防火巡查记录本》《消防控制室值班记录本》《消防栓点检表》	2.1 能熟练按要求进行消防演练培训及实施；3.1 能熟练按要求填写消防台账检查	车站消防设施巡视要求，车站消防设施更换要求，车站消防设施更换消防器材检查要求；车站消防培训演练地点及要求；车站消防台账填写要求；车站消防巡视；火灾汇报	情景模拟；3.培训资料：规章、案例剖析、PPT课件；4.课时：理论2	展车站消防设施的检查、更换和车站的消防演练、消防台账填写正确工整，无遗漏；2.工作经验要求：能按规定开展车站消防设施更换、独立地检查消防设施，独立填写消防台账，正确制定车站消防演练计划及实施，一年以上的防火检查经验，无相关内容的实操考核；3.效果验证方式：理论考试，实操考核和现场检查
	车站设备安全管理	1.行车设备设施安全管理；2.票务设备设施安全管理；3.服务设备设施安全管理	1.1 能熟练按要求对行车设备设施负责安全管理；2.1 能熟练按要求对票务设备设施负责安全管理；3.1 能熟练按要求对服务设备设施负责安全管理	1.相关规章：《乘客服务管理界面》；2.相关知识：《设施设备管理界面》车站行车设备设施管理的要求；服务设备设施巡视	1.教学重点：各类设施设备管理规定；2.教学方法：课堂讲授；3.培训资料：规章、PPT课件；4.课时：理论2	在实际工作中不定期现场模拟练习40次以上，能开展车站设备设施进行的行车、票务、服务管理；2.工作经验要求：能独立按那要求对车站进行行车、票务、服务、安全管理工作经验，一年以上的实际工作经验，无相关内容的考核；3.效果验证方式：理论考试和现场检查
	人员安全管理	1.人员日常安全管理；2.职业健康安全与劳动保护；3.安全教育培训	1.1 能熟练对人员日常安全管理；2.1 能熟练那要求进行劳动保护	1.相关规章：《安全生产管理制度》《劳动防护用品管理办法》；2.相关知识：劳动安全与职业健康	1.教学重点：安全管理及防护；2.教学方法：课堂讲授、视频教学、案例剖析；3.培训资料：规章、视频、	在实际工作中不定期现场模拟练习40次以上，能对车站人员的安全管理，进行开展劳动安全与职业健康、劳动保护

续表

业务模块	工作事项	业务活动	技能要求	知识和规章要求	培训方法及课时	经验要求与培训效果验证
五、安全管理	人员安全管理		3.1 能按要求进行安全教育培训	对员工进行安全教育，开展安全检查，漫制造章考核；组织特殊工种培训和生产安全事故的调查、参与生产安全事故的考评；做好安全卫生工作的登记、台账管理；负责职工安全与劳动保护培训工作的考核，负责其他安全生产工作；与劳动者签订劳动合同时，应将可能产生职业病危害的岗位及其后果、劳动保护措施和待遇如实告知劳动者，并在劳动合同中写明	4.课时：PPT课件；理论2	1.安全教育培训，台账填写正确、切实，无遗漏；2.工作经验要求：能独立按要求进行职业安全教育和健康教育，有效地开展车站人员安全管理，一年以上的实际工作经验，无相关内容的考核；3.效果验证方式：理论考试和现场检查
六、故障应急处理	安全类设备设施故障应急处理	1.消防类设施设备故障应急处理；2.应急电源故障应急处理；3.疏散通道门禁故障应急处理	1.1 能熟练按要求对消防类设施设备做好简单故障应急处理；1.2 能熟练按要求对应急电源做好简单故障应急处理并解释工作；2.1 能熟练按要求对简单故障应急处理；2.2 能熟练按要求做好解释工作；3.1 能熟练按要求对疏散通道门禁简单故障应急处理	1.相关规章：《给排水专业的站务员应急操作指导书》；车站大面积停电现场处置方案；2.相关知识：故障判断，及时现场查看，简单操作；信息汇报流程、汇报内容、时间地点，运营影响程度和人、物的基本情况；现场处置；相关人员按照上级决策及时安排站、疏散站内乘客阻止乘客进入站的门禁释放跟全站内乘客个别禁释放	1.教学重点：应急处理流程及设备操作；2.教学方法：课堂讲授、案例剖析、实操锻炼法；3.培训资料：规章、说明书、PPT课件；4.课时：理论7；实操9	1.培训练习要求：在实际工作中不定期模拟练习50次以上，能简易处理票务和服务类故障并及时报告相关部门，正确填写台账；2.工作经验要求：能独立对车站行车、安全、票务、故障类设备设施简单故障处理和服务类简单故障进行归口上报，一年以上的实际工作经验，无相关内容的考核；3.效果验证方式：理论考试、现场检查

续表

业务模块	工作事项	业务活动	技能要求	知识和规章要求	培训方法及课时	经验要求与培训效果验证
六、故障应急处理	行车类设备、设施故障	1.屏蔽门故障应急处理；包括单挡屏蔽门故障应急处理；多挡屏蔽门故障应急处理；屏蔽门玻璃破碎的应急处理；整侧屏蔽门无法打开故障应急处理；整侧屏蔽门无法关闭的应急处理； 2.HMI故障应急处理； 3.综合监控设备故障应急处理；包括：计轴标色光带处理；计轴白色光带处理；ATS工作站重启的处理；道岔挤岔报警的处理； 4.通信设备故障应急处理；包括手机、固定电话全部通信中断的处理；网络中断的处理； 5.信号系统故障应急处理	1.1 能熟练按要求进行屏蔽门简单故障应急处理； 2.1 能熟练按要求进行HMI简单故障应急处理； 3.1 能熟练按要求进行综合监控简单故障应急处理； 4.1 能熟练按要求进行通信设备简单故障应急处理； 5.1 能熟练按要求进行信号系统简单故障应急处理	1.相关规章：《屏蔽门故障简易应急处理程序》；《行车组织规则》； 2.相关知识：单扇和整侧屏蔽门简单处理、滑裂、滑动门未关闭、滑动门爆裂处理；PSL跟LCB的简单处理；HMI登录的要求、故障汇报的要求；HMI登录区域的选择、站控遥控操作、人工准备进路；HMI显示状态判断；简单故障处理、通信电话使用、应急复操、线路道岔操作	1.教学重点：应急处理流程及设备操作； 2.教学方法：课堂讲授、视频教学、预案演练、案例剖析； 3.培训资料：规章、设备说明书、PPT课件； 4.课时：理论14；实操20	
	票务类设备、设施故障	1.BOM故障应急处理；全部BOM故障应急处理； 2.TVM故障应急处理；TVM卡纸币、卡硬币、少找零、卡票及全部TVM故障无法使用的应急处理； 3.AGM故障应急处理； 4.SC故障应急处理；	1.1 BOM简单故障应急处理； 2.1 TVM简单故障应急处理； 3.1 AGM简单故障应急处理； 4.1 SC简单故障应急处理； 5.1 能熟练其他票务类简单故障应急处理	1.相关规章：《票务应急处理办法》； 2.相关知识："半自动售票机故障"的应急处理程序；乘客是否在付费区、市民卡和无车乘客的处理、单程票、TVM结构及各部门处理要求；TVM简单故障处理；自动售票机故障或能力不足的应急处理程序、TVM	1.教学重点：应急处理流程及设备操作； 2.教学方法：课堂讲授、预案演练、案例剖析； 3.培训资料：规章、设备说明书、PPT课件； 4.课时：理论2；实操3	

续表

业务模块	工作事项	业务活动	技能要求	知识和规章要求	培训方法及课时	经验要求与培训效果验证
六、故障应急处理	票务类设备、设施故障	5. 其他票务类故障应急处理		卡币卡票处理要求；出站闸机卡票处理要求；闸机门打不开故障处理要求；闸机头灯故障处理要求；闸机结构及组成；闸机简单故障处理；ACC架构；车站SC登录及操作；票务设备故障及相应处理程序		
	服务类设备、设施故障	1. 给排水故障应急处理； 2. 电扶梯、垂直电梯故障应急处理，包括停止、扶梯逆行、自动停止响应、扶梯异响应急处理；垂直电梯困人； 3. PIS故障应急处理； 4. 车站广播故障应急处理； 5. 出入口卷帘门故障应急处理； 6. 车站空调系统故障应急处理； 7. 照明系统故障应急处理； 8. 公共洗手间服务设施破损应急处理； 9. 通风系统故障应急处理； 10. 地面大理石破损应急处理； 11. 车站搪瓷钢板破损应急处理；	1.1 能熟练按要求进行给排水简单故障应急处理； 2.1 能熟练按要求进行电扶梯、垂直电梯简单故障应急处理； 3.1 简单故障处理，PIS简单故障应急处理； 4.1 能熟练按要求进行车站广播简单故障应急处理； 5.1 能熟练按要求进行出入口卷帘门简单故障应急处理； 6.1 能熟练按要求进行车站空调系统简单故障应急处理； 7.1 能熟练按要求进行照明系统简单故障应急处理； 8.1 能熟练按要求进行公共洗手间服务设施破损应急处理； 9.1 能熟练按要求进行通风系统简单故障应急处理；	1. 相关规章：《给排水操作指导书》应急操作人员； 2. 相关知识：简单故障、报修、防护；小蜜蜂、扩音器	1. 教学重点：备课流程及设备操作应急处理； 2. 教学方法：课堂讲授、预案锻炼、案例剖析、实操演练； 3. 培训资料：规章、设备说明书、PPT课件； 4. 课时：理论13；实操15	

续表

业务模块	工作事项	业务活动	技能要求	知识和规章要求	培训方法及课时	经验要求与培训效果验证
六、故障应急处理	服务类设备、设施故障	12.车站导向设施故障现场处置；13.公共区吊顶漏水应急处置	10.1 能熟练处理地面大理石破损应急处理；11.1 能熟练按要求进行车站搪瓷钢板破损应急处理；12.1 能熟练按要求进行车站导向设施简单故障应急处理；13.1 能熟练按要求进行公共区吊顶漏水应急处理			
七、突发事件（故）处理	公共卫生事件（故）类	1.乘客突发疾病现场处置；2.车站接待公共媒体现场处置；3.车门屏蔽门夹人、夹物未动车现场处理；4.站台落物、掉人现场处置；5.人员擅入机行区现场处置；6.道床伤亡现场处置；7.车站或连通物业火灾现场处置；8.区间设备火灾现场处置；9.列车火灾现场处置；10.正线车站大面积停电现场处置	1.1 能熟练正确进行乘客突发疾病现场处置；2.1 能熟练接待公共媒体现场处置；3.1 能熟练正确地对车门屏蔽门夹人、夹物简单处理；3.2 能熟练地对乘客做好解释工作；4.1 能熟练地处理站台落物、掉人影响行车的情况；4.2 能熟练地处理站台落物、掉人不影响行车的情况；4.3 能熟练正确地对乘客做好解释；5.1 能熟练正确现场对人员擅入机行区现场处置；	1.相关规章：《乘客突发疾病现场处置方案》；《车站接待公共媒体现场处置方案》；《站台落物、夹人现场处置方案》；《人员擅入机行区现场处置方案》；《道床伤亡现场处置方案》；《车站或者连通物业火灾现场处置方案》；《区间设备火灾现场处置方案》；《列车火灾现场处置方案》；《正线车站大面积停电现场处置方案》；2.相关知识：5.2.6 信息报告流程和现场处置	1.教学重点：现场处置流程；2.教学方法：课堂讲授、视频教学、案例剖析、预案演练；3.培训资料：规章、视频、PPT课件；4.课时：理论13；实操13；26	1.培训练习要求：在实际工作中不定期现场模拟练习15次以上，能对车站公共卫生事件（故）进行独立按要求现场处置；2.工作经验要求：能独立按要求对车站公共卫生事件（故）进行正确的现场处置，一年以上的实际工作经验，无相关考核；3.效果验证方式：理论考试和现场检查

续表

业务模块	工作事项	业务活动	技能要求	知识和规章要求	培训方法及课时	经验要求与培训效果验证
	公共卫生事件（故）类		5.2 能熟练地对乘客做好解释； 6.1 能熟练正确地对造成伤亡现场简单处置； 6.2 能熟练完成对乘客通后复工作，做好乘客解释； 7.1 能熟练正确地对车站或连通物业火灾现场简单处置； 8.1 能熟练正确设备火灾现场简单处置； 9.1 能熟练现场简单处置； 10.1 能熟练正确停电对正线车火灾现场或大面积车站现场简单处置			
七、突发事件（故）处理	票务事件（故）类、行车事件（故）类	1. AFC系统设备故障； 2. AFC系统设备能力不足； 3. "列车晚点"时的应急处理； 4. "运营故障需清客"的应急处理； 5. "列车越站"的应急处理； 6. "车站出现火灾等紧急情况"的应急处理	1. 能熟练正确处理简单AFC系统设备故障； 2. 能熟练正确处理简单AFC系统设备能力不足； 3. 能熟练正确处理简单的"列车晚点"时的应急处理； 4. 能熟练正确处理简单的"运营故障需清客"的应急处理； 5. 能熟练正确处理简单的"列车越站"的应急处理； 6. 能熟练正确处理简单的"车站出现火灾等紧急情况"的应急处理	1. 相关规章： 《AFC故障处置方案》；《车站客运组织方案》；《车站或连通物业火灾现场处置方案》； 2. 相关知识： 7.1和7.2现场处置； 播放相应广播及按照规定办理退票	1. 教学重点：现场处置流程； 2. 教学方法：课堂讲授、预案演练、视频教学； 3. 培训资料：规章、视频、PPT课件； 4. 课时：理论3；实操4	1. 培训练习要求：在实际工作中不定期现场模拟练习30次以上，掌握车站票务流程和要点，能对车站票务事件（故）进行现场处置； 2. 工作经验要求：能独立按要求对车站票务事件（故）进行正确、及时的现场处置，一年以上的实际工作经验，无相关内容的考核； 3. 效果验证方式：理论考试和现场检查

续表

业务模块	工作事项	业务活动	技能要求	知识和规章要求	培训方法及课时	经验要求与培训效果验证
七、突发(故)事件处理	社会安全事件(故)类	1.职工人身伤亡现场处置； 2.车站接到炸弹恐吓现场处置； 3.车站突发安治突发事件现场处理； 4.车站发现可疑物品现场处置； 5.车站发现可疑人员现场处置； 6.车站清客现场处置； 7.公交接驳乘客现场处置； 8.车站乘客紧急疏散现场处置； 9.区间水淹时现场处置； 10.车站、区间水淹时现场处理	1.1 能熟练正确处理简单的职工人身伤亡现场处置； 2.1 能熟练正确处理简单的车站接到炸弹恐吓现场处置，并及时报告驻站民警； 3.1 能熟练正确处理简单的车站突发安治事件现场处置，并及时报告驻站民警； 4.1 能熟练正确处理简单的车站发现可疑物品现场处置，并及时报告驻站民警； 5.1 能熟练正确处理简单的车站发现可疑人员现场处置，并及时报告驻站民警； 6.1 能熟练正确清释解做好车站乘客现场工作； 7.1 能熟练正确清释解做好公交乘客接驳现场工作； 8.1 能熟练正确处理简单的车站乘客紧急疏散现场处置； 9.1 能熟练正确处理简单的区间水淹现场处置； 10.1 能熟练正确处理简单的车站、区间发现问题及时上报	1.相关规章：《职工人身伤亡现场处置方案》；《车站接到炸弹恐吓现场处置方案》；《车站突发安治事件现场处置方案》；《车站发现可疑物品现场处置方案》；《车站发现可疑人员现场处置方案》；《公交乘客接驳现场处置方案》；《车站乘客紧急疏散现场处置方案》；《区间水淹时现场处置方案》； 2.相关知识； 7 信息汇报时现场知识处置	1.教学重点：现场处置流程； 2.教学方法：课堂讲授、视频教学、案例剖析； 3.培训资料：应急预案、规章、视频、PPT课件； 4.课时：理论10；实操30	1.培训工作中不定期以上，实际练习30次以上，掌握模拟安全事件(故)流程和要求，能对现场社会安全事件(故)进行处置； 2.工作经验要求对社会安全处置事件独立按正确，防止人身伤亡的现场处置，一年以上的实际工作经验，无相关内容的发生； 3.效果验证方式：理论考试和现场检查
	自然灾害类	1.恶劣天气车站现场处置； 2.地震应急处置	1.1 能熟练正确处理简单的恶劣天气如暴雨雪灾、台风灾害等现场处置； 2.1 能熟练应急处置地震时的区间问题及时上报	1.相关规章：《恶劣天气》《车站乘客疏散现场处置方案》； 2.相关知识； 7 信息汇报流程和8 现场处置	1.教学重点：应急处置流程； 2.教学方法：课堂讲授、预案演练； 3.培训资料：规章、PPT课件； 4.课时：理论2；实操6	

注：带*号为选学内容。

参考文献

[1] 毛保华. 城市轨道交通系统运营管理[M]. 北京：人民交通出版社，2006.
[2] 张国宝. 城市轨道交通运营组织[M]. 上海：上海科学技术出版社，2006.
[3] 周顺华. 城市轨道交通设备系统[M]. 北京：人民交通出版社，2009.
[4] 何静. 城市轨道交通运营管理[M]. 北京：中国铁道出版社，2007.